长安学十年学术论著选集

编 委 会

编委会主任：李秉忠
编 委 会：黄留珠　贾二强　萧正洪
　　　　　　王　欣　王社教　冯立君
　　　　　　郭艳利　侯亚伟
总 主 编：萧正洪
副总主编：贾二强　石晓军

十年学术论著选集

总 主 编 ○ 萧正洪
副总主编 ○ 贾二强　石晓军

域外回响
从彼岸看长安

主编 ◆ 葛洲子　冯立君

陕西师范大学出版总社
西安

图书代号　SK24N0918

图书在版编目(CIP)数据

域外回响：从彼岸看长安 / 葛洲子, 冯立君主编. — 西安：陕西师范大学出版总社有限公司, 2024.12
(长安学十年学术论著选集 / 萧正洪总主编)
ISBN 978-7-5695-4055-0

Ⅰ.①域… Ⅱ.①葛…②冯… Ⅲ.①长安(历史地名)—文化史—文集 Ⅳ.①K294.11-53

中国国家版本馆CIP数据核字(2024)第016749号

域外回响——从彼岸看长安
YUWAI HUIXIANG——CONG BI'AN KAN CHANG'AN

葛洲子　冯立君　主编

出 版 人 /	刘东风
责任编辑 /	雷亚妮　刘　筱
责任校对 /	刘存龙　王文翠
装帧设计 /	飞铁广告
出版发行 /	陕西师范大学出版总社
	(西安市长安南路199号　邮编710062)
网　　址 /	http://www.snupg.com
印　　刷 /	中煤地西安地图制印有限公司
开　　本 /	787 mm×1092 mm　1/16
印　　张 /	17
插　　页 /	4
字　　数 /	309千
版　　次 /	2024年12月第1版
印　　次 /	2024年12月第1次印刷
书　　号 /	ISBN 978-7-5695-4055-0
审 图 号 /	GS (2023) 2953号
定　　价 /	98.00元

读者购书、书店添货或发现印装质量问题，请与本公司营销部联系、调换。
电话：(029) 85307864　85303629　传真：(029) 85303879

总序
基于整体性思维的长安学研究：历史回顾与前景展望

贾二强　黄留珠　萧正洪

陕西师范大学国际长安学研究院（陕西省协同创新中心）至今年已经组建10年了。以此为契机，我们试图通过编辑一套学术回顾性文集，为学界反思相关学术发展的历程、推进未来的研究工作提供参照。文集分专题汇集特定领域内有代表性的论文（也有少量著作中的篇章）。选编工作得到了相当多学者的支持与鼓励，我们均深铭感，于此谨致谢忱。然而，因为眼界有限，很可能有遗珠之憾，为此亦深表歉意。

有一种看法，认为长安学的学术实践活动是从21世纪初开始的。但在我们看来，它很早就已经存在，只是人们一直没有清晰地将其作为一个具有相对独立性的学科或专门研究领域加以定义。黄留珠先生曾撰文，记述其源流，称2000年初，即有学者提出"长安学"研究的必要性。而2003年，荣新江教授撰《关于隋唐长安研究的几点思考》一文，指出，那个时候的一个遗憾，是并没有建立起像"敦煌学"那样的"长安学"来，但关于长安的资料的丰富性与内涵是不逊于敦煌的。其后，2005年左右，陕西省在省文史研究馆的牵头下，成立了长安学研究中心。至2013年，陕西师范大学组建了陕西省协同创新平台"国际长安学研究院"。

这一系列事件的发生表明，人们对于长安学作为一个学科或具有独立性的专门领域的认识，到21世纪初开始变得清晰了。这是长安学发展史上的重要标志，是一个理性认知新阶段到来的标志。严格说来，以长安研究的本体论，它并不是一种突然发生的创设，而是自中古甚至更早以来人们对于长安的兴趣、关注、记忆与反思在学术上的体现，且是经长期积累所形成的结果。这同敦煌学是有一些不同的。敦煌学以敦煌遗书为起始，而逐渐扩大到史事、语言文字、文学、石窟艺术、中西交通、壁画与乐舞、天文历法等诸方面。它是一个历史性悲剧之后的幸事。长安学则不是，它有着悠久的渊源和深厚的基础，因长安（包括咸阳等在内）作为统一王朝之都城而引发的关于政治制度、经济发展与文化建设的反思而产生，从一开始就同礼法制度等文明发展重大问题紧密关联。事实上，人们关注、研究长安，起源甚早，而历时甚长。我们完全可以写出一部以千年为时间单元、跨越不同历史时代的《长安学史》来。这是长安学的历史性特点。

在空间性方面，它也颇有特色。关于这一点，如我们曾经撰文所指出的那样，其以汉唐"长安"之名命名，研究对象虽以长安城、长安文化、长安文明为主，但却不完全局限于此，而扩展至建都关中地区的周秦汉唐等王朝的历史文化，另在地域上亦远远超出长安城的范围而扩大至整个关中以及更广泛的相关地区。尽管我们对长安学的空间边界问题还可商讨，但它一定是有明确范围与目标的。然而，长安的地理空间并不等同于关于长安的学术空间。简言之，长安学诚然是以古代长安为核心，以文化与文明为主体的研究，一些同古代长安相关的问题也应当包含在内，但其学术空间要大得多。其基本原则是：若有内在关系，罗马亦不为远；若无关系，比邻亦仅是参照。显然，它在学术空间边界上具有显著的开放性。

长安学的内涵也极为丰富。以地域为名的世界级学问皆有其特定意义与内涵。如埃及学，指关于古代埃及的语言、历史与文明的学问。它是从18世纪才开始发展起来的国际性古典文明研究。埃及学研究对象的时间范围是从公元前4500年到公元641年，所涉及的学科相当广泛，如考古、历史、艺术、哲学、医学、人类学、金石学、病理学、植物学和环境科学等，其研究方法，除了文献与语言文字分析外，还利用了现代测年技术、计算机分析、数据库建设甚至DNA分析等手段。长安学亦是如此。长安学具有学科群的意义，它要超出一般意义上的学科范畴。它综合了哲学、历史、考古、文学、宗教、地理、科学技术、文献研究等多个方面和多个层次，有着极为丰富的内涵。它既为我们研究人类文明的进步提供了一个不可或缺的样本，也提供了一个我们看世界、世界看我们的独特视角。

历史发展给我们提供了一个重要的机遇，也赋予我们重大的历史使命。我们现在的重要任务，是在新的历史条件下，以追求人类文明进步为基本价值观，对长安学作为具有独立性的学科和专门研究领域进行重新定义，并阐明其现代价值与意义。正是以此为基本宗旨，陕西师范大学联合校内外学术力量，组建了国际长安学研究院，此举得到陕西省教育厅的大力支持，并成为陕西省最早的协同创新中心之一。

历史上的长安研究，有官方叙述与私人撰述两类，但皆属于在传统的、旧的观念指导下对于长安的理解与解释，从形式上看，基本上是碎片化的。当下陕西师范大学和若干合作的大学、研究机构，共建国际长安学研究院，试图坚持科学与理性的原则，以系统化、整体性的思维，对历史发展中的某些重要问题提出基于历史事实的严谨而合理的解释。为实现这一目标，我们组建了学科咨询委员会、学术委员会、学术期刊编辑部、海外事务部、长安学理论研究中心、古都研究中心、长安与丝绸之路研究中心、长安文化遗产研发中心、数字长安新技术研究中心和长安文献整理与研究中心，以融合方式推进相关研究工作。

历史上的长安给我们留下了足够丰富的资料，能够让我们通过扎实的研究，总结文明进步的成就，特别是反思其中的曲折与艰辛。我们希望，长安学研究能够有助于社会进步，而不是相反。令当下人们的观念与感慨停留于帝制时代的荣耀，不是我们的追求。

为此，我们确定了建设工作的基本原则：历史起点、当代情怀、世界眼光。我们要使长安学成为具有世界性的学问，而不只是陕西的学问或中国的学问。长安学应当具有现代精神，应当是中华民族精神家园建设的重要组成部分。我们秉持这样的宗旨，并对此持有信心。我们将努力把国际长安学研究建设成一个开放的平台，联系各方学者和学有专长的同仁，为大家的研究工作提供便利与条件。

显然，长安学不是单纯基于现代城市空间的研究，而是以历史上的长安为核心，以探索中国历史渊源与文明发展的曲折历程为研究对象的独特领域和学科。以世界范围论，以地域为名且为国际学术界所公认的专门学问（学科）是不多的。比较著名的只有埃及学，而类似的希腊古典文明、罗马古典文明等，亦是某个地域引人注目、曾经深刻影响历史发展进程的重要的人类文化遗产，是特定地域优秀传统文化的标志性象征。

从学科属性上说，长安学既是古典的，也是现代的。长安的历史具有极为丰富的内涵，长安学则以独特的视角阐释中华民族优秀文化绵绵不绝的特性，因而不能简单化地以古代或近代等时间尺度加以定义。同时，如前所述，其学术空间边界具有显著的开放性，而不为特定地域所限。所以，我们在"历史起点、当代情怀、世界眼光"的建设原则中，特别重视世界眼光的目标定位。

世界眼光是我们将长安学命名为"国际长安学"的一个重要依据。其原因有二：一是历史上的长安具有世界上其他历史名城少见的国际性。从某种意义上说，长安从来不只是中国的长安，它也属于全世界。作为古都的长安，它曾经具有的以开放包容为特征的精神气质，乃是中华民族对于全世界文明进步的杰出贡献，而其历史的艰难曲折亦为人类发展提供了宝贵的借鉴。二是关于长安的研究从来具有国际性。在漫长的历史中，长安一直是外部世界关注的焦点。人们之所以对于长安有极大的兴趣，有着诸多的理由与原因。其中之一是它作为丝绸之路的东方起点，在东西方文明交往中具有最为突出的表征性。正因如此，并不是只有国人关注长安，它有着世界范围的学术文化吸引力。从某种意义上说，古代地中海沿岸及印欧大陆认识中国这个东方国度，正是从认识长安所在的地域开始，且在一个相当长的时段中，以长安为中心。而近数百年来，关于长安的研究著述不胜枚举，其中相当一部分出自海外人士之手。如此独特的性质与丰富的内涵决定了长安学研究必然要超越长安的空间范围。这个国际性是其原发的、内生的属性，并不是我们刻意赋予。正是基于这种思考，我们在英译"长安学"名称时，没有采用通常的做法将其译为the study of Chang'an，而是译为Changanology，其用意就是从基础定义起，将其解释为一个内涵丰富且外延性显著的学术空间，而不为特定地域的边界所束缚。

长安学的主体内容当然是关于中国历史的，但它不能离开世界文明整体发展的视角。长安学研究包含了中国历史上政治、经济、社会、文化、民族与宗教信仰、地域关系、国际文化交流等各个方面。所以，长安学是中国史学科中的一个独特领域。它以长安为主题词和核心概念，将中国历史各个阶段和各个门类的研究综合在一起，试图提出关于中国历史发展的一种地域类型学解释。然而，当下学术发展的实际情形是，任何一个学科或专门研究领域，若不重视其外部性联系，将不会具有很强的解释力，即使它自身具有综合性的特征。基于单一的视角或特定区域的理解，不能解释文明发展的多元与多样性。中国地域辽阔，不同地区的发展本就存在着差异，遑论宏大的世界？以全球论，文明与文化发展的道路选择与存在形态具有极为丰富的多样性，所以，在研究长安的同时，也必须研究世界上其他文明之都。提供以长安为基础的具有典型意义的样本，将其同其他文明类型进行比较，必将极大地丰富我们关于世界文明发展的整体认识。在我们看来，长安学的价值只有置于世界文明发展的体系之中，方能得到充分的体现。

正是出于这样的认识，我们对国际长安学研究院的建设前景有一种期许：作为开放的平台，它将为中国以及海外相关专业人士提供共享的学术资料库，特别是创造相互交流的机会，为不同的思想与观点提供讨论的空间。我们特别期待将长安学研究的成果介绍给世界，将海外人士关于长安的研究与评论介绍给国人，也期待了解、学习世界其他地区文明与文化发展中的体验与思考，以在不同认知之间构建桥梁，以增进不同类型文明之间的相互理解与尊重。

目 录

西晋愍帝政权再考
　　——长安的"中兴"与秩序形成…………［日］板桥晓子 著　陈海冰 译／001
秦汉帝国首都区域变迁的基层结构
　　——以秦岭与黄河交通网为主………………………………［韩］琴载元／016
隋唐长安城外郭的渊源…………［日］内田昌功 著　刘宇欣 译／039
唐长安城的朱雀大街与日本平城京的朱雀大路
　　——都城中轴道路所见唐日政治文化之差异
　　………………………………………［日］佐川英治 著　王　艳 译／059
新罗王京研究的成果与课题………［韩］全德在 著　冯立君 译／089
隋代唐初的复都制
　　——作为阐明7世纪日本复都制的线索…［日］村元健一 著　龚凯歌 译／111
唐长安城三苑考
　　——与西汉上林苑的功能相比…………［韩］朴汉济 著　强　薇 译／129
隋唐时期鸿胪寺的附属机构
　　——鸿胪客馆、礼宾院、左右威远营以及外宅、四方馆
　　………………………………………………石晓军 著　陈海冰 译／154
唐代长安的佛教仪式…………………［日］中田美绘 著　王若宾 译／172
唐代长安的印刷文化
　　——以S.P.12和S.P.6为主要线索…………［日］妹尾达彦 著　翁远方 译／183
道教东传新罗与长安的道观
　　——以《皇甫奉諲墓志》为中心………［日］土屋昌明 著　王若宾 译／202

近代西安碑林展示空间的演变
　　——文物保护与博物馆化…………［日］村松弘一　著　刘宇欣　译 / 217
胡司德《早期中国的食物、祭祀和圣贤》
　　……………………………［美］戴梅可　著　刘子明　舒显彩　译 / 252

西晋愍帝政权再考
——长安的"中兴"与秩序形成

[日]板桥晓子 著　　陈海冰 译

序言

永嘉之乱洛阳陷落后不久，西晋宗室之一司马邺（愍帝）逃出洛阳，在长安即位。但这个以关西出身者为支持中心而成立的朝廷只存在四年，其间不断遭到匈奴刘氏建立的汉朝（都城平阳）的攻击，能够实际控制的疆土极为有限。东晋初期干宝撰写的从宣帝到愍帝为止的西晋一代史书《晋纪》，对愍帝及其先代怀帝的治世，在《晋纪总论》（《文选》卷四九所收）中做如下评价："怀帝承乱之后得位，羁于强臣。愍帝奔播之后，徒厕其虚名。天下之政，既已去矣。"唐代编撰的《晋书》卷五《怀帝、愍帝纪》的史臣评价里也节录了这一内容。再往下，正如明末清初王夫之"愍帝之西入长安，必亡之势也"[①]所评价的那样，愍帝长安朝廷从一开始就注定是要灭亡的局部政权，其不过是帝座从洛阳迁至建康的中继期。这种理解可以说一直被继承下来。

近代以后的研究虽也有很多涉及两晋交替时期，但多数的主题都集中于以下三点：（1）八王之乱和西晋宗室出镇制度的破绽；（2）从八王之乱到永嘉之乱期间胡汉势力的消长；（3）东晋政权的萌芽及其在江南的发展过程。但是关于愍帝政权及其固有意义，在上述的框架中几乎没有发现。此外，在包括上述一点或几点的基础上，从探讨东晋政权的性质形成过程的视角出发进行的西晋末期研究，特别要举出的是如今已成为东晋政治史研究经典的田余庆先生的《释"王与马共天下"》[②]和近年赵立新先生、田中一辉先生的论考[③]。其中的主轴，是田先生提出的：八王之乱

[①]《读通鉴论》卷一二《愍帝》。本文所引用的王夫之论述皆由此出。
[②] 收入田余庆《东晋门阀政治》（北京大学出版社，1989年初版）。
[③] 参见赵立新《西晋末年至东晋时期的"分陕"政治——分权化现象下的朝廷与州镇》第2章"'分陕'与西晋之间的政治分立"（花木兰文化出版社，2009年）、田中一辉《西晋后期における皇帝と宗室诸王》（《古代文化》64-2，2012年）。

的最后胜者东海王司马越,既是怀帝的拥立者,也是其对立者,其与琅琊王司马睿的关系对东晋的建立和政策的决定产生很大的影响。因此,在司马越死后成立的愍帝政权,与他们的关系几乎没有交集,不在其讨论范围之内。①

另一方面,近年来也出现以愍帝政权建立的经过及其构成人员、政权本身的性质等为主题的著述。山口洋先生通过整理和讨论从洛阳沦陷到愍帝即位的经过,指出关中出身的豪族势力积极参与拥立愍帝,并得出结论:愍帝政权实际上是"以长安为中心的关中地方政权"②。李永生先生着重强调洛阳沦陷后的新政权在关西成立的意义,设想把巴蜀、凉州、秦州、雍州等构成的"西州"作为与洛阳所在地"中州"对峙的地域概念("感觉文化区"),并从关西出身者阎鼎等人拥立愍帝的经过,以及东汉以来迁都洛阳后在政治、文化上处于劣势的魏晋"西州人士"将皇帝推戴到"西州"中心长安,推断其目的是谋求边疆地位的提高。③

如此,关于愍帝政权实际情况的论述在多方视野下被讨论。但从愍帝政权本身抱有怎样的统治构想、为实现这个构想而采取怎样的行动这一观点来看,并没有进行充分的考察。从实际情况来看,愍帝政权是局部政权,但从统一王朝的西晋旧领被认定为"天下"这一点来看,愍帝时期的长安朝廷与东晋的建康朝廷本质上是相似的。这与同样是地方政权,但没经历过统一就进行"天下"分配的魏、吴、蜀三

---

① 冈崎文夫《魏晋南北朝通史》内篇第2章"东晋五胡时代"(弘文堂书房,1932年),宫川尚志《六朝史研究 政治、社会篇》第1章第3节"永嘉の乱について"、第8章第3节"长安"(日本学术振兴会,1956年),田村实造《中国史上の民族移动期——五胡、北魏时代の政治と社会》五胡篇第2章"华北における五胡族の诸政权"(创文社,1985年)等论著,虽有提及愍帝政权,但只重点论及长安朝廷内部的穷困,以及长安周边权贵的官爵乱授,并没有留意其与各地藩镇的关系。另一方面,探讨从怀帝即位到长安陷落经过的福原启郎《西晋の武帝司马炎》第8章"怀帝与愍帝"(白帝社,1995年)论考也同山口论文(注②)一样,认为愍帝政权威令所及只是关中长安周边,是地方政权,同时指出长安政权通过授予官职,勉强与其他地区的西晋宗室诸王及军阀建立了联系,形成了王朝的整体,并与长安以外的亲晋势力建立了关系。
② 山口洋:《西晋愍帝时期的政局与雍州、秦州的动向》,《中央大学アジア史研究》2000年第24号。
③ 李永生:《释"立功乡里"——西晋愍帝政权研究之一》,见《珞珈史苑》(2011年卷),武汉大学出版社,2012年。

国的天下观是不同的。①因此可以设想，愍帝政权是在永嘉之乱以后，围绕"天下"的理念和实际情况的背离中摸索出整合化方案的最初例子。本文在先行研究的基础上，特别重视成立于长安的愍帝政权与割据各地的亲晋势力（藩屏）的关系，明确当时愍帝政权的定位，并进一步考察其存在的历史意义。另外，为强调愍帝政权与其他地区政权的不同，故在本文中称其为"长安朝廷"。

一、愍帝政权的成立

在本节中，首先想确认永嘉之乱后愍帝政权在长安成立的经过。永嘉五年（311），洛阳朝廷中决定收回皇权的怀帝与司马越决裂，但三月司马越病逝，此时匈奴石勒袭击供奉司马越棺材的西晋晋军，杀害许多西晋宗室。同年六月，刘曜、王弥等率领的汉军攻陷洛阳并入城。之后幸存下来的在京宗室司马晏和皇太子司马诠（铨）②也被汉军杀害。怀帝试图逃出长安也被俘虏，被带到汉都平阳。此后能确认生存下来的西晋宗室，除建业的琅琊王司马睿之外，还有在长安的南阳王司马模及其子司马保、驻扎兖州陈留苟晞身边的豫章王司马端、幽州王浚在洛阳陷落的次月受制立的太子③、在洛阳被杀的司马晏（惠帝、怀帝的异母兄弟）之子司马邺（愍帝）。其中，司马端此后很快就落入石勒手中，无法确认其存亡。另外，王浚所立的司马氏太子很可能不久就因称帝的谋划，还没进行实质上的活动就被埋葬。后文以愍帝的动向为中心，围绕西晋末期朝廷的状况进行整理。

愍帝司马邺原本过继于伯父司马柬被封为秦王，十二岁的他在洛阳陷落之时还在洛阳，逃亡到荥阳密县的时候，才邂逅司马荀藩、光禄大夫荀组。此后，荀组等人同豫州刺史阎鼎等谋划司马邺的归藩。他在长安被立为太子的概要被记录在《晋书》卷五《愍帝纪》，但据《晋书》卷五《怀帝纪》、卷六〇《贾疋传、阎鼎传》、卷一〇二《刘聪载记》，以及《资治通鉴》（以下简称《通鉴》）卷八七、

---

① 在没实际控制的地域设置行政区划，任命地方官。也就是说，将此地纳入自己的"天下"，这种措施在三国时代就已经出现，正如曹丕册封孙权为吴王（黄初二年，221），孙权册封辽东的公孙渊为燕王（嘉禾二年，233）那样，在没有实际控制的地域，汉代以来"异姓不王"的原则常常被无视。这一时期，缔结同盟的是非另当别论，异姓封王的是非也没有被讨论。刘晔以"夫王位，去天子一阶耳，其礼秩服御相乱也"（《三国志》）卷一四《刘晔传》裴松之注所引《傅子》）为理由反对封王，但曹丕没有听从，故对此事的议论也没有扩大。以夺回"天下"为目标的晋室，与地方政权的三国相比，对于天下的权力意识，以及在现实政治中所运用的天下框架，可以说有着根本性的不同。

② 司马诠的死亡遵从《资治通鉴》卷八七的记载。《晋书》卷六四云："没于刘聪。"

③ 关于王浚所立的太子只有《资治通鉴考异》卷四所引"晋书初无其名，刘琨《与丞相笺》曰：'浚设坛场，有所建立，称皇太子。'"的记述，除此之外的详细情况不明。

卷八八的内容，可知司马邺进入长安的经过更为复杂。综合这些内容并遵从《通鉴》的内容，司马邺被立太子的经过如下所示。

（1）永嘉五年八月，赵染、刘雅、刘粲、刘曜等汉军攻陷长安，刘聪任命刘曜为雍州牧出镇长安。

（2）志于晋室复兴的安定太守贾疋（武威出身）等残存势力，逼迫刘粲撤退到平阳。

（3）豫州刺史阎鼎（天水出身）奉秦王司马邺谋入长安。一行人中的荀藩、荀组（颍川出身）等"山东人"都在中途逃亡，司马邺和阎鼎在贾疋的迎接下，于十二月进入雍城。

（4）永嘉六年（312）三月，凉州刺史张轨（安定出身）在关中发出檄文，号召推戴司马邺及夺回长安。

（5）贾疋等人在包围战中胜利，刘曜从长安撤退。司马邺从雍城进入长安。

（6）九月，贾疋等人立秦王司马邺为皇太子。在长安设行台，建宗庙、社稷，行大赦。任命阎鼎为太子詹事，贾疋为征西大将军，秦州刺史、南阳王司马保为大司马。从长安方向逃离的荀藩、荀组，被命守住作为重要据点的荥阳之开封。

就这样成立的长安皇太子政权，在第二年（313）四月接到怀帝在平阳被杀害的消息后，正式让司马邺即位，改元建兴。

从以上的经过可看出，愍帝司马邺被立为太子并即位基本上是在关西出身者的有力支持下完成的。关于愍帝被立太子及即位是由有限的相关人员局部推进的这一点，王夫之也已论及："其为皇太子，非天下之必归心，而贾疋等之所奉也；其为天子也，非诸王之所共戴，麹允、索綝之所扳也。"尤其重要的是，愍帝是在没有经过宗室认可的情况下即位的。话虽如此，正如前面提到的山口先生论文及李先生论文所提示的那样，愍帝被立为太子以及即位是由贾疋等推进的，并未得到其他地区的亲晋势力的积极参与，所以笔者认为有必要更全面地看待这样的观点。

二、长安朝廷和宗室诸王

上一节论述愍帝即位的经过，此后连续四年左右的愍帝政权的历史，并没有出现怀帝时期那样的皇帝和权臣之间的权力斗争①，基本上被与汉军的激烈战争掩盖。本节并不逐一论述，只探讨对长安朝廷来说成为藩屏的司马睿等宗室出镇者和愍帝之间的关系。

---

① 说起朝臣内部的权力关系的话，愍帝拥立者中最大的功臣阎鼎、贾疋等已早早退场，关西的名族麹允（凉州金城出身）、索綝（敦煌出身）等掌控着朝政到长安沦陷为止。

愍帝即位之时宗室出镇者有琅琊王司马睿和南阳王司马保。司马保之父是愍帝进入长安之前就已亡的太尉司马模，八王之乱以来同司马睿等人一起是其兄司马越忠实的心腹。

司马保，在其父死亡时虽在关中，但并非长安而是镇守秦州天水。如上所述，司马保不仅在夺回长安及拥立愍帝方面几乎没做出贡献，而且在洛阳沦陷后不久就自称大司马。尽管他有前述的自立行为，但在愍帝被立为太子之时，还是以秦州刺史、南阳王的身份被追封为大司马。他虽对愍帝政权的成立没功绩，但却被授予大司马这一武官最高的职位，这是史无前例的厚待。这是因司马保是现存不多的宗室之一，且是镇守从属长安以西雍州的秦州长官，在长安受到汉的攻击时他是最有希望发兵援助的出镇者，所以就不得不给予其与功绩不相符的破格待遇。[①]

这样，愍帝在被立为太子之时就通过任官与南阳王司马保建立关系，但对琅琊王司马睿的任官稍晚，开始于即位皇帝的一个月后，即建兴元年（313）五月壬辰。愍帝任命怀帝末期升格到镇东大将军的琅琊王司马睿为侍中、左丞相、大都督陕东诸军事，任命之前就被授予大司马的南阳王司马保为右丞相、大都督陕西诸军事，正如《通鉴》卷八八胡三省注指出的那样，按照字面意思的"分陕"体制被部署。赵立新先生分析两晋时期各种局面下出现的"分陕"体制，不认同当时由愍帝任命的司马睿和司马保的"分陕"体制的意义。认为是因愍帝将这样的名位授予司马睿，间接上才承认司马睿政权在江南的自立性，司马睿接受这一决定也就是承认愍帝的"共主"地位。也就是说，要以长安和建康两政权的相互承认并确认其政治主从关系为基础，定义司马睿和司马保的"分陕"体制。[②]正如王夫之所评价的"曾是一纸之诏，丞相分陕之虚名"那样，确实很难说此时以愍帝之名命令的作为辅弼体制的二王"分陕"与实际情况相符。

但如果将命令司马睿等人出兵的两则诏书内容与当时的形势进行对照的话，无法断定愍帝的诏书没有实质性的效力。鉴于此，长安朝廷构想的"分陕"体制并非完全是虚名，司马睿、司马保等也在一定程度上接受这一点，至少可以设想长安朝廷构想的天下秩序没被忽视。而且，朝廷的统治范围虽有限，但有实力的藩屏以朝廷为中心，接受朝廷构想的天下秩序并成为其一员，这与东晋以后天下观的变迁也

---

① 《晋书》卷三七《南阳王保传》的记述同《愍帝纪》矛盾的地方很多。另一方面，《通鉴》卷八八永嘉六年九月遵从《愍帝纪》，没有采用《南阳王保传》中愍帝被立太子时司马保被任命为大司马、张寔贡献等记载。本文也遵循此点。

② 参见赵立信《西晋末年至东晋时期的"分陕"政治——分权化现象下的朝廷与州镇》第2章第3节"'分陕'江左到东晋建国——司马睿与王导的'分陕之计'"。

有关联。下面，我们将分析愍帝向司马睿、司马保发出的诏书，并确认其内容与现实形势如何相关。

三、长安朝廷和各地的亲晋势力

愍帝向司马睿、司马保发出的诏书，是指《晋书》卷五《愍帝纪》建兴元年五月壬辰，上述"分陕"人事之后记载的两则诏书（为方便起见，按记载顺序称为诏书A、诏书B）。诏书A阐述"分陕"的起源，发布时间是"分陕"的当天。另外，据《愍帝纪》记载，诏书B可见的愍帝使者"殿中都尉刘蜀"等人于同年八月抵达建邺，同时改建邺为建康（避讳愍帝），因此诏书B对司马睿来说是从愍帝那里接受的第一个诏书，可认为与诏书A几乎是同一时期发布的。

首先，从向司马睿和司马保两人发出的诏书A来看。

诏书A：

> 夫阳九百六之灾，虽在盛世，犹或遘之。朕以幼冲，篡承洪绪，庶凭祖宗之灵，群公义士之力，荡灭凶寇，拯拔幽官，瞻望未达，肝心分裂。昔周邵分陕，姬氏以隆；平王东迁，晋郑为辅。今左右丞相茂德齐圣，国之昵属，当特二公，扫除鲸鲵，奉迎梓宫，克复中兴。令幽、并两州勒卒三十万，直造平阳。右丞相宜帅秦、凉、梁、雍武旅三十万，径诣长安。左丞相帅所领精兵二十万，径造洛阳。分遣前锋，为幽并后驻。赴同大限，克成元勋。

诏书可概括为两点：（1）朕依赖宗室司马睿和司马保的辅弼；（2）让王浚、刘琨等人率领幽州、并州军队攻打汉都平阳，司马保率领秦州、凉州、梁州、雍州军队到长安，司马睿率领扬州军队夺回洛阳。

（1）的意思是明确的。另一方面，据（2），此时的长安朝廷，对洛阳沦陷以来在幽州的王浚以及永嘉元年以来担任并州刺史的刘琨没有直接的从属关系，似乎想通过宗室出镇者来动员他们。从任命关系来说，长安朝廷在建兴二年（314）二月，即本诏书颁布的第二年，首次任命王浚、刘琨。①王浚是武官最高位的大司马，刘琨是紧随其后的大将军，二者都被授予极高的职位。特别是王浚的大司马，虽沿袭怀帝在永嘉五年的任官，但在西晋的惯例中，大体上是宗室就任的官，故其是相当于司马保后任的特例人事任命。如前所见，随着洛阳沦陷，王浚独自立皇太子，本来是要被长安朝廷惩罚的，但比起立太子之事，朝廷更重视的是王浚的归属。与

---

① 但是据《资治通鉴考异》卷四所引刘琨《上太子笺》的记载，刘琨在愍帝被立太子（312年）到登基（313年4月）的某个时间点，已对愍帝称臣并与之接触。

同时被授予官爵的刘琨以及荀组（司空）和张轨（太尉）等人相比，对于长安朝廷来说，和从惠帝到怀帝时期就慢慢自立的王浚结成从属关系更加困难，朝廷也很清楚地认识到这一点。因此，重视王浚的归属，换句话说，以任官的形式正式告知归属关系的意义是什么？恐怕是因为他割据的地域位于西晋"天下"的东端。关于这一点，同下面引用的诏书B中对司马睿的论述一起进行考察。

回到（2），长安朝廷在北、西、东三个区域掌控此时亲晋系的主要势力，与其说"北"是袭击汉的据点，"西"是防卫长安，"东"是夺回洛阳，不如说是根据各势力的地理条件，构想与汉的具体对峙。另一方面，从"三十万""二十万"等极端兵数的设定来看，出兵请求似乎只是形式上的命令。但研读下面诏书B的内容，可以判断本诏书的出兵请求是符合现实构想的。

诏书B是愍帝向司马睿个人发出的。

诏书B：

> 朕以冲昧，纂承洪绪，未能枭夷凶逆，奉迎梓宫，枕戈烦冤，肝心抽裂。a前得魏浚表，知公帅先三军，已据寿春，传檄诸侯，协齐威势，想今渐进，已达洛阳。b凉州刺史张轨，乃心王室，连旗万里，已到汧陇；c梁州刺史张光，亦遣巴汉之卒，屯在骆谷；d秦川骁勇，其会如林。间遣使适还，具知平阳定问，e云幽并隆盛，余胡衰破，然犹恃险，当须大举。未知公今所到，是以息兵秣马，未便进军。今为已至何许，当须来旨，便乘舆自出，会除中原也。公宜思弘谋猷，勖济远略，使山陵旋反，四海有赖。故遣殿中都尉刘蜀、苏马等具宣朕意。公茂德昵属，宣隆东夏，恢融六合，非公而谁！但洛都陵庙，不可空旷，公宜镇抚，以绥山东。右丞相当入辅弼，追踪周邵，以隆中兴也。

诏书B的主旨如下：（1）各地晋军纷纷出兵反击汉；（2）公（向洛阳）出兵至寿春，此时朕已接到报告；（3）公现在到什么地点、今后计划如何向洛阳进军，随时向长安报告；（4）公为朕近亲且守东方重镇；（5）但应优先恢复中州而非东方的经营，委任公夺回洛阳，委任司马保关中内务。

虽然论旨前后颠倒，但首先从（4）（5）可以确认，愍帝认为司马睿可以压制住东方，并据地理条件，让其夺回洛阳。这与诏书A的内容并不矛盾。另一方面，在相当于（4）的原文"公茂德昵属，宣隆东夏，恢融六合，非公而谁"中，愍帝称司马睿为"昵属"，表现出血缘上的亲近。虽说都是旁系，但在愍帝（司马懿的玄孙）看来，司马懿的曾孙司马睿比起司马懿的从曾孙司马保来说，更像是自己的近亲。但这个词也被用于诏书A，并不是对司马睿一人表现出突出的亲密。正如接下来的"宣隆东夏"所示，司马睿与同长安朝廷同为关西地区割据的司马保不同，因其以江南为根基，所以愍帝将他作为藩屏。如此，与长安隔绝的"东夏"也可划入晋朝的疆域。也就是说，借此以维持西晋本来拥有的"天下"轮廓。这一观点可以解释为愍帝对司马睿寄予比对司马保更迫切的期望。如前所述，长安朝廷对于东北方向半独立势力王浚——尽管他按朝廷意愿行事的可能性极低——实施比对其他亲晋势力更优待的人事安排，这从"保持天下轮廓"这一观点来看也是可以解释的。

其次，关于（1）（2），原文加了下划线，这里想确认其具体列举的人名和他们的动向。

下划线a，魏浚在洛阳沦陷后众望所归成为石梁的坞主，并经并州刺史刘琨被任河南尹。另一方面，他还前往密县荀藩身边商谈军事事宜，这相当于愍帝前往长安之前的时期。之后，魏浚在与刘曜的战役中被杀。据《通鉴》卷八八记载，刘曜攻击的是魏浚的大本营洛水之北的石梁，战役、魏浚之死与本诏书同为建兴元年。也就是说，本诏书颁布时魏浚仍在河南，官职恐怕仍是河南尹。更重要的是，像魏浚这样，在河南有着雄厚实力的坞主而且形式上也管辖着洛阳的人物，也要向长安朝廷报告司马睿的动向。由此推测，在长安朝廷构想的洛阳夺回作战中，魏浚和司马睿被期待着相互合作。也就是说，本诏书要求司马睿出兵洛阳并非一纸空文，而是现实的要求。但是，下划线a"已据寿春"被理解为"洛阳夺回的途中"，恐怕是指本诏书颁布前一年司马睿为防止石勒南下而使纪瞻出镇寿春，长安朝廷的认识与江南的实际情况之间存在背离。另外，司马睿对诏书A、诏书B的请求，只云"方平定江东，未暇北伐"（《通鉴》卷八八，建兴元年八月），并未做出实际的应对行为。

下划线b，张轨是前凉政权的创立者，此时为凉州刺史。据《晋书》卷八六《张轨传》记载，从愍帝即位（建兴元年四月）到张轨去世（建兴二年五月）的大约一年时间里，张轨派参军麹陶和三千兵到长安防御刘曜。本诏书的"连旗万里，已到汧陇"一句并不一定指这三千兵，但被称为"乃心王室"的张轨在本诏书颁布的前一年，在听到秦王（愍帝）入关时向关中发出檄文，调动勤王之兵。张轨直接下达指令的对象是属僚宋配、其子张寔以及自己出镇之地武威郡太守张琠，因此可认为指令起到了实际的作用。如果自发性的军事动员是这个规模，朝廷有要求的话那就更好，张轨把勤王的兵派到长安也是自然的，即便"连旗万里"过于夸张，但也能表示"来自凉州的援军"。

下划线c，张光作为梁州刺史出镇汉中，死于镇压叛乱之中。《通鉴》卷八八记载张光于建兴元年九月去世，与本诏书颁布同年。"骆谷"是三国时期魏蜀双方军

008 | 域外回响——从彼岸看长安

事要地，连接关中与蜀地。下划线c"梁州刺史张光，亦遣巴汉之卒，屯在骆谷"，意思是"张光已做好派巴蜀、汉中士兵到长安的准备"。但据《华阳国志》卷八、《大同志》记载，张光在建兴元年五月以除灭叛徒之名攻打李运、王建等，八月与杨茂搜联合出兵叛变，九月逝世。本诏书颁布日期为五月壬辰（十八日），与张光讨伐李运、王建的前后时间关系不明。如果同一时期张光分割州军，之后驰援长安和讨伐贼军的话，对其来说是相当大的负担，所以c的记述也有可能没反映事实。

下划线d，"秦川骁勇，其会如林"的"秦川"，引用《后汉书·郡国志五》凉州、汉阳郡里梁刘昭注，郭仲产《秦州记》曰"陇山东西百八十里。登山岭，东望秦川四五百里，极目泯然"，可认为其所言为"陇山"东面的"秦川"河。司马保的大本营秦州位于陇右即陇山之西，"秦川"即秦州前往雍州（长安）的途经地。也就是说，"秦川骁勇"所指的是秦州刺史司马保所拥有的军队。如通过本诏书的上下文理解这句话，可认为司马保向长安派遣勤王的军队。《晋书》卷三七《司马保传》里虽无法确认这个时期的出兵情况，但据《晋书》卷六〇《索綝传》可知，建兴三年（315）左右刘曜进攻冯翊的时候，司马保应愍帝的要求派遣过几次援兵。另外，此时司马保是在不得不派兵的情势下派遣援兵的。但由于此时长安沦陷的趋势逐渐明朗，所以之后以司马保的秦州为中心的长安以西"不复奉朝廷"。也就是说，在这之前确实是"奉朝廷"的形式，建兴元年之时"秦川骁勇，其会如林"，即使是夸张也能表明司马保的合作姿态。

最后，关于诏书A也提到的"幽、并"，没明示是地方官，但从时期上来说，显然指的是王浚和刘琨。诏书A称"令幽、并两州勒卒三十万，直造平阳"，欲通过司马睿等人命令王浚、刘琨袭击平阳，但B诏书仅记述"幽并隆盛，余胡衰破"，因此可认为，长安朝廷并没有直接向王浚、刘琨下达指令。但据《晋书》卷六二《刘琨传》的记载，刘琨对上述建兴二年二月人事的晋升上表表示感谢。另外，正如建兴三年计划与拓跋部联合对石勒作战并上表给愍帝的那样，虽身处荒废的并州，但勤王活动仍在继续。

综上所述，可确认，除下划线e的华北东部势力之外，从关西到中原范围内分布的a—d势力，在某种程度上都与长安朝廷的军事构想相呼应并出动军队，或者是已预定参与这一计划。在a—d之中，c的出兵状况不确定，但刺史名、地名等与当时的实际情况相吻合。并且，相当于上述主旨（3）的诏书B的内容，"未知公今所到……今为已至何许，当须来旨，便乘舆自出，会除中原也"里所看到的指示的具体性和紧迫性，诏书A所述的对司马睿的派兵请求，确实符合实际情况。

赵立新先生在上述《西晋末年至东晋时期的"分陕"政治——分权化现象下的

朝廷与州镇》中，提及关于诏书A、B中长安朝廷如何迫切需要司马睿等各地晋臣的援助。但在笔者看来，值得注意的是，长安朝廷在上述极为有限的相关人员的行动支持下在关中成立，实际上是地方政权，因为愍帝既没得到怀帝的指名即位，也没有像晋王司马睿那样经过来自全国各地的劝进，但正如诏书A向各地的亲晋势力发出兵请求，诏书B中各地的亲晋势力表现出支持诏书A的构想所表明的，对其政权的权威性及正统性的认识可以说是迅速地、广泛地。虽没有明确解释其理由的史料，但反过来说，在本来的皇太子司马诠在洛阳陷落时被杀，被带到平阳的怀帝也没有指定继承人就去世的情况下，可以说没有必要特意向天下宣扬他即位的正统性。①也就是说，洛阳沦陷后，愍帝是宗室里唯一生存下来的继承第一代武帝血统的人，而且从上代怀帝角度来看，他与司马诠一样是兄弟之子，所以从继嗣选定的礼制原则来说，充分具备作为皇太子的资格。②关于他的正统性，可以认为，正是这种不动的事实起到绝对的作用。而这与后来晋王司马睿在刘琨等人的劝进表中，以"宣皇之胤，惟有陛下"③强调与曾祖司马懿的血缘（反过来说，与晋室嫡系没有关系）形成鲜明对比。司马睿在东晋成立后的宗庙祭祀中留下议论的种子。④

四、围绕着愍帝和元帝的同时代言论

如上一节所见，在正统性这一点上，愍帝与元帝的差异，可据嫡系、旁系这一晋室内部的序列，也可据礼制上的世代交替原则大致说明。话虽如此，但在两晋交替之时，要证明愍帝即位的正统性比元帝更为明显，不能仅仅停留在晋国内部的规定。相对而言，非汉人系亲晋势力对于愍帝、元帝的应对更为直接明了。而且，这样的应对也被后续的北朝继承。

---

① 另外，愍帝在被册立为太子之时利用祥瑞登坛告类（告天）。据《通鉴》卷八七的内容，永嘉五年七月，王浚立来历不明的宗室为太子时也实行过告天。但是，正如金子修一在《中国古代皇帝祭祀の研究》第5章"魏晋南朝における郊祀、宗庙の运用"（岩波书店，2006年）里指出的那样，作为两晋交替时期的现象，即"一旦需要自称皇帝（天子），告天也就是南郊的亲祀就会受到关注"。这是为了让未经先帝指定的立太子正当化。从当时的宗室生存状况来看，愍帝是怀帝最合适的继承人，这一点毋庸置疑。

② 冈部毅史《西晋皇太子初探》（《东方学》2015年第129号）论文里也论及作为惠帝的继嗣的愍帝有可能被立为太子。

③ 参见《文选》卷三七《刘越石劝进表》、《晋书》卷六《元帝纪》、《艺文类聚》卷一三《帝王部三·晋元帝》所引"晋刘琨劝进元帝表"。

④ 参见《宋书》卷一六《礼志三》、《晋书》卷一九《礼志上》。《通典》卷四八《礼典八》也有差不多同样的记载。元帝登基第三年发生了太庙改制争议，晋元帝太兴三年（320）正月乙卯诏所引云："吾虽上继世祖，然于怀、愍皇帝，皆北面称臣。今祠太庙，不亲执觞酌，而令有司行事，于情礼不安。可依礼更处。"元帝下令朝议。

例如，与并州刺史刘琨结盟的拓跋部首长猗卢在愍帝时期被破格册封为代王。虽然这是在怀帝时期就被册封为代王的延续，但重要的是，册封的主体——愍帝政权的权威与怀帝期是同等的。

之后，由于猗卢的横死，拓跋部同刘琨的同盟关系也停止，但在猗卢之后被立的郁律，听说愍帝被汉的刘曜（实际上是刘聪）杀害，说道："顾谓大臣曰：今中原无主，天其资我乎"（《魏书》卷一《平文帝纪》）。也就是说，愍帝在位期间，郁律至少在名义上承认他才是"中原之主"。

另一方面，关于东晋元帝的即位，《魏书·平文帝纪》记述接到愍帝崩问的第二年，"是年，司马睿僭称大位于江南。"该记载并非只是根据撰者魏收的判断，也可以从《平文帝纪》中"五年，僭晋司马睿遣使韩畅加崇爵服，帝绝之。治兵讲武，有平南夏之意"的内容，即郁律拒绝元帝册封的记述中明白。

如此，作为晋朝的藩屏虽接受来自愍帝的册封但拒绝元帝册封的态度，可从同样是鲜卑系的慕容部得到确认。前燕的创始人慕容廆，在西晋末期随着中原战火的扩大，吸收汉人流民在中国东北部建立势力，但在长安朝廷成立后的建兴年间，"愍帝遣使拜廆镇军将军，昌黎、辽东二国公"（《晋书》卷一〇八《慕容廆载记》）。在这一记载之前，慕容廆被幽州的王浚任命之时明确记为"不受"，那么应认为他是接受愍帝的册封吧。再者，在这记载之后，有"建武初（长安沦陷后），元帝（这时为晋王）承制拜廆假节、散骑常侍、都督辽左杂夷流人诸军事、龙骧将军、大单于、昌黎公，廆让而不受"的记述。必须承认，这些官爵比之前愍帝授予慕容廆的权限（但是削减封国）更为广泛，但慕容廆却一一谢绝。关于王浚授予官爵一事，如果和《魏书》卷九五《徒何慕容廆传》"廆以非王命所授，拒之"的内容一并考虑的话，可以说这一时期的慕容廆只承认愍帝的册封是正当的，除此之外的王浚和晋王司马睿的任命是不正当的。之后，慕容廆转变为向晋王（在慕容廆的认识里是琅琊王）付与正统性后并接受册封，其"正统性的付与"是指通过劝进就任皇帝。实际上，司马睿在长安沦陷后，据"愍帝诏"被托付为帝，但从接到愍帝崩问到登上皇位为止的约一年间，首先经过江南内部的请愿登上晋王位，之后得到慕容部等华北亲晋势力的劝进，登上帝位。从慕容廆的事例来看，像司马睿一样立场的人要自命为西晋旧领即"天下"的继承者，需要来自西晋各地旧领的支持。这样的认识，不仅仅司马睿有，各地的藩屏也共有①。

如前所述，愍帝与元帝之间的嫡系、旁系关系，以及在礼制上愍帝即位的正统性是显而易见，"像司马睿一样的立场的"藩屏也是知道这些点的吧。在实际统治范围都极为局限这一点上，尽管愍帝和元帝是一样的，但愍帝在没有获得各地藩屏支持的情况下即位仍被视为正统，而元帝则不然。要说两者的根本区别，那就是愍帝的大本营据地是连接中原的关中，是秦汉以来的古都长安；而元帝的大本营是江南，是统一王朝从未设置过首都的建康。从元帝起开始的东晋王朝的这种"江南"性、非"中原"性，在论及西晋与东晋的本质差异时一直被意识到，但东晋的国策说到底是"克复神州"，并没有规定自己甘于做江南王朝。②相反，强烈主张东晋非"中原"性的是代（北魏）的相关人士。"奉愍帝的长安朝廷是正统晋朝，建康政权是僭晋"的认识，始于拓跋猗卢拒绝元帝册封的前述事例，在北魏孝文帝时期的言论中也很明显。在北齐成书的《魏书》卷九六《僭晋司马睿传》云"其朝廷之仪，都邑之制，皆准模王者，拟议中国"，也是沿袭这一认识。

北魏在道武帝时期，国号由西晋册封的"代"改为"魏"。关于这一改称的意图众说纷纭③，北魏在孝文帝时期重新定义自己为西晋的继承人，五行的行次也从土

---

① 论述对司马睿政权正统性的确立做出贡献的华北亲晋势力的著作有：越智重明《晋书》第2章"政治の推移"第2、3节"晋王睿の即位を劝进する表"（明德出版社，1970年），越智重明《魏晋南朝の贵族制》第4章"东晋政权と东晋贵族制"（研文出版，1982年），大川富士夫《东晋朝と侨寓北人——白籍をめぐって》[《宗教社会史研究》（2），1985年；又收入《六朝江南の豪族社会》，雄山阁出版，1987年）。

② 虽然以洛阳为天下中心的天下观在东晋一朝维持着，但在刘宋孝武帝时期迎来转机。关于其变迁，户川贵行《刘宋孝武帝の礼制改革について——建康中心の天下观との关连からみた》（《九州大学东洋史论集》36，2008年）、《东晋南朝における天下观について——王畿、神州の理解をめぐって》（《六朝学术学会报》2009年第10集；又收入《东晋南朝における传统の创造》，汲古书院，2015年）论述较为详细。

③ 一种观点认为是否定魏晋交替，言明是作为曹魏正统的后继者（何德章：《北魏国号与正统问题》，《历史研究》1992年3期）。另一种观点认为，构图开始于从匈奴刘氏（汉）到鲜卑拓跋氏（魏），之后作为整合云、代和中原两个"魏"国的天下观的"大魏"确立起来（佐藤贤：《もうひとつの汉魏交替——北魏道武帝期における"魏"号制定问题をめぐって》，《东方学》2007年第113号）。佐藤贤很早就指出"南夏"即中原正统王朝的连续性是以愍帝被害而结束的，这种理解是在北魏形成的。关于改称为"魏"后并用"代"的现象，松下宪一《北魏の国号"大代"と"大魏"》（《史学杂志》113-6，2004年；又收入《北魏胡族体制论》，北海道大学大学院文学研究科，2007年）论述较为详细。

德改为水德。①参与行次改议的朝臣之一，秘书丞李彪等人说道："案神元、晋武，往来和好。至于桓、穆，洛京破亡。二帝志摧聪、勒，思存晋氏，每助刘琨，申威并冀。是以（1）晋室衔扶救之仁，越石深代王之请。平文、太祖，抗衡苻石，终平燕氏，大造中区。则是（2）司马祚终于郯郚，而元氏受命于云代。……神元既晋武同世，桓、穆与怀、愍接时。晋室之沦，平文始大，庙号太祖，抑亦有由。"结论是主张北魏应该继承西晋。其中，下划线（1）似乎表明晋朝因洛阳陷落而消失，但下划线（2）表示猗卢曾同刘琨结盟并与刘聪、石勒抗争，之后受到晋室与刘琨的感谢。猗卢在怀帝时期被封为代公，但据（2）的记述，应该看到将"代王"视为猗卢最终册封之号的发言者立场，即承认册封者愍帝的正统性。

支持李彪之说的长乐王穆亮等人，在梳理李彪等人的说法和另一方中书监高闾的说法的基础上，概括李彪之说："彪等据神元皇帝与晋武并时，桓、穆二帝，仍修旧好。始自平文，逮于太祖，抗衡秦、赵，终平慕容。晋祚终于秦方，大魏兴于云朔。据汉弃秦承周之义，以皇魏承晋为水德。"对李彪等人的认识无处反驳。也就是说，大家都认为到愍帝为止都是晋朝的继承者，这成为讨论的前提。接受穆亮等人的上表最终采用李彪等人说法的孝文帝也没有对这一点表现出不同意见〔据《魏书》卷一〇八《礼志四·祭祀上》太和十四年（490）八月以及十五年（491）正月的记载〕。

另一方面，东晋皇帝自身是如何认识与前代的继承关系的呢？从《宋书·礼志三》所看到的元帝诏书可知，不仅要遵守"武帝（＝父辈）的继承者"这一礼制上的原则，还要在宗庙祭祀中反映自己曾称臣于怀帝、愍帝。因诏书而开始的讨论，以元帝采用温峤的"怀帝、愍帝也应该亲祭"的主张而了结。②也就是说，元帝在祭祀上也将自己的同代怀帝、子代的愍帝定位为上一代。

另外，东晋朝臣围绕西晋末期的争论又是怎样的呢？最著名且对后世产生广泛影响的，应该就是本文开头所提到的干宝《晋纪总论》中"怀帝承乱之后得位，

---

① 关于北魏行次改变的经过和意义，川本芳昭《五胡十六国、北朝时代における"正统"王朝について》（《九州大学东洋史论集》1997年第25号；又收入《魏晋南北朝时代の民族问题》，汲古书院，1998年）、《辽金における正统观をめぐって——北魏の场合との比较》（《史渊》2010年第147期；又收入《东アジア古代における诸民族と国家》，汲古书院，2015年）论述较为详细。

② 论及大兴三年太庙改制的礼学意义的新田元归《君主继承の礼学の说明》（《中国哲学研究》23，2008年）关于此点做如下评价："无论是在表示西晋与南渡政权连接关系的正常上，还是在推进晋皇族从相互的水平、和睦关系向上下、统制关系的转换，都是按照元帝自己的意向采取的措施。"

羁于强臣。愍帝奔播之后，徒厕其虚名"的记载。《晋纪总论》不仅被收录在《文选》中，还被节录在唐修《晋书》怀帝、愍帝纪的史臣评论中，可以说是对怀帝、愍帝政权的官方见解。话虽如此，但干宝的意图并不是谴责怀帝、愍帝，而是为表明元帝才是"中宗（中兴之祖）"且是担负"大命"之人，进而强调怀帝、愍帝政权的无所作为。故其在《晋纪总论》末尾云："岂上帝临我，而贰其心……淳耀之烈未渝，故大命重集于中宗元皇帝。"另一方面，正如上述诏书B所说的"以隆中兴也"那样，愍帝自身也以"中兴"之君主为目标。后世的我们虽然知道长安朝廷将在四年内灭亡，但对于同时代的亲晋势力中的不少人来说，愍帝是值得寄托晋朝复兴希望的正统皇帝。正因为如此，在东晋成立后的士大夫的言论中，为突出元帝作为"中兴之祖"的功业，出现将愍帝同元帝之间的连续切断的说法。① 特别是，由于干宝的主张被广泛收录于东晋以后的著作中，因此他的"愍帝观"很容易在后世传播开来。

综上所述，同时代人对愍帝政权的评价，根据论者的立场有很大的不同。一是晋朝最后的正统皇帝，一是与东晋连续的西晋最后的正统皇帝，一是西晋的正统皇帝但并非实质上的"中兴"之君主。需要注意的是，其中第一种见解多见于北朝系王朝，第三种见解在后世普及，像第二种见解那样意识到与东晋连续性的观点长期以来未被重视。笔者认为，这不仅适用于上述祭祀上的措施，也适用于"统一王朝晋朝的继承者"之存在方式。把这一点明确地表示出来的是前面诏书B里所示的局部性"中央"政权将各地的亲晋势力纳入统治秩序的尝试。

结尾

本文探讨了伴随洛阳沦陷而愍帝即位的经过、愍帝对于司马睿等藩屏的作用、愍帝藩屏方面的动向和言论。学界一直以来认为，在洛阳陷落的混乱中拥立愍帝的长安朝廷，实质上是以关西出身的人为中心运行起来的地方政权，且对各地藩屏的影响力非常有限，或者只是建立形式上的称藩关系，长安朝廷作为实体不被关注。但实际上，可以确认，虽然愍帝在位时间很短，还是被各地的藩屏认为是正统的皇帝，并且长安朝廷对这些藩屏产生一定程度的实际影响，将他们编入以长安为中心

---

① 话虽如此，但东晋士人的构成并不均衡，大致可分为从华北流亡的北人和孙吴旧臣系的南人。值得注意的是，与北人相比，干宝出身于政治上处于劣势的南人。《晋纪总论》对怀帝、愍帝、元帝政权的评价，表明他轻视中原王朝的主人。但另一方面，也可以认为，通过将割据江南的元帝定为最终当选的受命者，相对提高了江南这一"边缘性"地区的政治权威。

的天下经营构想中。在这个构想中，最终的目标是讨伐汉朝和夺回洛阳。也就是说，从实际统治领域来看，极为局部的愍帝政权尚且认为自己是继承西晋全领域（天下）的王朝，那么被愍帝指定为下一代皇帝的司马睿也必然在理念上将自己规定为"天下"之主。

再者，一直以来的主流观点认为，长安朝廷与洛阳朝廷是连续的，而与建康朝廷的连续是被切断的。一方面，"到愍帝为晋朝，元帝以后为僭晋"的认识，合乎将自己定位为中原王朝、谋求正统化的华北藩屏方面的逻辑。另一方面，也可认为是遵循从东晋内部产生的元帝才是晋朝"中兴"之天命皇帝的逻辑。长安朝廷通过向没有实际支配力的各地亲晋势力标榜夺回洛阳来呼吁军事上的统一，同时不断授予官爵试图保持"天下"的轮廓，是以建康为中心的东晋"册封体制"的原型。这里所说的"册封体制"，虽然维持着以"天下"域外称臣的首长为外臣的汉魏以来的传统，但其"天下"不局限于王朝（东晋）实际统治领域的"天下"，这一点与汉魏是不同的。而且，"天下"区域内的亲晋势力的首长，无论是东晋统治区域内还是其外，无论是汉人还是非汉人，都被规定为晋朝的内臣。如此，按照汉魏时期的标准，为保持"天下"的轮廓，把本应该被分类为外臣的一部分首长作为内臣而待。东晋王朝虽然想要抑制他们的自立（外臣化），但随着华北形势的发展，也不得不做出一定的让步，这是东晋册封体制的特异性，其萌芽于西晋末。也就是说，在中国历史上的大分裂期——魏晋南北朝时代，不是在承认现实的分裂状态、王朝的局部性的基础上谋求自我幸存，而是以"属于一个皇帝的天下"为前提来谋求国策。那么作为最初形成模式的西晋最末期愍帝政权，难道不可以重新确定其历史地位吗？

原载《东方学》2016年第132号
（板桥晓子，日本东京大学附属图书馆助教；
陈海冰，日本龙谷大学文学研究科研究生）

秦汉帝国首都区域变迁的基层结构
——以秦岭与黄河交通网为主

[韩] 琴载元

绪论

汉帝国的两个首都——长安和洛阳——的定都背景、原因、影响等问题是秦汉史的主要讨论对象。笔者曾就长安问题提出过一定的答案,即西汉首都长安实际上继承了秦首都咸阳。虽然汉朝廷主宫位于渭南地区,并在其周围筑造城郭,但整体设计指向涵盖了渭北的旧咸阳地区,此前"渭水贯都"型首都结构仍然不变。这种设计一直维持到武帝时期首都区域重组为止。[①]因此可以说,汉初所设计的长安,是接受现有秦咸阳的首都功能和周边基础设施优点的产物。

关于东汉定都洛阳的原因,学界存在多种说法。例如,由于战争,关中严重破坏而以洛阳代之[②];从长安为首都的王莽和更始帝的失败中吸取教训,确定洛阳为首都[③];洛阳比长安具有经济优势[④];洛阳比长安近于建国集团的大本营,容易维持统治力[⑤];东汉政权偏重守文的收缩倾向延续到洛阳定都[⑥];等等。

上述说法具有一定说服力,但焦点分散到不同方面,妨碍了综合分析。这可能是由于有关讨论已经累积了很久,但仍未能达到问题的核心。有必要从长安和洛阳的简单比较中脱离,将问题的焦点集中在长安或洛阳作为首都确保资格的过程。正

---

① 琴载元:《前漢 시기 渭水 橋樑과 首都 권역 관리》,《中国古中世史研究》2018年第48辑。
② 钱穆说"光武中兴,关中残破,改都洛阳",即关中的破坏成为定都洛阳的主要原因。参见钱穆:《国史大纲》,商务印书馆,2010年,第193页。
③ 廖伯源:《论东汉定都洛阳及其影响》,《史学集刊》2010年第3期,第24页。
④ 史念海:《中国古都和文化》,中华书局,1998年,第233页;五井直弘:《古代中国的漕运——汉魏洛阳城的阳渠》,见《中国古代史论稿》,姜镇庆、李德龙译,北京大学出版社,2001年,第168页。
⑤ 梁万斌:《东汉建都洛阳始末》,《中华文史论丛》2013年第1期,第142—147页。
⑥ 许鎏源:《从积极进取到继体守文——论东汉定都洛阳的根本原因》,《辽宁教育行政学院学报》2018年第3期,第17—18页。

像西汉长安继承秦代咸阳一样,东汉洛阳是否反映了对前代所形成局面的延续?可以从西汉时期首都区域重组、地方行政编制的改革、相关基础设施的构建等变化情况找出切入点,对洛阳定都问题进行讨论。

其实,相关问题很久以前在韩国学界提出过。闵斗基曾经指出,关中的长安与洛阳同为沿黄河东西线的首都,与五代以后的北京、开封、南京的南北线首都性质形成鲜明对比。他认为,两者的差异表明了五代以前贵族政治时期的"大诸侯"性质及其后向君主独裁体制的转变。①这仍然是带来灵感的有效素材,但也是各方面需要补充的问题。于是,本文要在闵斗基所提出问题的基础上,以新的意见陈述为主进行讨论。

长安-洛阳首都体系不仅与东西方向的黄河路线有关,南北方向的秦岭路线也起了重要作用。秦及汉初长安之所以能够成为首都,是因为秦岭路线起了更关键作用。与长安相比,洛阳之所以能在经济上占据优势,主要是因为黄河路线的影响。于是,本文将秦岭和黄河交通网的大略编在第一节中。其次,汉武帝时期关东物流的需求急剧增加,因此黄河交通网大大扩充。这带动了首都区域向三河地区扩张,与之配套实施的京畿地区行政编制改革,是洛阳超越长安成为首都的长期过程的开始。对此的论述编在第二节中。第三节将提出总论,并考察秦汉帝国首都因何种机制被选中并发挥功能。相关问题不局限于长安或洛阳的比较优势论,只有关注首都区域的长期演变过程才能找到答案。其变化的根底,就是连接京师和地方的核心基础设施,即秦岭与黄河交通的运作。

一、帝国的基础设施——秦岭与黄河交通网

1. "大关中"体制的基础设施——秦岭交通网

秦岭是贯穿关中以南、中国中西部地区的巨大山脉,它与东边的淮水一起形成了一条将中国的气候、生态和文化划分为南方和北方的分界线。从历史上看,秦岭是中国统一王朝出现时必须跨越的障碍,同时是需要抢占的高地。作为黄河支流渭水及长江两大支流嘉陵江和汉水的分水岭,秦岭是北方陇西、关中,以及南方的巴蜀、江汉地区水路交通的枢纽。因此,对于将首都设在关中的秦汉帝国来说,秦岭交通的重要性无疑会更加突出。

在郡县制下秦岭交通网开始建立,这可以追溯到战国秦对汉中及巴蜀占领时

---

① 闵斗基:《전한의 경기통제책》,《东洋史学研究》1959年第3辑,第28—29页。

期。秦于公元前316年占领蜀国,并席卷了巴地。接着,在与楚的战争中取得大胜,于公元前312年设置汉中郡,正式开始了巴蜀经营。根据记载,公元前314年单独设置巴郡,而蜀郡经过长期与侯国并置后,到公元前285年才被单独任命郡守。①在巴蜀治理的交通基础设施中,不可忽视汉中郡的作用。公元前312年,秦把巴蜀地区的一部分和从楚获得的600里土地合并设置了汉中郡。②此地北边以秦岭为界面对关中,总括管辖发源于秦岭山脉分水岭的汉水上游地区。从这一点来看,汉中郡的设置目的非常明确,即其直辖跨越秦岭到巴蜀乃至江汉地区的交通分歧点。

秦岭交通的最大难关是,关中与汉中之间东西500公里,南北最少100公里,秦岭本身最高达3771米。为克服这一困难,沿着河谷上修建了栈道,目前发现了子午道、褒斜道、故道等交通路线遗址所在的河谷上留下的石穴。这些石穴肯定是为了固定栈道的桥和支架而设计的。③但是,石穴分布零星,而且历代栈道遗迹相互混存,很难分辨出是哪个时代的痕迹。尽管如此,综合史料记载的情况,栈道在秦代早已有之。其重要路线大概介绍如下。

褒斜道:最为大众所熟知的秦岭交通主道之一。因连接秦岭南端的褒谷和北端的斜谷而建的栈道,故而名为褒斜道。有记载说刘邦被项羽势力封为汉王时焚烧栈道,向项羽表明其对中原没有野心,推测此时焚烧的栈道是褒斜道。④这么说来,秦代已经建立了褒斜道。据《汉书·地理志》记载:"斜水出衙岭山,北至郿入渭,褒水亦出衙岭,至南郑入沔。"整条路线大概从北端的宝鸡市斜谷口到南端的汉中市褒城县褒谷口。

故道:位于关中平原西端,大致指经由散关与嘉陵江相沿的路线。故道因沿于嘉陵江,又称为嘉陵道;又由于经过散关,也称为散关道;路线北端终点位于陈

---

① 《华阳国志》卷三《蜀地》:"周赧王元年,秦惠王封子通国为蜀侯,以陈壮为相,置巴郡,以张若为蜀国守。……(赧王)三十年,疑蜀侯绾反,王复诛之。但置蜀守。"《史记》卷六《秦本纪》:"(十一年)公子通封于蜀……(十四年)蜀相壮杀蜀侯来降……(武王元年)诛蜀相壮……六年,蜀侯辉反,司马错定蜀……"
② 《华阳国志》卷三《蜀志》:"(周赧王)三年,分巴、蜀置汉中郡。"《史记》卷六《秦本纪》:"九年,司马错伐蜀,灭之……十三年,庶长章击楚于丹阳,虏其将屈匄,斩首八万;又攻楚汉中,取地六百里,置汉中郡。"
③ 对于秦岭栈道的报告,可参见韩伟、王世和:《褒斜道石门附近栈道遗迹及题刻的调查》,《文物》1964年第11期;程学华:《褒斜道连云南段调查报告》,《文物》1964年第11期;王子今、周苏平:《子午道秦岭北段栈道遗址调查简报》,《文博》1987年第4期;秦建明、白冬梅:《嘉陵江郙阁栈道考察记》,《文博》2008年第5期。
④ 《史记》卷五五《留侯世家》:"汉王之国,良送至褒中,遣良归韩,良因说汉王曰:'王何不烧绝所过栈道,示天下无还心,以固项王意。'乃使良还。行,烧绝栈道。"

仓，故又称陈仓道等。《史记·高祖本纪》中记载，汉王在征伐关中时，通过故道进入关中。①据此可知，故道可能早在秦代就已经构筑好了。故道大概从南端的汉中市勉县到北端位于宝鸡市东郊的陈仓县。

子午道：有记载西汉末王莽执政时期在长安城子午线南向开通道路，命名为子午道。但多数学者认为该交通路线在此之前就已经存在。据文献记载，刘邦被封汉王后，带领数万名追随者从杜南进入蚀中。《史记》注释认为，杜是后来建设宣帝陵的杜陵所在地，蚀中是进入汉中的道路。对此，《资治通鉴》胡三省注释引用《雍录》说："以地望求之，关中南面背碍南山，其有微径可达汉中者，唯子午谷在长安正南，其次向西则骆谷。此蚀中，若非骆谷，即是子午谷。"②这个记录正是推测刘邦进入汉中时利用的路线是子午道的主要依据。据王子今的研究，在子午道所在的秦岭北端，包括子午谷在内，共有三条峡谷中发现了相当于早期栈道遗址的石穴。这说明子午道路线是经过多次修改后开通的。③那么，王莽构筑的子午道也可能是调整了秦代修建的栈道路线。现在的子午道从北端的西安市长安区子午岭西南一直延伸到南端的汉中市洋县龙亭镇。

此外，褒斜道和子午道之间有连接漤谷和骆谷的漤骆道，但目前还找不到秦代利用这条路线的记录。还有连接关中地区西侧与陇西的祁山道。祁山道是沿西汉水到甘肃省礼县一带的比较平坦的路，秦初期已利用。不过，它是经过陇西的迂回路线，与直通关中的栈道性质有所区分。这些北方线路在汉中郡集结后，与金牛道、米仓道、荔枝道等南方线路相连接。在以上统称为"蜀道"的交通线路中，考虑到与关中的接近性和物理控制力，北方线路先建成后，南方线路才得以扩充。巴蜀地区的郡治应该以秦岭交通网的构筑为根据，并强力掌握汉中郡。

包括祁山道、褒斜道、故道、子午道等秦代所构筑的秦岭交通网的有机功能，后来在刘邦攻打关中地区时得到充分发挥。对此可参考以下记录：

（1）八月，汉王用韩信之计，从故道还，袭雍王章邯。邯迎击汉陈仓，雍兵败，还走；止战好畤，又复败，走废丘。汉王遂定雍地。东至咸阳，引兵围雍王废丘，而遣诸将略定陇西、北地、上郡。④

（2）还定三秦，别击西丞白水北，雍轻车骑于雍南，破之。从攻雍、

---

① 《史记》卷八《高祖本纪》："八月，汉王用韩信之计，从故道还，袭雍王章邯。"
② 《资治通鉴》卷九《汉纪一》。
③ 王子今、周苏平：《子午道秦岭北段栈道遗址调查简报》，《文博》1987年第4期，第25页。
④ 《史记》卷八《高祖本纪》。

蘬城，先登。击章平军好时，攻城，先登陷阵……[1]

（3）从还定三秦，下栎阳，降塞王。还围章邯于废丘，未拔。从东出临晋关，击降殷王，定其地。击项羽将龙且、魏相项他军定陶南，疾战，破之。[2]

在征伐关中之前，刘邦为了向项羽表示自己无意向东，烧毁了褒斜道。然而，其他栈道仍然发挥作用，刘邦军队可以在这种交通网络的基础上采取积极的军事战略。从（1）可以看出，汉王从故道返回，在陈仓附近击退了章邯军。在（2）中，樊哙率领的别动队击败了白水北边的西丞率领的军队。西丞指的是西县的丞，西县位置大约在今天甘肃省礼县附近，属于秦代陇西郡，而白水是经西县往东南方向流的嘉陵江支流。[3]那么，樊哙所采取的路线大概与祁山道一致。在（3）中，灌婴攻陷栎阳并让塞王投降，而栎阳位于今天西安市阎良区，在咸阳的东边。灌婴军要从汉中直接进军栎阳，只能利用子午道。三国时期诸葛亮进行北伐时，"（魏）延每随亮出，辄欲请兵万人，与亮异道会于潼关，如韩信故事，亮制而不许"。《魏略》曰："夏侯楙为安西将军，镇长安。亮于南郑与群下计议，延曰：'闻夏侯楙少，主婿也，怯而无谋。今假延精兵五千，负粮五千，直从褒中出，循秦岭而东，当子午而北，不过十日可到长安……'"[4]这里所说的"韩信故事"可能就是灌婴通过子午道向栎阳方向进攻的事例。

总观（1）（2）（3），刘邦的中军利用故道进入关中直接与章邯军对敌，樊哙的西军从陇西方面迂回进攻，并切断了雍国的支持兵力，而灌婴的东军利用子午道快速攻克塞王，在咸阳与刘邦军会合后包围废丘。然后走出临晋关，让殷国投降，并在定陶击溃项羽派来的军队，从而完成关中征伐。这一系列过程在短短几个月内闪电般地展开，如果没有事先进行严密的情报收集和战略设计，是不可能实现的。在情报收集方面，刘邦军在项羽军进入关中前，在萧何的主导下获得了秦丞相、御史图籍。[5]因此，刘邦可以详细掌握秦岭和关中一带的地理信息。此外，刘邦原来打

---

[1] 《史记》卷九五《樊郦滕灌列传》。
[2] 《史记》卷九五《樊郦滕灌列传》。
[3] 《史记》卷九五《樊郦滕灌列传》："《索隐》案：'西谓陇西之西县。白水，水名，出武都，经西县东南流。言哙击西县之丞在白水之北耳……'"
[4] 《三国志》卷四〇《蜀书十·魏延》。
[5] 《史记》卷五三《萧相国世家》："沛公至咸阳，诸将皆争走金帛财物之府分之，何独先入收秦丞相御史律令图书藏之。"

算被册封在巴蜀地区，但通过张良与项伯交涉，取汉中地。①这表明刘邦集团早就认识到，必须确保秦岭交通网成为关中与巴蜀联系的核心机制。换句话说，被册封为汉王的屈服背后，有预备进出关中的战略举措。

汉帝国将长安定为首都，意味着它继承了秦帝国以咸阳为中心的基础设施。与秦帝国不同之处在于，由于实施了郡国制，汉无法继承秦所建立的所有基础设施。张良在说明关中作为首都的好处时，提到南边的"巴蜀之饶"、北边的"胡苑之利"以及东边的"河渭漕挽天下"，但在提到启动东边的漕运系统时附带指出"诸侯稳定"的前提。②在汉帝国与关东诸侯国形成敌对关系的郡国制局面下，无法指望通过漕运稳定物流供应，因此秦岭基础设施的重要性只能进一步提高。

《二年律令·津关令》如实反映了汉初的这一情境。法令中提到禁止马匹和黄金等物品通关，以扞关、郧关、武关、函谷关、临晋关以及位于塞的河津为界。③这"五关"是关中与关外的地理界线，可见包括巴蜀地区的"大关中"概念此时已形成。④因为法令中一律没提到关中与巴蜀相连的秦岭一带关所，这反过来意味着秦岭一带的关口是自由、积极运营的。相反，从河津通关受到严格限制来看，利用渭水、黄河漕运的东西交通路线的比重应该不会太高。

然而，所谓"大关中"，在行政编制上并没有明确划分。《岳麓秦简》记载的秦律中经常出现"中县道"或"中县官"的说法，这大概指京畿地区，是与指地方郡县的"郡县道（官）"相对的概念。秦律规定了"中县道"的明确范围，比如：

　　郡及襄武、上雒、商、函谷关外人及酆（䣙）郡、襄武、上雒、商、函谷关外［053正］男女去，阑亡、将阳，来入之中县、道……［054正］⑤

此所见的襄武、上雒、商、函谷关的地理范围大致与狭义的关中范围一致。控

---

① 《史记》卷五五《留侯世家》："汉元年正月，沛公为汉王，王巴蜀。汉王赐良金百溢，珠二斗，良具以献项伯。汉王亦因令良厚遗项伯，使请汉中地。项王乃许之，遂得汉中地。"

② 《史记》卷五五《留侯世家》："夫关中左殽函，右陇蜀，沃野千里，南有巴蜀之饶，北有胡苑之利，阻三面而守，独以一面东制诸侯。诸侯安定，河渭漕挽天下，西给京师；……"

③ 彭浩、陈伟、工藤元男主编《二年律令与奏谳书》（上海古籍出版社，2007年）第307页："制诏御史：其令扞关、郧关、武关、函谷【关】、临晋关，及诸其塞之河津，禁毋出黄金、诸奠黄金器及铜，有犯令［四九二］"；第316页："禁民毋得私买马以出扞关、郧关、函谷【关】、武关及诸河塞津关……［五〇六］"

④ 王子今、刘华祝：《说张家山汉简〈二年律令·津关令〉所见五关》，《中国历史文物》2003年第1期。

⑤ 陈松长主编：《岳麓书院藏秦简（肆）》，上海辞书出版社，2015年，第56页。

制外人进入"中县道",可能意味着对关中和关外的领域进行了明确划分。而且,巴蜀仍然属于与"恒迁所"相同的关中附属区域,[①]可见秦帝国时期的秦人还坚持传统的关中概念。

到汉帝国时期出现"大关中"概念,汉人脱离以往秦人的传统认识。即便如此,也不能将汉初"大关中"解释为京畿地区的扩张。这是在郡国制形势下形成的特殊格局。汉朝廷可能希望通过实现五关以内区域的经济一体化,占据对诸侯国物理上的优势。然后,为确保缓冲地带,在五关外设置关外郡,构筑了对诸侯国的双重防卫线。[②]此时的汉帝国,正是中央朝廷"大诸侯"特点比任何时期都突出的时候。

司马迁在《史记·货殖列传》中总括"关中之地",说"天下三分之一,而人众不过什三;然量其富,什居其六",这与从汧、雍以东到河、华的关中范围有明显差异。"天下三分之一"的范围,既包括关中,也包括巴蜀、天水、陇西、北地、上郡等。从司马迁的陈述中可以看出,"大关中"的地理认识持续到了西汉中期。司马迁对"大关中"形成的核心机制有以下理解:"栈道千里,无所不通",即只有以栈道为代表的秦岭交通网发挥功能时,关中才能扩大到"大关中"。[③]

2. 黄河漕运基础设施的核心——鸿沟水系

战国时期秦以经营巴蜀获得的财富为基础,向关东地区扩张。对秦王政即位时的情况,《史记·秦始皇本纪》有如下说明:

> 秦地已并巴、蜀、汉中,越宛有郢,置南郡矣;北收上郡东,有河东、太原、上党郡;东至荥阳,灭二周,置三川郡。[④]

值得关注的是,该记载将当时秦对外领土扩张按占领时间顺序安排,同时以关中周围的交通路线为基础划定了区域。首先,巴、蜀、南郡,包括汉水、嘉陵江及长江中上游一带,都具有以秦岭为枢纽与关中联系的特点。其次,上郡与河东、太原、上党以晋陕峡谷一带黄河为界面对,而东边的三川郡属于函谷关以东的黄河南

[①] 陈松长主编《岳麓书院藏秦简(伍)》(上海辞书出版社,2017年,第49—50页):"诸有罪当羁(迁)输蜀巴及恒羁(迁)所者,罪已决,当传而欲有告及行有告,县官皆勿听而亟传诣〔033正〕羁(迁)轮(输)所,勿留。十九〔034正〕"。

[②] 琴载元:《汉初"关外郡"设置源流》,《中国古中世史研究》2015年第38辑。

[③] 《史记》卷一二八《货殖列传》:"关中自汧、雍以东至河、华……南则巴蜀。巴蜀亦沃野,地饶卮、姜、丹沙、石、铜、铁、竹、木之器。南御滇僰、僰僮。西近邛笮,笮马、旄牛。然四塞,栈道千里,无所不通,唯褒斜绾毂其口,以所多易所鲜。天水、陇西、北地、上郡与关中同俗。然西有羌中之利,北有戎翟之畜,畜牧为天下饶。然地亦穷险,唯京师要其道。故关中之地,于天下三分之一,而人众不过什三;然量其富,什居其六。"

[④] 《史记》卷六《秦始皇本纪》。

岸地带。也就是说，把关东划分为黄河以北和以南，这些区域都不能通过秦岭交通网贯穿、联系。其核心在于与黄河或其支流的联系，因此可以将这些地区纳入黄河交通网。

华北平原一带很早就有黄河支流的运河体系，其代表可以举出战国时期魏开发的鸿沟。鸿沟在荥阳河口从黄河分流出来，经过魏首都大梁后向南流，最后注入颍水。另外，从鸿沟分流出的济、获、濉、涡等支流将河淮间区域紧密相连，形成了漕运网。对此，《史记·河渠书》指出："荥阳下引河东南为鸿沟，以通宋、郑、陈、蔡、曹、卫，与济、汝、淮、泗会。"[①]这是广泛的交通体系。后来的汉代狼荡渠是鸿沟的别称，而隋唐时期连接江南和黄河的通济渠也是以鸿沟水系为基础建造的。

漕运基础设施的存在不仅仅意味着交通体系的发展，对水系的掌控也意味着治水能力的提高，由此衍生的灌溉事业的发展将直接提高土地生产力。鸿沟水系正是战国魏及其周围各国农业发展的基础和富国的核心。于是，以向关东扩张领土为目的的秦，将军事力量集中到摧毁该漕运基础设施上。在上述记载的"灭二周，置三川郡"阶段刻意提到"荥阳"，正体现了这方面的重要意义。从失去荥阳开始，魏就丧失了对鸿沟的控制力。然后，秦王政二十二年（前225），"王贲攻魏，引河沟灌大梁，大梁城坏，其王请降，尽取其地"[②]，由此魏最终灭亡。这种战略可能是因为秦掌握了大梁周边的水系。

那么，秦帝国时期，鸿沟水系是如何运作的呢？秦帝国应该扩张和发展了鸿沟水系。里耶秦简J1（17）-14号里程简牍中涉及联系顿丘—虚—衍氏—启封—长武—傿陵—许的交通路线，这些都是分布在东郡、三川、颍川、砀郡的县名。[③]其中，从"衍氏"到"启封"的路段，与鸿沟从荥阳河口向东流经大梁的路线大致吻合。"长武"的位置不详，但接下去的"傿陵"和"许"属于鸿沟与颍水相连的漕运圈域。因此，我们可以充分考虑该路段的主交通路线是鸿沟的可能性。

更具体的信息还要通过此后发掘的资料来补充，而据说北京大学收藏未公布的秦简中记录了与水路交通相关的很多核心信息。以《秦水陆里程简册》命名的简牍资料中，有与本文有关的核心信息，如：

江陵行夏水，入趍溪，以上冀（汉）水，到杨口，五百六里百步。

（04-197）

---

① 《史记》卷二九《河渠书》。
② 《史记》卷六《秦始皇本纪》。
③ 湖南省文物考古研究所：《里耶发掘报告》，岳麓书社，2006年，第198页。

杨口水道上到武庚，千二百五十四里。（04-213）

武庚到阆簜渠三百廿七里。（04-083）[①]

综合以上三份资料，可以复原江陵—杨口—武庚—阆簜渠的路线。有趣的是，"阆簜"这一水渠的名称，与汉代鸿沟的异称"狼荡"有同音关系，由此可见，狼荡渠从此时已成为鸿沟的正式名称。可见，这是明示江陵至鸿沟的远程路线的资料。

杨口和武庚的地望并不明确，但通过数据类推，它们可能是位于南阳郡境内的河道枢纽。从江陵路过夏水后，经汉水可达杨口，也可以利用杨口水道到达武庚。另有资料记载"武庚到雉（七十）九里"（04-066）[②]，这里所见的"雉"是南阳郡属县，与郡治所在的宛县一起位于淯水沿岸。据《汉书·地理志》记载，雉县境内沣水发源于衡山，流往东与汝水汇流。[③]那么，武庚应该位于连接淯水、沣水、汝水的据点某处。这里武庚的"庚"在《说文解字》中曰"庚，水漕仓也"，是与漕运有深刻关联的名称。就是说，武庚应该是漕运运粮食的集结仓。江陵的粮食就可能经过武庚，沿狼荡渠到达位于荥阳河口的敖仓。

通过里耶秦简与北大简的例子，可以充分看到秦汉帝国时期鸿沟水系如何得以扩大运用。对以关中为首都的秦汉帝国来说，鸿沟水系可以成为总管关东物流的核心基础设施。但是，在秦汉交替时期和郡国制下的西汉时期，鸿沟可能无法正常运用。楚汉战争时期，汉军以荥阳为据点与楚军对峙，一方面是为了确保敖仓的物资，另一方面是为了牵制楚军利用漕运基础设施。最终，鸿沟成为划分楚、汉界线的代名词。对于无法利用关东地区漕运基础设施的项羽军来说，鸿沟并不是一个紧绷的平衡边界，而是一个破坏平衡倾斜的边界。像这样总管关中的秦岭交通网、拆卸关东黄河交通网的方式，在郡国制局面下仍然适用。汉初三河地区的直辖，除了为关中形成缓冲地带的防御目的外，也是为了抓住诸侯国的生命线。而且，以黄河交通网来总管关东物流，到汉武帝时期全面建立郡县制时才能实现。

[①] 辛德勇：《北京大学藏秦水陆里程简册初步研究》，《出土文献》2013年第4辑；又收入《石室剩言》，中华书局，2014年，第219、264页。

[②] 辛德勇：《北京大学藏秦水陆里程简册初步研究》，《出土文献》2013年第4辑；又收入《石室剩言》，中华书局，2014年，第261页。

[③] 《汉书》卷二八上《地理志》："雉，衡出，沣水所出，东至郾入汝。"

二、渭水-黄河交通联系与京畿地区的扩张

1.汉武帝时期"新关中"体制的成立

汉武帝时期,由于迁徙政策,关中地区人口快速增加,形成非生产人口密集的京畿地区特点,关中当地自产的物资难以继续供养内部人口。与此相比,关东诸侯国地区进入历史上最安定的时期,张良所说的"河渭漕挽天下,西给京师"境况形成了。而且,汉武帝摆脱了文景时代的紧缩财政,积极实行对外征伐,因此对关东物流的需求比以前任何时候都更迫切。汉武帝计划把关东物流大量供应关中的同时,为扩大财政实行了盐铁专卖、均输、平准法等制度。这种中央权力主导的天下物流独占计划,如果没有能支撑它的硬件,即交通基础设施,就无法达到相应的效果。于是,汉武帝从扩充交通基础设施开始筹划。本节将讨论其大致的过程以及若干重点问题。

《史记·河渠书》所见汉武帝时期的第一个水利工程是公元前129年开凿的漕渠。漕渠是以关东物流运输为目的,连接长安城至渭水入口的人工运河。因此,原有的渭水漕运的缺点得到了很大改善,而且可以提高关中土地的灌溉,有一举两得的效果。[①]但是,漕渠开凿的成果似乎并没有立即出现。此后的十余年间,河东溉田和褒斜道修筑等大规模水利工程陆续进行,它们要么使漕渠的效果减半,要么是代替了漕渠的作用。相关内容引用如下:

> 漕从山东西,岁百余万石,更砥柱之限,败亡甚多,而亦烦费。穿渠引汾溉皮氏、汾阴下,引河溉汾阴、蒲坂下,度可得五千顷……谷从渭上,与关中无异,而砥柱之东可无复漕。……今穿褒斜道,少阪,近四百里;而褒水通沔,斜水通渭,皆可以行船漕。漕从南阳上沔入褒,褒之绝水至斜,闲百余里,以车转,从斜下下渭。如此,汉中之谷可致,山东从沔无限,便于砥柱之漕。[②]

这两个事例都把"砥柱"作为关东漕运的缺点。砥柱是今天三门峡一带所形成的特殊峡谷地带。黄河流经这一地区时,由于处处突出的岩石和急流,实质上不能进行漕运。如果因"砥柱之限"而使黄河漕运受阻,以供应关东物流为目的的漕渠效果只能大打折扣,所以朝廷大臣们摸索出"砥柱之东可无复漕"或"便于砥柱之

---

① 《史记》卷二九《河渠书》:"天子以为然,令齐人水工徐伯表,悉发卒数万人穿漕渠,三岁而通。通,以漕,大便利。其后漕稍多,而渠下之民颇得以溉田矣。"
② 《史记》卷二九《河渠书》。

漕"的对策。

值得注意的是，褒斜道的修筑计划将渭水–黄河联系转变为渭水–汉水联系。褒斜道修筑时间不明确，但从张汤在任御史大夫时受命处理上书修褒斜道通漕运事可知，应该是公元前120年至前115年进行的。[1]按照这一计划，或许关东所有交通网都以秦岭收敛，汉中郡取代河南郡，南郑的重要性可能与洛阳变得一样高。但是，联系渭水–汉水的计划失败了。由于秦岭险峻形成急流，不能通过褒斜道进行漕运。[2]河东溉田同样失败[3]。没有其他对策的汉武帝从此确定了进一步加强渭水–黄河联系的方向。此后逐步进行的京畿地区行政编制变化过程，正与渭水–黄河交通联系密切相关。

首先，修筑褒斜道的几年后，公元前114年，关中领域发生了重要变化。作为区分关中、关外界线的函谷关，从原来的河南省灵宝市移至洛阳市新安县。这一命名为"广关"的措施，使关中扩展到洛阳近旁。[4]但是，不能说从此以后旧函谷关比重下降或废弃。《汉书·武帝纪》曰："（元鼎）三年冬，徙函谷关于新安。以故关为弘农县。"[5]第二年设置弘农郡，弘农县成为郡治所。[6]由此看来，弘农县只是丧失了函谷关的名称，反而被赋予了更高的地位。

新函谷关的位置定在新安县一带，可能是考虑到黄河漕运的地理环境。函谷关东北方向25公里处，有黄河中下游的分界线小浪底。1998年3月至9月，对该地区进行了发掘调查，发现汉代渡口和粮仓遗址。整理者认为，这可能与当时的函谷关设

---

[1] 《汉书》卷一九下《百官公卿表》："（元狩三年）三月壬辰，廷尉张汤为御史大夫，六年有罪自杀。"

[2] 《史记》卷二九《河渠书》："道果便近，而水湍石，不可漕。"

[3] 《史记》卷二九《河渠书》："数岁，河移徙，渠不利，则田者不能偿种。久之，河东渠田废，予越人，令少府以为稍入。"

[4] 一般认为"广关"是为了扩大经济范围而施行（大栉郭弘：《汉代三辅制度的形成》，见池田温编：《中国礼法と日本律令制》，东方书店，1992年，第93—116页；崔在容：《西汉京畿制度的特征》，《历史研究》1996年第4期，第24—36页），而辛德勇主张"广关"是元鼎三年至六年从北边临晋关到南边扞关一带联系起来进行的"大关中"领域扩张之一部（《汉武帝"广关"与西汉前期地域控制的变迁》，《中国历史地理论丛》2008年第2辑，第82页）。此外，胡方认为"广关"的主要目的在于对洛阳的控制，这反映出以往军事控制战略改变为政治控制战略的情况（《汉武帝"广关"措置与西汉地缘政治的变化——长安、洛阳之间地域结构为视角》，《中国历史地理论丛》2015年第3辑，第40—45页）。总之，以往研究大致以政治战略视角分析"广关"问题，但忽视本文关注的经济因素。

[5] 《汉书》卷六《武帝纪》。

[6] 《汉书》卷二八上《地理志》："弘农郡，武帝元鼎四年置。"

置有关，其建设年代在武帝元鼎三年（前114）之后。[1]黄河从这一地以上是峡谷急流，所以路过这一地后船舶需要减少装载量或换乘陆路。因此，需要在小浪底的渡口上设置集结卸货粮谷的粮仓。此外，小浪底东南50公里处有洛阳，从洛阳和小浪底两地进入崤函古道的路口上就有新函谷关。

在此基础上，公元前101年，随着弘农都尉向武关移动，弘农郡内部路线管理体系最终得以完善。[2]综合来看，新函谷关和武关均由弘农郡重点管理。这表明，设立弘农郡的主要目的是管理关东与关中之间的交通道路。特别是，在进入砥柱段的黄河流域设立粮仓并增设关所，提高了通往渭水漕运的陆上路线的衔接性。洛阳一带既是黄河漕运的终点，也是进入关中的换乘点，其价值必然提升。

其次，属于旧关中的内史地区也进行了类似方向的改编。弘农郡设置的元鼎四年（前113）也设置了二辅都尉，再到太初元年（前104）确定三辅行政区域时，改置都尉。[3]其中值得注意的是，京辅都尉和右辅都尉分别被设置在华阴县和眉县。[4]华阴县位于潼关一带漕渠的出发地，而眉县位于褒斜道的终点斜谷口，其意图可能是加强秦岭和黄河交通网的据点防御能力。漕渠和褒斜道的开凿，广关与弘农郡的设置，京辅都尉和右辅都尉的设置等，正是在这种基层结构的基础上达成的。

此外，渭水河口一带进一步进行了行政编制的详细调整。1982年9月至10月，在华阴县城西侧9公里处发掘的京师仓遗址被判定为武帝时期的建筑，该仓以及其周边的仓城以秦惠文王五年（前333）所筑的宁秦县城为基础。[5]宁秦县在汉代改名为华阴县[6]，如果华阴县廷的位置没有向其他地方移动，京师仓应该就是华阴县管辖。或

---

[1] 该遗址汉代文化层上发掘了有"永始二年造"字样的空心砖。因此，整理者判断粮仓的建筑年代在新函谷关设置的武帝元鼎三年和成帝永始二年之间。（朱亮、史家珍：《黄河小浪底盐东村汉函谷关仓库建设遗址发掘简报》，《文物》2000年第10期，第23—25页）

[2] 《汉书》卷六《武帝纪》："（太初四年）徙弘农都尉治武关，税出入者以给关吏卒食。"

[3] 《汉书》卷一九上《百官公卿表》："元鼎四年更置二［三］辅都尉、都尉丞各一人。""右内史武帝太初元年更名京兆尹……左内史更名左冯翊……（主爵中尉）武帝太初元年更名右扶风……"

[4] 《汉书》卷二八上《地理志》："郿，成国渠首受渭，东北至上林入蒙笼渠。右辅都尉治。"对于京辅都尉的治所，《汉书·地理志》没有记载，但是根据全祖望、王先谦的考证，可知其位于华阴县（王先谦补注：《汉书补注》，上海古籍出版社，2012年，第2181页："当有'京辅都尉治'五字，传写夺之。"先谦案："此据百官表、赵广汉传。其治华阴，见黄图及宣纪本始元年注。县人杨敞，见本传。"）。

[5] 陕西省考古研究所：《西汉京师仓》，文物出版社，1990年，第7、57页。

[6] 《汉书》卷二八上《地理志》："华阴，故阴晋，秦惠文王五年更名宁秦，高帝八年更名华阴。"

者，也可能设置在华阴的京辅都尉直辖管理的京师仓。无论其原因如何，京师仓与其他设备相比，似乎构建了更为严密的防御体系。例如，在王莽政权末期，更始帝的汉军先入关中击溃了王莽派出的九虎将军中的六虎，但对守势之下只有三虎将军收留散卒守备的京师仓，汉军竟然最终未能攻陷。①这可能是因为京师仓周围存在特殊的防御机制。还可以举出另一种特殊机构，即在渭水河口附近设置的船司空。②从其名称可以看出，船司空是为管理渭水河口的船舶而设置的，船司空在汉代某个时期被提升为县级机构。③这与渭水河口船舶管理的特殊需要有关，据此推测，这也是公元前113年前后一起改编的。

以上相关行政编制改编过程整理如下：公元前129年漕渠开凿后，汉朝廷探索关东物流运输的多种方向，最终确定了加强渭水-黄河交通的联系。其结果，公元前114年函谷关迁至新安，次年设置弘农郡，加强了黄河水运的终点洛阳与位于京师关门的弘农县（旧函谷关）之间的交通管理体系。随后，将京辅都尉设置在华阴县，这可能与渭水入口处建设京师仓有关。并且，将船司空升级为县，强化了对渭水河口出发或到达船舶的管理。总之，通过增设机构（新函谷关和京师仓）、提高管理等级（弘农郡、弘农县以及船司空）、增强军事能力（京辅都尉）的方式，加强了渭水-黄河枢纽管理体系。

汉武帝时期扩充黄河交通网的效果，通过关中粮食补给量的增加可以显而易见地看到。据《史记·平准书》记载，汉初惠帝、吕后时期，年中关东向关中的粮食补给总量不过几十万，而武帝时期却达到六百万。④我们必须要认识到，这大幅度的增加不仅得益于政策改革，而且得益于基础设施的扩充和改造。这里需要指出的

---

① 《汉书》卷九九下《王莽传》："三虎郭钦、陈翚、成重收散卒，保京师仓。邓晔开武关迎汉，丞相司直李松将二千余人至湖，与晔等共攻京师仓，未下……时李松、邓晔以为京师小小仓尚未可下，何况长安城，当须更始帝大兵到。"师古曰："九人之中，六人败走，三人保仓也。京师仓在华阴灌北渭口也。"

② 《水经注》卷一九《渭水》在"东入于河"一句曰："水会，即船司空所在矣。"即船司空位于渭水河口。参见《水经注校证》，中华书局，2007年。

③ 《汉书》卷二八上《地理志》："（京兆尹）船司空，莽曰船利。"服虔曰："县名。"师古曰："本主船之官，遂以为县。"然而，在西安市未央区相家巷南地发掘的秦封泥中，有"船司空丞"封泥［周晓陆、陈晓捷、汤超等：《于京新见秦封泥中的地理内容》，《西北大学学报》（哲学社会科学版）2005年第4期，第118页］。由此可见，船司空已在秦代置为县级机构。但是，《二年律令·秩律》的县名中没有包括船司空，可能是因为汉初船司空的等级下降或废置。汉代船司空县的复置，就意味着秦代黄河-渭水漕运系统的复原。

④ 《史记》卷三〇《平准书》："孝惠、高后时，为天下初定……漕转山东粟，以给中都官，岁不过数十万石。""山东漕益岁六百万石。一岁之中，太仓、甘泉仓满。"

是，后来京畿地区以司隶校尉部为范围发展，对其来源可以从黄河交通网扩充时期开始讨论。闵斗基认为，司隶校尉中的三河地区属于京师的外缘地带。[①]其实这种情况只限于当初未设置司隶校尉的西汉前期。武帝时期的三河地区，不再仅仅按照京师的外围地带解释，而应该看作是为关东物流的扩大而进行管理的，是更积极意义的扩张。

2.监察区域划定所见首都区域的扩张

汉武帝时期完成渭水—黄河交通网的衔接，长安首都体系达到了南北方向的秦岭交通与东西方向的黄河交通融合的顶点。顶点也可以说是拐点，这一时期京畿地区基础设施的重心开始由秦岭向黄河转移。漕渠的开凿，函谷关的移动，弘农郡的设置，乃至十三州刺史部和司隶校尉的设置等一系列的政策，都反映了这种基层结构变动导致首都区域扩张的趋势。

众所周知，设立于汉武帝元封五年（前106）的十三州刺史部，只是监察区域的划分，并不是行政管辖区的划分。[②]但是，监察官起到加强皇帝权力的关键作用，以地方监察为目的出发的刺史部必然涵盖此后在郡县制基础上发展州制的可能性。然而，负责京畿地区监察的司隶校尉与十三州刺史部相比，占据了非常独特的位置。司隶校尉到武帝征和年间[③]才设置，由此可见，三辅、弘农、三河地区当初被排除在十三州的管辖范围之外。另外，由于十三州刺史部成立宗旨是逮捕巫蛊相关人员这一特殊任务，故此后改编频繁，与常设机构刺史部不同，任意性非常突出。

即便如此，也不能将当时的三辅、弘农、三河地区仅仅定义为被刺史部包围的空白地带。[④]至少在监察方面，这一地区被设定为比其他刺史部更重要的监察对象。汉武帝时期以后，西汉的监察制度中，御史系统和丞相系统并行。当时的刺史部不

---

① 闵斗基：《前漢의 경기통제책》，《东洋史学研究》1959年第3辑。
② 金龙灿：《汉代13州刺史部 "天下"秩序》，《东洋史学研究》2018年第144辑，第1—3页。
③ 《汉书》卷一九上《百官公卿表》："司隶校尉，周官，武帝征和四年初置。"但是，朱绍侯认为，与巫蛊相关的戾太子谋反事件于征和二年发生，而征和四年并没有发生过有关案件。而且，初代司隶校尉有可能是与戾太子冲突的江充。因此，推测征和四年有可能是征和二年的误记。笔者赞同其说。参见朱绍侯：《浅议司隶校尉初设之谜》，《学术研究》1994年第1期，第84页。
④ 大栉郭弘：《前漢"畿辅"制度の展开》，见牧野修二编：《出土文物によゐ中国古代社会の地域の研究》，平成2、3年度科学研究费辅助金一般研究（B）研究成果报告书，1992，第98页；金龙灿：《汉代13州刺史部"天下"秩序》，《东洋史学研究》2018年第144辑，第9页。

是皇帝直属的个别机构，而是御史部属下接受中丞监督的御史系统的监察机构。据说中丞内部还设立了十五人的侍御史①，那么，京畿地区的监察工作应该是由御史中丞的内部官员常时进行。元狩五年（前118）设置丞相系统的监察——司直，从而建立了常设机构。②司直虽然没有像刺史那样单独划定监察区域，但被评价为"职无不监"③，反映其拥有极大权力，因此对京畿地区也可能无一例外地进行监察。由于西汉时期保持在京师不设地方官的原则，作为地方官的刺史部没有在京师，但中央的御史府和丞相府应该存在对京师的监察职能。在此基础上，又在京师地区设置皇帝直属机构司隶校尉。也就是说，十三州受到双重监察，而三辅、弘农、三河则是受到三重监察的地区。

剩下的问题，有必要考察京畿的监察区域划分为三辅、弘农、三河地区的原因。三辅是对既往内史地区的重组，而且弘农郡随着广关政策被重新编入关中，到此处扩张可以理解是顺理而成的。然而，为什么不属于关中的三河地区成了中央官的监察对象呢？如果需要一个军事缓冲地带，仅仅依靠汉初已成立的关中与关外郡的关系就足够了。关中的监察体系被统一适用，意味着三河地区已经超越了单纯的外缘地带，与关中地区共享一体化的利害。有关问题可参考田仁在监察制度改革初期的事例。

> 田仁上书言："天下郡太守多为奸利，三河尤甚，臣请先刺举三河。三河太守皆内倚中贵人，与三公有亲属，无所畏惮，宜先正三河以警天下奸吏。"是时河南、河内太守皆御史大夫杜父兄子弟也，河东太守石丞相子孙也。是时石氏九人为二千石，方盛贵。田仁数上书言之。杜大夫及石氏使人谢，谓田少卿曰："吾非敢有语言也，愿少卿无相诬污也。"仁已刺三河，三河太守皆下吏诛死。仁还奏事，武帝说，以仁为能不畏强御，拜仁为丞相司直，威振天下。④

田叔的儿子田仁和司马迁是同辈人，互有交情。于是，司马迁在《田叔列传》末尾简短地论述了朋友田仁的履历和死亡。⑤上述内容是褚少孙补充的成为田仁晋升

---

① 《汉书》卷一九上《百官公卿表》："（御史大夫）有两丞，秩千石。一曰中丞，在殿中兰台，掌图籍秘书，外督部刺史，内领侍御史员十五人，受公卿奏事，举劾按章。"
② 《汉书》卷一九上《百官公卿表》："武帝元授五年初置司直，秩比二千石，掌佐丞相举不法。"
③ 《汉旧仪》卷上，见孙星衍等辑：《汉官六种》，周天游点校，中华书局，1990年，第67页。
④ 《史记》卷一〇四《田叔列传》。
⑤ 《史记》卷一〇四《田叔列传》："太史公曰……仁与余善，余故并论之。"

契机的三河地区监察的详细内容。这里所说的"御史大夫杜"是杜周,"石丞相"是石庆。杜周任职御史大夫的时间是公元前98年至前95年,石庆的丞相任职时间是公元前112年至前103年。①也就是说,杜周在任职御史大夫时,石庆已经死亡。因此,与杜周被称为"杜大夫"不同,石庆被称为"石丞相子孙"或"石氏",反映了石庆死后其子孙继承权势的情况。另外,据《汉书·杜周传》记载:"始周为廷史,有一马,及久任事,列三公,而两子夹河为郡守,家訾累巨万矣。"②这与上述所见杜周父兄子弟担任河内、河南太守的内容相符。因此,田仁监察三河发生在公元前98年和前95年之间,更确切地说,发生在杜周任御史大夫的末年。

三河地区郡太守的腐败尤其严重,这可能与黄河交通网的扩充导致关东物流集中在三河地区的情况有关。熟知这些地区情况的中央高官有可能左右三河太守的任命,从而引发勾结腐败。杜周和石庆的子孙独揽太守职取得财富的情况,正反映了三河的这种特殊性。考虑到关中与三河地区之间形成的利益共享关系,就可以理解为什么京畿的监察区域延伸、适用到三河。

从田仁的监察中可以看出,当时三河地区的安全被看作京畿安全的一部分,而且这样的现实在十三州刺史部的区域划分中也有所反映。之后设立的司隶校尉的监察区域被定在三辅、弘农、三河地区,也是为了响应这一情况。然而,司隶校尉当时是皇帝直属,与御史府所属刺史的系统不同。另外,司隶校尉由于与丞相司直及御史中丞的任务重叠,编制调整经常发生。哀帝时期改变为大司空(御史大夫的后身)所属,与司直同等,从此监察机构任务重复的问题在一定程度上得到了澄清。③但是,此时的司隶并没有成为与刺史部同等的机构。

司隶校尉与刺史部成为同等机构始于东汉建武十八年(42),复置刺史并把司隶校尉部编入十三州之一。④在此之前,建武十一年(35)废置了丞相司直⑤,可见在简化制度并统一监察业务的过程中,实现了刺史部与司隶校尉的合并。无论如何,三辅、弘农、三河作为京畿地区从此通过制度得到了确证。有悖论意义的是,这种变化

---

① 《汉书》卷一九下《百官公卿表》:"(元鼎五年)九月辛巳,丞相周下狱死。丙申,御史大夫石庆为丞相。""(太初二年)正月戊寅,丞相庆薨。""(天汉三年)二月,执金吾杜周为御史大夫,四年卒。"

② 《汉书》卷六〇《杜周传》。

③ 《汉书》卷一九上《百官公卿表》:"绥和二年,哀帝复置,但为司隶,冠进贤冠,属大司空,比司直。"

④ 《后汉书·志二八·百官五》:"建武十八年,复为刺史,十二人各主一州,其一州属司隶校尉。"

⑤ 《后汉书》卷一《光武帝纪》:"(十一年)夏四月丁卯,省大司徒司直官。"

是在以洛阳为首都的东汉时期才形成的。换首都而继京畿的二律背反，是在当时帝国追求理想和面临现实之间出现的矛盾。

三、长安-洛阳首都体系转换的机制

现在讨论东汉时期首都没有定在长安而选洛阳的原因。前面笔者对秦岭交通网和黄河交通网、京畿地区行政编制进行了长篇讨论，认为首都不是单纯的个体（长安和洛阳）选择问题，而是与基础设施，即基层结构（秦岭交通和黄河交通）的流动有关。基层结构决定首都圈的范围、变动。因此，秦汉时期首都区域的变迁，可以成为东汉首都体系转型的线索。总结以往关于定都洛阳研究的核心主张如下：

（1）由于内战，长安破坏严重，无法作为首都使用；（2）以长安为首都的王莽和更始帝的失败，成为他山之石；（3）洛阳与长安相比，经济上占有优势；（4）由于关东建国集团利益关系，洛阳被选为首都；（5）东汉政权的守文、内向统治倾向影响了首都的选定。

以上主张可以分别反驳，也可以基于本文的主题进行补充。先把问题分类型看，（1）（2）是长安不能成为首都的原因，（3）（4）（5）是洛阳能成为首都的理由，特别是（4）（5）是将政权性质和首都关系作为重点的讨论。先简单讨论一下（1）（2）（3）的问题，然后兼谈本文的总结时，对（4）（5）的问题进行深入分析。

长安为什么不能成为东汉的首都？长安破坏严重不能为作首都的主张缺乏说服力。洛阳也经历了战争，遭到的破坏不亚于长安，但最终被定为东汉之都。此外，秦汉交替期咸阳被项羽彻底摧毁，但建立西汉的刘邦集团最终决定将继承咸阳的长安定为首都。由此看来，战争造成破坏决不能成为首都的缺格事由，必要时还可以重建。即便如此，长安未能成为首都，一定程度上与（2）有关。选择关中为大本营的王莽和更始帝被周边势力孤立而灭亡。但是，为什么定都关中是刘邦集团成功的主要原因，到了王莽和更始帝时期反而成了败亡的原因呢？

关中地缘政治价值的变化，与周边基础设施的状况有关。汉初，秦代构筑的秦岭交通网依然功能齐全。"汉王引兵东定三秦，何以丞相留收巴蜀，填抚谕告，使给军食。汉二年，汉王与诸侯击楚，何守关中，侍太子，治栎阳。"[①]西汉以秦岭交通网为中心，实现了"大关中"的一体化管理。相反，王莽执政后，巴蜀的公孙述、天水的陈嚣脱离关中。这里面可能也有政治力量和军事战略缺失的因素，但是，基础设施从

---

① 《史记》卷五三《萧相国世家》。

秦岭交通网向黄河交通网转移的情况可能也产生了一定的影响。此外，战争期间这种分裂状况的持续，可能进一步推动了秦岭交通网的解体。刘秀平定巴蜀、陇西及河西后，仍不迁都长安，原因是短期间内不可能修复长安与腹地联系的交通网。

那么，洛阳之所以能够取代长安成为首都，可以看作西汉中期以后秦岭交通网退潮、黄河交通网发展的情况发挥了作用。这是形成（3）的直接原因。洛阳是关东物流向关中运输的必经之地。但如果仅仅依靠黄河交通网提供物资，运输距离和成本低的洛阳必然比长安具有经济优势。与此相比，在西汉初秦岭交通网比重较高的情况下，长安取代洛阳作为首都，只是表面相反，实际上是同一个道理。

（4）（5）问题看似妥当，但也存在着几个疑问。（4）似乎不能成为首都决策的绝对要素。比如，西汉的建国集团与东汉建国集团一样，以关东出身为主，但西汉选长安为首都。而且，（5）提出的政权收缩倾向，在以长安为首都的西汉初期政治中也同样存在。归根到底，观念因素与本质无关，可能是次要原因。只有可能与首都联系发生的京畿地区基层结构的流动，才会对政权的定都倾向产生影响。

洛阳在建武元年（25）十月内战的情况下，成为东汉首都。①建武十三年（37），公孙述击破巴蜀完成统一后，光武帝仍然坚持以洛阳为都，此时可能有不少人提出迁都长安的建议。杜笃通过献给光武帝的《论都赋》，详细说明了首都要从洛阳迁往长安的理由。②从京兆尹杜陵人和杜周儿子杜延年高孙的出身背景来看，他的意见可以看作关中地区士人意见的代表。与这些记录不同，找不到代表中央朝廷反驳迁都长安主张或提出洛阳应为首都理由的记载。

光武帝之所以没有特意说明帝国定都洛阳的理由，也许是因为他知道洛阳与长安相比是名分不够的首都，但也不能由此迁都长安。因此，公开这种事实留下争论的余地，不如选择隐藏，保留讨论。司隶校尉编入十三州刺史部之一，将三辅、弘农、三河划入京畿地区也与此有关。由此，东汉政权可以说是在名分上继承了西汉的京畿。③同时，维持原有三辅（京兆尹、左冯翊、右扶风），并"修西京宫

---

① 《后汉书》卷一上《光武帝纪》："冬十月癸丑，车驾入洛阳，幸南宫却非殿，遂都焉。"
② 《后汉书》卷八〇上《文苑列传》。
③ 司隶校尉部由公孙述政权最初设置。建武元年"改益州。为司隶校尉，蜀郡为成都尹"（《后汉书》卷一三《陈器公孙述列传》）。后汉征伐公孙述政权的建武十三年，"益州传送公孙述瞽师、郊庙乐器、葆车、舆辇，于是法物始备"。可见，后汉在礼义制度方面落后于公孙述政权。在此情况下，后汉朝廷有可能模仿公孙述政权的制度设置司隶校尉部。（龚志伟：《两汉司隶校尉始"部七郡"平议——兼论该官的双重性格》，《文史》2016年第2期）但是，与公孙述政权不同的是，后汉完整继承了西汉的司隶校尉区域，确保了更优势的正统。

室"①，显示东汉朝廷仍指望以长安为首都。

与此相反，京畿内部行政编制的细节明确指向了以洛阳为中心的首都体系。尤其值得注意的是弘农郡的辖区变化。原属于弘农郡的商和上雒变更归属于京兆尹，而原属于京兆尹的湖和华阴竟然变更归属于弘农郡。②这两郡的边界调整反映了京畿中心由长安转向洛阳的情况。西汉的弘农郡需要对关东至京兆尹的两条通道（函谷关与武关）全部进行管理，但东汉弘农郡改变了从关中向河南尹的通道管理，因此不再需要管辖武关一带。

在京畿中心转向洛阳的基础上，湖和华阴的建制，更显示出东汉帝国想要按什么方向管理关中。这两个县位于潼关周围，是渭水-黄河交通联系的核心据点。西汉时期，湖和华阴属于京兆尹，其目的是对渭水漕运的起点实行一元管理，保证京师地区物流供应的通顺。为支持这一举措，还同时设置了京师仓、京辅都尉、船司空县。而到东汉，将湖和华阴从京兆尹分离出来，意味着现有长安首都下的物流供应系统已经中断。京师仓被废置③和《续汉书·郡国志》中不再出现船司空这一县名④，也反映了这种变化。

东汉的司隶校尉部只是表面上继承了西汉的司隶校尉，实际上是完全不同方向性的京畿区域。在洛阳首都体系下，三辅沦为京师的外缘地带。在这种格局下的首都基础设施只能偏重黄河交通网，而与秦岭交通网的联系只能放松。通过秦岭交通网所获的主要资源从巴蜀供应，巴蜀物流到达洛阳的路途过于遥远，而且构筑基础设施需要天文数字的费用，收益远不如关东物流。洛阳正是为了依托关东物流而设计的首都。

不过，从军事层面看，秦岭交通网尽管收益低，但仍有必要修复。这是由于四川地区具有地缘政治特点，用清代学者顾祖禹的话说："盖蜀者，秦、陇之肘腋也，吴、楚之喉吭也。"⑤也就是说，如果关中和四川之间的联系减弱，那么中央对江汉和江南地区的控制力就会出现问题。于是，东汉朝廷也持续修筑和管理秦岭栈

---

① 《后汉书》卷一下《光武帝纪》。
② 《续汉书·郡国一》："弘农郡，武帝置。其二县，建武十五年属……湖，故属京兆。有閺乡。华阴，故属京兆，有太华山。""商，故属弘农。上雒，侯国。有冢领山、雒水出。故属弘农。"
③ 京师仓遗址发掘者认为，根据一号仓址中发现了东汉初年的砖瓦窑，出土货币年代的下限至王莽代，王莽以后的文献中再不见有关京师仓的记载等事实，判断京师仓废弃的下限在东汉初年。而且，京师仓废弃的原因很可能与漕渠淤沙过多难以使用、东汉都城东迁洛阳有关。
④ 据《续汉书·郡国一》，该地行政区域应属于弘农郡，但其县名并没有出现。
⑤ 顾祖禹：《读史方舆纪要》，中华书局，2005年，第3085页。

道，以石门栈道著名的褒斜道路线就是在东汉时期形成的。褒谷入口的石门摩崖石刻中，有《鄐君开通褒斜道》（以《开通碑》简称）和《故校尉犍为杨君颂》（以《石门颂》简称），均是东汉时期的石刻。汉代褒斜道及周边栈道的沿革信息值得关注，而这里不能介绍所有内容，只引与本文相关的核心信息如下[①]：

> 永平六年，汉中郡以诏书受广汉、蜀郡、巴郡徒二千六百九十人，开通褒余道。……始作桥格六百二十三间，大桥五，为道二百五十八里，邮亭驿置徒司空褒中县官寺并六十四所。……九年四月成就，益州东至京师，去就安稳。（《开通碑》）

> 高祖受命，兴于汉中。道由子午，出散入秦。建定帝位，以汉诋焉。后以子午，途路涩难。更随围谷，复通堂光。凡此四道，阂隔尤艰。……至于永平，其有四年，诏书开斜，凿通石门。中遭元二，西夷虐残。桥梁断绝，子午复循。……于是明智，故司隶校尉犍为武阳杨君，厥字孟文，深执忠伉，数上奏请。有司议驳，君遂执争。百僚咸从，帝用是听。（《石门颂》）

根据《开通碑》的记载，从东汉永平六年（63）到永平九年（66）四月，修筑过褒斜道。《石门颂》是为了称颂在出身于武阳的故司隶校尉杨孟文（杨涣）的努力下，重新开通褒斜道，建和二年（148）由同乡人汉中太守王升主导石刻。杨孟文是顺帝时期在任的人物，而有记录说顺帝即位的延光四年（125）十一月，"乙亥，诏益州刺史罢子午道，通褒斜路"。[②]综上所述，永平六年开凿的褒斜道中途断绝，到延光四年才恢复开通。

《石门颂》中记载了"道由子午"的子午道，"楚散入秦"的故道，以及"更随围谷，复通堂光"的傥骆道，包括褒斜道，[③]反映西汉时期总有四条秦岭路线。

[①] 石门栈道遗址1967年由于建设大坝而被水淹，《开通碑》和《石门颂》属于"石门汉魏十三品"，原本藏于汉中市博物馆。本文释文主要参考郭鹏《褒谷古迹辑略校注》（汉中市地方志办公室，1997年）、冯岁平《蜀道宝藏——中国石门摩崖石刻》（三秦出版社，2013年）、《开通褒斜道刻石》（上海书画出版社，2012年）、滕西奇《石门颂写法与注译》（山东美术出版社，2011年）等。

[②]《后汉书》卷六《孝顺孝冲孝质帝纪》。

[③] 对于"更随围谷，复通堂光"，以往学者有各种不同解释，其中辛德勇的解释比较合理。他认为沿着"围谷"开通的路线是"堂光"，"堂光"的"堂"通"党"，即"傥"之古字，所以这里指的是傥骆道一路。"四道"指的是褒斜道、子午道、故道、傥骆道等。参见《汉〈杨孟文石门颂〉堂光道新解——兼析傥骆道的开通时间》，《中国历史地理论丛》1990年第1辑。

虽然被烧毁的褒斜道到武帝时期才被修复，并且成帝时期重修子午道等，但西汉时期秦岭的多重路线体系却一直得以保留。相反，东汉时期褒斜道断绝时由子午道取代，而褒斜道开通时则子午道断绝，可见是以单一路线来管理秦岭交通。

东汉朝廷为何没有如西汉时期那样，运行多重秦岭路线？首先，东汉时期关中地区的情况与西汉时期不同。《石门颂》中记载了褒斜道被西夷切断后重新开通子午道的事实，这与安帝时期先零羌的入侵有关。永初二年（108）十一月辛酉，"先零羌滇零称天子于北地，遂寇三辅，东犯赵、魏，南入益州，杀汉中太守董炳"[①]。永初四年三月，"先零羌寇褒中，汉中太守郑勤战没"[②]，此后到元初元年（114），"先零羌寇武都、汉中，绝陇道"[③]。东汉秦岭一带的治安状况确实难上加难，这种状况在北方民族势力增强的后期会越来越严重。

其次，东汉朝廷恐怕难以承受秦岭栈道建设的巨额成本。《开通碑》记载开通褒斜道时，动员了广汉、蜀郡、巴郡人力2690名，连接了258里路。这与武帝时期褒斜道修筑时"发数万人作褒斜道五百余里"[④]的记载有很大的差异。征发数万人的说法也许有些夸张，但如果将褒斜道的实际距离（约237公里）换算成汉代测量单位，则比258里（107.28公里）更接近于"五百余里"（207公里）。从这一点看，永平六年的褒斜道是以武帝时期的建设为基础，以对断裂的区间进行维修或补充的方式进行的。褒斜道和子午道之所以交替使用，可能是因为建得比较晚便于维修；但之所以没有同时使用，可能是因为维护成本压力较大。实际上，构筑栈道必然需要大量的森林资源。在沿着河谷的岩壁侧面和底面上，以1.5米至2米间隔穿过30厘米口径的石穴，夹入木材作为支撑台，在支撑台上罗列可通行车辆的5米左右的木板固定，才能完成栈道的桥格。[⑤]如果以这种方式将200多公里的河谷连接起来，究竟需要多少森林资源和人力？再加上，如果为了构筑多重路线，同时推进周边路线的开通，其费用将增加几倍？而且，由于前面所说的北方游牧民族的入侵，栈道每每遭到破坏，每次重建财政就要投入。对东汉朝廷来说，建设秦岭交通应该是个难题。杨孟文多次上奏并经过争论后，褒斜道才得以重新开通，恰恰证明了在这一问题上东汉朝廷的压力很大。

东汉在地缘政治上偏重黄河交通网，疏忽秦岭交通网的管理，进而制约了政权

---

① 《后汉书》卷五《孝安帝纪》。
② 《后汉书》卷五《孝安帝纪》。
③ 《后汉书》卷五《孝安帝纪》。
④ 《史记》卷二九《河渠书》。
⑤ 其形制与规格，参见韩伟、王世和：《褒斜道石门附近栈道遗迹及题刻的调查》，《文物》1964年第11期，第25—29页。

的扩张能力。正如前所看到的，东汉定都洛阳在某种程度上是不可避免的。再次强调，首都与基础设施联动，基础设施的流动带动首都区域的变迁。由于刘邦可以利用秦建成的秦岭交通网，所以选定长安为首都；而刘秀则可以受惠于西汉建成的黄河交通网，所以选择洛阳为首都。在此期间，京畿地区从关中扩大到了关东的三河地区，其中心轴也转移到了三河地区。秦岭交通网退潮引发的偏重黄河交通网的趋势在后世仍然长期保持。到了魏晋时期，三辅被完全排除在京畿地区之外，此时以三河地区为主组成的司州也可以理解为继承东汉以来的趋势之一。①

结论

本文考察了支撑长安-洛阳首都体系的基础设施的存在，它的流动带来京畿地区的变动。这是汉帝国首都由长安向洛阳转变的结构性原因。在以往的研究中，学者们倾向于依靠长安和洛阳的地理位置进行分析，将二者定为黄河沿岸东西线的首都。与此相反，本文认为，以长安为轴心的南北线的秦岭交通网与洛阳东侧的黄河交通网一起构成帝国两大轴心的基础设施。长安首都体系与黄河交通网形成紧密联系，主要是由于汉武帝时期扩张政策的影响。此时实行的漕渠开凿，函谷关移动，弘农郡、县设置，京师仓、京辅都尉、船司空县设置等，都是有关渭水-黄河联系的措施。本文还指出，司隶校尉的监察区域延伸到三河地区，反映了黄河交通网的扩充与京畿地区一体化的现象，而不能单纯将三河地区定为京师的外缘地带。汉武帝时期以来的京畿地区扩张趋势，反映了秦岭交通网向黄河交通网转移的趋势。笔者以为，这种基层结构的变动，是东汉时期首都选定洛阳的原因。

通常的研究以模式化说明：长安是外向的武治之都，而洛阳是内向的文治之都。有的强调长安代表关中势力而洛阳代表关东势力的东西对抗特点；有的着眼于长安和洛阳周围封闭的地理特点，将其定为"大诸侯"特性的首都。其实，以上的模式化只是就历史上以长安为首都的西汉和隋唐帝国，以洛阳为首都的东汉、魏晋以及其他王朝的相似性而提出的结论。但是，对于出现这种典型性的原因分析却不够齐全。

除此之外，一般认为作为首都，长安和洛阳的政治军事因素比经济因素更强。但是，仔细观察其基层结构，就能发现经济因素在首都的选择中也起到了相当重要

---

① 《晋书》卷一四《地理志上》："及光武都洛阳，司隶所部与前汉不异。魏氏受禅，即都汉宫，司隶所部河南、河东、河内、弘农并冀州之平阳，合五郡，置司州。晋仍居魏都，乃以三辅还属雍州，分河南立荥阳，分雍州之京兆立上洛，废东郡立顿丘，遂定名司州，以司隶校尉统之。"

的作用。秦岭和黄河交通网的主要目的是把当时的两大经济腹地华北和四川地区与首都连接起来,与之相关的经济效益是首都选择的最主要因素。在江南成为全国经济中心之前,这种格局得以保持,显示出首都由长安向洛阳,再由洛阳向长安转型的周期性。虽然本文只涉及秦汉时期的情况,但有关问题也可能会扩展到汉唐帝国时期的全体历史。[①]期待本文能够对这一结构性原因做出一定程度的解答。

原载《东洋史学研究》2019年第149辑

(琴载元,韩国庆北大学校人文学术院HK研究教授)

---

① 崔珍列认为,在隋唐帝国建立的长期发展过程中,西魏北周时期的巴蜀经营成为重要的基础。本文认为秦岭交通网的建构是长安中心首都体系的核心机制,与崔珍列的说法一脉相通。南北朝时期长期持续的从洛阳中心首都体系向长安中心首都体系的回归,就是从西魏北周时的巴蜀经营开始的。崔珍列:《서위북주의 파촉 정복과 지배》,《中国古中世史研究》2018年第50辑。

隋唐长安城外郭的渊源

[日]内田昌功 著 刘宇欣 译

引言

自那波利贞和陈寅恪等学者指出隋唐长安的形成过程受到北魏洛阳的影响以来，已经有很多学者进行了多方面的研究。[1]目前，仍有许多学者认同这一观点，同时也有研究者指出隋唐长安继承并发展了东魏北齐邺城的影响。隋唐长安受到北魏洛阳影响的特点有：宫城和皇城居于北部的布局，外郭的规模和形制，街道布局，市的位置，以及中轴线穿过外郭中心的规划等。[2]

另一方面，随着对北周长安研究的不断深入，隋唐长安与其之间的相似之处被发现。笔者曾在先前的研究中，对比了北周长安与隋唐长安，指出隋唐长安的宫城结构以及宫城位于外郭北部的规划都源自北周长安（以下简称前稿）。[3]在研究过程中，一个问题浮现出来，即隋唐长安的外郭是否有可能承袭了北周长安的内城。在

---

[1] 那波利贞：《中国首都计画史上より考察したる唐の长安城》，见桑原博士还历纪念祝贺会编：《桑原博士还历纪念东洋史论丛》，弘文堂书房，1931年；陈寅恪：《隋唐制度渊源略论稿》，重庆商务印书馆，1944年。

[2] 关于宫城和皇城居于北部的设计，可参见那波利贞：《中国首都计画史上より考察したる唐の长安城》，见桑原博士还历纪念祝贺会编：《桑原博士还历纪念东洋史论丛》，弘文堂书房，1931年；陈寅恪：《隋唐制度渊源略论稿》，重庆商务印书馆，1944年；森鹿三：《北魏洛阳城の规模について》，《东洋史研究》1952年第11卷第4号；宫崎市定：《六朝时代华北の城市》，《东洋史研究》1961年第20卷第2号；朴汉济：《北魏洛阳社会と胡汉体制——都城区画と住民分布を中心に》，尹素英译，《御茶水史学》1991年第34号。佐藤武敏先生研究了内城居于北部的布局以及外郭的形制和规模、街道布置、市的位置（佐藤武敏：《长安》，近藤出版社，1971年，第107—112页）。关于中轴线穿过外郭中心的规划，可参见佐川英治：《北魏洛阳の形成と空间配置——外郭と中轴线を中心に》，《大阪市立大学东洋史论丛》2005年特辑号；佐川英治：《汉魏洛阳城の城郭构造——フィールドワークと最近の研究成果を参考に》，见《洛阳の历史と文学》（第10卷），冈山大学文学部プロジェクト研究报告书，2008年。

[3] 内田昌功：《隋唐长安城の形成过程——北周长安城との关系を中心に》，《史朋》2013年第46号。

以往的研究中，通常将北魏洛阳视为隋唐长安的原型，这种观点仅仅是基于"郭"这一名称和形制的相似性，并未进行详细的研究。因此，本文的目的是对这个问题进行深入分析，并重新探讨隋唐长安的形成过程。

首先，本文将梳理从汉朝到南北朝时期主要都城外郭的情况，以便与隋唐长安的外郭进行比较（第一节）。随后，将在此基础上探讨隋唐长安外郭的性质，并揭示其形成的历史背景（第二节）。同时，将重新探讨隋唐长安的形成过程。

需要注意的是，从汉朝到南北朝时期的都城通常都拥有三重城墙，本文将其从内到外分别表示为宫城、内城和外郭。

一、汉魏晋南北朝各都城的外郭

1. 汉魏晋南北朝时期主要都城的外郭

首先，作为研究隋唐长安外郭的基本工作，在此将对汉朝到南北朝末期的主要都城外郭的相关研究进行整理。

（1）西汉长安

关于西汉长安的外郭，在学者杨宽先生和刘庆柱先生之间存在争议。[①]关于包围未央宫和长乐宫的城墙，杨先生将其理解为"内城"或"宫城"，认为其外部存在着外郭，而刘庆柱先生则认为这些城墙就是"外郭"，两位学者在此问题上存在不同的看法。争议焦点涉及多个方面。特别重要的是，第一，如何理解城内或扩展到城外的居民居住区的问题；第二，如何解释史料中出现的"郭门"的问题。虽然如何理解包围未央宫和长乐宫的城墙，与本文的主题密切相关，但笔者认为这些城墙在宫、城、郭三者中属于城，这一点将在后文中再进行讨论。在这里，由于需要确认外郭，所以想先讨论第二点郭门的问题。

杨先生认为在城墙外部，特别是在其北部和东北部存在郭，是因为在一些史料中提到了郭门。[②]首先，关于北郭，《水经注》卷一九渭水注中记载：

> 北出西头第一门，本名横门。……如淳曰："音光，故曰光门。"其
> 外郭有都门，有棘门。徐广曰："棘门在渭北。"孟康曰："在长安北，

[①] 杨宽：《西汉长安布局结构的探讨》，《文博》1984年创刊号；杨宽：《西汉长安布局结构的再探讨》，《考古》1989年第4期；刘庆柱：《汉长安城布局结构辨析——与杨宽先生商榷》，《考古》1987年第10期；刘庆柱：《再论汉长安城布局结构及其相关问题——答杨宽先生》，《考古》1992年第7期。

[②] 杨宽：《中国古代都城制度史》，尾形勇、高木智见译，西嶋定生监译，学生社，1987年，第10章。

秦时宫门也。"如淳曰："《三辅黄图》曰棘门，在横门外。"按《汉书》，徐厉军于此，备匈奴。

由此可知，位于北城墙西侧的横门外的外郭上有"都门"和"棘门"。杨先生认为"都门"就是北郭的门，而"棘门"则是由于军事需要设置在更北处的门。

另一方面，关于东北部，同样在《水经注》卷一九渭水注中有记载：

东出北头第一门，本名宣平门……一曰东都门。其郭门亦曰东都门。即逢萌挂冠处也。

这表明位于东城墙北部的宣平门又名东都门，其郭门也称为东都门。虽然由于城门和郭门的名称相同容易混淆，但关于两门的位置关系，可以在《汉书》卷六三《昌邑哀王髆传》的下述记载中得到确认：

贺到霸上，大鸿胪郊迎，驷奉乘舆车。王使仆寿成御，郎中令遂参乘。旦至广明东都门，遂曰："礼，奔丧望见国都哭。此长安东郭门也。"贺曰："我嗌痛，不能哭。"至城门，遂复言，贺曰："城门与郭门等耳。"且至未央宫东阙，遂曰："昌邑帐在是阙外驰道北，未至帐所，有南北行道，马足未至数步，大王宜下车，乡阙西面伏哭，尽哀止。"王曰："诺。"到，哭如仪。

这段内容记载的是汉昭帝驾崩后，刘贺和郎中令龚遂一同前往长安的场景。刘贺在到达广明的东都门时被催促哭泣，但他没有哭，然后等到达城门时，再次被催促哭泣，他仍然没有哭，直到到达未央宫的东阙时才开始哭泣。在史料中，龚遂称东都门为东郭门，而刘贺则是按照东郭门→城门→未央宫东阙的顺序移动的。杨先生认为这里的城门指的就是宣平门，结合前文《水经注》中的记载应该是合理的。

而村元健一先生则认为郭门确实存在，并推测广明东都门中的"广明"指的是广明亭，在长安街道上离都城最近的亭即为郭门。此外，鉴于长安东郊存在大规模的墓地，他认为汉代的郭并不是像杨先生所说的那样是用作居住区的郭。[1]

综上所述，尽管对于郭的性质存在不同的理解，但笔者认为至少可以确认长安存在着郭门。[2]然而，鉴于郭的遗迹尚未被发现，我们目前不清楚郭的范围、郭墙的

---

[1] 村元健一：《汉魏晋南北朝时代の都城と陵墓の研究》，汲古书院，2016年，第1章第7节。

[2] 刘叙杰也推测城外有许多居民居住，并指出在城外北部发现了许多住宅遗迹，虽然细节尚不清楚，但郭确实存在。刘叙杰主编：《中国古代建筑史》（第1卷），中国建筑工业出版社，2003年，第5章第2节。

结构和郭门的数量等问题。当然，也有郭墙不存在的可能性。①但是笔者在这里想要指出的是，西汉长安的郭及郭门具有的一些特点，如周围建有亭以及作为城内人们迎来送往的场所等②，这在东汉以及之后朝代的郭门中也可以看到。东汉以后都城的郭在某些方面延续了西汉长安的郭的特点，这一点将在下一节中再次讨论。

（2）东汉、曹魏、西晋的洛阳

关于东汉、曹魏和西晋时期洛阳的外郭，现存的史料非常有限，详细情况尚不清楚。仅在《后汉书》卷五六的《种暠传》中记载，河南尹田歆的外甥王谌曾将客人送至"大阳郭"，这表明在东汉顺帝时期已经存在郭。关于郭的具体位置，有杨宽先生进行的研究。③杨先生首先通过文献资料推测北魏洛阳郭的位置，指出西面的张方沟具备郭的功能，张方沟上的长分桥（张方桥）是郭门，东面的阳渠和城墙是郭，城墙上设有郭门。其中西面的长分桥是东汉时期的夕阳亭，东面的阳渠开凿于东汉初期，在东汉时期还存在作为东郭的大阳郭。这表示北魏东西走向的外郭线的历史可以追溯到东汉时期。

后来经过考古勘察确认了北魏的外郭城墙是在北魏时期建造的，这也验证了杨宽先生的观点。④而关于张方沟，佐川英治先生指出其可能在北魏时期因河道西移而被迁移⑤，因此东汉、魏晋时期和北魏时期的外郭线可能并不完全一致。但是可以确认，当时在长分桥位置上，被称为"都亭"的东汉时期的夕阳亭，具备郭门的功能。⑥我们也可以从史料中证实大阳郭的存在，因此可以确定东汉时期存在郭。

那么，东汉到西晋时期的外郭位于何处呢？根据《洛阳伽蓝记》卷四《城西》的记载，东汉夕阳亭所在的长分桥，位于内城西门的阊阖门往西七里的地方。尽管这与现存的张方沟遗迹位置不同，但如果考虑到佐川先生的观点，即张方沟可能被迁移过，则可以认为从东汉到西晋时期，西郭可能位于内城墙往西七里处。另一方

---

① 杨宽先生推测西汉长安的郭是利用河川、运河以及里坊和市场的围墙建成的，而非高大整齐的城墙。参见杨宽：《中国古代都城制度史》，尾形勇、高木智见译，西嶋定生监译，学生社，1987年，第10章。
② 《汉书》卷七一《疏广传》："公卿大夫故人邑子设祖道，供张东都门外，送者车数百辆，辞决而去。"
③ 杨宽：《中国古代都城制度史》，尾形勇、高木智见译，西嶋定生监译，学生社，1987年，第11章。
④ 中国社会科学院考古研究所洛阳汉魏城工作队：《北魏洛阳外郭城和水道的勘察》，《考古》1993年第7期。
⑤ 佐藤武敏：《长安》，近藤出版社，1971年，第107—112页。
⑥ 杨宽：《中国古代都城制度史》，尾形勇、高木智见译，西嶋定生监译，学生社，1987年，第10章，第165页。

面，关于东郭，杨宽先生关注的是东郭门、阳渠和七里桥，认为郭门很可能是北魏时期建造的。至于阳渠，虽然认为它是从上东门东七里处自南北方向向西弯曲流动的，但由于这部分内容缺乏确凿证据，因此暂时保留意见。关于七里桥，杨宽先生推测它距离内城东门的建春门有七里远，这与《洛阳伽蓝记》卷二《城东》中"七里桥东一里，郭门开三道"的记载以及勘察发现的北魏东郭城墙的位置关系一致。关于七里桥，外村中先生通过西晋时期曾在这里举行欢送宴会，推测这附近可能有郭门。①然而，关于七里桥是否存在于东汉时期尚不清楚，因此其与大阳郭的位置关系也不明确。

关于南郭，外村中先生根据西晋时期潘岳《闲居赋》中描述他居住位置的文字，推测洛河可能就是外郭的南墙。②至于北郭，尽管没有史料记载，但从洛阳的地理来看，可能位于邙山南部。北魏时期的北郭已被确认在邙山南侧的斜坡上③，因此推测可能在相同位置或其附近。

综上所述，推测魏晋时期的洛阳东面是位于内城东七里的七里桥，西面是位于内城西七里的张方桥，南郭为洛河，北郭是建在邙山南部的郭。至于东汉洛阳，东面的位置不明但存在大阳郭，西面是位于内城墙往西七里处的夕阳亭附近，南面的郭很可能就是洛河，北面则是位于邙山南部的郭。郭门的数量和位置尚不清楚。

（3）东晋、南朝的建康

关于建康的外郭，秋山日出雄先生④、外村中先生⑤、卢海鸣先生⑥、贺云翱先生⑦、王志高先生⑧、盐泽裕仁先生⑨等人进行了研究。由于史料有限，且遗迹尚未发现，因此详细情况还不清楚，但可以知道大致的结构和范围。

从一些史料中可以得知建康存在郭。例如，《宋书》卷四三《傅亮传》记载傅

---

① 外村中：《魏晋洛阳都城制度考》，《人文学报》2010年第99号。
② 外村中：《西晋の潘岳の闲居と山水论について》，《ランドスケープ研究》2004年第68卷第2号。
③ 中国社会科学院考古研究所洛阳汉魏城工作队：《北魏洛阳外郭城和水道的勘察》，《考古》1993年第7期。
④ 秋山日出雄：《南朝都城"建康"の复原序说》，见橿原考古学研究所编：《橿原考古学研究所论集》第七卷，吉川弘文馆，1984年。
⑤ 外村中：《六朝建康都城宫城考》，见田中淡编：《中国技术史の研究》，同朋社，1998年。
⑥ 卢海鸣：《六朝都城》，南京出版社，2002年，第3章。
⑦ 贺云翱：《六朝瓦当与六朝都城》，文物出版社，2005年。
⑧ 杨国庆、王志高：《南京城墙志》，凤凰出版社，2008年，第2章。
⑨ 盐泽裕仁：《后汉魏晋南北朝都城境域研究》，雄山阁，2013年，第7章。

亮得知文帝有杀意，逃离宫城时曾"乘车出郭门"，《宋书》卷六六《何尚之》传中也有"立宅南郭外"的记载，因此可证实郭的存在。

建康的郭的特点是设有篱门。《太平御览》卷一九七《居处部二十五》藩篱条引《南朝宫苑记》中有以下记载：

> 建康篱门，旧南北两岸，篱门五十六所。盖京邑之郊门也。如长安东都门，亦周之郊门。江左初立，并用篱为之，故曰篱门。南篱门在国门之西。三桥篱门在今光宅寺侧。东篱门，本名肇建篱门，在古肇建市之东。北篱门，今覆舟东头玄武湖东南角。今见有亭名篱门亭。西篱门在石头城东，护军府在西篱门外路北。白杨篱门外有石井篱门。

建康有五十六座篱门，分布在秦淮河的南北两岸，《南朝宫苑记》的作者将其称为"京邑之郊门"，类似于"长安东都门"和"周之郊门"，也就是郭门。

《南朝宫苑记》中列举了南篱门、三桥篱门、东篱门、北篱门、西篱门、白杨篱门、石井篱门等名称及其位置，此外，《梁书》中还提到了后渚篱门[①]。之前的研究通过对这些位置的探讨，推测建康的外郭大致范围是北至覆舟山的东面，西至石头城的东面，南至越城的南面，东至东府城的东面。

外郭的形状尚不清楚，但如果考虑到自然地形的利用以及街区布局的影响，可能会呈现出不规则的形状。虽然目前尚未发现外郭城墙的遗迹，也没有相关史料表明其存在，但由于郭门被称为篱门，推测外郭城墙可能并不是坚固的城墙，而是用竹木连接的简易垣墙和水路、丘陵等自然地形组合建成的。

（4）北魏的洛阳

北魏于太和十八年（494）迁都洛阳，在宣武帝景明二年（501）修建了三百二十三个里坊。[②]外郭城的建立也是在这个时候。关于外郭，经中国社会科学院考古研究所洛阳汉魏城工作队考古勘察，发现了北郭、西郭和东郭的城墙遗迹，这些遗迹的位置和形状等都相对较为清楚。接下来，将根据洛阳汉魏城工作队的挖掘报告书进行详细探讨。[③]

北郭城墙的遗迹于1963年在邙山南部被发现。遗址长度约1300米，基本与内城

[①] 《梁书》卷二《武帝纪》天监九年云："新作缘淮塘，北岸起石头迄东冶，南岸起后渚篱门迄三桥。"

[②] 《魏书》卷八《世宗纪》景明二年九月云："九月丁酉，发畿内夫五万人筑京师三百二十三坊，四旬而罢。"关于里坊的数量，各史料记载不一，《洛阳伽蓝记》记载为二百二十，而《魏书》卷十八《广阳王建子嘉传》则记载为三百二十。

[③] 中国社会科学院考古研究所洛阳汉魏城工作队：《北魏洛阳外郭城和水道的勘察》，《考古》1993年第7期。

的北城墙平行，最近处与内城相隔850米左右。保存状况较好的西部的宽度约为13米，而埋藏在地下的中部和东部的宽度约为6米。但是这些遗址之后因为农耕等原因遭到破坏，在20世纪80年代的考古勘察中未能得到确认。

西郭城墙是通过钻探调查发现的。西郭城墙沿着张方沟曲折向前，距离内城西城墙近处约3500米，远处约4250米。残存的夯土城墙长度约为4400米，宽度在7米至12米。

东郭城墙也被埋在地下，在距离内城东城墙以东3500米处被发现。残存的夯土城墙长度约为1800米，宽度在8米至13米。

南郭城墙的遗址尚未被发现。许多研究者根据北郭的位置和《洛阳伽蓝记》中"南北十五里"的记载，以及当时洛河的水道推测，除中央突出部分外，南郭应是沿着古洛河在其北侧。[1]

接下来是对郭门的确认。《洛阳伽蓝记》卷二《城东》景兴尼寺条记载：

> 崇仪里东有七里桥，以石为之。中朝杜预之荆州出顿之所也。七里桥东一里郭门。开三道，时人号为三门。离别者多云相送三门外，京师士子送去迎归常在此处。

从这段描述中我们可以知道，七里桥东一里处曾有一个名为"三门"的郭门。虽然从史料中得知的郭门只有这一处，但在御道与南郭相交的位置应该存在一座门。

此外，洛阳汉魏城工作队在对外郭城墙进行考古勘察的过程中，发现了三个郭门遗址。此次调查是在外郭城墙和郭内东西走向的三条街道的交汇处进行的。结果，在三个地方发现了门的遗址，其余三个地方的外郭城墙和街道的遗址已经被破坏，无法确认。在无法确认的三个地方中，有一个地方对应《洛阳伽蓝记》中的"三门"，如果将这一处计算在内，在东西走向的街道与东西郭交会的六处地点中，至少有四处有门。很可能另外两个地方也曾设有门。但是，关于北郭，洛阳汉魏城工作队推测其并没有设置门。[2]

（5）东魏、北齐的邺城

北齐邺城的外郭遗址尚未被发现，史料也稀缺，其真实情况存在许多未知之处。

---

[1] 宿白：《北魏洛阳城和北邙陵墓——鲜卑遗迹辑录之三》，《文物》1978年第7期；孟凡人：《北魏洛阳外郭城形制初探》，《中国历史博物馆馆刊》1982年第4期；佐川英治：《北魏洛阳の形成と空間配置——外郭と中軸線を中心に》，《大阪市立大学东洋史论丛》2005年特辑号。孟凡人先生似乎也认为，复原图中郭的一部分位于洛河南侧。

[2] 中国社会科学院考古研究所洛阳汉魏城工作队：《北魏洛阳外郭城和水道的勘察》，《考古》1993年第7期。

可以证实郭存在的史料是《隋书》卷八《礼仪志三》中关于北齐讲武的记录。史料中记载了讲武的路线，从千秋门、万岁门进入宫城，在宫城内向南走，然后从宫城正门的阊阖门出去，最后是"送至城南郭外罢"，因此可知邺城南侧存在郭。[1]虽然只有这一条史料中记载了郭的存在，但在《历代宅京记》卷一二《邺下》中记载了南城内有"东市"和"西市"，其原注分别写着"在东郭"和"在西郭"，[2]因此可以推测有郭存在。

在以前的研究中，也有很多研究者根据这些史料推测郭的存在。朴汉济先生根据《隋书·礼仪志》的记载和邺城内存在的"四百余坊"，推测有外郭的存在。[3]朱海仁先生和傅熹年先生根据与东西市相关的史料和"四百余坊"的存在，推测存在外郭。[4]村元健一先生则根据内城外陆续发现的佛寺以及东市和周边居民居住区的存在，推测有外郭的存在。[5]

邺城与北魏的洛阳一样，都设置了里坊，里坊区与其外部区域有明确的界线。邺城在设计和建设时可能以北魏的洛阳为参考，因此应当有郭，也应该存在作为边界的郭线。尽管只有一条记载郭存在的史料（《隋书·礼仪志》），不清楚其是否像洛阳一样有一定规模的城墙，但我们可以认为这里存在过郭。

（6）西魏、北周的长安

关于西魏和北周时期的长安的外郭，目前既没有相关史料，也没有考古成果的发现，因此完全没有相关信息可供参考。这个时代的外郭通常在史料中较少被提及，虽然不能因为没有史料就断定外郭不存在，但北周时期的长安与魏晋南北朝时期的其他都城在规划设置上存在较大的差异，也存在没有外郭的可能性。关于这一点，在探讨隋唐长安的外郭的渊源时非常重要，因此将在后文的研究中详细讨论。

---

[1] 《隋书》卷八《礼仪志三》有如下记载："河清中定令，每岁十二月半后讲武，至晦逐除。二军兵马，右入千秋门，左入万岁门，并至永巷南下，至昭阳殿北，二军交。一军从西上阁，一军从东上阁，并从端门南，出阊阖门前桥南，戏射并讫，送至城南郭外罢。"

[2] 《历代宅京记》卷一二《邺下》记载："南城自兴和迁都之后，四民辐凑，里闬阗溢，盖有四百余坊，然皆莫见其名，不获其分布所在。其有可见者，有东市（在东郭）、西市（在西郭）、东魏太庙……"括号内为原注。

[3] 朴汉济：《东魏—北齐时代的邺都的都城构造——立地と用途、その构造的な特征》，《中国史学》2010年第20卷。

[4] 朱海仁：《略论曹魏邺城、北魏洛阳城、东魏北齐邺南城平面布局的几个特点》，见《汉魏洛阳城遗址研究》，科学出版社，2007年；傅熹年主编：《中国古代建筑史》（第2卷），中国建筑工业出版社，2001年，第2章第1节。

[5] 村元健一：《汉魏晋南北朝时代的都城と陵墓の研究》，汲古书院，2016年，第2篇第4章。

2. 汉魏晋南北时期主要都城的外郭的性质与功能

在前一节中，探讨了从西汉到南北朝末期的主要都城的郭，虽然西魏和北周时期的长安的情况不明，但确认了在其他都城中都有郭的存在。在本节中，将在此基础上，探讨这个时代郭的特点与性质。

这一时期的郭，存在几个共同的性质。首先，郭门通常和亭一起，成为迎来送往的场所。在前面，确认了西汉长安东郭门外有广明亭的存在，东汉时期的夕阳亭具有西郭门的功能。关于建康，根据前文引用的《南朝宫苑记》可知，在郭门北篱门处有一个名为篱门亭的地方。关于郭门成为迎来送往的场所的情况，在西汉的长安，有疏广和他的侄子疏受辞官返回故乡时，在东都门外受到送行的例子。[①]而北魏时期的洛阳，在前引《洛阳伽蓝记》卷二《城东》中有关于东郭门的记载："京师士子，送去迎归，常在此处。"

此外，郭门在紧急情况下常充当军事要塞。杨宽先生指出西汉长安的东郭门、东汉洛阳西郭的夕阳亭都曾是被攻击的目标或军队的驻扎地。[②]建康的郭门，即篱门，曾多次成为攻防的对象。例如，南齐末期崔慧景发动叛乱时，左兴盛在北篱门抵抗崔慧景[③]；萧衍攻打建康时，安排部下陈伯之驻守篱门[④]。北魏的外郭建得很坚固，有像张方沟一样具有城濠功能的河渠加强了防御功能。

综上所述，郭既是都城居民迎来送往的场所，也是发生紧急情况时的军事要塞，这些很大程度上是因为郭具有都城边界的性质。

另一方面，这一时期的郭在结构、外形和郭门数量等方面，在能够确认的范围内，很难找到共同点。从结构上看，西汉长安和东汉、曹魏、西晋时期的洛阳似乎没有坚固的城墙，建康使用竹木构建简易的城墙，北魏洛阳的东西北墙是夯土城墙，构造多样。在外形上，既有像北魏洛阳的东郭那样呈直线状的，也有受到河川、丘陵等地形影响并借助地形建造的。郭的多样性，可能是由于郭作为都城的边

---

① 杨宽：《中国古代都城制度史》，尾形勇、高木智见译，西嶋定生监译，学生社，1987年，第10章。

② 关于西汉长安的东郭门的内容，参见杨宽：《中国古代都城制度史》，尾形勇、高木智见译，西嶋定生监译，学生社，1987年，第145页。关于东汉的夕阳亭的内容，参考同书第165—166页。

③ 《南齐书》卷五一《崔慧景传》云："帝又遣右卫将军左兴盛率台内三万人，拒慧景于北篱门，望风退走。"

④ 《梁书》卷一《武帝纪》云："大军次新林，命王茂进据越城，曹景宗据皂荚桥，邓元起据道士墩，陈伯之据篱门。"

界，受到了居民居住区的形状和河流丘陵等地形的影响。此外，从汉到南北朝时期，郭并不是都城组成要素的一部分，[1]没有受到类似《周礼·考工记》等都城设计规范的限制，这也是造成其具有多样性的主要原因。结果就是，郭在各个都城中，受到都城的布局、政治状况、时代背景和自然环境等影响，相对自由地建造。

郭与宫城和内城一起构成三重城墙，但与宫城和内城相比，史料的数量明显较少。尽管宫门和城门的位置及名称几乎可以确定，但可以知道名称的郭门的数量很少，其位置和门的数量几乎都不清楚。这是由于历史学家对郭的兴趣相对较低，其背后的原因可能是在政治和礼仪上，相较于宫和城，郭的重要性较低。

三、隋唐长安的外郭城的渊源

1. 隋唐长安的外郭

经过前面的探讨，我们已经大致了解了从西汉到南北朝末期主要都城的外郭的性质。在本节中，将在此基础之上探讨隋唐长安的外郭的起源和发展。首先，让我们梳理一下隋唐长安的外郭的情况。

在隋朝初建大兴城时，并没有兴建外郭城。然而，在隋炀帝大业九年（613），征发了十万丁男来建外郭城（《隋书·炀帝纪》）。到了唐朝，高宗永徽五年（654）三月，工部尚书阎立德带领四万丁夫开始修筑外郭城，同年十一月，又雇用了四万一千人进行城墙的建设（《旧唐书·高宗纪》）。此外，在玄宗开元十八年（730）也进行了修建工作（《旧唐书·玄宗纪》）。

外郭城采用夯土技术建造，东西广9721米，南北长8651.7米，宽度一般为9米至12米，也有宽度为3米至5米，或接近20米的地方。[2]隋朝时四面各开三门，共计十二门，到唐朝时增设了北面的门。[3]外郭北城墙的门用于出入宫城和禁苑，与其他三面门的性质不同。高宗时期建设城郭时，在东、西、南的九个门中都设置了阁楼，但

---

[1] 丰田裕章：《中国都城制に关する一考察——"宫"·"城"·"郭"という言叶を中心に》，见纲干善教先生古稀纪念论文集刊行会编：《纲干善教先生古稀纪念考古学论集》（下卷），纲干善教先生古稀纪念会，1998年；丰田裕章：《中国における都城の概念の変化と日本の宫都》，见王维坤、宇野隆夫编：《古代东アジア交流の综合的研究》，国际日本文化研究センター，2008年。

[2] 陕西省文物管理委员会：《唐长安城地基初步探测》，《考古学报》1958年第3期；中国科学院考古研究所西安唐城发掘队：《唐代长安城考古纪略》，《考古》1963年第11期。

[3] 傅熹年主编：《中国古代建筑史》（第2卷），中国建筑工业出版社，2001年，第3章第1节。

在北面的门没有设置，这也说明了它们之间的性质差异。外郭内设有百十个坊，构成了居民居住区，内部还设有东西两市。

2. 隋唐长安的外郭的性质

那么，隋唐长安的外郭是承袭了以前的外郭，还是在承袭了内城的基础上重新建设的呢？笔者将在比较前代的外郭和内城的同时探讨其性质。

与前代郭相同的地方有以下两点：

第一，名称为"郭"。最为明显的一点就是名称。在隋唐的史料中有"罗郭""外郭"等名称，外郭被称为"郭"。然而，郭门在《唐律疏义》和《大唐六典》中被称为"京城门"，在唐朝时正式的称谓是"京城门"。①《隋书》卷七《礼仪志二》关于隋代礼制的记载中提到"霖雨则禜京城诸门"，因此"京城门"这个称谓在隋朝时应该也在使用。考虑到隋朝和唐朝的都城实际上并未发生改变，以及有关隋朝礼制的史料中也使用了"京城门"，可以推测"京城门"从隋朝的《开皇律》就已经开始使用。

京城在魏晋南北朝时期是指内城，这与隋唐时郭门被称为"京城门"是矛盾的。因此可以知道隋唐时外郭在某种程度上可以理解为是内城，具备了内城的性质。这一点在考虑外郭的性质时非常重要，在下一章中将再对其原因进行探讨。

第二，内部设有坊，成为居民居住区。在北魏和北齐，郭内设置了坊，作为居民居住区。隋唐长安同样设有坊。坊墙内根据小巷将其划分为小区，这种坊的形式自北魏以来就已经存在。

与前代内城相同的地方有以下几点：

第一，开设了十二座门。自西汉以来，内城往往会开十二座城门。西汉长安、东汉魏晋洛阳、南朝建康、北周长安，都设有十二座城门。北魏洛阳除了东汉以来的十二座城门外，还在西城墙上开设了承明门。②这是迁都后为了居住在金墉城的孝文帝而开设的门。至于北齐邺城，在南城开有十一座城门。③曹魏的北城开有七座城

---

① 例如在《唐律疏议笺解》卷十九"贼盗"中有以下记载："诸盗宫殿门符、发兵符、传符者，流二千里；使节及皇城、京城门符，徒三年；余符，徒一年。门钥，各减三等。盗州、镇及仓厨、厩库、关门等钥，杖一百。县、戍等诸门钥，杖六十。"

② 《洛阳伽蓝记》序云："次北曰承明门。承明者高祖所立、当金墉城前东西大道。迁京之始，宫阙未就，高祖住在金墉。城西有王南寺，高祖数诣寺（与）沙门论议，故通此门，而未有名，世人谓之'新门'。时王公卿士常迎驾于新门。高祖谓御史中尉李彪曰：'曹植诗云：谒帝承明庐，此门宜以承明为称。'遂名之。"

③ 《历代宅京记》卷十二《邺下》。

门①，但北齐时的使用情况尚不清楚。

如上所述，从汉朝到南北朝时期的主要都城，除了北魏洛阳和北齐邺城，通常都设有十二座城门。这可能是受《周礼·考工记》关于在东、西、南、北各设三座门（"旁三门"）共计十二座门的影响。隋朝的大兴城最初也是在方形外郭的四个面各设三座门，这是根据《周礼》而设计的。②

第二，门由城门郎负责管理。唐代的京城门是由城门郎负责管理的。关于城门郎的职务，《大唐六典》卷八《门下省》城门郎中记载："城门郎掌京城、皇城、宫殿诸门开阖之节，奉其管钥而出纳之。"可见，城门郎管理内城各个门的开关。另外，关于制度的沿革，《大唐六典》卷八《门下省》城门郎的原注中有以下记载：

> 《周礼》地官有司门下大夫二人、上士四人，盖城门郎之任也。初，汉置城门校尉员一人，秩二千石，掌城门屯兵。有司马及丞各二人，十二城门候各一人。……后魏置城门校尉，第三品下；太和末，第四品上。北齐卫尉寺统城门寺，置城门校尉二人，第四品上，掌宫殿、城门并诸仓库管钥之事。后周地官府，置官门中士一人、下士一人，掌皇城五门之禁令。又置城门中士一人、下士一人，掌皇城十二门之禁令。盖并其任也。隋氏门下省统城门局校尉二人，从第四品下。炀帝三年，又隶殿内省。十二年，又减一人，降为正第五品。后又改校尉为城门郎，置四人，从第六品，又隶门下省。皇朝因之。

北齐的城门校尉"掌宫殿、城门并诸仓库管钥之事"，唐代的城门郎应该也继承了这一传统。另外，在《隋书·百官志》卫尉寺中记载，城门校尉的职务为"掌宫殿城门，并诸仓库管籥等事"，而《大唐六典》中的"宫殿门"应改自"宫殿城门"。北齐的城门校尉可能是继承了北魏的制度，而这一制度又被隋继承，并在炀帝时期改名为城门郎，后来又被唐朝继承。北周采用《周礼》的官制，设有宫门中士、下士和城门中士、下士来担任城门校尉的职务。

因此，隋唐长安的京城门由继承自北朝城门校尉的城门郎负责管理门的开关。北朝城门校尉的职务是管理宫城和内城城门的开关，而在隋唐时期，外郭的京城门也包括在其职务之内。虽然这可以看作城门校尉的职务扩展到了郭的部分，但考虑到京城门的数量为十二，并结合前文的分析，更准确的解释应是，外郭本身就具备了前代内城的性质。在外郭开设的门被称为"京城门"，即内城门，这也证明了这

---

① 《历代宅京记》卷一二《邺下》。
② 傅熹年主编：《中国古代建筑史》（第2卷），中国建筑工业出版社，2001年，第3章第1节。

一点。

综上所述，隋唐长安的外郭被称为"郭"，其内部设有坊，作为一般居民的居住区。从这些方面来看，其具备了前代郭的性质。然而，开设十二座门以及将这些门称为"京城门"，由城门郎负责管理等表明，其同时具备了内城的性质。

3. 北周长安内城的性质

通过前文的分析，已经明确了隋唐长安宫城的构造以及其位于外郭内北部的布局均源于北周。① 由此，可以认为隋唐长安是通过重修北周长安的宫城和内城而形成的，也就是说，隋唐的外郭是继承北周内城后再加以整修建成的。实际上，两者之间也存在共同之处，都有十二座门，并且已经确认这些门就是"京城门"。此外，北周长安城的内城内部与洛阳、建康、邺城略有不同，但与隋唐长安的外郭内部存在许多共同之处。接下来，我们将通过具体例子进行详细探讨。

（1）内城内居住着大量普通居民

北周长安的一个特点是内城面积大。北周使用的是汉朝的城墙，城墙较为曲折，以直线计算距离的话，东城墙为5940米，南城墙为6250米，西城墙为4550米，北城墙为5950米。② 内城的面积约为洛阳的2.5倍，邺城的2倍。关于建康城的规模有各种各样的推算，但即使是采用规模最大的复原方案计算，长安的面积也大约是建康的4倍。

根据隋唐长安的人口和面积计算，北周长安可以容纳20万到30万人。如果假设在华北统一之前，长安的人口为30万人，那么北周长安的面积足以容纳大部分人口。实际上，从史料中也可以确认城内有普通人居住的地方。《周书·宣帝纪》宣政元年八月中记载"长安、万年二县民居在京城者，给复三年"，说明以居住在长安城内的人为对象，实施了免除赋税徭役的措施。同样，《周书·宣帝纪》大象元年十月中也提到，在恢复佛像和天尊像时，"大陈杂戏，令京城士民纵观"，即让京城士民观看杂戏表演。

如同下文所述，北周长安城内可能存在多座佛寺，并且有来自外地的商人居住。结合以上的史料，可以推测长安城内居住着相当数量的普通居民。

（2）存在许多佛教寺院

从北魏以来佛教的兴盛，可以推测北周长安可能建有多个佛寺。根据《历代

---

① 内田昌功：《隋唐長安城の形成過程——北周長安城との関係を中心に》，《史朋》2013年第46号。

② 王仲殊：《汉长安城考古工作的初步收获》，《考古通讯》1957年第5期。

《三宝记》卷——的记载，可以知道北周长安城内有婆伽寺、四天王寺和崇华寺。尽管至今未在北周长安城内发现佛寺的遗迹，但却发现了许多表明这里曾存在佛寺的佛像。

自1970年代以来，不断有北周时期的佛像从长安城内外被发现。例如，2004年，在汉长安城遗址清明门大街的南侧发现了大量的佛像。这些被发现的佛像大多数都有破损，有学者认为这可能与北周武帝的废佛有关。在出土的佛像中，甚至有超过2米高的大型佛像，这进一步证明了北周长安城可能存在众多佛寺。[①]

（3）外地人的存在

从2000年到2004年，在北周长安的东郊相继发现了三座北周时期的粟特人墓。[②]此外，2005年，在同一地区还出土了罽宾人李诞的墓志。[③]山下将司先生根据对康业墓志的分析发现，早在西魏时期，长安就已经有大量粟特人居住，其代表接受西魏官职，与政权关系密切。[④]关于罽宾人李诞，福岛惠先生的研究指出，他是出生于喀布尔的巴克特里亚人，与粟特人有深厚的联系，他的儿子还与粟特人通婚，并从事贸易活动。[⑤]

北周长安城内居住着众多外地人，从事贸易等活动。李诞的墓志中有关于他们的居住地的记述。墓志中提到了"甍万季里宅"，这表明他曾经居住在万季里（又称万年里）。王仲荦先生认为万年里位于长安城内[⑥]，但这一观点的根据尚不明确。关于万年里，除了李诞的墓志，还可以在"后魏骠骑将军荆州刺史贺拔夫人元氏墓志"中找到相关记载，王仲荦先生也是以此墓志为例进行说明的。根据墓志中"后魏骠骑将军荆州刺史"的官职推测元氏是贺拔胜的夫人，墓志中记载元氏在"长安万年里"去世。因为她是贺拔胜的夫人，所以推测她去世时居住的万年里位于长安

[①] 中国社会科学院考古研究所：《古都遗珍——长安城出土的北周佛教造像》，文物出版社，2010年。

[②] 陕西省考古研究所：《西安北郊北周安伽墓发掘简报》，《考古与文物》2000年第6期；陕西省考古研究所：《西安发现的北周安伽墓》，《文物》2001年第1期；西安市文物保护考古所：《西安市北周史君石椁墓》，《考古》2004年第7期；西安市文物保护考古所：《西安北周凉州萨保史君墓发掘简报》，《文物》2005年第3期；西安市文物保护考古所：《西安北周康业墓发掘简报》，《文物》2008年第6期。

[③] 程林泉、张小丽、张翔宇等：《西安北郊北周李诞墓》，见国家文物局主编：《2005中国重要考古发现》，文物出版社，2006年。

[④] 山下将司：《北朝時代後期における長安政権とソグド人——西安出土〈北周・康業墓誌〉の考察》，见森安孝夫编：《ソグドからウイグルへ——シルクロード東部の民族と文化の交流》，汲古書院，2011年。

[⑤] 福岛惠：《東部ユーラシアのソグド人》，汲古書院，2017年，第3部第1章。

[⑥] 王仲荦：《北周地理志》卷一，中华书局，2007年。

城内的可能性很大。

正如前文所述，由北周长安的内城面积广阔，可以推测大部分城内的居民都居住在城内。与居住在万年里的李诞一样，当时的粟特人可能也居住在城内。[①]

（4）县治的存在

长安最初设有长安县，但《周书·明帝纪》中记载，明帝二年（558）"分长安为万年县，并治京城"，说明在明帝时期又设立了万年县。关于这一点，《太平寰宇记》引《周地图记》"后周明帝二年，分长安、霸城及姚兴所置山北三县地，始于长安城中置万年县，理八角街已东，属京兆尹，取旧汉县名也"，说明万年县是分割长安、霸城、山北三个县的领域而形成的，以长安城内的八角街为界，西部为长安县、东部为万年县的管辖区域。此时，"长安城中置万年县"，但由于万年县的管辖范围扩展到了城外，因此认为置于城中的万年县指的应该是万年县治。在城内设立县治并不常见，如北魏洛阳，就把洛阳县和河阴县的县治设在城外的郭内。[②]而北周长安，之所以将县治设在城内，可能是因为城内有大量的居民居住。因此，长安县治很可能也在城内。这种将都城划分为东西两部分，通过长安和万年（隋朝时是大兴和万年）两县来进行治理的体制，一直沿用到了隋唐时期。

（5）里坊的存在

北周长安设有里坊。前文已经确认了万年里的存在，而王仲荦先生指出，在当时还有永贵里和北胡坊的存在。关于北周长安的里坊，我们知道的只有这些，而有关里坊的数量、是否存在坊墙以及城外的设置状况等实际情况尚不清楚。在这里，笔者首先想要确认的是里坊的存在。

如上所述，北周长安的城内设有里坊，除了官僚、士兵及其家属外，还有许多普通居民和外地人，如粟特人等居住在这里。此外，城内还存在县治和众多寺院。这种城内的性质与同时期的洛阳、邺城和建康相比，非常独特。与洛阳、邺城和建康相比，长安的内城部分面积更大，可以容纳更多的普通居民，这可能是城内性质存在差异的原因。

北周长安内城的特点与隋唐长安外郭的特点相似。隋唐长安的外郭部分同样是

---

① 石见清裕先生根据李诞的事例与在东郊发现的粟特人安伽的墓，推测安伽当时也居住在长安城内。参见石见清裕：《ソグド人墓志研究》，汲古书院，2016年，第1章。
② 北魏洛阳设有洛阳县和河阴县，根据《洛阳伽蓝记》卷二《城东》记载，洛阳县治（洛阳县的县治）位于郭内东部的绥民里。河阴县治（河阴县的县治）位于郭内西部，洛阳大市的东南处。参见角山典幸：《北魏洛阳城研究的一视角——河阴县治的位置を中心として》，见中央大学东洋史研究室编：《中央大学アジア史研究（池田雄一教授古稀記念アジア史论丛）》2008年第32号。

居民居住区，有外地人居住，设有县治和众多寺院。此外，正如前文所述，隋唐长安的外郭最初设有十二座门，这些门被称为"京城门"，由城门郎管理，这些都是内城城门的性质。从这一点也可以看出北周长安城和隋唐长安城的相似之处。

4. 隋唐长安的外郭具有内城性质的原因

从汉至南北朝末期，都城中都有宫城、内城和外郭三重城墙。迄今为止，关于隋唐长安形成过程的观点是，其重新规划了具有官署区和居住区两个功能的内城，将官署区的功能集中到皇城，将居住区的功能集中到外郭。总结如下：

汉魏晋南北朝都城　　　　　　　隋唐长安
宫城（宫殿区）→　　　　　　　宫城（宫殿区）
内城（官署区、居住区）→　　　皇城（官署区）
外郭（居住区）→　　　　　　　外郭（居住区）

对此，结合前文对隋唐长安的宫城和皇城的探讨以及本文对外郭部分的分析，可以得出以下继承关系：

北周长安　　　　　　　隋唐长安
①宫城（宫殿区）→　　 宫城（宫殿区）
②宫城前官署街→　　　 皇城（官署区）
③内城（居住区）→　　 外郭（居住区）

关于①，沿南北轴线布局的三朝制、将朝堂移动到宫城正门前、皇宫与东宫在宫城内平行布置的结构等，是北周时期因宫城改革所产生的特点。这些为隋唐长安的宫城所继承，这种连续性是明确的。

②也继承自北周的宫城改革。在南北朝时期的都城中，主要官署沿着由宫城向南延伸的御道布局，但最大的官府尚书省却位于宫城内，整体上呈现分散的特点。与此同时，北周采用周礼的官制，废除了尚书省，除近侍官之外都被安排在宫城之外。此外，宫城位于长安城的东北角，而宫城西侧有城墙斜穿过，因此足够容纳官署的空间只有宫城的南侧，于是在这里形成了官府街区。这一布局是通过完善三朝制而形成的外朝空间。实际上，隋唐长安的皇城就是三朝制的外朝空间，其形成源自北周长安时期三朝制的成立。

关于③，本文已经讨论过。在这里要明确的是，隋唐长安的外郭在居住区方面继承了以前外郭的功能，但就门的功能而言，与以前的外郭有所不同，更像是内城的性质。隋唐时期的外郭城门最初有十二座，由城门郎管理，这一点与内城的城门一样。此外，在《唐律》等法规中，外郭的门被称为"京城门"，这明确表明了其为京城

（内城）的一部分。因此，不能直接说隋唐长安的外郭继承自之前的外郭。

接下来，将探讨北周长安的内城，确认其与隋唐长安的外郭具有相似的性质和功能。北周长安的内城面积较大，大约是北魏洛阳的2.5倍，可容纳20万到30万人口。洛阳和邺城很难容纳大量人口在内城，因此通过在外郭实施里坊制来增强居住区的功能。而北周长安至少在华北统一之前，大部分居民应该是可以居住在内城的。史料中也证实了，城内有普通居民和外地人居住，并且县治和许多寺庙也设在城内。虽然详细情况尚不清楚，但至少可以确认城内存在着里坊。

综上所述，可以认为隋唐长安的外郭是继承了北周长安的内城。隋唐长安的外郭所具有的内城性质是由这种继承关系造成的，实际上它就是内城。尽管是内城，但其在隋唐时期被称为"郭"，这是由于规模扩大，使其带有了郭的性质。

然而，需要注意的是北周长安的外郭的问题。正如第一章所确认的，有关北周长安的历史文献中并未明确提到外郭的存在，或者说可能根本没有郭。北周长安之所以可能不需要郭，有两个原因：一是内城的面积大，足以容纳大部分居民，因此在城外设置居住区的需求较小。二是北周在都城建设中参考了《周礼》的都城制度，但在《周礼》的规划中不存在相当于外郭的城墙。在《周礼》中，中央是宫阙，外围有围绕朝、市和居民居住区的城墙，这些城墙设有十二座门。这些围绕宫阙设有十二座门的城墙在魏晋南北朝时期的都城中相当于内城，没有关于外郭的规定。因此在《周礼》中，城墙构成了宫城和内城的双重结构。严格来说，《周礼》对围绕宫阙的城墙并没有明确规定，因此可能是单重的，但结合这个时代存在宫城的实际情况，本文暂称其为《周礼》式的双重城墙都城。

考虑到这些情况，北周长安可能并不存在外郭。然而，外郭有防御内城和划定都城边界的作用，因此不应轻易忽视其存在的可能性。在这里，将讨论这两种情况。一方面，如果北周没有外郭，那么北周的宫城和内城可能会形成一个《周礼》式的双重城墙都城，并且被隋唐长安继承。另一方面，如果北周有外郭，其存在的必要性也不会太大，可能在隋朝建设大兴城时被合并到内城。无论是哪种情况，外郭在北周或隋朝时期都可能与内城融合，形成了双重城墙的都城。

长期以来，研究者们一直将隋唐长安的皇城视为内城的变形，并认为其是不规范的三重城墙。然而，正如本文所分析的那样，皇城与内城并没有直接联系。皇城是三朝制的外朝，从功能上来说是宫城的一部分。根据《周礼》的规划，其相当于"面朝"，是王城的构成要素之一。自汉朝以来的三重城墙结构，可能在北周或隋朝时演变成《周礼》式的双重城墙结构。

5. 隋朝大兴城的建设及其特点

北周的都城改革侧重于宫城部分的改造，整体来讲并不完全（参见图1）。这是因为汉长安城的城墙形状不规则，宫城的中轴线与内城的中轴线也不一致。隋朝在兴建大兴城时的工作是修正北周长安的这种不完善，使之具有与新时代的都城相适应的秩序和规模。具体来说，有以下五点：设定贯穿整个都城的中轴线；将外郭规划为整齐的方形；门和道路的规划设置；里坊和市的规划布局；规模的扩大。以下将具体进行确认。

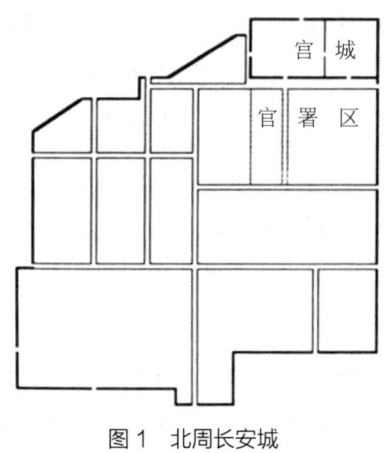 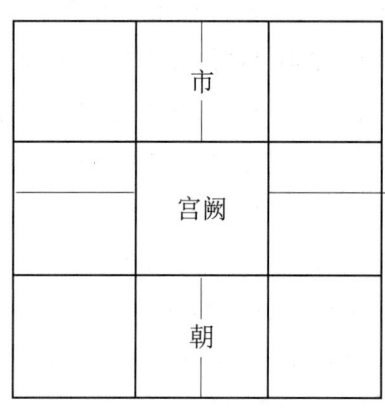

图1　北周长安城　　　　　图2　《周礼》的都城规划

（1）设定贯穿整个都城的中轴线

北周长安的宫城位于内城的东北角，因此宫城的中轴线与内城的中轴线不一致。隋朝在保持将宫城置于内城北部的同时，将宫城置于内城的中心。正如经常被指出的那样，《周礼》中将宫阙置于都城的中央，这与将宫阙置于北部的隋唐长安不同（参见图2）。然而，隋唐长安虽然将宫阙置于北部，但将宫城置于中心且左右对称这一点与《周礼》相同。这可能也是受到自汉朝以来，南北轴线逐渐成为中心轴的都城规划的影响。在北魏，有以连接太极殿和圜丘的南北轴线为中心，在等距离处布置外郭的痕迹[①]；而在东魏北齐的邺城，太极殿位于南北轴线上，大致穿过宫城的中央。隋大兴城应该也受到这种前代变动的影响。

（2）将外郭规划为整齐的方形

由于北周长安沿用西汉的城墙，因此外形并不规则。隋朝时将外郭（内城）规

---

① 佐川英治：《北魏洛阳の形成と空间配置——外郭と中轴线を中心に》，《大阪市立大学东洋史论丛》2005年特辑号。

划成近似于正方形的整齐方形。这些措施应该是受到了《周礼》的影响。[1]

（3）门和道路的规划布局

在大兴城的建设中，根据《周礼》的"旁三门"和"九经九纬"，在城墙的四个方向各开三门，并在城内有计划地修建了道路。南北方向的道路共有九条，而东西方向的有十二条，因此严格来说不符合"九经九纬"的原则，但仍可以确认其受到了《周礼》的影响。

（4）里坊和市的规划布局

众所周知，隋唐长安布置有里坊。北朝在平城、洛阳、邺城和首都修建了具有坊墙的里坊，隋唐长安可能效仿了此举。尽管可以确认北周长安存在里坊，但详细情况尚不明确。

此外，隋唐长安在东西方向上对称地设置了两个市。北魏洛阳和北齐邺城的东西两侧也设有市，有学者指出这与隋唐长安的市之间存在关联。[2]另一方面，《周礼》中记载市位于宫的北侧（"后市"），但长安将宫城置于内城的北部，因此只能将市置于宫城前方。根据左右对称的原则，也有可能在东西两侧设置。

（5）规模的扩大

大兴城是隋朝为了统一南北，作为国都兴建的都城，因此需要具备足够的威严。此外，更紧迫的问题是，由于北周统一华北，首都人口急剧增加。虽然北周长安可以容纳20万到30万的人口，但难以应对不断增加的人口。对隋朝来说，还需要考虑南北统一带来的人口增加，并以此为根据设计都城。佐藤武敏先生指出，大兴城的规模接近北魏洛阳[3]，从首都人口和都城规模的角度来看，其可能参考了统治华北的北魏洛阳的建设。

综上所述，隋朝大兴城的建设是基于《周礼》和前代各个都城的规划，对北周长安的结构进行修改，以使其适应新国都的秩序和规模。北周根据周制的三朝制对宫城进行了大规模的改造，但未对内城进行改动。隋朝是在继承北周宫城结构的基础上，按照《周礼》的规划整修了整个内城。此外，还借鉴了北魏将南北轴线置于中心的规划、北朝的里坊制，以及传统思想，从而建设了一个有秩序的新都城。[4]隋唐长安城的形成代表了汉代以来都城制度的发展，也是北周和隋朝按照《周礼》规划建设都城的结果。

---

[1] 妹尾达彦：《长安的都市规划》，讲谈社，2001年，第144—147页。
[2] 佐藤武敏：《长安》，近藤出版社，1971年，第107—112页。
[3] 佐藤武敏：《长安》，近藤出版社，1971年，第107—112页。
[4] 妹尾达彦：《长安的都市规划》，讲谈社，2001年，第2章第1节。

四、结语

基于本文的探讨，可以总结隋唐长安形成过程的要点如下。

汉魏晋南北朝时期的外郭有亭，具有作为都城边界的性质，成为迎来送往的场所，有时也被用于军事目的。然而，就它们的结构、外观和郭门数量等方面而言，并没有发现共同的特征。由于相关史料较少，关于郭门的名称、郭的形制等细节知之甚少。相比之下，隋唐长安的外郭与之前的外郭性质不同，采用了方形的外形，最初在各个面上开设了三座门，并由城门郎负责管理这些门的开关，整体规划更加完善。

这种差异形成的根本原因在于，隋唐长安的外郭实际上就是北周长安的内城。开设十二座门，并由城门郎管理的形式是汉魏晋南北朝时期内城门的特征。在唐律等史料中将外郭的门称为"京城门"（内城门），这明确表明了外郭实际上是内城的一部分。隋唐长安的外郭继承了前代内城的谱系，更准确地说，是对北周长安的内城进行整修和扩建，同时将外郭的功能整合进来。

隋唐长安的外郭的前身是北周长安的内城。北周长安的内城面积较大，约为洛阳的2.5倍、邺城的2倍，可以容纳20万到30万的人口。洛阳和邺城扩建了具备里坊的外郭作为城外的居住区，然而与其不同的是，北周长安可以使大多数的居民居住在内城中。通过史料也可以证实，有许多普通居民和外地人居住在城内，并且县治和许多寺庙也设在城内。目前尚不清楚北周长安是否有外郭存在，或者有可能根本不存在。

北周根据周制的三朝制对宫城进行了改造，但改动并没有涉及整个内城。隋朝在兴建大兴城时，在继承北周宫城结构的基础上，按照《周礼》和前代的都城规划，对尚未整修的内城进行了改建。因此，形成了极具《周礼》特色的隋唐长安城。自汉朝以来具有三重城墙的都城结构，随着外郭被吸收并整合到内城后，可能在北周或隋朝时演变成《周礼》式的由宫城、皇城和外郭（实际上是内城）组成的三重城墙的都城结构。

原载《唐代史研究》2017年第20号

（内田昌功，日本秋田大学教育文化学部地域文化学科国际文化讲座副教授；刘宇欣，日本京都大学人间・环境学研究科人间・环境学专攻东アジア文明讲座修士在读）

唐长安城的朱雀大街与日本平城京的朱雀大路
——都城中轴道路所见唐日政治文化之差异

[日]佐川英治 著　王　艳 译

绪论

隋于589年灭陈，统一中国，确立了其及之后的唐作为中国正统王朝的地位。而日本至7世纪时尚在以朝鲜诸国为中介，摄取可上溯至南北朝的多重层次的大陆文化，至大宝元年（701）的《大宝令》为界，才终于开始系统性地引进唐的制度，这一点在近年的日本史研究者之间已成共识。[①]日本在文武二年（698）才由行用南朝传来的元嘉历改行唐朝传来的仪凤历[②]；天武朝发行的富本钱承袭自五铢钱，而以唐开元通宝为范本的货币是和铜元年（708）才出现的和铜开珎[③]；推古朝可见的南朝礼仪的影响[④]；以及《日本国见在书目录》中梁代书籍的存在[⑤]；等等，都表明或许在7世纪，唐文化尚未成为东亚地区中国文化的标准。而和铜三年（710）从藤原京

---

① 大隅清扬：《大宝律令の歴史的位相》，见大津透编：《日唐律令比较研究の新段阶》，山川出版社，2008年；钟江宏之：《"日本の七世纪史"再考——遣隋使から大宝律令まで》，《学习院史学》2011年第49号；市大树：《黎明期の日本古代木简》，《国立历史民俗博物馆研究报告》2015年第194号。

② 内田正男：《日本で使われた古暦法（1）——仪凤暦》，《东京天文台报》1974年第17卷第1号；山本崇：《观勒以后——7世纪の暦と时刻制度》，见奈良文化财研究所飞鸟资料馆编：《キトラ古坟と天の科学》，飞鸟资料馆图录第63册，2015年。

③ 松村惠司：《富本七曜钱の再检讨》，《出土钱货》1999年第11号；今村启尔：《日本古代货币の创出——无文银钱・富本钱・和铜钱》，讲谈社，2015年，第45—48页。

④ 榎本淳一：《比较仪礼论——推古朝の迎宾仪礼の再检讨》，见荒野泰典、石井正敏、村井章介编：《日本の对外关系2——律令国家と东アジア》，吉川弘文馆，2011年。

⑤ 据榎本淳一《〈日本国见在书目录〉に见える梁代の书籍について》（《古代中国・日本における学术と支配》，同成社，2013年）考察，梁代书籍流入日本的主要时期是6世纪后半至7世纪初，直至8世纪后半，日本政府指定的各种学术教科书仍是南北朝时期的书籍。此外，河内春人《五—七世纪における学术の流通と南朝文化圏》（同书）指出："以与南朝的政治关系为根基作为学术流通网络展开的南朝文化圈，在南朝灭亡后因隋对南朝文化的尊重而延续至7世纪中期。"

向平城京的迁都是标志着7世纪向8世纪转变的焦点事件。[1]

众所周知，平城京是模仿唐长安城而建的都城。所仿者不仅包括朱雀大路和东西市，连位于京城东南的越田池和地处宫城北的松林苑都一应俱全。[2]而自天武朝开始营造的藤原京则是与平城京风格迥异的都城。[3]关于都城中央置宫殿区的藤原京的设计有多种说法，有基于《周礼·考工记》之说[4]，有在新罗王京基础上融合日本独特的理念之说[5]，还有应追溯至南北朝时代的都城之说[6]，等等。笔者认为，其是《周礼·考工记》中都城中央置宫殿区的传统都城观念从南朝梁的建康经由新罗王京传到日本的产物。[7]无论藤原京是哪种情况，平城京是抱着与此前截然不同的理念，以唐长安城为模板有意识地向之靠近的都城，这一点是毋庸置疑的。

虽说如此，若说平城京是长安城的完全复制版，也不尽然，两者存在几点重要差异。关于这一点，最早提出平城京是模仿长安城而建的关野贞已经指出，即"我方的宫城及朱雀门、朱雀路等的位置、名称无疑是模仿彼方而置，然而宫城与皇城不做区分的设计则是我方因地制宜。此外，观京城内大路之制，东西南北街道隔着一定的距离纵横交通这一点双方皆然，但我方纵横皆保持四町的距离，彼方一般纵街较窄，横街较宽，纵横广狭非一，因而以这些大路区隔开的坊，我方基本是同样大小的正方形，而彼方则是大小各异的长方形"[8]。

唐长安城的坊是规格参差不齐的横边长的长方形，与之相对，日本平城京的条坊是整齐划一的正方形，这一点确实是日本在参照唐制度的基础上做了设计上的改动。

---

[1] 钟江宏之：《藤原京造営期の日本における外来知識の摂取と内政方針》，见钟江宏之、鹤间和幸编：《東アジア海をめぐる交流の歴史的展開》，东方书店，2010年。

[2] 岸俊男：《難波宮の系譜》（1977年初刊），见《日本古代宮都の研究》，岩波书店，1988年；王维坤：《中日の古代都城と文物交流の研究》，朋友书店，1977年，第86—89页。

[3] 北村优季：《藤原京と平城京》（1992年初刊），见《平城京成立史論》，吉川弘文馆，2013年，第72页。

[4] 中村太一：《藤原京と〈周礼〉王城プラン》，《日本歴史》1996年第582号；小澤毅：《古代都市"藤原京"の成立》（1997年初刊），《日本古代宮都構造の研究》，青木书店，2003年。

[5] 李成市：《新羅文武·神文王代の集権政策と骨品制》，《日本史研究》2004年第500号。

[6] 寺崎保広：《藤原京の形成》，山川出版社，2002年，第89页。

[7] 佐川英治：《六朝建康城と日本藤原京》，见黄晓芬、鹤间和幸编：《東アジア古代都市のネットワークを探る——日·越·中の考古学最前線》，汲古书院，2018年。

[8] 关野贞：《平城京および大内裏考》（1907年初刊），见关野贞著，太田博太郎编：《日本の建築と芸術》下，岩波书店，1999年，第152—153页。

但是，隋唐以前的中国都城宫城与皇城也没有明确区分。而且将条坊设计成正方形亦非平城京始创，而是继承自藤原京。甚至说北魏洛阳城的坊也很可能是一里四方的正方形。①在这一点上，与其说是平城京创新，不如说其继承了中国更古老的都城的设计，长安城横长不一的坊的设计才是新创，这一点平城京反倒没有模仿。

与此相关的令人注目的点是，长安城整体上是横长的都城，与之相对的平城京是纵长的都城。岸俊男注意到了这点，认为日本都城的设计毋宁说源自北朝的洛阳城及东魏北齐的邺南城等南北朝时期的都城。②但是，北魏的洛阳城称得上纵长的部分是继承自汉魏都城的大城（内城），北魏时代建造的郭城是南北长15里、东西长20里的横长的都城。③

井上和人认为平城京的纵长实际上是将长安城的全部边长缩小至二分之一再90度旋转的结果。④特意旋转90度是为了将对日本而言过于巨大的长安城的面积缩小至四分之一，同时尽可能地延长朱雀大路，视觉上进一步强化平城京的威严。与此相应，藤原京中道路两侧沟渠之间宽度只有70大尺（约24.8米）的朱雀大路，至平城京拓宽至210大尺（约74.6米），即使如此也只有唐朱雀街一半的宽度，但与藤原京时期相比威势遽增。

如上所述，平城京虽是模仿长安城而建，但这种模仿是有选择性的，其中日本特别关注的是唐长安城中的朱雀街。⑤长安城被巨大的朱雀街一分为二的形态，甚至给9世纪时到访长安的巴士拉的伊斯兰教徒留下了深刻印象⑥，铭刻在当时的日本人心中也并不奇怪。话虽如此，日本人从这里看出的意思与其对中国人的意义未必相同。因为作为整体设计之一环的唐的朱雀街，与特意发掘并强调其意义的日本的朱雀街，意涵不可同日而语。

本文拟以朱雀街为焦点考察中国都城制的形成与其在东亚的影响，探讨都

---

① 《洛阳伽蓝记》卷五《城北》："方三百步为一里，里开四门。"佐川英治：《中国古代都城の設計と思想——円丘祭祀の歴史的展開》（以下称佐川著书），勉诚出版，2016年，第170—175页。

② 岸俊男：《日本の宮都と中国の都城》（1976年初刊），前揭《日本古代宮都の研究》。

③ 此为王仲殊反驳岸俊男的论述。参见西嶋定生编：《奈良・平安の都と長安——日中合同シンポジウム　古代宮都の世界》，小学馆，1983年，第184页。

④ 井上和人：《古代都城建設の実像——藤原京と平城京の史的意義を問う》，见《日本古代都城制の研究——藤原京・平城京の史的意義》，吉川弘文馆，2008年。

⑤ 北村优季：《都城——唐と日本》，见池田温编：《唐と日本——古代を考える》，吉川弘文馆，1992年。

⑥ 山田信夫编：《ペルシアと唐》，平凡社，1971年，第228页；崔宰荣：《周禮・考功記의획원리와隋唐長安城의구조》，《역사운화연구》2010年第35号。

城所体现的唐日政治文化。唐的朱雀街并非从中国都城形成之始就形神俱完，而是在从汉到唐的漫长时期内缓慢形成，日本在8世纪初从唐朝接受了这一设计。因此，要了解朱雀街在中国及日本的都城中的意义，则有必要理解这一历史形成过程。

一、日本平城京的朱雀大路

首先来看朱雀大路在日本的形成过程及其作用。关于藤原宫的营造过程，《日本书纪》持统四年（690）十月壬申条记载高市皇子领公卿百官观藤原宫地，同年十二月辛酉条又载持统天皇率公卿百官幸藤原、观宫地。又持统五年（691）十月甲子条，遣使者镇祭"新益京"，持统六年（692）正月戊寅条又载持统天皇观"新益京路"，由上可知，"新益京"就是藤原京的称谓。同年五月丁亥条，遣难波王镇祭藤原宫地，同年六月癸巳持统天皇再观藤原宫地，持统七年（693）二月己巳，命造京司衣缝王等受容发掘出的尸体。同年八月戊午及持统八年（694）正月乙巳条又两次记载天皇行幸藤原京，之后于持统八年十二月乙卯迁居藤原京。

不过，根据林部均基于发掘调查的研究，藤原京内已有先行建造的条坊，营建顺序是先进行条坊的施工，之后将藤原宫嵌入其中。[①]《日本书纪》天武五年（676）记载，这一年为营造"新都"禁止界内公私耕作，致田地荒芜，最终却未造都。天武十三年（684）三月辛卯条记载天皇巡行京师，定"宫室之地"。由此林部氏认为藤原宫宫室之地定于天武十三年，此前仅条坊在施工。仁藤敦史认为"新城"阶段的藤原京只是完善以飞鸟为中心的倭京的产物。[②]

如上所述，藤原京的基本设计定于天武十三年左右，持统朝持续建造，至持统八年末完成。《日本书纪》天武十四年（685）三月辛酉条云"京职大夫直大叁许势朝臣辛檀努卒"，《续日本纪》文武三年（699）春正月壬午条云"京职言……"，这是《大宝令》颁布前仅见的"京职"记载。[③]《续日本纪》大宝二年（702）正月乙酉条有"正五位下美努王为左京大夫"，大宝三年（703）六月乙丑条有"以从四位上大神朝臣高市麻吕为左京大夫"，庆云元年（704）七月丙戌条有"左右职献

[①] 林部均：《藤原京関連条坊の意義》（1993年初刊），《古代宮都形成過程の研究》，青木书店，2001年；林部均：《条坊制導入期の古代宮都》（1999年初刊），收入同书。

[②] 仁藤敦史：《倭京から藤原京へ——律令国家と都城制》（1992年初刊），见《古代王権と都城》，吉川弘文馆，1998年。

[③] 《日本书纪》持统三年（693）七月丙寅条云："诏左右京职及诸国司，筑习射所。"此处"左右"一般被视为补记。参见坂本太郎等校注：《日本书纪》下，岩波书店，1965年，第498页。

白燕"等，由此可知大宝以后皆分"左京职""右京职"，《养老职员令》中左右职的规定始自《大宝令》。① 也就是说，藤原京完成时京域尚未一分为二，之后根据《大宝令》才二分左右。②

另外，有关市的记载，《扶桑略记》大宝三年云"是岁立东西市"，《续日本纪》和铜五年（712）十二月己酉条云"东西二市始置史生各二员"。《养老职员令》中也有左右京大夫管辖各自市廛的记载。前田晴人认为有必要将藤原京的市大致分为前期（《净御原令》时期）和后期（《大宝令》时期）来考察，前期藤原京的市是位于京域东北角的中市和西南角的轻市，原封不动地承袭了从前倭京的二市（中市、下市）。而藤原京后期上述二市被迁至京城内，成立了东西二市，但并非设置在京南面的对称位置，很可能位于靠近京城东北和西南边的条坊区域内。③

毋庸置疑，《大宝令》规定的都城左右分治及东西市是制度模仿唐长安城的都城制。唐长安城是北阙型都城，宽百步（约150米）规模突出的朱雀街贯通都城中心。可以说以朱雀街为中轴左右对称地设计都城和东西市，才诞生了唐长安城。④

但是藤原京的朱雀大路两侧沟渠之间宽度只有70大尺（约24.8米），而且路面宽度的计划尺寸为50大尺（约17.7米）。这与侧沟间宽度60大尺（约21.2米）的六条大路及推测侧沟间宽度55大尺（约19.5米）的东二坊大路可能只是侧沟宽度不同，路面宽度设计一致。⑤ 平城京朱雀大路侧沟间宽度210大尺（约74.6米），次于此的二条大路侧沟间宽度为朱雀大路二分之一的105大尺，藤原京朱雀大路的规模与之差异甚

---

① 喜田贞吉：《藤原京再考》（1936年初刊），见《喜田贞吉著作集第5卷都城の研究》，平凡社，1979年；前揭仁藤《倭京から藤原京へ》；吉川真司《七世纪宫都史研究の課題——林部均《古代宫都形成過程の研究》をめぐって》（《日本史研究》2004年第507号）推测《令集解·职员令》诸陵司条古记引别记"京二十五户"未区别左右，是因为这是《大宝令》以前的规定。

② 《续日本纪》庆云元年（704）十一月壬寅条云："始定藤原宫地，宅入宫中百姓一千五百五烟赐布有差。"然而这一时期才开始定藤原宫之地明显很奇怪。对此学界讨论颇多，前揭仁藤《倭京から藤原京へ》及桥本义则""藤原京"造营试考——"藤原京"の造营史料とその京号に关する再检讨》（《研究论集》XI，奈良国立文化财研究所，2000年）认为这是指建成据《大宝令》分为东西京的大藤原京；前揭吉川《七世纪宫都史研究の課題》认为这表示尚未完成的营造工事就此结束。但无论哪一种解释都与文面不符。从同年七月粟田真人由唐归国来考虑，可能原本"始定藤原宫地"的记载就是错误的，所定的是新宫地即平城京的宫地。

③ 前田晴人：《倭京·藤原京の市について》（1992年初刊），见《日本古代の道と衢》，吉川弘文馆，1996年。

④ 妹尾达彦：《長安の都市計画》，讲谈社，2001年，第121页。

⑤ 井上和人：《古代都城制地割再考——平城京·藤原京を中心として》，《奈良国立文化财研究所学报》1984年第41号。

大。①并且，在宫城置于京域中央的藤原京，朱雀大路的长度仅为京域的二分之一以下，这也与宫城置于都城北侧、朱雀大路贯通城内的平城京不同。再者，藤原京京域南侧迫近丘陵，南面很难成为京城的入口，因此很可能没有罗城门。②综上所述，藤原京的朱雀大路无论从长度还是宽度看都绝称不上规模突出，在藤原京并不存在像长安城和平城京那样将都城截然二分的朱雀街。

与藤原京的这种设计相异，《大宝令》将都城左右二分，置东西市，这些理念应当全来自长安城。大宝元年正月，粟田真人被任命为遣唐执节使，因天候不顺，翌年六月方向唐进发。这是天智八年（669）以来，时隔约30年派遣的遣唐使。粟田真人等于庆云元年七月归国。许多研究者认为，粟田真人看到长安城意识到彼我差距，才要建造平城京。③但是，如果在《大宝令》阶段就导入了长安城的都城制，则长安城与藤原京的差异在此之前就应该被认识到了。而且如果《大宝令》阶段就对长安城有了认识，那么平城京的规划应当也不是从粟田真人回国后才开始考虑的。④即应当认为，当时的朝廷在派遣粟田真人等遣唐使之前，就感受到了藤原京阶段尚未强烈意识到的都城的必要作用，为导入都城的机能，自感必须建造平城京那样的新型都城。

笔者认为新都作用正在于《续日本纪》和铜元年二月戊寅条平城京迁都诏中所言的"京师者，百官之府，四海所归"。关于此诏别有阐述故在此不再重复⑤，平城京是带着强烈的四海即天下意识的都城，其中的朱雀大路更是承担着特殊的重要作用，这在下引《续日本纪》的记载中也能看到。

①《续日本纪》和铜三年正月壬子条：

　　三年春正月壬子朔，天皇御大极殿受朝。隼人、虾夷等亦在列。左将军正五位上大伴宿祢旅人、副将军从五位下穗积朝臣老、右将军正五位

---

① 奈良文化财研究所编：《日中古代都城図録》，クバプロ，2002年，第59页。
② 前揭北村《藤原京と平城京》。
③ 例如，井上和人《日本古代都城の展開と東アジアの都城——都城形制の解析を通じて国家間関係の実態を解く》（《国史学》2011年第205号）认为："日本朝廷产生了历经二十余年岁月姑且建成的藤原京与当时的世界标准唐长安城相比十分欠缺作为都城的要件的想法，于是基于时隔33年于702年派出、704年归国的第七次遣唐使的见闻，强硬推行以长安城为指标的新都城平城京的建设。"（第8页）但作者没有提到藤原京欠缺作为都城的要件这一认识是由何处产生的。
④ 北村优季：《日唐都城比较制度试论》（1992年初刊，前揭《平城京成立史论》）通过比较日唐律令推测："当时的律令编纂者恐怕在《大宝令》编纂阶段已经具体地描绘了平城京及平安京所体现的都城构造。"（第173页）
⑤ 参见前揭佐川著书之终章。

下佐伯宿祢石汤、副将军从五位下小野朝臣马养等，于皇城门外朱雀路东西，分头陈列骑兵，引隼人、虾夷等而进。

②《续日本纪》和铜七年（714）十二月己卯条：

己卯，新罗使入京。遣从六位下布势朝臣人、正七位上大野朝臣东人、率骑兵一百七十，迎于三崎。

③《续日本纪》灵龟元年（715）正月甲申条：

灵龟元年春正月甲申朔，天皇御大极殿受朝。皇太子始加礼服拜朝。陆奥、出羽虾夷并南岛奄美、夜久、度感、信觉、球美等来朝，各贡方物。其仪，朱雀门左右，阵列鼓吹骑兵。元会之日，用钲鼓自是始矣。

④《唐大和上东征传》天平胜宝六年（754）二月四日条：

四日入京，敕遣正四位下安宿王于罗城门外迎慰拜劳。

⑤《续日本纪》宝龟十年（779）四月庚子条：

庚子，唐客入京，将军等率骑兵二百，虾夷廿人，迎接于京城门外三桥。

关于①中仪式举行地是藤原京还是平城京，意见存在分歧。[1]据《续日本纪》，迁都平城京是和铜三年三月之事。[2]不过和铜二年（709）十月就颁布了有关营造平城京的给复诏书。[3]而且①中令骑兵列阵于朱雀路东西，市大树认为这个仪式就是为了展示平城京新建的主街朱雀大路，这个仪式只有在平城京举行才有意义。[4]笔者认为市氏的说法很有说服力，即使①所记仪式发生在藤原京，其意象中也已蕴含了营造中的平城京朱雀大路的影子。

据市氏考察，首次令新罗使参加元会仪礼以表现天皇君临蕃国的姿态是在文武二年的元日朝贺。这也是在藤原京首次使用大极殿。此外，在大宝元年（701）正月朔日的元会仪礼上也令"蕃夷使者"陈列于大极殿正门左右。这次大宝元年的元

---

[1] 山本崇：《史料からみた第一次大極殿院地区》，见奈良文化财研究所编：《平城宫発掘调查报告XVII第一次大極殿院地区の调查2（本文编）》，2011年。

[2]《续日本纪》和铜三年三月辛酉条云："辛酉，始迁都于平城。以左大臣正二位石上朝臣麿为留守。"

[3]《续日本纪》和铜二年十月庚戌条云："诏曰：比者迁都易邑，摇动百姓。虽加镇抚，未能安堵。每念于此，朕甚愍焉。宜当年调租并悉免之。"

[4] 市大树：《遷都直前の元日朝贺と赐宴》，见吉村武彦编：《日本古代の国家と王权・社会》，塙书房，2014年。

会仪礼，《续日本纪》称"文物之仪，于是备矣"①，是塑造天皇君临蕃国之威仪的盛会。

从①—⑤可知朱雀大路是表现天皇威仪的重要舞台。从③来看元会之日各地使者贡献方物，从②的新罗使、④的鉴真和⑤的唐使的事例来看，按规定到访平城京的使者和外宾皆由罗城门直上正北至朱雀门。②在圣武天皇时代，朱雀门前还曾举行歌垣仪式。③但很明显，最初平城京的朱雀大路只是单纯的蕃夷朝贡之道。④

如上所述，从藤原京向平城京的转变表现出天皇中华意识的高涨，作为主街的朱雀大路的创设蕴含着迁都诏所言的"四海所归"的理念。负有此种功能的朱雀大路贯穿都城，天皇意欲通过建造这种规模空前的主街以向内外展示自己的存在。这种构想在左右二分都城的《大宝令》中已有展示，派遣粟田真人等遣唐使的目的中应当也包含考察长安城。在这个意义上，日本的平城京虽说仿自唐长安城，却是抱着自身特定的课题在模仿，并非原封不动地因袭。

再回过头来看唐长安城的朱雀街有着怎样的功能呢？要看透唐朱雀街的本质也有必要从其形成过程来考虑。不过，在中国，相当于朱雀街的街道并非在唐长安城突然出现，而是有漫长的前史。以下追溯历史考察这一问题。

二、中国都城的左右分治制度

唐长安城的宫城与皇城建在都城北侧，从皇城正面的朱雀门到都城正门明德门有一条朱雀大街，贯通都城，以大街为界，东边属于万年县，西边属于长安县。⑤不

---

① 《续日本纪》大宝元年正月乙亥条云："大宝元年春正月乙亥朔，天皇御大极殿受朝。其仪于正门树乌形幢，左日像青龙朱雀幡，右月像玄武白虎幡，蕃夷使者陈列左右。文物之仪，于是备矣。"

② 三桥（三崎）是驾在平城京朱雀大路南端罗城门外左保川上的三座并列的桥。现在附近的大和郡郡山市还残留着上三桥、下三桥的地名。参见青木和夫、稻冈耕二、笹山晴生等校注：《续日本纪》（一），岩波书店，1989年，第220页。

③ 《续日本纪》天平六年二月癸巳条云："二月癸巳朔，天皇御朱雀门览歌垣。男女二百卌余人。五品已上有风流者皆交杂其中，正四位下长田王、从四位下栗栖王、门部王、从五位下野中王等为头，以本末唱和。为难波曲、倭部曲、浅茅原曲、广濑曲、八裳刺曲之音。令都中士女纵观，极欢而罢。赐奉歌垣男女等禄有差。"

④ 今泉隆雄《平城京の朱雀大路》（《古代宫都の研究》，吉川弘文馆，1993年）认为："罗城门和朱雀大路具有重大的外交意义，即所谓外国使节的迎宾门、迎客大路。"

⑤ 宋敏求《长安志》卷七《唐京城一·唐京城·外郭城》云："当皇城南面朱雀门，有南北大街，曰朱雀门街，东西广百步。万年、长安二县以此街为界。万年领街东五十四坊及东市，长安领街西五十四坊及西市。"

过，这种都城制绝非中国古典的都城制。

先来看作为中国古典都城制蓝本的《周礼·考工记》。众所周知，《考工记》中"方九里，旁三门，国中九经九纬，经涂九轨，左祖右社，面朝后市"的记载是以宫城位于都城中央位置为前提书写的。《考工记》中的道路"旁三门""九经九纬"，即宫城东西南北均等地配置三道大路①，宫城正面的道路未被赋予特殊规格。因此，用宫城正面的道路将都城一分为二的构想也不存在于《考工记》中。

《三辅黄图》云"秦宫殿端门四达"②，端门指宫城的正门，亦名司马门。秦宫殿四面都配置了端门，这与古文《尚书》的《舜典》中"宾于四门，四门穆穆""询于四岳，辟四门"所体现的四方之门等量齐观的观念相一致。汉未央宫最早建造的是北阙和东阙，颜师古认为汉以北阙为正门。③

汉代以前的古典都城制中没有给南门正面街道以特殊地位、扩大其规模并以之为界二分都城的构想。与此相比，唐长安城虽有南北向大街11条，东西向大街14条，但朱雀街宽150—155米，次于此的南北向的安化门—芳林门、启夏门—兴安门，东西向的通化门—开远门、春明门—金光门的街道宽度皆在100米左右，再其次东西向连接延平门—延兴门的道路宽度为55米，此外的街道多在35—65米。④朱雀街被赋予了特殊地位，这条街道也成为万年县和长安县的县界。

唐以前的都城城内街道的规模难以确知。不过如果唐长安城以前的都城也被左右二分的话，可以想见其间存在区分两边的隔断地位的道路。以下先来考察汉代以后的主要都城——长安、洛阳、邺、建康的两县分治制度是如何出现的。

（1）长安城

《汉书》卷二八《地理志上》京兆尹云：

> 长安高帝五年置。惠帝元年初城，六年成。户八万八百，口二十四万六千二百。
>
> 王莽曰常安。

长安城即长安县的县城。也就是说，长安城在中国虽云都城，原本却只是一个县的县邑，城本身并不具备独立的行政区划。由于长安城也在京兆尹治下，故《汉书》卷七四《丙吉传》中"民斗相杀伤，长安令、京兆尹职所当禁备逐捕"所云，长安的治安由长安令和京兆尹共同负责。据《太平寰宇记》卷二五《关内道一·雍

---

① 外村中：《贾公彦〈周礼疏〉と藤原京について》，《古代学研究》2009年第181号。
② 《后汉书》列传第三〇《班彪附班固传》引《两都赋》刘昭注。
③ 《后汉书》卷一下《高祖纪》颜师古注云："未央殿虽南向，而上书奏事谒见之徒皆诣北阙，公车司马亦在北焉。是则以北阙为正门，而又有东门、东阙。至于西南两面，无门阙矣。"
④ 刘庆柱编：《中国古代考古发现与研究》，社会科学出版社，2016年，第366页。

州一》长安县条引贾耽《郡国县道记》曰"汉京兆府在故城内上冠里,其县理今失其所在",京兆府在城内上冠里,县廨所在地的线索遗失了。但是既然京兆府廨被置于城内,县廨应当也在城内。

据《太平寰宇记》:"汉于其地筑未央宫,谓大城曰长安城。五年置县,以长安为名。历后汉、魏、晋、苻、姚、后魏及周不改。"长安城为长安县治下,历东汉、三国、五胡十六国、北朝时代皆如此。《太平寰宇记》卷二五《关内道一·雍州一》述及万年县事:"《周地图记》云:后周明帝二年分长安、霸城及姚兴所置山北三县地,始于长安城中置万年县,理八角街已东,属京兆尹。取旧汉县名也。"据此可知,北周明帝二年(558)初于长安城内置万年县,令八角街以东属万年县。此事从《周书》卷四《明帝纪》二年六月己巳条"分长安为万年县,并治京城"、《元和郡县图志》卷一《关内道一·京兆府》万年县条"周明帝二年,分长安、霸城、山北等三县,始于长安城中置万年县"等记载中也能得到印证。此即长安城左右分治之始。

隋文帝废弃汉以来的长安城,新建大兴城,如《隋书》卷二九《地理志上·雍州》大兴县条"后周于旧郡置县曰万年,高祖龙潜,封号大兴,故至是改焉"所云,隋继承北周万年县置大兴县。据《太平寰宇记》其县廨被置于城内宣阳坊的东南隅。唐将大兴县的名称改回万年县,以朱雀街以东为万年县,以西为长安县。据宋敏求《长安志》,京兆府廨在光德坊东南隅,万年县廨在宣阳坊东南隅,长安县廨在长寿坊西南隅。

(2)洛阳城

关于洛阳城,《晋书》卷一四《地理志上》河南郡条云:

洛阳置尉。五部、三市。东西七里,南北九里。东有建春、东阳、清明三门,南有开阳、平昌、宣阳、建阳四门,西有广阳、西明、阊阖三门,北有大夏、广莫二门。司隶校尉、河南尹及百官列城内也。

洛阳至西晋为止都是洛阳县的治所。关于西晋时代的洛阳县廨,《水经注》卷一六谷水条云"池水又东流,入洛阳县之南池",熊会贞疏云"《洛阳伽蓝记》,高祖于翟泉北置河南尹。此称洛阳县之南池,盖县与尹同治池北也。在故洛阳城中东北隅"[①],即与河南尹廨同在洛阳城内东北隅。这恐怕是继承了东汉时代以来的县

---

① 关于河南尹廨,《洛阳伽蓝记》卷一《城内》云:"建春门内御道南,有勾盾、典农、籍田三署。籍田南有司农寺。御道北有空地,拟作东宫,晋中朝时太仓处也。太仓南有翟泉,周回三里,即春秋所谓王子虎、晋狐偃盟于翟泉也。水犹澄清,洞底明净。鳞甲潜藏,辨其鱼鳖。高祖于泉北置河南尹,中朝时步广里也。"

廨所在。

不过，在北魏洛阳城，据《洛阳伽蓝记》卷二《城东·景兴尼寺》所云：

> 建阳里东有绥民里，里内有洛阳县，临渠水。县门外有洛阳令杨机清德碑。

可知洛阳县廨被置于洛阳城东绥民里。另一方面，《洛阳伽蓝记》卷四《城西·法云寺》云：

> 出西阳门外四里御道南有洛阳大市，周回八里。市南有皇女台，汉大将军梁冀所造，犹高五丈余。景明中，比丘道恒立灵仙寺于其上。台西有河阳县，台东有侍中侯刚宅。

可知洛阳城西皇女台以西有河阳县。角山典幸已经论证此"河阳县"是"河阴县"之误。① 《太平寰宇记》卷三《河南道三·洛阳县》平阴故城条云：

> 曹魏文帝改平阴为河阴②，后魏移县理于故洛城西皇女台侧。

将原在黄河南岸的河阴县移至洛阳城以西的是北魏。从《魏书》卷一〇六《地形志中》述河阴县云"晋置，太宗并洛阳，正始二年复，属河南"，可知时间在正始二年（505）。景明二年（501）九月，北魏在原南北九里、东西六里的区域外围造南北十五里、东西二十里的外郭城（《魏书》卷八《世宗纪》）。因此，洛阳县和河阴县各居旧城的东、西，定是伴随此外郭城的建设而言的。

《魏书》卷八《世宗纪》载永平元年（508）七月乙未诏云"察狱以情，审之五听，枷杖小大，各宜定准。然比廷尉、司州、河南、洛阳、河阴及诸狱官，鞫讯之理，未尽矜恕"，河阴县作为典狱之官与洛阳县并举。又孝昌初年（525），杨谦之行河阴县令，随后正河阴令，颇有政绩。然而厌恶他的佞幸之辈奏请废止"二县令"直接面奏皇帝的制度："旧制，二县令得面陈得失，时佞幸之辈恶其有所发闻，遂共奏罢。"（《魏书》卷七七《杨机传附谦之传》）杨谦之在驳辞中言"臣以无庸，谬宰神邑"，又言"臣亡父先臣崇之为洛阳令，常得入奏是非，所以朝贵敛手，无敢干政"，由此可以明了"二县令"指的是洛阳令和河阴令。综上可知，洛阳城被左右二分是在北魏时期，这时的洛阳令和河阴令已经处于完全对等的地位。

顺便一提，北魏迁都前的都城平城，汉代时设置了平城县，之后直到隋改为云

---

① 角山典幸：《北魏洛陽城研究の一視角——河陰県治の位置を中心として》，《中央大学アジア史研究》2008年第32号。角山典幸：《北魏洛陽城——住民はいかに統治され、居住したか》，见窪添慶文编：《魏晋南北朝史のいま》，勉誠出版，2017年。

② 诸本"平阴为"脱字，据宋版补。参见王文楚等点校：《太平寰宇记》（第1册），中华书局，2007年，第52页。

内县一直是在平城县治下，并无特别的变化。①

关于隋唐时代的洛阳城，辛德勇有过研究。②据其考察，隋及唐前期以长夏门街为界，东属洛阳县，西属河南县。至唐后期，割洛河以南的长夏门以东的一列洛阳县的里坊入河南县，而洛河以北的长夏门以西的一列河南县的里坊则入洛阳县。但是，左右金吾卫巡警城内是以洛河为界南北分管的。至宋代，以洛河为界南北分县。

隋唐的洛阳城也是以南北向的道路来东西分县，只是所采用的并非皇城正面连接端门—建国门（唐改称定鼎门）的街道，而是略处东面的长夏门街。这一点容后再述。

（3）邺城

关于邺城，《北齐书》卷四六《路去病传》云："擢为成安令。京城下有邺、临漳、成安三县，辇毂之下，旧号难治，……自迁邺以还，三县令治术，去病独为称首。"东魏北齐的邺城由邺、临漳、成安三县令治理。《隋书》卷二七《百官志中》云：

> 邺、临漳、成安三县令，各置丞、中正、功曹、主簿、门下督、录事、主记，议及功曹、记室、户、田、金、租、兵、骑、贼、法等曹掾员。邺又领右部、南部、西部三尉，又（右部？）领十二行经途尉。凡一百三十五里，里置正。临漳又领左部、东部二尉，左部管九行经途尉。凡一百一十四里，里置正。成安又领后部、北部二尉，后部管十一行经途尉，七十四里，里置正。

北齐时代的邺，右部、南部、西部由邺县管辖，左部和东部由临漳县管辖，后部和北部由成安县管辖。若单纯看城内，邺县管辖城内的右部，临漳县管辖左部，成安县管辖后部。③

其中关于临漳县，《魏书》卷一〇六上《地形志上·司州》魏尹条云："天平初分邺并内黄、斥丘、肥乡置"，即东魏高欢从洛阳迁都至邺的天平元年（534）分邺而置。

另一方面，关于成安县，不见于《魏书·地形志》，从《隋书》卷三〇《地理志中》魏郡条所记"后齐置"，可知并非在东魏而是进入北齐时代后才设置的。北

---

① 《元和郡县图志》卷一四《河东道三·云州》云中县条。
② 辛德勇：《河南、洛阳两县界分及长夏门、中桥和富教、惠训、道术三坊的位置》，见《隋唐两京丛考》，三秦出版社，1991年。
③ 上田早苗：《后汉末期的邺治与魏郡》，见谷川道雄编：《地域社会在六朝政治文化上所起的作用》，玄文社，1989年。

齐河清四年（565）的薛广墓志①中所记河清二年（563）"薨于成安县修仁里舍"是目前墓志中见到的唯一一例有关成安县的记载。

综上所述，邺城原本由邺县一县治理，东魏从洛阳迁都邺的天平元年（534）将其分为邺县和临漳县，都城以东属临漳县、以西属邺县管辖。进入北齐时代以后，进一步在北侧设立成安县，管辖后部。

（4）建康城

《太平寰宇记》卷九〇《江南东道二》昇州条云：

> 按《建康图经》云：西晋太康元年平吴，分地为二邑，自淮水南为秣陵，淮水北为建业。后因愍帝即位，避讳改为建康。

建康城原属秣陵县，西晋平吴之际，以淮水以北为建业，之后避愍帝之讳改称建康，建康城归建康县治下。《太平寰宇记》同条之上元县云：

> 古建康县，初置在宣阳门内。晋咸和三年，苏峻作乱，烧尽，遂移入苑城。咸和六年以苑城为宫，乃徙出宣阳门外御街西。今建初寺门路东是。

建康县廨原在城内，因城内狭小，东晋咸和六年（331）移置于正南门宣阳门外御街以西。据《宋书》卷十五《礼志二》记宋文帝元嘉十三年（436）七月有司奏："扬州刺史、丹阳尹、建康令，并是京輦土地之主，或检校非违，或赴救水火，事应神速，不宜稽驻，亦合分道。"可见治理京师的县令只有建康令。②

《宋书》卷五《文帝纪》元嘉二十四年（447）正月甲戌条云"蠲建康、秣陵二县今年田租之半"，同篇元嘉二十五年（448）正月戊辰条云"可检行京邑二县及营署，赐以柴米"，以此为始，之后宋齐时代赈恤及蠲免租税时以"京邑二县""京师二县"的县民为对象的用例增多。这恐怕是由于都市扩大至淮水南岸的秣陵县域，秣陵县民亦与建康县民一道作为京师之民享受恩惠。

不过，据《隋书》卷二六《百官志上·梁·廷尉卿》，"元会，廷尉三官与建康三官，皆法冠玄衣朝服，以监东、西、中华门"，《隋书》卷二五《刑法志》中提到陈"廷尉寺为北狱，建康县为南狱，并置正、监、平"，可见，作为京师的狱官与廷尉寺地位相同的只有建康县，不见秣陵县。这与北魏洛阳的洛阳县与河阴县并为京师狱官相异。由此看来，虽说在赈恤及蠲免租税上两县之民皆被视为京师之民，但作为治理京师的县到底只有建康县被赋予了特殊地位，两县并非处在对等的

---

① 梶山智史编：《北朝隋代墓志所在综合目录》，汲古书院，2013年第839号。
② 但是据同书"其六门内，既非州郡县部界，则不合依门外。其尚书令、二仆射所应分道，亦悉与中丞同"来看，台城内部在建康令管辖之外。

地位上。

以上考察了都城的左右分治制度。可以确认，都城的左右分治始于北魏的洛阳城，东魏北齐的邺城和北周的长安城继之，又被隋唐的长安城和洛阳城进一步继承。[1]另一方面，南朝的建康也随着都市的扩大，建康和秣陵两县皆归入京师，但其并非东西二分，且建康县和秣陵县的地位也不对等。也就是说，唐长安城所见的那种两县分治或者说左右分治，皆是只见于北朝系都城的显著特征。

那么，这是否表明在北魏洛阳城以后的北朝都城中，中轴道路具有特殊的意义呢？下一节就此问题进行探讨。

三、郊祀之道与中轴道路的形成

上节说到都城左右分治是仅见于北魏洛阳城以后的北朝系都城的特征。这些北朝系都城的共同特征还在于，和平城京相同以太极殿（日本叫大极殿）向南延伸出的中轴道路为都城设计的基轴这一点。

正如妹尾达彦和金子修一已经论述过的，唐长安城的朱雀大街首先是通向明德门外圜丘的郊祀之道。[2]唐长安城是以这条连接太极殿和圜丘的郊祀之道为中轴线左右对称设计的都城。因此，以下以郊祀之道为关注点考察中国都城中轴道路的发展。

郊祀原本在远离都城的地方举行，西汉末对皇帝仪礼进行儒学化改革时，改为在长安城的南郊举行。这一模式固定下来是在东汉的洛阳城。这一时期在洛阳城的南墙修建了平城门作为前去郊祀的门。《后汉书·五行志一》引用蔡邕之言，云："平城门，正阳之门，与宫连，郊祀法驾所由从出，门之最尊者也。"平城门与南郊以被称作"南北郊路"的道路相连，该郊路常年保持洁净。[3]杨宽已经论证了这条南北郊路的设置是之后朱雀街起源的一大里程碑。[4]

---

[1] 佐川英治：《鄴城に見る都城制の転換》，见窪添庆文编：《魏晋南北朝史のいま》，勉诚出版，2017年；并参见前揭角川《北魏洛陽城——住民はいかに統治され、居住したか》。

[2] 妹尾达彦：《唐長安城の儀礼空間——皇帝儀礼の舞台を中心に》，《东洋文化》1992年第72号；金子修一：《唐代における郊祀、宗廟の運用》，《中国古代皇帝祭祀の研究》，岩波书店，2006年。都城中轴道路为祭天的郊祀之道这一点在宋开封城亦相同。参见梅原郁：《皇帝・祭祀・国都》，见中村贤二郎编《歴史のなかの都市——続都市の社会史》，ミネルヴァ書房，1986年。

[3] 《后汉书》列传第六八《宦者·张让传》："又铸天禄蛤蟆，吐水于平门外桥东，转水入宫。又作翻车渴乌，施于桥西，用洒南北郊路，以省百姓洒道之费。"

[4] 杨宽：《中国都城の起源と発展》，尾形勇、高木智见译，西嶋定生监译，学生社，1978年，第210—212页。不过对书中这条路与元会仪礼有关的看法尚存疑问。

不过，东汉时代还不存在特定的宫殿与圜丘相对的设想。如东汉讲学大夫淳于登的学说："明堂在国之阳，丙巳之地，三里之外，七里之内。"（《礼记·明堂位》）当时南郊的设施以"国"即都城为基准定方位。若基于五行思想，东郊是甲寅之地，南郊是丙巳之地，中郊是丁未之地，西郊是庚申之地，北郊是壬亥之地，南郊并非位于正南，而是位于都城的南南东方向。①

太极殿最早出现于曹魏明帝青龙三年（235）。景初元年（237）首次基于郑玄的六天说在洛阳城南方的委粟山建造圜丘。南郊是基于五行思想的五郊之一，在正月进行祭祀。与此相对，圜丘是基于阴阳观念与方泽、南北相对的设施，在冬至进行祭祀。郑玄的圜丘相比于混合了祖先祭祀的南郊理论性更突出，南郊汉朝时祭祀高祖刘邦、曹魏时祭祀太祖曹操，而圜丘祭祀有德之人舜。圜丘祭祀是以传承《仪礼》知名的高堂生的子孙高堂隆奉劝明帝设立的。②

但是，当时对于不祭祀曹操而祭祀舜异议颇多，正始以后即明帝死后就不再举行。③至西晋，根据批判郑玄的王肃之说实行圜丘与南郊融合的圜郊一体祭祀。东晋南朝也采用王肃说，南郊建在丙巳方位。④另一方面，以郑玄说为基础的圜丘被之后的北魏孝文帝复活，为北朝、隋、唐所继承。但有必要注意的是，在孝文帝复活圜丘之前，其在中国史上切实存在的时间只有曹魏明帝时的不足三年，祭祀仅举行过几次而已。

魏晋时代洛阳城的正门由平城门移为宣阳门，与此宣阳门相对的并非太极殿的正门阊阖门，而是其东边的司马门。⑤魏晋时代阊阖门前建有铜驼街，官厅林立，开始形成太极殿—阊阖门—铜驼街这一主轴。不过这条道路尚未延伸到都城外，尚未成为都城整体的设计轴线。

如上节所述，南朝的建康至宋时都市拓展至淮水南岸，秣陵的县民也被作为京师之民享受恩惠。因此，基于东汉以来的学说而被置于都城郊外七里丙巳之地的南

---

① 前揭佐川著书第二章。
② 前揭佐川著书第三章。
③ 《通典》卷四二《礼二·郊天上》："自正始以后，后魏代不复郊祀。"
④ 《晋书》卷一九《礼志上·吉礼条》："元帝渡江，太兴二年始议立郊祀仪。……事遂施行，立南郊于巳地。其制度皆太常贺循所定，多依汉及晋初之仪。"
⑤ 《水经注》卷一六谷水条："渠水自铜驼街东经司马门南。魏明帝始筑，阙崩，压杀数百人，遂不复筑，故无阙门。南屏中旧有置铜翁仲处，金狄既沦，故处亦褫，惟坏石存焉。自此南直宣阳门，经纬通达，皆列驰道，往来之禁，一同两汉。"参见前揭佐川著书第129页。

郊已经被居民区吞没。① 故宋孝武帝新建"驰道",欲整治南郊的空间。这时徐爰向孝武帝进言,提议将南郊移动到相当于宫城正午位的牛首山以西,与太极殿对置,通过加强这条道的礼仪意涵以提高其作为中轴道路的意义。② 孝武帝采纳了这一献策,于大明三年(459)移南郊。③ 又将北郊移动到钟山以北与南郊对置。④ 这一改造首次将太极殿与圜丘对置,以直线道路相连,具有划时代意义。⑤ 只是孝武帝死后其子前废帝又把南郊移回了原来的位置。⑥ 之后南郊被置于何处不甚明确。不过梁武帝将南郊移动到了建康东南十五里的娄湖附近。⑦ 都城与南郊通过位于东南方向穿过三桥篱门的"南郊路"相连⑧,但这与太极殿正面延伸出的御街及驰道是不同的道路。

除了宋孝武帝在位的一段时期外,建康城中作为官厅街的御街与作为郊祀之道的郊路是不一致的。在建康城内,多条道路根据用途不同被分配了不同的功能,御街作为唯一中轴道路地位超然的现象是不存在的。根据考古学调查,建康城正面的主干道,在孙吴时期路面宽度仅15.4米,至南朝也仅宽23.3米。⑨ 还存在建康的御街并非直道的可能。⑩

另一方面,北魏道武帝在皇始三年(398)定都平城,称皇帝,承袭传统在南郊祭天。但更受重视的是游牧文化传统下的西郊祭祀。四月在西郊举行的祭天与九、十月

---

① 王泾《大唐郊祀录》卷四坛之三段等条引开元十一年贺知章等的上奏云:"自晋元帝建武二年定郊兆于建业之南郊,去城七里";《宋书》卷一四《礼志一》"晋氏南迁,立南郊于巳地",同志引徐爰之议云:"南出道狭,未议开阐,遂于东南巳地创立丘坛。皇宋受命,因而弗改。且居民之中,非邑外之谓。"

② 不过,建康城整体朝向向东倾斜约25度,这种情况下的正午也不是正南。张学锋:《所谓"中世纪都城"——以东晋南朝建康城为中心》,《社会科学战线》2015年第8期。

③ 据《南史》卷二《宋本纪中》,南郊的移设是在大明三年九月,"甲午,移南郊坛于牛头山,以正阳位"。

④ 孝武帝移北郊事见《景定建康志》卷四四《祠祀志》:"宋孝武大明三年,移北郊于钟山北原";将北郊与南郊位置对置见《宋书》卷一四《礼志一》:"其地又以为湖,乃移于钟山北原道西,与南郊相对。"

⑤ 下仓涉:《南北朝の帝都と寺院》,《東北学院大学論集 歴史と文化》2006年第40号。

⑥ 《宋书》卷一四《礼志一》:"世祖崩,前废帝即位,以郊旧地为吉祥,移还本处。"

⑦ 《景定建康志》卷四四《祠祀志》南郊坛条注引《金陵故事》:"今其地在城东南,与娄湖相近";《景定建康志》卷一八《山川志二》娄湖条云:"娄湖在城东南一十五里。"

⑧ 《南史》卷八〇《贼臣侯景传》:"文宣太后庙四周柏树独郁茂,及景篡,修南郊路,伪都官尚书吕季略说景令伐此树以立三桥。"

⑨ 参见张学锋:《六朝建康城の研究——発掘と復原》(2009年初刊),小尾孝夫译,见新宫学编:《近世東アジア比較都城史の諸相》,白帝社,2014年。

⑩ 参见《景定建康志》卷一六《疆域志二》朱雀街的考证。

在东面的白登山举行的对祖先、天神的祭祀是北魏最重要的祭祀，这些与游牧文化有密切的关联。①北魏的宫城在鹿苑这一广阔的牧场以南，与鹿苑毗邻。因此，平城的都城主要建造在宫城以南。此即北阙型都城的滥觞，这一点宫崎市定已有讨论。②

北魏孝文帝从太和十年（486）前后开始对平城加以大胆的改造。先是建造太极殿，沿着太极殿和南郊相连的御道修建太庙、明堂等儒家设施作为接纳中国文明的象征。接着于太和十八年（494）废除西郊祭天，迁都洛阳。实际准备平城改造方案的是李冲，如《魏书》卷五三《李冲传》所云："冲机敏有巧思，北京明堂、圆丘、太庙及洛都初基、安处郊兆、新起堂寝，皆资于冲。"他的平城改造方案又原样成为营造洛阳城的基本方案。

由于孝文帝迁都洛阳后仍将精力优先放在征伐南朝上，洛阳城真正的营造是在接下来的宣武帝时代进行的。据《魏书》卷八《世宗纪》景明二年（501）九月丁酉条："发畿内夫五万人筑京师三百二十三坊，四旬而罢"这一时期修建了外郭城。又据同年十一月壬寅条云："改筑圜丘于伊水之阳。"景明三年（502）壬寅条云："飨群臣于太极前殿，赐布帛有差，以初成也。"可知太极殿和圜丘几乎是同时建造。另外，《水经注》谷水条云"皇都迁洛，移置于此，对阊阖门，南直洛水浮桁"，即与司马门相对的宣阳门被移筑到与阊阖门相对的位置，构筑了太极殿—阊阖门—铜驼街—宣阳门—洛水浮桁—圜丘这一直线道路。

这个圜丘如前所述是基于郑玄说或者进一步说是基于《周礼》的圜丘。孝文帝复活了曹魏明帝建造的委粟山的圜丘，宣武帝将之移筑到与伊水北岸太极殿相对的位置。北魏原在平城的西郊和南郊分别祭祀不同的"天"，现在改为在洛阳城南的圜丘和南郊祭祀二天。此后在圜丘和南郊分别祭天的传统被北齐、北周、隋唐承袭。（见表1）

表1 郑玄说及曹魏、北魏时期的圜丘和南郊的祭祀

郊祀		郑玄说	曹魏	北魏
圜丘	祭神	昊天上帝	皇皇帝天	昊天上帝
	配飨	有德者	舜	太祖（道武帝）
	祭坛	自然丘陵	委粟山	委粟山→伊水之阳
南郊	祭神	感生帝	皇天之神	上帝
	配飨	始祖	太祖（曹操）	太宗（明元帝）→世祖（太武帝）
	祭坛	人工祭坛	南郊	南郊

① 参见前揭佐川著书第五章。
② 宫崎市定：《六朝时代华北の都市》（1961年初刊），见《宫崎市定全集·六朝》，岩波书店，1992年。

实际上即使不基于郑玄说，在五胡十六国的前赵也举行过祭祀二天的仪式，即"冒顿配天，元海配上帝"（《晋书》卷一〇三《刘曜载记》）。冒顿是匈奴的冒顿单于，元海是建"汉"（之后刘曜改国号为"赵"）的高祖刘渊。这个"汉"意味着其是前汉、后汉、蜀汉的继承者。冒顿单于配祀的"天"是源自游牧文化的撑犁，刘渊配祀的"上帝"是中国传统文化的天。以此类推，洛阳的圜丘是继承平城西郊之所，是将源自游牧文化的天的祭祀融合进《周礼》之祭天的产物。[①]

圜丘原本配祀有德者，北魏改以配祀太祖道武帝，也不是完全忠实于郑玄之说。孝文帝复活此前在中国具有突出理论性但并未固定下来的圜丘，正是通过打出复兴理想化的周的旗帜以显示其作为中华统治者的正当性。

如斯，在北魏的洛阳城，太极殿正对圜丘，连接二者的直线道路成为贯通宫城—都城—外郭城的中轴线，被赋予超然于其他道路之上的地位。换句话说，除却宋孝武帝一时的尝试，以太极殿正面的道路为郊祀之道肇始于此时。

同时，开始以这一中轴为基准设计都城。从太极殿到阊阖门是皇帝的空间，从阊阖门到宣阳门由铜驼街这一官厅街相连。从宣阳门到洛水浮桥里坊林立，是居民区，从洛水浮桥到圜丘之间分布着四夷馆、四夷里以及白象坊和狮子坊。如此，以皇帝为中心的天下秩序在这条中轴道路沿线展露出来。据《洛阳伽蓝记》所记，北魏外郭城的规模是南北15里、东西20里，而考古调查所发现的外郭城用北魏的尺度恰好是从这个中轴道路向东西各延伸10里。[②]也就是说，以中轴道路为界左右对称地设计都城是从北魏的洛阳城开始的。

表2虽说称不上是绝对精密的数值，但展示了参照各种资料得出的历代都城主要道路的大致规模。观此可知，西汉长安的东西方向及南北方向各有数条相同规模的大街。曹魏邺城的中轴道路虽说与其他道路相比略宽一些，但也没有太大差别。不过到东魏北齐的邺南城，只有朱明门街一条路具有突出的宽度，这一点为唐朱雀街所继承。北魏的洛阳城并非只有宣阳门街规模突出，东西的横街也有同样的规模，这大概是因为其继承了魏晋的洛阳城，仍受其影响吧。可以说，北魏洛阳城的设计方案在迁都后的邺南城才得到显化。

---

① 参见前揭佐川著书第八章。
② 前揭佐川著书第六章。积山洋：《中国古代都城の軸線プランと正殿》（2007年初刊），见《古代の都城と東アジア——大極殿と難波京》，清文堂出版，2013年。

表2　都城中轴道路的规模

王朝	国都	都城的规模	中轴道路的长度	中轴道路的宽度	大路①的宽度	大路②的宽度	参考文献
西汉	长安	南壁7600米，北壁7200米，东壁6000米，西壁4900米	约5500米[安门大街（南北）]	最大56米[安门大街、宣平门大街（东西）等5街]	约45米（其他主要大街）		徐卫民《秦汉都城与自然环境关系研究》，科学出版社，2011年，第115页
东汉	洛阳	北壁残长3700米，西垣残长4290米，东垣残长3895米					杜金鹏、钱国祥编：《汉魏洛阳城遗址研究》，科学出版社，2007年，第507页
曹魏	邺北城	东西2400米（一部分2620米），南北1700米。东西七里，南北五里（《水经注》）	730米（司马门？—中阳门）	17米（中阳门大街）	约13米（凤阳门大街，长800米）	约13米（东西大街，长1700米）	中国社会科学院考古研究所等编：《邺城考古发现与研究》，文物出版社，2014年，第31页
魏晋	洛阳	同东汉洛阳					《汉魏洛阳城遗址研究》，第507页
东晋南朝	建康	周长二十里十九步（约8800米）	二里（约880米）（大司马门—宣阳门），五里（约2200米）（宣阳门—朱雀门）	15.4米（孙吴时期），23.3米（南朝时期），朱雀桥宽六丈（约20米）（《建康实录》）			新宫学编：《近世東アジア比較都城史の諸相》，白帝社，2014年，第207页
北魏	洛阳	东西最短部分约9460米，最长部分10210米。东西二十里，南北十五里（《洛阳伽蓝记》）	残长1650米	40~42米（第三条南北纵道，从宫城正门延伸的南北道路）	35~51米（第三条横街，贯通宫城中部的横街）	约41米（第二条横通道，过宫城正门前的横街）	《汉魏洛阳城遗址研究》，第551页

续表

王朝	国都	都城的规模	中轴道路的长度	中轴道路的宽度	大路①的宽度	大路②的宽度	参考文献
东魏北齐	邺南城	东西2800米，南北3460米。东西六里，南北八里六十步（《邺中记》）	残长1920米	38.5米（朱明门街）	6~11米（厚载门大道、启夏门大道，皆为南北道路）	5~8米（西华门大道，宫城前的东西大道）	《邺城考古发现与研究》，第69页
西魏北周	长安		残长约507米	约28米（南北道路）	约64米（东西道路）		《西安市十六国至北朝时期长安城宫城遗址的钻探与试掘》，《考古》2008年第9期，第27页
隋唐	长安	东西9721米，南北8651米	5310米（《长安志》：朱雀门—明德门）	156米（《长安志》：朱雀门街），150~155米	约100米（主要大街）	约35~65米（其他大街）	刘庆柱编：《中国古代都城考古发现与研究》，社会科学文献出版社，2016年，第366页
隋唐	洛阳	南壁7290米，北壁6138米，东壁7312米，西壁6776米	4131米（《两京新记》：端门—定鼎门），残3000米	155米（《两京新记》：天津街），残90米，部分121米	116米（《两京新记》：上东、建春二街），96米（《两京新记》：厚载门街等）	48米（《两京新记》：余小街）	宿白：《隋唐长安城和洛阳城》，《考古》1978年第6期
奈良	藤原京	东西约5300米，南北略同		17.7米（朱雀大路）	17.7米（六条大路）	14.2米（大路）	奈良文化财研究所编：《日中古代都城图录》，クバプロ，1992年，第38页
				24.8米（侧沟心心间距离）	21.3米（六条大路）	15.9米（大路）	

续表

王朝	国都	都城的规模	中轴道路的长度	中轴道路的宽度	大路①的宽度	大路②的宽度	参考文献
奈良	平城京	东西4255米，南北4787米（不含外京和北边坊）	3723米（朱雀门—罗城门）	70.9米（朱雀大路）	33.7米（二条大路）	21.3米（西一大路）	《日中古代都城图录》，第58页
				74.6米（侧沟心心间距离）	37.2米（二条大路）	24.8米（西一大路）	
新罗	王京	长三千七十五步，广三千十八步（《三国史记》），即南北约5400米，东西约5300米		约10米（增筑善德女商校舍预定用地）	约23米（国立庆州博物馆美术馆用地）		全德在：《新羅王京の歴史》，新文社，2009年，第243页
渤海	龙泉上京府	南壁约4586米，北壁约4946米，东壁约3359米，西壁约3406米	推算2195米（皇城正南门—郭城正南门）	110米（第一号南北街路）	92米（第五东西街路）	78米（第二、三南北街路）	田村晃一编：《東アジアの都城と渤海》，东洋文库，2005年，第123页

虽说如此，现在要明确表示北魏的洛阳县和河阴县的界线是宣阳门街仍有困难。观北魏的墓志，其中居住地和埋葬地写为"洛阳某里""洛阳县某里"的占压倒性多数，写作"河阴某里""河阴县某里"的寥寥无几。

但是正如角山氏已经提到的，在墓志中存在即使属于河阴县却记作旧县名的情况。记作"洛阳"的墓志中清晰地记作"洛阳县"这一县名的并不多。东魏北齐邺城的情况也类似，多记作"邺某里""邺都某里""邺城某里"，记为"邺县""临漳县""成安县"的很少。墓志中的"洛阳"为多并不表示洛阳县域越过宣阳门街延伸至其西侧。

如前所述，东魏的邺城城内右部归邺县管辖，左部由临漳县管辖。此处的右部、左部无疑是指太极殿面向南方的西和东，将连接宫城正门阊阖门和都城正门朱明门的道路视为两县之界应无问题。这座邺城的设计正如负责人起部郎中辛术所言："今皇居徙御，百度创始，营构一兴，必宜中制。上则宪章往代，下则模写洛京。"（《魏书》卷八四《儒林传附李兴业传》）。可见，邺城是古代典籍与洛的制度折中的产物。但是，由于两县分治的制度不见于古代典籍而是北魏的创造，故邺城的左右分县制应当也是承袭了北魏的洛阳城。

另外，北周的长安城也是以八角街为界，以西为长安县，以东为万年县。八角街情况未详，但可以明确知道是一条分隔两县的南北向道路。从东魏北齐和北周皆是以特定的道路为界分隔县域来看，应当认为其渊源自北魏的洛阳城。

中国进入魏晋南北朝时代后，人口进一步向都城集中，都市扩大。据说北魏洛阳城的人口有10.93万余户[1]，梁代建康的户数为28万余户[2]。两县分治的大背景正在于这种人口向都市的集中。[3]虽说如此，像唐长安城那种以中轴道路为界分隔两县的情况，只出现在北朝系都城。

其中或许可以看出屡屡将统治区域划分为左部和右部分别统治的游牧社会的两翼制度的影响。[4]不过，从宫城正门笔直延伸的道路以及以该道路为中轴左右对称的都市设计方案并非游牧社会的东西。北魏洛阳城出现的南北贯通都城的中轴道路是通向圜丘的道路。自西汉末年将郊祀场所设在都城以来，郊祀的重要性渐渐提高，其后北魏孝文帝融合《周礼》、游牧社会的祭祀，将这条道路置于太极殿的正面。在北魏的汉化政策中被赋予中国化的象征意义而特别受到重视的这条郊路的登场，才正式将都城空间左右分隔开来。

四、中国古代都城的客馆与中轴道路

在上文中笔者论述了日本平城京的朱雀大路是蕃夷使者上京的朝贡之路，与之相对，唐长安城的朱雀街的意义单纯是通向圜丘的郊祀之道。不过如前所述，在北魏的洛阳城，靠近圜丘的宣阳门的南端置有四夷馆、四夷里。四方使者应当也沿着这条道路去参加元会的仪礼。这样的话，北魏的宣阳门街很可能也和日本平城京的朱雀大路一样是朝贡之路。那么，其他都城中的朝贡之道情况如何呢？与中轴道路有什么样的关联呢？最后从都城中客馆的所在地来试着考察这一问题。

据《续日本纪》天平四年（732）十月癸酉条"始置造客馆司"，可以推定平城

---

[1] 《洛阳伽蓝记》卷五《城东》："京师东西二十里，南北十五里，户十万九千余。"

[2] 《太平寰宇记》卷九〇《江南东道二·昇州》："按《金陵记》云，梁都之时，城中二十八万余户。西至石头城，东到倪塘，南至石子冈，北过庄（蒋）山，东西南北各四十里。"

[3] 佐川英治：《都城論と都市論の間——東アジアの坊制都市をめぐる若干の考察》，见大阪市立大学东洋史学研究室编：《中国都市論への挑動》，汲古书院，2016年。

[4] 关于两翼制度，参见肖爱民：《中国古代北方游牧民族两翼制度研究》，人民出版社，2007年。

京的客馆在京城内①，但具体场所不明。不过，平安京的鸿胪馆是在七条大路以北面向朱雀大路置东西二馆。②从平城京也在朱雀大路东西一坊设置坊城垣来看，平城京的客馆很大可能也是面向朱雀大路而设。③

在中国古代，客馆被视为非常重要的设施。左思《魏都赋》云："营客馆以周坊，饰宾侣之所集。玮丰楼之闲阆，起建安而首立。"该赋在描述曹魏邺城客馆时特意说明其是建安年间（196—220）所建。刘渊林在注中解释说："古者重客馆，故举年号也。"

关于汉代长安城的客馆，《汉书》卷七〇《陈汤传》记载蛮夷邸在长安的槀街上，颜师古注引晋灼之说云"黄图在长安城门内"。但是没有史料表明槀街在长安城内何处。何清谷提出未央宫北阙外直城门大街可能是槀街，蔡宗宪认为是横门大街④，但说到底都是推测。

古代的都城中客馆位置比较明确的首先是前述的曹魏邺城。刘渊林注云："邺城东有都亭，城东亦有都道，北有大邸，起楼门临道。"这里所说的"邺城"指曹魏邺城的宫城。意思是说，从宫城向东延伸出都道，其北有被称为大邸的建安中建造的客馆。在邺城有三条南北大道和一条东西大道在宫城前交会，根据笔者的复原，三条南北大道中间的那条是司马门前的官厅街，客馆位于东西大道北侧，面向大道。⑤也就是说，在邺城，外国宾客参谒宫城的道路不是南北大道，而是东西大道。

如果遵从杨宽指出的汉以前以西为尊、以东为卑的坐西朝东说⑥，邺城的这一配置可谓继承了汉代的传统。而且这一传统并未在邺城终结，还被南朝的建康城继承。《舆地纪胜》卷一七《江南东路·建康府》引《宫苑记》云：

> 国馆六，一曰显仁，处高丽使；二曰集雅，处百济使；三曰显信，处吐蕃使（吐谷浑使？）；四曰来远，处蠕蠕使；五曰职官，处千⑦陀使；六

---

① 平野卓治：《日本古代の客馆に关する一考察》，《国学院杂志》1988年第89卷第3号。

② 进入平安京的只有渤海使，想必是从罗城门入城的。参见前揭今泉《平城京の朱雀大路》。

③ 参见前揭岸俊男《难波宫の系谱》及《遗存地割·地名による平城京の复元研究》（1974年），《日本古代宫都の研究》。同书第208页论述了这种可能性。

④ 何清谷：《三辅黄图校释》，中华书局，2005年，第391页。蔡宗宪：《南北朝的客馆及其地理位置》，《中国历史地理论丛》2009年第1辑。

⑤ 参见前揭佐川《邺城に见る都城制の转换》。

⑥ 参见前揭杨宽《中国都城の起源と发展》。

⑦ 李勇先校点《舆地纪胜》（四川大学出版社，2005年，第777页）据清咸丰粤雅堂本改"千"为"延"，本文据底本清道光惧盈斋本取"千"。

曰行人，处北方使。五馆并相近，而行人在篱门外。

这条史料中出现了7世纪初建国的吐蕃，应当是后世增补的，但《太平御览》卷一九四《居处部二二》亦云：

显仁馆在江宁县东南五里，清溪中桥东，湘宫巷下，古高丽使处。

由此看来，建康城的国馆中除安置北朝使者的行人馆外，皆在流经宫城东的青溪之外、篱门之内。另一方面，关于行人馆，蔡宗宪在《至大金陵新志》卷四下《疆域志二·铺驿·馆舍附》引《宫苑记》云：

国馆六……五曰职官处于陀利使，六曰行人处比方使。显仁在青溪中桥，五馆并相近，惟行人在娄湖篱门外。

蔡氏根据"行人在娄湖篱门外"认为行人馆距离建康城东南的娄湖很近。①但是娄湖距建康城有十五里之遥，无论是作为篱门还是作为客馆，位置都有些过于遥远。笔者认为正确的说法应该是"行人在篱门外"，即只有行人馆在篱门之外，在位置上和其余五馆一样位于建康城东。只是"于陀利"与海南诸国之一的"干陁利国"（《梁书》卷五四《诸夷传》）相似，此表述或许和原文更近。不过，就像吐蕃的例子一样，《宫苑记》的记述本身是否正确是另一个问题。不管怎样，客馆大致位于建康城东应无疑问，这种情况下使者大概从都城的东门入城，沿横街西进，在大司马门前右转进入宫城。

不过，如前所述，北魏洛阳城与此大不相同，四夷馆、四夷里被建在宣阳门街南端的圜丘附近。《洛阳伽蓝记》卷三《城南·龙华寺》云：

宣阳门外四里，至洛水上，作浮桥，所谓永桥也。……永桥以南，圜丘以北，伊洛之间，夹御道，东有四夷馆，一曰金陵，二曰燕然，三曰扶桑，四曰崦嵫。道西有四夷里，一曰归正，二曰归德，三曰慕化，四曰慕义。②

刘淑芬认为北魏的四夷馆、四夷里是模仿南朝建康的国馆而建③，但其位置与南朝建康的国馆相异，设在御道南端，使御道同时具备朝贡之道的功能。

这种客馆的设置可上溯至孝文帝时代的平城。《魏书》卷七九《成淹传》云：

（太和）十六年，萧赜遣其散骑常侍庾荜、散骑侍郎何宪、主书邢宗

---

① 前揭蔡宗宪《南北朝的客馆及其地理位置》。此外，蔡氏还举出了梁建康城的客馆占云馆和扶南馆。
② 周祖谟校释：《洛阳伽蓝记校释》，中华书局，1963年，第130页。
③ 刘淑芬：《六朝建康与北魏洛阳之比较》，见《六朝的城市与社会》，学生书局，1992年。

庆朝贡，值朝廷有事明堂，因登灵台以观云物。高祖敕淹引芉等馆南瞩望行礼，事毕，还外馆，赐酒食。

客馆被设置在位于都城南郊的明堂以北。①明堂、灵台由孝文帝初建，客馆可能也是那一时期建造的。这里也可以看出孝文帝赋予太极殿正面的御道以特殊地位。类似的例子还有，《魏书》卷二《道武帝纪》天兴三年（400）二月丁亥条载"诏有司祀日于东郊，始更籍田"，即平城首次籍田在东郊举行。而据《魏书》卷七下《孝文帝纪》太和十七年（493）二月己丑条载"车驾始籍田于都南"，孝文帝将籍田移到了南郊举行。另一方面，梁武帝与之相反，普通二年（521）四月丙辰"平秩东作，义不在南。前代因袭，有乖礼制，可于震方"（《南史》卷七《梁本纪中》），即将籍田由南郊移至东郊。

北朝在此之后有各式各样的仪礼改至御道举行。《隋书》卷八《礼仪志三》春秋蒐狝条云：

> 河清中定令，每岁十二月半后讲武，至晦逐除。二军兵马，右入千秋门，左入万岁门，并至永巷南下，至昭阳殿北，二军交。一军从西上阁，一军从东上阁，并从端门南，出阊阖门前桥南，戏射并讫，送至城南郭外罢。

在北齐的邺南城举行这样一种仪礼：在年末讲武之后，二军兵士从东西方向入宫城，经端门和阊阖门出朱明门街，表演百戏射箭后再沿御道向南出至城郭外。

又《隋书》卷一五《音乐志下》云：

> 每岁正月，万国来朝，留至十五日，于端门外，建国门内，绵亘八里，列为戏场。百官起棚夹路，从昏达旦，以纵观之。至晦而罢。伎人皆衣锦绣缯彩。其歌舞者，多为妇人服，鸣环佩，饰以花毦者，殆三万人。

隋朝的东都洛阳城，在元会外国使者觐见后长达15日的时间里，连接端门和建国门的道路成为戏场。②

由上可知在隋朝东都洛阳城，客馆也被设置在宫城正面道路的南端。《隋书》卷二八《百官志下》鸿胪寺条云：

> 鸿胪寺改典客署为典蕃署。初炀帝置四方馆于建国门外，以待四方使者，后罢之，有事则置，名隶鸿胪寺，量事繁简，临时损益。东方曰东夷

---

① 参见前揭蔡宗宪《南北朝的客馆及其地理位置》。关于北魏平城明堂的位置参见前揭佐川著书第五章。
② 《隋书》卷三《炀帝纪》大业六年正月条亦载同事："丁丑，角抵大戏于端门街，天下奇伎异艺毕集，终月而罢。帝数微服往观之。"

唐长安城的朱雀大街与日本平城京的朱雀大路 | 083

使者，南方曰南蛮使者，西方曰西戎使者，北方曰北狄使者，各一人，掌其方国及互市事。

石晓军批判了将此四方馆视为客馆的习说，认为其大致等于外务管理官署。①事实或许是这样，然而问题在于为什么该机构位于建国门外呢？《通典》卷二一《职官三·中书令·通事舍人》云：

> 于建国门外置四方馆，以待四方使者，隶鸿胪寺。大唐废谒者台，复以其地为四方馆，改通事谒者为通事舍人，掌通奏、引纳、辞见、承旨宣劳，皆以善辞令者为之，隶四方馆而文属中书省。

唐废除隋的谒者台改置四方馆，同时将四方馆从鸿胪寺分离出来隶属中书省，使其承担谒者台处理诸国表奏及贡物的职能。这一时期的四方馆恐怕是纯粹的外务管理官署。据宋敏求《长安志》卷七《唐京城一·唐皇城》：

> 承天门街之西，宫城之南，第二横街之北。从东第一中书外省，次西四方馆。隋曰谒者台，即诸方通表通事舍人受事之司。

可知此四方馆在皇城内。这和长安城中鸿胪客馆建在皇城内有关。如果隋洛阳城的客馆也不在建国门外，那么只将外务管理官署设于建国门外便毫无意义。从隋代四方馆隶属于鸿胪寺来看，应当可以认为隋的四方馆具有客馆的功能。

将客馆设置在城外是南北朝时代的传统，炀帝将四方馆建在中轴道路的南端，很明显承袭北魏的洛阳城。据《新唐书》卷四八《百官志三·少府·互市监》，掌"蕃国交易之事"的互市监，在隋代隶属四方馆，在唐代隶属少府。也就是说，隋朝互市也在建国门外举行，这与北魏洛阳城在永桥外置四通市相似。

不过如上所述，炀帝之后废止了四方馆，随事权宜置之。如第二节所言，东都洛阳城虽然也分东西，但其界线不是建国门街，而是在其东面五坊位置的长夏门街。这是因为洛阳的宫城在都城整体的西北位置，建国门街不是都城的中心。关于这一都城设计是有意为之还是水到渠成，意见存在分歧。②但从最初将四方馆置于建国门外来看，炀帝是打算将建国门街作为都城中轴线的，但之后放弃了这一想法，客馆的位置也转而不再局限于建国门外。

接下来看唐长安城，长安城的客馆有鸿胪客馆和礼宾院，不过礼宾院是玄宗时

---

① 石晓军：《隋唐时代的四方馆について》，《东方学》2002年第103号。不过石氏也指出四方馆"可能也有作为外国使节的居住场所这一功能。"（第76页）

② 宿白：《隋唐长安城和洛阳城》，《考古》1978年第6期；田中淡：《隋朝建築家の設計と考証》（1977年初刊），见《中国建築史の研究》，弘文堂，1995年，第205页；村元健一：《隋の大興、洛陽二つの宮城》（2015年初刊），见《漢魏晋南北朝時代の都城と陵墓の研究》，汲古書院，2016年，第527页。

期作为鸿胪客馆的辅助设施设置的，唐一贯以鸿胪客馆作为主要的客馆。[1]

关于鸿胪客馆的位置，《玉海》卷一六五唐鸿胪客馆条云：

> 韦述《两京新记》：西京承天门从东第一鸿胪寺，次鸿胪客馆。

唐鸿胪客馆不在朱雀街，而是建在皇城内。[2]或许此鸿胪客馆的位置是原样承袭隋大兴城而来，只是炀帝建造洛阳城时回归了北朝的设计方案。之所以这么说，是因为长安城西面最北的门名开远门，东面最北的门名通化门，这些名称皆承袭自隋大兴城，由名字可以看出这些门在隋时已经被赋予了外交功能。不管怎么说，从北朝向隋唐更替之际，客馆的位置发生了很大变化。

宫城被置于皇城之内，表明在唐代朱雀街已经不具备朝贡之道的职能。这一点很难直接证明，兹举几个可与平城京相对照的事例。《续高僧传》卷四《译经篇四·释玄奘传》云：

> 从故城之西南至京师朱雀门街之都亭驿，二十余里，列众礼谒，动不得旋。

从印度归唐的玄奘入长安城时，皇帝敕迎，场面盛大。然而玄奘并未从明德门进入朱雀街，而是从长安故城西南进入朱雀街。根据辛德勇的考察，唐都亭驿位于通化坊（朱雀门街西第二坊），进入长安城的旅行者大多自东由通化门、春明门，自西由开远门、金光门进入。[3]从玄奘由旧长安城西南至朱雀门来看，应是从开远门入城。

献俘仪礼也是在长安城举行的盛大仪式。据《旧唐书》卷二八《音乐志一》：

> 凡命将征讨，有大功献俘馘者，其日备神策兵卫于东门外，如献俘常仪。其凯乐用铙吹二部，笛、觱篥、箫、笳、铙、鼓，每色二人，歌工二十四人。乐工等乘马执乐器，次第陈列，如卤簿之式。鼓吹令丞前导，分行于兵马俘馘之前。将入都门，鼓吹振作，迭奏《破阵乐》等四曲。

当日仪式的队伍是从东门（春明门）进入，向皇城内的太庙、太社行进。[4]北

---

[1] 石晓军：《唐代における鸿胪寺の附属机关について——鸿胪客馆·礼宾院·左右威远营および外宅》，《史泉》1997年第86号。

[2] 石见清裕：《唐の鸿胪寺と鸿胪客馆》，《古代文化》1990年第42卷第8号。参见前揭妹尾达彦《长安の宫城·皇城》，见《长安の都市计画》，第123页。

[3] 辛德勇：《都亭驿考辨——兼述今本长安志通化坊阙文》，见《隋唐两京丛考》，三秦出版社，1991年。

[4] 王博：《唐代军礼における"献俘礼"の基本构造》，《史观》2012年第167号。

朝的献俘礼如何举行并不清楚，上述记载是唐后半期的情况。[①]这至少可以作为唐长安城朱雀街以外的道路作为举行服属仪礼的道路使用之一例。此外，会昌三年（843），和亲回鹘的太和公主归朝之际也举行了盛大的仪式，综合圆仁《入唐求法巡礼行记》和《旧唐书》，公主从通化门入城进入大明宫。[②]

既然客馆和四方馆位于皇城之内，仍特意规定外国使节必须从南边的明德门北上朱雀门不合常理。为求便宜，应是从诸门各至朱雀门吧。从《续日本纪》所见的宝龟遣唐使、《日本后纪》所见的延历遣唐使及《入唐求法巡礼行记》所见的承和遣唐使的例子来看，皆是在长安城东北郊的长乐驿由敕使迎入城中的[③]，因而恐怕是从通化门入城的。

在宋开封城，各国使节分散住宿，辽使宿御街边的都亭驿，西夏宿都亭西驿，高丽使宿内城西墙梁门（阊阖门）外的同文馆，回鹘及于阗使宿礼宾院，其他诸蕃国宿瞻云馆和怀远驿。[④]

平城京规定了外国使节、宾客及臣服蕃夷全部由南边的罗城门进入朱雀门这一动线，但正如本文反复论述的，这种用途，并非全然模仿自唐长安城的朱雀街。

五、结语

将连接太极殿和圜丘的道路升格为特殊道路的是北魏，目的是将圜丘置于超越胡汉界限的、普遍的天之象征的地位上。因此北朝将都城内道路的各种功能集中于这条道路，令其在都城中拥有超然的地位，并成为都城左右的分界线。但是，原本郊祀对中国皇帝而言就是最高的礼仪，既然郊路是天子向圜丘行进的神圣之路，就不应该随意兼为其他礼仪之用。客馆不设置在朱雀街而是在皇城内，唐长安城的这种做法正是恢复原来的传统。可以说在唐朝存在将朱雀街提纯为郊祀之路的倾向。唐后期的会昌三年（843），以朱雀街为"南郊御路"这一理由，禁止沿路东西一坊

[①] 因为进入唐后期，随着大明宫的建设，城东北部空间成为仪礼的主要舞台。参见前揭妹尾达彦《唐长安城の仪礼空间》。

[②] 《旧唐书》卷八三《诸帝公主·定安公主传》及圆仁《入唐求法巡礼行记》会昌三年二月二十五日条。

[③] 《续日本纪》宝龟十年四月辛卯条，《日本后纪》延历二十四年六月乙巳条，《入唐求法巡礼行记》开成四年正月二十一日条。古濑奈津子：《遣唐使の见た中国》，吉川弘文馆、2003年，第92页。据前揭石晓军《唐代における鸿胪寺の附属机关について——鸿胪客馆·礼宾院·左右威远营および外宅》，礼宾院在天宝年间以前在昌化坊（安兴坊），元和九年（814）置于长兴坊。因而前二者居住在昌化坊，后者居住在长兴坊。

[④] 邓之诚注：《东京梦华录注》，中华书局，1982年，第159—162页。

内设置私庙。[1]

无论是北魏洛阳城，还是唐长安城，皆是横边长的都城。与此相对，以平城京为首的日本都城都是纵边为长，这一点向来是讨论的对象。与日本一样模仿唐长安城而建的渤海上京龙泉府，虽规模较小，但也是横长的都城。日本之所以设计纵长的都城是因为创造性地将作为主街的朱雀大路设为朝贡之道，以都城为"四海所归"之都，赋予天皇君临天下的地位。因而尽可能延长朱雀大路的长度。

另一方面，迄今为止鲜有论及的是中国的北阙型都城为何设置成横长的样式。这实际上也与郊祀有深刻的关联。如前所述，郊祀原本在远离都城的场所举行，但随着西汉末儒家对郊祀的改造，改为在都城的南郊举行。这一时期支持南郊祭祀的右将军王商等有言："圣王制祭天地之礼必于国郊。长安，圣主之居，皇天所观视也。"此处的"国"指都城，都城是天子的居所，亦是皇天观察天子的场所。也就是说，皇天时常观察天子的日常活动，天子必须自觉地、谨慎地行事，并虔诚地祭祀皇天。因而郊祀的场所也不能离都城太远，要设置在方便天子自行祭祀的近郊。东汉以来都城与南郊的距离定为七里。张衡《东京赋》言"殿未出乎城阙，旆已反乎郊畛"，即后军尚未出城门前军已至郊坛。这不仅说明天子郊祀行列之长、场面之盛，也表明都城与南郊相距不远。

随着人口向都市集中，都城范围扩大，天子的居所不得不远离南郊。但即使如此，太极殿与圜丘的距离也不能随意拉远。宋孝武帝将南郊由距都城七里之地移动到四十里左右的牛首山，之后其子前废帝又将之搬回。如此，太极殿与圜丘的距离无法随心所欲地拉长，又要尽可能拓展二者之间的面积，自然不得不建造横长的都城。唐长安城采取南北较东西略短的设计，内部的坊亦横长纵短，大概是为展现对圜丘的尊崇姿态吧。唐朝的朱雀街正因是郊祀之道，故而用不着很长。

日本的平城京是模仿唐的长安城而建，但在朱雀街的定位上却存在根本的差异。日本的朱雀大路是展示蕃夷对天皇的臣服以提高天皇权威的设施。而在唐朝，这种仪礼主要在宫城内部举行[2]，朱雀街作为郊祀之路，是展示皇帝对天的臣服以表

---

[1] 平冈武夫：《長安と洛陽　地図》，京都大学人文科学研究所，1956年，第22页。《册府元龟》卷五九二《掌礼部·奏议二十》："今日已后，皇城南六坊内，不得置私庙。至朱雀门缘是南郊御路，至明德门夹街两面坊及曲江侧近亦不得置。"

[2] 渡边信一郎《天空の玉座——中国古代帝国の朝政と儀礼》（柏書房，1996年）认为："元会仪礼从汉代成立之初至唐代，皆是在以正殿为中心的封闭空间内举行的仪礼。"（第168页）不过，北朝和隋的情况或许并非如此。

明其权力正当性的设施。① 如此一来，唐的朱雀街与日本的朱雀大路虽皆作为象征皇帝、天皇权威的场所而设计，却反映了唐日政治文化的差异。

附记

本研究是平成30年度科学研究费补助金［基础研究（B）］课题"东亚史中'古代末期'的研究"（课题序号：18H0072，主持人：佐川英治）的研究成果的一部分。在唐代史研究会2017年夏季研讨会上做报告时，得到石见清裕先生、妹尾达彦先生、久保田和男先生、角山典幸先生惠赐意见。此外，冈部毅史先生、河内春人先生、小尾孝夫先生、河上麻由子先生皆垂阅原稿，给予诸多宝贵建议。借此一并致谢。

本文发排后方知晓村元健一《前期难波宫的南方空间》（《前期難波宮の南方空間》（见大阪历史博物馆：《研究纪要》，2015年第13号）论及唐日朱雀街的差异，指出了唐朱雀大街仅限郊祀之用，唐日朱雀街表面相似，功能实异。该文可通过网页"大阪历史博物馆>教育·研究>刊行物>研究纪要"下载PDF，请参考。对赐告这一信息的大阪历史博物馆的李阳浩先生谨致谢忱。笔者基本赞同村元氏之说，仅该论文第15页引用的《隋书》卷二四《食货志》"自门外，夹道列布帛之积，达于南郭"，其中"南郭"并非指朱雀门外的条坊空间，而是指外郭城南郭壁，即宋敏求《长安志》卷七《唐京城·外郭城·朱雀门街》原注"南出郭外之明德门"之"郭"。也就是说，凯旋的军队从明德门进入郭内，沿道路两侧陈列赏赐物的朱雀大街北上，从朱雀门进入皇城，在广阳门外接受赐宴。此外，由于皇帝巡狩和出征之际也在太极殿和圜丘举行仪礼，因此朱雀大街并不一定仅供郊祀之用。参见丸桥充拓《中国古代の戦争と出征儀礼——〈礼記〉王制と〈大唐開元礼〉のあいだ》（《東洋史研究》72-3，2013年）。

原载《《唐代史研究》2018年第21号
（佐川英治，日本东京大学文学部教授；
王艳，合肥大学马克思主义学院讲师）

---

① 尾形勇：《自称形式より見たる君臣関係》（1967年初刊），见《中国古代の"家"と国家——皇帝支配下の秩序構造》，岩波书店，1979年，第133页。

新罗王京研究的成果与课题*

[韩]全德在 著 冯立君 译

绪论

新罗王京的研究发端于日本帝国主义殖民时期的日本学者。他们注意到新罗王京和唐朝的长安城、古代日本的平城京、渤海的上京城一样，都是以城市规划为基础建设的，并试图通过分析地籍图或地形图等来阐明适用于新罗王京的条坊的真实情况。光复以后到20世纪70年代，不夸张地说，新罗王京研究的中心在于根据地籍图和地形图复原里、坊的面貌。

对位于皇龙寺东侧坊区的发掘调查，为新罗王京研究提供了新的转机。1987—2002年，历时16年，对皇龙寺址东侧的王京遗址进行了发掘调查，2002年出版了发掘调查报告。发掘调查团队认为，这座王京遗址相当于部、里、坊中的坊。通过此次发掘调查，可以估算新罗设置的坊的规模，并以此为依据与中国和日本古代城市的坊进行比较研究，从而为说明根据城市规划整修的新罗王京的特征面貌奠定基础。

进入21世纪以来，随着庆州的开发，对王京遗址的发掘调查非常活跃。结果，东川洞右侧公寓用地和国立庆州博物馆南侧用地、乾川邑牟梁里等地也发现了可以了解坊区规模的遗址。到目前为止，在多个地区还没有发现具有相同规模的坊区，据此可以推断，不同地区的坊的规模有所不同，7世纪后半期以后，新罗政府并没有按照整齐划一的标准对王京进行重修。随着关于坊的信息的增加，学界对新罗王京的概念和范围、空间结构及其演变、六部和里、阶段性整备过程等进行了积极的研究，围绕新罗王京相关的诸多问题展开了激烈的争论。

另外，国立庆州文化遗产研究所从2007年到现在对与月池东侧相连的地区进行了发掘调查，大大提高了对东宫相关遗迹的理解。与此同时，国立庆州文化遗产研究所从2015年至今开展了庆州月城综合学术研究工作，作为其中的一环，对月城内

---

* 本文为陕西师范大学"国际长安学译丛"项目成果。

部、西墙、护城河进行了发掘调查，结果提高了对月城相关的诸多问题的认识，包括初筑时期及其内部的建筑布局等。在对东宫和月城相关发掘调查的基础上，近年来围绕位于月城的王宫结构及变迁、东宫的位置和范围及其性质等进行了活跃的争论，从而扩大了对月城和东宫的理解。

本文是为了总结迄今为止所进行的新罗王京研究的动向，并简要提出今后的课题和展望而准备的。笔者在本文中，实际上不可能对整个新罗王京的研究动向进行全面梳理，因此将以近年来争论活跃的几个主题为中心整理研究史，并以简略地指出研究问题的方式展开论旨。笔者设定的主题是关于王京的概念和范围、坊实行的时间、月城和东宫等。笔者将首先围绕各主题相关史料解释的研究动向进行分析，接着考察以考古发掘调查为基础的研究动向，然后发表笔者的思考。倘若曲解研究者的意图，或阐释有误，也希望大家多多谅解。不足之处，容日后修改完善，希望多多指正。

一、王京的概念与范围

新罗的首都，即国都，在文献和金石文中有多种的表达方式。金石文中将新罗国都称为金城、王城、京师、京城、京都、都城、王城、玉京、京华、京城、帝乡[①]；《三国史记》中指称新罗国都时使用最多的是京都[②]，此外，还将新罗国都称为京师、京城、都城、王京、王城等[③]。以往围绕王京与王都的关系、王京的范围，众说纷纭。

有人提出一种观点，将六部区域定义为王京，并将其范围划分为以王为首的王室势力居住、王宫或王城（金城或月城）所在的王都和其他六部地区的王畿。[④]吸收了这种观点后，20世纪90年代初期，又提出一种理解。就是，统一后，随着王京范围的扩大，将王京划分为王都和其他地区，即王畿[⑤]；随着新罗的发展，王京的领域扩大，将王京地区划分为王都和王畿，前者由大日任典管辖，后者由六部少典

---

① 이영호,「문자자료로본신라왕경」(《文字资料所见新罗王京》),『대구사학』132, 2018年, 第75—76页, <표1> '신라왕경의호칭'。
② 《三国史记》新罗本纪中可以找到将国都称作"京都"的事例有58处。
③ 전덕재,「『삼국사기』기록을 통해 본 신라 왕경의 실상—문무왕대 이후 신라본기와 잡지, 열전에 전하는 기록을 중심으로—」(《〈三国史记〉记录所见新罗王京的实相——以文武王代以后新罗本纪与杂志、列传的记载为中心》),『대구사학』132, 2018年, 第4—14页。
④ 이종욱,『신라국가형성사연구』(《新罗国家形成史研究》), 일조각, 1982年, 第222—243页。
⑤ 강종원,「신라 왕경의 형성과정」(《新罗王京的形成过程》),『백제연구』23, 1992年。

管辖。①

进入21世纪以来，提出了将王京划分为都城及其周边的一定地区，即郊野、王畿等的观点②；以月城为中心，将城市规划意图下建成的首都核心地区规定为王京，并将包括其外围地区在内的整个地区规定为都城的观点③；王京是由王宫及环绕它的中心空间——王城（京城）及其外郭的周边部分构成的观点④；狭义的王京相当于现在的庆州盆地，广义的王京是除安康邑以外的庆州市一带和蔚山广域市蔚州郡斗东面和斗西面一带的观点⑤；将整个六部地区理解为王京，然后将王京理解为今天相当于庆州市内的王都和其他六部地区王畿的观点⑥；等等。地理学界也提出了新罗王京由王都和王畿组成的观点。地理学家李基峰主张，原本由六部组成的王京，中代以后改编为长3075步，宽3018步的王都（京城）和六部，前者由京城周作典掌管，后者由典邑署掌管。⑦以上各项研究成果大致可以说共同将王京理解为涵盖王都或王城及其周边地区的概念。⑧

20世纪90年代初期，有人提出新罗在6世纪初以斯卢国为核心发展起来，根据地方的情况建立王京，继而将其命名为六部王京，统一后在王京中心地区实行"条坊制"，并将其周边的六部地区编为西兄山郡（商城郡）、大城郡，只把实行条坊制的地区称为王京（条坊制王京）。⑨这一观点可以理解为，在中古时期，除安康邑

---

① 오영훈，「신라 왕경에 대한 고찰—성립과 발전을 중심으로—」（《关于新罗王京的考察——以成立与发展为中心》）『경주사학』11，1992年，第34—37页。
② 이영호，「7세기 신라 왕경의 변화」（《7世纪新罗王京的变化》），『신라문화제학술논문집』26，2005年，第183—184页。
③ 박방룡，『신라 도성』（《新罗都城》），학연문화사，2013年，第23页。
④ 주보돈，「신라 왕경의 형성과 전개」（《新罗王京的形成与发展》），『신라 왕경의 이해』（《新罗王京的理解》），주류성，2020年，第32—40页。
⑤ 이동주，「신라 왕경의 정의와 범위」（《新罗王京的定义与范围》），『문헌으로 보는 신라의 왕경과 월성』（《文献所见新罗的王京与月城》），국립경주문화재연구소，2017年，第121页。
⑥ 박성현，「신라 왕경 관련 문헌을 어떻게 연구할 것인가?」（《如何研究与新罗王京相关的文献?》），『문헌으로 보는 신라의 왕경과 월성』（《文献所见新罗的王京与月城》），국립경주문화재연구소，2017年，第76—78页；「신라 6부의 경계에 대한 연구」（《关于新罗六部边界的研究》）『대구사학』134，2019年，第32页。
⑦ 이기봉，『고대 도시 경주의 탄생』（《古代都市庆州的诞生》），푸른역사，2017年，第40—55页。
⑧ 另外，考古学家金龙成将位于城市区划化的庆州盆地的喙部和沙喙部地区定义为王京，包括王京及其周边山地在内的空间称为王都（김용성，「신라 왕도의 범위에 대하여」（《关于新罗王都的范围》），『신라문화』28，2006年，第11—12页）。
⑨ 田中俊明，「新羅における王京の成立」，『朝鮮史研究会論文集』30，1992年。

以外的庆州市一带及蔚州郡斗东面和斗西面一带被称为王京，统一后缩小到实行条坊制的庆州市内的空间才被称为王京。提出类似观点的研究者是余昊奎。他把统一之前今庆州市全境的六部地区称为王京，中代将王京的范围缩小到庆州盆地内，并将王京周边的六部地区编为西兄山郡和大城郡，进而将这些地区称为王畿。[1]笔者认为，6世纪上半叶，将今天除安康邑以外的庆州市一带和蔚州郡斗东面、斗西面地区的六部地区，即旧斯卢国地区称为王京，7世纪后半期的神文王时期，将王京的范围缩小到今天的庆州市内，然后在旧王京地区设立西兄山郡（商城郡）、毛火郡（临关郡）、大城郡、恶支县（约章县），在下代将王京的范围扩大到周边地区，940年（高丽太祖二十三年）更名六部，将位于王京周边的大城郡等合并到庆州，使得六部领域还原到统一前的六部领域。[2]

近来争讼不断的是关于中代是否缩小了王京的范围，然后将六部的领域重新调整到缩小的王京范围内的问题。笔者和余昊奎曾提出观点，认为中代将王京缩小、调整到今天庆州市内的范围，同时将六部移置到该领域内，重新调整了领域。笔者提出上述见解时，依据的最核心的资料就是《三国史记》卷三四《杂志第三·地理志》所载的"王都，长三千七十五步，广三千一十八步，三十五里、六部"。以唐尺（1步＝6尺，1尺＝30厘米）为准，3075步为5535米，3018步为5432米。王都长5535米，宽5432米，与今天庆州市内的范围基本一致。因此，根据上面的记载，可以理解为三十五个里和六部位于今天庆州市内。如果尊重《地理志》的记载，统一后将新罗王京的范围缩小调整到今天庆州市内的范围，然后再重新调整六部进行部署就合理了。笔者通过《三国史记》卷四八《列传第八》孝女知恩条和《三国遗事》卷五《孝善第九》贫女养母条，证明孝女知恩居住的芬皇寺东里（现庆州市普门洞）是韩歧部的事实，现在狼山西麓的读书堂，即崔侯古宅，是《三国遗事》卷一《纪异第二》新罗始祖赫居世条中提到的相当于本彼部的事实等。这些作为证据资料证明了对王京进行缩小调整后重新安排了六部的观点。

20世纪80年代初期，木村诚在将王京和王都理解为同一概念的前提下，提出了将设置六部的地区大致划分为王京和六停所在地区，然后中代在六停（六畿停）所

---

[1] 여호규, 「신라 도성의 의례공간과 왕경제의 성립과정」（《新罗都城的仪礼空间的成立过程》），『신라 왕경조사의 성과와 의의—문화재연구국제학술대회 발표논문 제12집—』（《新罗王京调查的成果与意义——文化财研究国际学术大会发表论文第12集》），국립문화재연구소·국립경주문화재연구소，2003년.

[2] 전덕재, 「신라 6부 명칭의 어의와 그 위치」（《新罗六部名称的语义及其位置》）『경주문화연구』1，1997년；『신라 왕경의 역사』（《新罗王京的历史》），새문사，2009년，第57—95页。

在地区设置西兄山郡和大城郡,并将其命名为王畿的观点。①近来,学界接受了木村诚的这种观点,并对笔者提出的所谓的与王京范围缩小一起将六部的位置在其范围内重新调整的观点提出批评。有很多人认为,斯卢国阶段成立的六部领域直到新罗灭亡之前都没有改变,而是原封不动地被高丽庆州六部继承。首先,李基峰将《三国史记·地理志》记载的"王都,长三千七十五步,广三千一十八步,三十五里、六部"解释为"(在该国的范围内,第一)有王都;(王都的)规模长3075步,宽3018步,(其中)有三十五里;(第二)曾有第六部",然后提出了王都和六部完全没有关系,新罗王京可以区分为由三十五里组成的王都(今天的庆州盆地)和其外的六部所在的地区的观点。②

此外,朱甫暾还提出观点称,《地理志》的记载是将《三国史记·新罗本纪》中零散的记录汇集起来,由编纂者从自己的视角和立场综合整理而成,因此很难认为反映了特定时期的事实。也就是说,《地理志》记载的新罗王京的信息,并没有反映新罗时代的实际情况,只是传达高丽时代《三国史记》编纂者的视角和解释,因此从该记载中传达的王都概念或规模等入手,推导出的所谓"新罗王京缩小论",存在令人难以接受的根本问题,并强调了六部的位置和领域并未改变。③

朴成贤依据文献中芬皇寺东里隶属于韩歧部或崔侯故宅,即位于狼山西麓的读书堂隶属于韩歧部,认为两处都在高丽庆州六部加德部、通仙部及其前身韩岐部、本彼部的范围内,没有太大偏离。如果说在设置大城郡和西兄山郡(商城郡)的同时,对六部管辖区域进行了大幅改编,那么在很大程度上会将现有梁部的领域让给其他部,现有的五部的领域成了大城郡、西兄山郡的领域。林成贤很难接受进行这样改编的可能性,由此批评了笔者的见解。④而且,他进一步以1913年制作的庆州郡九黄里(现九黄洞)地籍原图为依据,分析当时奈洞面和府内面的边界——现在的临海路是新罗时代梁部和韩歧部及梁部和本彼部的界线,然后发表了考证六部位置

---

① 木村誠,「統一新羅の王畿について」,『東洋史研究』42-2,1984年;「三國期新羅の王畿と六部」,『人文学報』167,東京都立大学,1984年。木村诚认为,统一以前,在行政上王京由大日任典负责管理,设置六停的地区由典邑署负责管理,景德王时期将两个官署合并成立典京府,并采取措施使王京和王畿地区统一管理,王畿制在制度上得以实行。惠恭王时期将典京府恢复为原来的典邑署,一度废除了王畿制,8世纪末至9世纪初重新恢复了王畿制,形成了以王京为中心的一定区域为支配据点的体系。

② 이기봉,前引文章,2007年,第41—43页。

③ 주보돈,前引文章,2020年,第20—22页。이동주,『신라 왕경 형성과정 연구』(《新罗王京形成过程研究》),경인문화사,2019年,第10页,这里也提出了相类似的观点。而且,李东柱据此主张新罗六部的位置和领域始终没有改变。

④ 박성현,前引论文,2017年,第76—77页。

的论文。①

大体上，批判王京缩小论的研究者们对王京和王都进行了区分理解。但是在史料中可以确认王京和王都是指新罗国都的同一概念。《三国史记》卷一二《新罗本纪第十二》景哀王四年（927）秋九月条记载："（甄萱）以冬十一月，掩入王京。"相反，《三国史记》卷四〇《列传第十》甄萱条记载，天成二年（927），"太祖出师援助，萱猝入新罗王都"。从《新罗本纪》可以看出，新罗国都被称为"王京"，而《甄萱列传》称之为"新罗王都"。②另据《甄萱列传》载，甄萱从军进入"王京"，又甄萱有夺国（新罗）之心，担心太祖先入王都，于是率军进入"王都"作恶。③在《甄萱列传》中，新罗国都被称为王京或王都。通过这些记录可以证明，在新罗末期，王京和王都是指称新罗国都的、可相互置换的用语。不得不承认，据此，将王京和王都（王城、京城）理解为不同的概念，并以此为基础批判王京缩小论，其说服力较弱。

李基峰将《三国史记·地理志》的记载分为王都和六部进行解读，他的观点被批评为肆意解读史料。另外，他认为《地理志》的记录并没有反映新罗时代的事实，只是反映高丽时代人们对新罗王京的认识和看法，也是基于把王京和王都当作同一概念来认识和使用的，《三国史记》卷四〇《杂志第九·职官志下》武官条也和《地理志》一样，将与"地方"形成对应的"国都"称为"王都"，并称其中驻扎了军师幢、步骑幢、皆知戟幢、师子衿幢等。考虑到《新罗本纪》中找不到关于王都范围的记录等因素，很难接受这一观点。合理的解释是，《三国史记》编纂者在撰写《地理志》时，不是随意附会王都的范围，而是根据典故资料进行撰写。由此看来，与王都范围相关的内容很有可能反映了特定时期新罗人的认识。

根据朴成贤考证的六部领域复原案，梁部的范围是东西为今天从西川到临海路之间的地区，南北为从北川到塔里（塔洞）之间的地区，并且梁部的领域与其他五部的领域相比非常狭小。朴成贤理解，梁部（喙部）的位置和范围在新罗时代始终没有变化。众所周知，在6世纪上半叶之前，新罗六部作为单位政治体发挥功能，其中最强大的部——喙部，代表新罗国王君临天下。如此，作为单位政治体发挥功能的喙部，与汉祇部、本彼部，把庆州市内一分为三了。这一点很难让人同意，而

---

① 박성현，前引论文，2019年，第16—25页。

② 另外，《高丽史》卷一《世家第一》，太祖十年九月条记载，甄萱突然入侵了"新罗都城"。

③ "及壮，体貌雄奇，志气倜傥不凡。从军入王京，赴西南海防戍……时新罗君臣以衰季，难以复兴，谋引我太祖结好为援。甄萱自有盗国心，恐太祖先之。是故，引兵入王都作恶。"（《三国史记》卷四〇《列传第十》）。

且最强大的喙部的领域与其他各部的领域相比非常狭小，也很难让人信服。再加上中古时期为行政管辖六部而设置的六部少监典的管理构成，可以看出梁部的管理级别最高或人数最多，其次是沙梁部，再次是本彼部和牟梁部，最后是汉祇部。①考虑到梁部在六部的管理构成上是规格最高或人数最多的，很难获得梁部领域比其他各部狭小太多的印象。如果难以解决上述诸多疑问，那么芬皇寺东里和读书堂隶属于韩歧部、本彼部的记录，反映了重新调整六部位置和领域的中代以后的事实是否合理呢？

另外，《三国史记》卷三三《杂志·祭祀志》记载，大祀的对象是穴礼，中祀的对象是吐含山和北兄山城，小祀的对象是位于大城郡的三岐，大祀的对象还有习比部的奈历，小祀的对象还有牟梁部的卉黄和西述、沙梁部的高墟。因为祭祀地有清海镇作为中祀的记载，所以可以推论关于大祀、中祀、小祀的记述反映的是清海镇存在的兴德王三年（828）到文圣王十三年（851）之间的历史事实。②很难准确地考证穴礼、奈历和卉黄的位置。吐含山是指横跨庆州市佛国洞和阳北面的现在的吐含山。北兄山城是指庆州市江东面的菊堂里。三岐（三岐山）是指位于安康邑斗流里的金谷寺所在的山。西述即今天的雪岳山。高墟是指庆州南山的高位山。③值得注意的是，这里将新罗下代大成郡和位于六部的地名进行了明确的区分和标记。如果假设大成郡也包括在六部领域内，那么应该标记吐含山、三岐山、北兄山城等也位于某部，但《祭祀志》没有这样做。从这个角度来看，《祭祀志》的记载可以被理解为新罗下代大成郡和六部地区区分明确的决定性证据资料。④

以上集中讨论了近年来提出的批判所谓王京缩小论的观点。但可以看出批评王京缩小论的观点也存在诸多问题。特别是考虑到新罗人将新罗国都称为王京或王都、王城等事实，以及为证明王京缩小论而使用的各种资料的系统、合理的批评没有得到充分的落实等，认为王京缩小论本身仍然具有生命力，具有合理性。然而，

---

① "六部少监典（一云六部监典），梁部、沙梁部，监郎各一人，大奈麻各一人，大舍各二人，舍知各一人，梁部史六人，沙梁部史五人。本彼部，监郎一人，监大舍一人，舍知一人，监幢五人，史一人。牟梁部，监臣一人，大舍一人，舍知一人，监幢五人，史一人。汉祇部、习比部，监臣各一人，大舍各一人，舍知各一人，监幢各三人，史各一人。"（《三国史记》卷三八《杂志第七·职官上》）

② 木村誠，前引论文，1983年，第48—49页；김태식，「『삼국사기』지리지 신라조의 사료적 검토—원전 편찬 시기를 중심으로—」（《〈三国史记〉地理志新罗条的史料检讨——以原典编纂的时间为中心》），『삼국사기의 원전 검토』（《三国史记的原典检讨》），한국정신문화연구원，1995年，第191—192页。

③ 전덕재，前引著作，2009年，第58—59页；박방룡，前引著作，2013年，第79—83页。

④ 西述和高墟等不属于《地理志》记载的王都范围，笔者的理解是新罗下代随着商城郡和大成郡地区被编入王京，西述和高墟被编入牟梁部和沙梁部。

如果注意到最近势不可挡地提出的对王京缩小论的批判性见解，那么对于王京缩小论今后还有不少需要完善的地方。进而，立足于新范式（paradigm），围绕王京概念和范围的研究也有必要活跃展开。

二、里、坊制的内容与实行时间

《三国史记》卷三《新罗本纪第三》慈悲麻立干十二年（469）正月条记载，"定京都坊里名"。真平王十三年（591）制作的南山新城第三碑上可以看到"喙部主刀里"。另外，月城护城河9号木简（月城护城河出土的四面墨书木简）上有"牟喙仲里""新里""上里""下里"等墨书。该木简上墨迹的"牟"（ᔑ）字与南山新城第二碑上的字样相同，由此观之，9号木简的制作年代距离591年不远。这些资料告诉我们，中古时期实施了里制。因此，认为慈悲麻立干十二年（469）实施了里制是合理的。可是，找不到当时在新罗国都设坊的证据。

高丽后期，观识沙门了圆编的《法华灵验传》援引的《敏藏寺记》《鸡林古记》《法华海东传弘录》《新罗殊异传》[1]的记载称，新罗女人宝开居住在王京的隅金坊。《三国遗事》卷一《纪异第一》辰韩条记载，新罗全盛时代，即宪康王时期，有35金入宅，其中南维宅在反香寺下坊，板积宅在芬皇寺上坊。《三国史记》卷四八《列传第八》孝女知恩条载，真圣女王时期的孝女知恩居住的村庄为孝养坊。根据以上观察到的与坊相关的史料，可以确定统一新罗时期存在坊。那么，是从什么时候开始设置坊这种行政区域的呢？

北魏将街道划分为直线的东西和南北方向，将四周用高墙围成的格子形居住空间即行政区域单位正式称为里。隋代曾一度将里改称为坊，但将北魏的行政区划单位里完全改为坊的时期是唐代。此时，里只是用来指以100户为单位的人为划分的群体的概念。[2]新罗在648年与唐朝结成同盟后，第二年将官服改为唐朝风格，第三年放弃了独立的年号，接受了中国的年号。此后，新罗积极吸收唐朝的文化和制度。考虑到这种情况，难以认定新罗在7世纪中期以前就将东西和南北道路划分的格子形

---

[1] 《海东高僧传》释阿道条记载，"若按朴寅亮殊异传"。据此，一般将高丽文宗时期的文人朴寅亮（？—1096）理解为《新罗殊异传》的作者。
[2] 关于中国里、坊制的变迁，参见宫崎市定，「漢代の里制と唐代の坊制」，『東洋史研究』21-3，1962年；朴漢濟，「北魏 洛陽社會와 胡漢體制—도시계획과 주민분포를 중심으로—」（《北魏洛阳社会与胡汉体制——以都市计划与住民分布为中心》），『泰東古典研究』6，1990年；박한제，「중국고대의 도시—한～당의 도성구조를 중심으로—」（《中国古代的都市——以汉至唐的都城构造为中心》），『강좌한국사 제7권（촌락과 도시）』（《讲座韩国史 第七卷（村落与都市）》），가락국사적개발연구원，2002年。

居住空间称为坊了。

在皇龙寺址东侧，调查了被划分为直线道路的居住空间——格子形的坊。[①]发掘调查者根据这里出土的瓦当和陶器的研究及分析结果推测，大概是在7世纪后半期建造的坊。调查了东川洞7B/L内右侧公寓用地的一个坊，据了解是7世纪后半期建造的。[②]在国立庆州博物馆南侧的用地上也发现了坊。发掘报告根据出土文物推测，坊内的建筑遗址从7世纪后半期开始建造，道路也在7世纪后半期初建成或增建。[③]到目前为止，庆州市内还没有发现统一新罗以前建成的由东西和南北道路划分的格子形居住空间——坊。考虑到迄今为止发现的由东西向和南北向的直线道路划分的格子形居住空间是在7世纪后半期建成的，以及中国的事例和648年缔结罗唐同盟后新罗积极接受唐朝的文化制度等因素，格子形的居住空间被称为坊的时期，很有可能是7世纪后半期。[④]

从日本帝国主义殖民时期到20世纪90年代，学界以新罗国都和唐长安城、日本平城京一样都是根据城市规划建设为前提，并根据地形图和地籍图等努力探究其具体情况。对于与此相关的研究成果，之前已经进行了详细的研究[⑤]，因此这里将不再对其进行讨论。进入21世纪以来，对分布在庆州市内的王京遗址进行了考古发掘调查，确认了多个道路遗迹和建筑遗址，以及直线的东西和南北道路划分的居住空

[①] 국립경주문화재연구소，『신라왕경—발굴조사보고서Ⅰ』（《新罗王京——发掘调查报告书Ⅰ》），2002年，第557页。

[②] 동국대학교 경주캠퍼스 박물관，『왕경유적Ⅲ—경주시 동천동 791 7B/L 유적—』（《王京遗迹Ⅲ——庆州东川洞791 7B/L遗迹》），2005年，第156—157页，推测遗址内的王京遗址是在新罗进入统一时期建造的；경주대학교 박물관，『경주 동천동 고대 도시유적—경주시 택지조성지구 내 7B/L—』（《庆州东川洞古代都市遗迹——庆州市宅地建设地区内7B/L》），2009年，第360—361页，主张在市政府用地发现的东西向道路是在7世纪后半期建成的。

[③] 국립경주박물관·신라문화유산연구원，『경주 인왕동 왕경유적Ⅱ—국립경주박물관남측부지（2차）발굴조사—』（《庆州仁王洞王京遗迹Ⅱ——国立庆州博物馆南侧用地（2）发掘调查》），2014年，第273—274页。

[④] 전덕재，前引著作，2009年，第137—139页。신형석，「신라 자비왕대 방리명의 설정과 그 의미」（《新罗慈悲王时期坊里名称的设定及其意义》），『경북사학』23，2000年。这里提出慈悲麻立干时期实行了里制，并且在统一以后增加了重新调整王都的必要性而实行了坊制的观点，值得关注。

[⑤] 양정석，「신라왕경연구와 경주의 개발」（《新罗王京研究与庆州的开发》），『신라문화제학술논문집』（《新罗文化财学术论文集》）27，2006年；이은석，「일제강점기 신라 도성 연구와 그 의의」（日帝强占期新罗都城研究及其意义），『영남고고학회 2012년 학술대회 발표집』（《岭南考古学会2012年学术大会发表集》），2012年；이현태，「신라 왕경의 이방구획 및 범위에 대한 연구 현황과 과제」（《新罗王京的里坊区划及范围相关研究的现状与课题》），『신라문화』40，2012年。

间——3个坊。目前，在上述王京遗址发掘调查的基础上，大部分考古学家普遍认为，从6世纪中叶建立皇龙寺开始，就开始以坊制为基础有计划地建设国都，从那时到8世纪左右，在阶段性地扩张领域的同时，根据城市规划整顿国都。① 提出这种观点的研究者认为，仁王洞一带的道路遗迹或建筑遗址时间为6世纪中后期，西部洞一带的王京遗址为7世纪后期，东川洞一带为7世纪末至8世纪，皇城洞一带为8世纪以后，道路和坊的中轴因地区而异。这些学者利用不同地区坊区的划分规模存在差异的事实等作为主要证据，主张新罗国都分阶段依据城市规划进行了整治。

为厘清系统化、分阶段整顿国都的事实做出巨大贡献的研究者是黄仁浩。他认为，5世纪后半期，包括月城的改建在内，集中配备了国家基础设施，通过治水和大单位土木工程，在皇龙寺建立的真兴兴王时期，开始以月城偏东北的仁王洞、九黄洞一带为中心，设置格子形道路网（第一阶段城市规划）。他还主张，在文武王时期对草创期城市规划进行部分修改后，围绕国都核心部向外扩展街市（第二阶段城市规划），之后以北川以北和牟梁里地区等格子形坊为基础，进行城市化工作（第三阶段城市规划）。② 余昊奎认为，格子形街道区划很有可能是国家层面的工程，从这一点来看，格子形街道区划是"国家权力生产的社会空间"，以日本平城京的案

---

① 李恩硕，「新羅王京の都市計劃」，『東アジアの古代都城』，奈良文化財研究所編，吉川弘文館，2003年；여호규，前引论文，2003年；황보은숙，「신라 왕경의 도시적 발달」（《新罗王京都市的发达》），『신라문화』32，2008年；차순철，「신라 왕경의 도로와 도시 구조」（《新罗王京的道路与都市构造》），국립경주문화재연구소·영남고고학회 주최 신라 왕경과 월성의 공간과 기능 학술대회 발표문，2019年。

② 황인호，「경주 왕경 도로를 통해 본 신라 도시계획 연구」（《庆州王京道路所见新罗都市计划研究》），동아대학교 석사학위논문，2004年；「신라 왕경의 조영계획에 대한 일고찰」（《新罗王京的营造计划的相关考察》），『한일문화재논집』（《韩日文化财论集》）Ⅰ，국립문화재연구소，2007年；「신라 왕경의 계획도시화 과정 연구」（《新罗王京的计划都市化过程研究》），『신라사학보』17，2009年；「신라 왕경 중심부의 도시화 과정 및 방리 구조 고찰」（《新罗王京中心区的都市化过程及坊里构造考察》），『한국상고사학보』90，2015年；「신라 왕경 중심부의 방리 구조와 변천」（《新罗王京中心区的坊里构造的变迁》），신라 왕경 중심 구역 방 정비 및 활용을 위한 학술심포지움 발표문，2015年。黄仁浩表示，国都中心区域的第一阶段城市规划以400尺（高句丽尺=0.355米，142米）×400尺的宅地和60尺（21.3米）宽的道路用地组合的460尺（163.3米）×460尺为基本单位；以北宫（城东洞殿廊址）为据点的国都中心外延的第二阶段城市规划，宅地规模与第一阶段相同，仅道路用地缩小到40尺（14.2米），以440尺（156.2米）×440尺为基本单位；适用于河川以外外围地区的最终三阶段城市规划有两种情况，首先在北川以北地区将430尺（156.65米）×330尺（117.15米）的宅地和20尺宽的道路用地组合在一起的450尺（约159.7米）×350米（约124.2米）作为基本单位，以南川以南为例，提出了以380尺（约135米）×380尺为基本单位进行区划的观点。

例为准,将新罗格子形街道区划等分,然后根据身份和官邸等差别支给都城居民宅地。从这个角度来看,格子形街道区划为统一新罗统治性社会结构——骨品制提供了再生产的基础,据推测骨品制是通过都城的格子形街道区划建设再生产的。[①]

如果和隋唐长安城、日本平城京时[②]一样,统一新罗以街道区划为中心重新整治国都,然后对宅地进行分类,那么余昊奎的观点可能具有说服力。但找不到统一后将国都的宅地分给贵族的证据。再加上在被蚕食为贵族豪宅的金入宅中,可以确认北维宅、南维宅、队宅、宾支宅位于庆州市外东邑挂陵里附近。值得注意的是,这是一个表明宫城即月城附近没有真骨贵族集中居住的资料。因此,统一后,新罗根据身份和官阶明确区分居住空间,差别支给宅地的可能性很小,这么看似乎是合理的。倘若如此,那么通过都城的街道区划建设,将之理解为骨品制再生产的观点也有重新考虑的余地。

近来,李贤泰提出了以月城王宫为中心,建设了像扇骨一样以放射状延伸的道路的观点。[③]另外,李贤泰推测,法兴王七年(520)颁布律令,制定公仆时接受了里坊制。[④]郑珉也发表了与李贤泰相似的见解。[⑤]不过,由于这些观点尚未通过考古资料的发掘调查得到证实,因此目前很难认为它们摆脱了假说的水平。此前有观点认为,新罗以北魏洛阳城或高句丽长安城为原型,以直线的东西和南北道路划分的

---

① 여호규,「삼국통일 전후 신라 도성의 공간 구조와 변화」(《三国统一前后新罗都城的共建构造与变化》),『역사비평』128, 2019年,第247—249页。
② 隋唐避开现有的人口集中地区,在空地上建设了长安城,然后分割土地建坊,给老百姓分配宅基地(박한제,前引论文,2002年,第296页)。据悉,日本在和铜三年(710)从藤原京迁都到平城京后,在宫城周围安排了贵族和皇族的宅邸,将下级官员的邸第安排在其外郭,京户的普通百姓的宅地安排在向外延伸部分。另外,宅地按位阶划分等级。因此,平城京被理解为根据宅地的规模或与宫城的距离等,从视觉上表现了天皇中心世界的序列。参见井上和人,「日本古代都城造營の史的意義——東アジア世界の歷史潮流の中で」,『古代東アジア交流の總合的研究』,國際日本文化研究センター共同報告(日本研究叢書42),2008年,第97—103页。
③ 윤선태,「신라왕궁과 국가사찰—그 분포와 도로 체계를 중심으로—」(《新罗王宫与国家寺院——以其分布和道路体系为中心》),『신라문화』57, 2020年,第57页。
④ 이현태,「신라 중고기 이방제의 수용과 왕경의 중심축선」(《新罗中古期里坊制的受容与望京的中轴线》),『선사와 고대』32, 2010年,第32页。
⑤ 정민,「경주 모량리 도시유적을 통해 본 신라 방제의 범위와 시행 시기」(《庆州牟梁里都市遗迹所见新罗坊制的范围与实行时间》),『신라문화』44, 2014年,第85—90页。郑珉推测,新罗坊的施行只有在积石木椁墓的消失、京外埋葬的实行、律令的颁布、佛教的公传、上大等的设置等都实现的时期,即从六部体制转换为中央集权的国家体制以后的时期才有可能,具体时间是新罗最早使用年号的法兴王二十三年(536)左右。

格子形居住空间——坊为中心，有计划地整修了王京。①到目前为止，找不到新罗与北魏活跃交流的证据，因此模仿北魏洛阳城有计划地整顿王京的观点很难被接受。另外，通过平壤城刻石可以确认，平原王三十一年（589）三月二十一日开始建造外城，当年五月二十八日建造了中城。以1929年制作的地图为基础进行分析的结果显示，一条边的长度为177.08米（高句丽尺，约500尺）的正方形，其内部划分为四条边长88.5米（约250尺）的正方形。②因此，高句丽以格子形的区划为中心建设外城是在589年。通过高句丽长安城的事例，可以获知新罗以高句丽长安城为原型，以格子形居住空间为中心开始整修新罗国都，是在6世纪后半期以后。但是目前很难找到6世纪后半期以后新罗以高句丽长安城为原型实行坊制的具体证据。

如果说很难找到新罗受到北魏和高句丽影响的证据，那么新罗最终将直线的东西和南北道路划分的格子形居住空间称为坊，并以此为中心整修国都的模仿对象是唐长安城的看法是合理的。新罗在缔结罗唐同盟之后，积极接受中国的文化和制度。其中之一就是以格子形居住空间为中心整修国都。与此相关，值得关注的是，7世纪后半期以前整修过的街市，在7世纪后半期至700年间又进行了大规模整修。

经确认，679年修建东宫时废弃了以前的东西向道路。③另外，700年左右在皇龙寺南侧修建了长约500米、宽约50米的广场，废弃了皇龙寺南侧的东西向道路及其西侧的南北向道路④，7世纪后半期在皇龙寺东侧修建了由东西和南北道路区分的坊。由此可知，在7世纪后半期至700年间，对月池和皇龙寺周边地区进行了大规模的重新整修。在芬皇寺石塔以南60米处发现了东西方向的道路遗迹，据了解，由于与统一新罗时期的王京道路方向相违，芬皇寺在创建过程中被废弃。⑤芬皇寺建立后，即统一新罗时代，发现了与元孝路下部相接续的东西向道路和位于皇龙寺东侧坊区的

---

① 양정석，『황룡사의 조영과 왕권』（《皇龙寺的营造与王权》），서경，2004年，第178—205页；김희선，『동아시아 도성제와 고구려 장안성』（《东亚都城制度与高句丽长安城》），지식산업사，2010年，第131—173页；여호규，前引论文，2019年，第243—244页；황인호，前引论文，2015年，第85页。

② 기경량，「고구려 왕도 연구」（《高句丽王都研究》），서울대학교 박사학위논문，2017年，第216—230、第245页。

③ 국립경주문화재연구소，『경주 동궁과 월지Ⅱ 발굴조사보고서（학술연구총서87）』（《庆州东宫与月池Ⅱ发掘调查报告书（学术研究丛书87）》），2014年，第172—175页。

④ 신라문화유산연구원，『경주 황룡사 광장과 도시Ⅱ』（《庆州皇龙寺广场与城市Ⅱ》），2020年，第172—174页。

⑤ 국립경주문화재연구소，『분황사발굴조사보고서Ⅰ（본문）』（《芬皇寺发掘调查报告书Ⅰ（本文）》），2005年，第103页。

南北向道路相连的道路。①暗示统一新罗时代在芬皇寺东侧建造了苑池,并重新建造了坊区的资料,备受关注。根据以上观察,将其理解为文武王和神文王大规模整修月池、皇龙寺及芬皇寺周边地区不成问题。也就是说,据推测,7世纪后半期之前整修的街市在7世纪后半期至700年间再次进行了整修。从这个角度来看,与其在同一条线上理解7世纪后半期和之前时期国都的整顿,不如从另一个角度来理解。

6世纪上半叶以后,在庆州市内外郭的山脚下建造了坟墓,即横穴式石室墓,从法兴王代到善德女王代在庆州市内建立了大型寺院。兴轮寺(建于544年)、永兴寺(建于540年)、皇龙寺(建于553年)、神元寺、天柱寺、安兴寺(建于真平王代)、三郎寺(建于597年)、芬皇寺(建于634年)、灵庙寺(建于635年)等都是在这个时候建立的。通过这一事实可以推测,在中古时期,一方面将大型的墓葬转到市区外郭的山脚下建造,另一方面开发河川岸边的不毛之地及农田建立寺刹,或者建成住宅区。《三国史记·新罗本纪》记载,真平王十八年(596)永兴寺发生火灾,周边350栋民居被烧毁②,这一事实可以支持上述推测。随着大型寺刹和住宅区在河岸边集中建造,不得不整修王京的中心地区。

据说,真兴王十年(549)春,南朝的梁派了一位使臣和入学僧觉德一道送来佛舍利,这时真兴王让百官在兴轮寺前面的道路上迎接。由此可知,在建造兴轮寺的真兴王五年(544)左右,该寺前面修建了道路。文武王十四年(674)九月,文武王在灵庙寺前面的道路上检阅过军队,然后观看阿飡薛秀真的六阵兵法,据此可以推测,在创建灵庙寺的同时,修建了连接灵庙寺和月城的大路。兴轮寺和灵庙寺前面道路的存在,是以连接王城月城和大型寺庙的道路为中心,将王京中心地区建设成新的街市的资料,因此备受关注。实际上,在仁王洞善德女子中学用地发现的道路遗迹、在东宫1号建筑地下发现的道路遗区等可以证明这些事实。③

然而问题是,迄今为止还没有发现具体的证据证明,在中古时期,以将国都民

---

① 국립경주문화재연구소,『경주 구황동 황룡사전시관 건립부지내 유적(구황동 원지 유적)』(《庆州九黄洞皇龙寺展览馆建设用地内遗址(九黄洞月池遗址)》),2008年,第97—104页。

② "永兴寺火,延烧三百五十家,王亲临救之。"(《三国史记》卷四《新罗本纪第四》真平王十八年秋十月)。

③ 국립경주문화재연구소,『경주 인왕동 556·566번지 유적 발굴조사보고서』(《庆州仁王洞556、566号地遗迹发掘调查报告书》),2003年,第20—27页;성림문화재연구원,『경주 인왕동 선덕여고 증축(기숙사,승강기) 부지내 경주 인왕동 왕경유적Ⅰ』(《庆州仁王洞善德女高扩建(宿舍,升降机)用地内庆州仁王洞王京遗址Ⅰ》);국립경주문화재연구소,前引报告书,2014年,第172—175页。

居划分为直线的东西向和南北向道路的格子形居住空间——坊为中心对国都进行了重组。考虑到这一点，不得不怀疑以创建皇龙寺为契机，在新罗以直线的东西和南北道路划分的格子形居住空间——坊为基础，有计划地建设了王京中心地带。笔者认为，与其将从6世纪中期到7世纪后半期进行的国都整治和7世纪后半期以后以坊制为中心的国都整治做连续的理解，不如相互分开理解。具体来说，7世纪后半期以前的国都整治，有必要将居民开发难以生活的，也就是接近空地的沼泽地或河川岸边，与扩大街市的事业联系起来进行说明，反之，在7世纪后半期以后，有必要将国都的整修在缩小调整王京范围的同时，以唐代长安城为原型，以直线的东西和南北道路划分的格子形居住空间——坊为中心，使现有的居住区与大规模重组的事业联系起来进行说明。从唐朝开始使用"坊"一词的7世纪后半期，新罗国都开始正式建设由直线的东西和南北道路划分的格子形居住空间——坊，思虑至此，我认为笔者的判断是有意义的。期待今后对此的争论和研究进一步深化。

虽然目前围绕坊制的实施时间众说纷纭，但对于7世纪后半期整治的坊制功能及下代坊制的变化，要进行活跃的研究显得很难。至于坊制的功能及其变化，笔者已经详细考察过了①，这里就不再讨论了。

三、月城、东宫及诸殿阁

1. 月城与内部殿阁的种类与功能

新罗国都的核心可以说是国王居住的宫城。新罗的代表性宫城是金城和月城。此前，每种记载都对金城的位置有不同的说法，因此围绕其位置提出了不同的观点。对此，此前发表了细致研究的文章②，在此不再详细赘论。李钟郁很早就主张，在新罗初期王宫曾在金城，脱解尼师今以后将居处迁往月城，婆娑尼师今即位后暂时转移到金城，婆娑尼师今二十二年（101）再次迁移到月城。③朴大宰认为，新罗初期作为斯卢国邑的高墟村的中心是金城，2世纪初月城被用作新的宫城，杨山村成为国邑的新中心。④李钟郁和朴大宰认可《三国史记》卷一《新罗本纪第一》婆娑尼师今二十二年秋七月记事的纪年，正是该条记事记载了婆娑尼师今从金城迁居月

---

① 전덕재，前引著作，2009年，第140—157页。
② 박경택，「신라 금성 위치 비정에 대한 諸論과 향후 과제」（《关于新罗金城位置比定的各种讨论与未来挑战》），『동아시아고대학』45，2017年。
③ 이종욱，前引著作，1982年，第37页。
④ 박대재，「신라 초기의 국읍과 6촌」（《新罗初期的国邑与六村》），『신라문화』43，2014年。

城。然而,大部分研究者不相信新罗本纪初期记录的纪年,一般不认同公元101年新罗国王将居处从金城迁至月城。

与新罗国王从金城迁往月城的时期相关,备受关注的事项是何时建造了环绕月城的护城河,以及何时首次建造月城。在最近发表的有关月城西城墙建造年代的研究成果中,月城西城墙人祭的时间被推测为4世纪中叶,由此划分基础部建造层的下限年代,可以认为城墙的基础工作——基础部的建造是在4世纪前至中叶进行的。据推测,第一道城墙从4世纪中后期开始修建,不超过5世纪初完工。[①]

李昌熙认为月城护城河中的竖穴护城河(道场形护城河)是最早建造的,并估计护岸木制结构物的建造年代在5世纪上半叶,竖穴护城河开始建造的时间也大概离5世纪上半叶很近,认为体城的建造可以上溯到4世纪或3世纪。[②]另外,金耀贞利用年轮年代测定法研究,确认竖穴护城河使用的是在433年深秋至434年初春之间砍伐的木材,因此提出意见称,月城护城河是在434年或之后建造的。[③]金乐中根据从20世纪90年代迄至当时为止的月城护城河发掘调查资料,得出了其首次设置的时间是5世纪后半期,在炤知麻立干九年(487)修缮月城时修建了月城护城河,从炤知麻立干自明活城迁居月城的炤知麻立干十年(488)开始,月城正式发挥作为王城的功能。[④]此前,金炳坤和皇甫恩淑也接受了金乐中的观点,认为从488年以后月城作为王城开始发挥作用。[⑤]最近,余昊奎注意到,直到5世纪初,月城北侧一带还没有营建竖穴护城河的事实,即使在4世纪建造了月城的城墙,到5世纪初,月城不仅没有与周边地区完全隔离,而且在其北侧一带仍然存在聚落。488年以前,新罗国王继续居住在金城,月城一直作为位于金城背后的军事防御城发挥作用,直到488年炤知麻

---

① 국립경주문화재연구소,『월성 서성벽 발굴조사 자료집』(《月城西城墙发掘调查资料集》),2021年,第35—38页;장기명·최문정·박정재,「신라 월성 서성벽의 축조공정과 인신공희」(《新罗月城西城墙的筑造工程与人身供牺》),『영남고고학』92,2022年,第126—132页。

② 이창희,「방사성탄소연대를 이용한 월성 해자의 역연대」(《利用放射性碳元素年代测定的月城护城河的历年》),『연대측정학을 통해 본 고대 경주의 시간』(《年代测定学所见古代庆州的时间》),국립경주문화재연구소·영남고고학회 학술대회자료집,2021年,第79页。

③ 김요정,「목재의 연대분석을 통한 경주지역 연대기 복원」(《通过木材年代分析复原庆州地区的年代》),『연대측정학을 통해 본 고대 경주의 시간』(《年代测定学所见古代庆州的时间》),국립경주문화재연구소·영남고고학회 학술대회자료집,2021年,第48页。

④ 김낙중,「신라 월성의 성격과 변천에 관한 연구」(《关于新罗月城的特性与变迁的研究》),『한국상고사학보』27,1998年。

⑤ 황보은숙,前引论文,2009年,第168页;김병곤,「신라 왕성의 변천과 거주집단」(《新罗王城的变迁与居住集团》),『문헌으로 보는 신라의 왕경과 월성』(《文献所见新罗的王京与月城》),국립경주문화재연구소,2017年,第171—175页。

立干迁到这里，才有了王城的地位。①

如果按照从488年开始月城才作为王城开始发挥作用的观点来理解，那么在此之前的《新罗本纪》中宫阙或宫的相关记载都应该理解成是与金城有关的内容。实际上，可以确认金炳坤和余昊奎在《三国史记·新罗本纪》的基础上，将讫解尼师今三年五月建造在宫南的南堂理解为位于金城内。②但在《三国史记·新罗本纪》中，有不少记载表明宫阙或宫与金城是不同的事物。《新罗本纪》伐休尼师今十三年夏四月条记载，宫殿南边的大树被雷击（"震宫南大树"），金城东门又被雷击（"又震金城东门"）。该记载作为明确说明金城与宫殿无关的资料而备受关注。在沾解尼师今七年夏四月的记载中，龙出现在宫的东边池塘里（"龙见宫东池"），倒在金城南边的柳树自己起来了（"金城南卧柳自起"），这一记载，也可以作为另一项证据资料，表明宫殿和金城是两回事儿。另据《新罗本纪》记载，慈悲麻立干二年（459）夏四月，"倭人以兵船百余艘袭东边，进围月城，四面矢石如雨。王城守，贼将退"。这一记载因为是488年以前月城是王城的决定性资料而备受关注。参照诸如此类的记载，值得重新考虑488年以前金城是王城，之后月城才作为王城发挥作用的观点。

如前所述，最近有人提出，月城北侧的护城河是在5世纪上半叶建造的，月城西城墙最初建造的时期是4世纪中后期的观点。从考古发掘成果来看，新罗国王将居所从金城搬到月城的时间是488年以前的理解可以说是合理的。对此，崔炳贤提出了月城的城墙是在4世纪后叶至5世纪中叶建造的，麻立干时期月城是由土城包围的城墙聚落建成的，现在变成了新罗的王城，王城内坐落着包含内殿的宫阙和政务空间南堂。这一观点受到关注。③此外，金龙成也推测月城初筑时间在公元300年前后，认为其后新罗国王迁居月城，发挥王城功能。④

众所周知，《新罗本纪》初期记录的纪年很难完全信赖。即便如此，也不能断定《新罗本纪》初期记录中传递的事实完全是虚构的。即使很难断定新罗国王将居所从金城搬到月城是在101年，但将婆娑尼师今二十二年以后《新罗本纪》记载，的宫及宫阙的相关记录理解为位于月城的宫和宫阙是否妥当？476年以前国王住在月

---

① 여호규，「신라 상고기의 도성 구조와 금성·월성의 성격」（《新罗上古期的都城构造与金城、月城的特性》），『신라문화』58，2021年。
② 김병곤，前引论文，2017年，第167页；여호규，前引论文，2021年，第16页。
③ 최병현，「경주 월성과 신라 왕성체제의 변천」（《庆州月城与新罗王城体制的变迁》），『한국고고학보』98，2016年，第78—79页。
④ 김용성，「신라의 성립과 신라식 목곽묘」（《新罗的成立与新罗式木棺墓》），『신라 고분고고학의 탐색』，진인진，2015年，第110—111页。

城，这一年把居所搬到了明活城，487年修好了月城，第二年又搬回了月城，但目前来看，无法准确地了解新罗国王开始在月城居住的时间。笔者认为，大体上很有可能是5世纪以前。

《三国史记》和《三国遗事》等文献中记载，月城内存在各种殿阁。以往以各种殿阁的记录为中心，对月城内王宫的空间结构进行研究。笔者推测，在6世纪以前的上古时期，位于月城的王宫没有明确区分正殿和内殿，像魏晋时期的中国一样，位于正殿左右的东堂和西堂中有一处为国王居所，位于月城内东南的南堂则没有建立国王居住的殿阁，可以确认只存在国王和六部代表、贵族会合、讨论国事的政厅建筑物的可能性。① 余昊奎认为，488年以前，金城起到宫城的作用，位于金城内正宫南侧的南堂履行了国王的政务空间、国王和君臣的政治会合、各种盛宴或国家礼仪等综合功能，而国王政务空间单独存在的可能性很小，提出了国王在南堂处理日常政务的看法。②

梁正锡注意到真兴王二十九年（568）建立的真兴王巡守碑上记载的"里内从人"和"堂来客"的名称，认为真兴王时期有类似于日本古代宫殿结构中确认的内里及朝堂院的宫殿设施，并通过真平王时期存在与朝堂不同的正殿、真德王时期进行朝贺礼的朝元殿的事实，确认当时已经存在大型的宫殿建筑；还注意到景顺王时期在西堂举行殡礼的事例，主张皇龙寺重建后，采用了魏晋南北朝时期的东西堂制，建造了类似于皇龙寺三金堂结构的正殿，这从侧面反映了新罗宫殿制度在受到唐朝影响之前已经完备。这一观点而备受关注。③

笔者注意到中古时期位于月城的正殿居中有中心殿阁、皇龙寺三金堂的事例，认为该建筑的左右存在着东堂和西堂，提出月城在供国王日常办公的同时，也举行国家礼仪。据推测，正殿前有朝廷，其南侧有相当于正门的南门，南门南侧有朝集院，正殿附近有官厅，正殿北侧，即石冰库东南侧存在王妃及后宫、王族居住的内殿。④ 相反，余昊奎认为，在中古时期，与位于月城内的南堂一起，"里内"的正殿开始作为国王的政务空间发挥作用。他认为，在中古时期初期，南堂综合履行了官司职能和政务空间、国家礼仪、政治会晤的可能，在中古后期，随着中央官署的整顿，南堂的官司职能逐渐移交到个别官衙，而月城的正殿作为政务空间发挥了核心

---

① 전덕재，前引论文，2009年，第196页。
② 여호규，「6~8세기 신라 왕궁의 구조와 정무·의례 공간의 분화」（《6~8世纪新罗王宫的构造与政务·仪礼空间的分化》），『역사와 현실』94，2014年，第38页。
③ 양정석，前引著作，2004年，第142—186页。
④ 전덕재，前引著作，2009年，第188—196页。

作用，南堂主要变成了举办国家礼仪和政治会晤的礼仪空间。①

据《三国史记·新罗本纪》，真德王五年（651）春正月初一前往朝元殿接受了百官的新正贺礼。朝元殿可以说是在文献中流传的月城内最早的殿阁名称。早年，闵德植将朝元殿理解为大宫内的重要殿阁，以之与唐长安城太极殿和日本平城京、平安京的太极殿、朝堂院相比较。同时，权以镇介绍说，在《东京杂记》的刊误条中，朝元殿被理解为大宫的正殿。②此前，强调设置朝元殿历史意义的研究者是余昊奎。他的理解是，7世纪中期真德王时期模仿唐代太极殿，在月城内建造了以前履行南堂职能的朝元殿。他还总结中代初期在月城西北部建立了官衙区，从而使从前就存在的内里正殿成为内朝的正殿，变成国王政务的空间，朝元殿作为举行国家礼仪的中朝正殿、月城正门（北门=武平门）③作为外朝的正殿发挥功能，主张内朝和中朝在月城内，外朝和官衙区存在于月城外的结构。④余昊奎特别强调了新罗以设置朝元殿为契机，接受并整顿以内朝、中朝、外朝为中心的唐朝三朝体制的事实，以及内朝的政务空间和中朝的礼仪空间明显分化的事实等。

笔者理解真德女王时期将正殿的名字命名为朝元殿，是模仿唐长安宫的太极殿，整体上推测其结构一定程度上继承了中古时期的太极殿。而且，在这个时候或之后，朝元殿并不只是举行国家礼仪的空间，而是在内殿另建了相当于政务办公室的名为内黄殿的便殿，将王妃居住的殿阁命名为瑞兰殿，文武王十九年（679）在月城内增建了崇礼殿，朝元殿举行元旦贺礼等国家层面的礼仪、定期朝会等，崇礼殿用于举办各种飨宴或接待使臣等。⑤笔者关注到，日本古代平城宫的太极殿、朝堂院分别以朝会或朝政为重点，以举办仪式、飨宴为主，用途各不相同的事实，以及在平安宫东西并立设置的朝堂院、丰乐院用途不同的事实等，提出了上述见解。以唐朝长安宫为例，承天门被称为外朝正殿，太极宫的太极殿被称为中朝正殿，宫城的两仪殿被称为内朝正殿。余昊奎考虑到唐朝的三朝，将内里正殿理解为内朝、朝元殿理解为中朝、武平门相当于外朝的正殿。相反，笔者提出了内黄殿和瑞兰殿等

---

① 여호규，前引论文，2014年，第34—59页。另外，《三国史记·新罗本纪》记载，宪德王三年（811）四月王在平议殿听政。민덕식,「신라의 경주 월성고—신라 왕경 연구를 위한 일환으로—」(《新罗庆州月城考——作为新罗王京研究的一部分》),『동방학지』66，1990年，第33—34页，主张在新罗上代举行和白会议的南堂的传统被平议殿继承。

② 여호규，前引论文，2014年，第31页。

③ 한영화,「신라 사면의 의례와 공간」(《新罗四面的仪礼与空间》),『역사와 현실』94，2014年，第103页，主张武平门是月城的正门和北门；민덕식，前引论文，1990年，第10页，提出位于月城西侧的归正门是月城的正门，是二楼的门楼的观点。

④ 여호규，前引论文，2014年，第57—68页。

⑤ 전덕재，前引著作，2009年，第197—210页。

相当于燕朝（内朝），朝元殿等相当于治朝（中朝），位于月城外面的官衙区以及北宫和南宫、东宫等理解为外朝。① 笔者的理解是，真平王时期的正殿被继承为朝元殿，在内殿中另外设置了被称为内黄殿的便殿；而余昊奎理解真平王时期的正殿被继承为偏殿，单独设置了朝元殿。余昊奎的观点是外朝的正殿为武平门，但笔者的观点是月城北门（武平门）。在是否将位于外面官衙区和包括北宫、南宫、东宫的部分理解为外朝这一点上存在差异。目前还不能确切地说哪种说法是正确的，期待今后通过与古代日本平城宫和平安宫、高丽和朝鲜时代宫殿体制的相互比较，对此有更进一步的理解。

2.东宫的位置与特性

新罗在文武王十九年（679）建立了东宫。以前东宫也被称为月池宫，一般理解为东宫位于月池附近。同时，位于月池西侧的建筑——临海殿相当于太子的住处，被视作东宫的核心区域。② 笔者注意到月池宫是东宫的别称这一事实，以及在新罗当代的资料中很难发现东宫用作指称太子的事例等。东宫基本上是太子起居、为登上王位做各种准备的空间，同时具有包括作为国王空间的临海殿和万寿房的复合性质。③ 李在焕也主张，东宫官既管理月池，同时又存在辅佐太子的官府，因此应该认为东宫具有国王和太子空间共存的复合性质。④

近来，金炳坤提出了与这种观点不同的主张，认为月池宫很难被视为位于雁鸭池附近的太子宫，即东宫，因此备受关注。他说，被用作国王游玩场所的雁鸭池和临海殿不能看作东宫的附属建筑，而且月池不是指雁鸭池，而是指月城北侧的护城河，月池宫位于此附近。从雁鸭池周边一带到仁王洞王京遗址的广阔空间

---

① 전덕재, 前引著作, 2009年, 第213—214页。
② 한병삼,「안압지 명칭에 대하여」(《关于雁鸭池名称》),『고고미술』153, 1982年; 고경희,「신라 월지 출토 재명유물에 대한 명문 연구」(《新罗月池出土带铭文遗物相关铭文研究》), 동아대학교 석사학위논문, 1993年, 第3—4页; 고경희,「안압지 명칭에 대한 고찰」(《雁鸭池名称的相关考察》),『고고역사학지』16, 2000年; 홍승우,「문헌으로 본 신라의 동궁과 그 운영」(《文献所见新罗的东宫及其运营》),『문헌으로 보는 신라의 왕경과 월성』, 국립경주문화재연구소, 2017年。
③ 전덕재,「신라 동궁의 변화와 임해전의 성격」(《新罗东宫的变化与临海殿的性质》),『사학연구』127, 2017年。
④ 이재환,「고대 동아시아의 동궁과 신라 동궁」(《古代东亚的东宫与新罗东宫》),『한국고대사연구』100, 2020年。

曾是东宫的领地。①尹善泰虽然不接受金炳坤的观点中将月池视为月城护城河的说法，但也接受月池宫和东宫有别这一观点。②他主张，月池（雁鸭池）及其西侧的临海殿一带被称为国王的空间月池宫，月池宫东侧即月池东侧另外存在东宫。最近，李东柱也把包括临海殿池和雁鸭池等在内的领域视为月池宫的空间，并主张月池东侧另外存在东宫的空间。③另外，李贤泰提出了以临海殿池为主的月池（雁鸭池）一带及其东侧遗址是与国王有关的月池宫的空间，东宫位于雁鸭池西侧建筑群的西侧和西北侧地区，即源花路和雁鸭池西侧建筑之间的观点。④最近有人提出了将月池宫和东宫分开理解的观点，围绕东宫的位置和功能展开了激烈的争论。特别是最近在月池东侧遗址发现了多个建筑遗址，围绕东宫位置的争论变得活跃起来。然而，《三国史记·禄真列传》记载，宪德王没有儿子继承王位，所以将秀宗作为储君（副君），而考虑到在东宫官有辅佐、侍奉太子的官府御龙省、洗宅，管理月池、掌管祭祀的官府月池典、月池岳典、龙王典，很难视为与太子有直接关联的僧房典等，难以认定东宫官只是单纯地管理与太子有直接关系的官府。从这个角度来看，不将月池宫理解为东宫的别称而展开论旨的研究者认为，在对这些资料进行合理批评的同时，需要补充证明自己的立论资料。

结语

截至目前，新罗王京研究的动向主要集中在王京的概念和范围、坊制的实施、月城和东宫的性质等方面。以迄今为止围绕王京的研究动向为基础，简要提出今后王京研究的展望和课题，以作为结束语。作为王京研究的基本文献，可以举出《三国史记》和《三国遗事》。此外，《新增东国舆地胜览》和《东京杂记》等可以作为辅助文献史料。从以往《三国史记》和《三国遗事》中流传的有关王京的记载中，可以发现不少事例，有人对其真实性表示强烈怀疑，有些被认

---

① 김병곤，「신라 헌덕왕대의 부군 수종의 정체성과 태자」（《新罗宪德王代的副君秀宗的正体性与太子》），『동국사학』55，2013年；김병곤，「안압지의 월지 개명에 대한 재고」（《雁鸭池为月池改名再考》），『역사민속학』43，2013年；김병곤，앞의 논문，2015年。
② 윤선태，「신라 동궁의 위치와 '동궁관' 기구」（《新罗东宫的位置和"东宫官"机构》），『신라사학보』46，2019年。
③ 이동주，「신라 동궁의 구조와 범위」（《新罗东宫的构造与范围》），『한국고대사연구』100，2020年。
④ 이현태，「신라 월지궁의 성격과 태자궁의 위치」（《新罗月池宫的特性与太子宫的位置》），『한국고대사연구』100，2020年。

为是后代的附会或润色。但是，《三国史记》等文献中记载的每一条王京相关记录都反映了某种历史，具有合理性，因此我们认为最好仔细追踪它被载入史书的原因以及它的传承过程和原典等，然后将其用作史料。同时，朝鲜时代编纂的各种地理书籍等也不能无条件置之不理，也有必要积极考虑经过批判性研究后作为史料使用的方案。

2000年以后，对王京遗址的发掘调查爆发性地增加了。但由于道路遗迹和建筑用地等被碎片式发掘调查，不仅综合、系统地复原统一期王京面貌受到局限，而且由于这些原因，对坊的性质和实行时间等的理解也不得不受到限制。如果今后对几个相连的坊，而不是一个坊，进行系统、综合的发掘调查，那么不仅可以具体解释随着地区的不同，坊的规模和面貌发生了怎样的变化，由大路和中路、小路划分的更大范围的各种坊区的面貌和性质，而且期待能更进一步了解中代新罗政府以什么样的格局整修了王京。

新罗王京研究的进展，需要与高句丽的长安城、百济的泗沘都城、北魏的洛阳城、唐朝的长安城、古代日本的藤原京和平城京、渤海上京城进行比较研究。但是北魏、唐朝、古代日本、渤海和高句丽，不是在人们集中居住的空间，而是在空地或比较靠近空地的地区有计划地建设了都城，新罗的情况则是将人们居住的民居整改为坊区。因此，在比较研究新罗王京和周边国家的都城时，有必要明确提出上述差异。与此同时，值得注意的是，新罗王京的规模与周边国家的都城相比比较狭小。今后在与新罗王京和周边国家的都城进行比较研究时，应该充分注意新罗王京所具有的特性。为了理解新罗王宫的结构和变迁，需要与周边国家的王宫进行比较研究，但在这种情况下，也需要首先对月城所具有的地理环境和特性进行研究。

在被称为新罗全盛时代的9世纪后半期的宪康王时期，王京有55里、1360坊，人口有17.9万多人。虽然下代政治上出现了混乱，但王京却实现了最大的繁荣。在宪康王时期，从首都到海边，瓦房和围墙相连，风乐和歌声不绝于耳。然而，随着人口的剧增和城市的无序化，城市问题也很严重。例如，饮用水和住房短缺问题，生活污水和垃圾增加带来的环境污染问题，城市贫民问题，犯罪率增加，等等。实际上，有很多资料显示，下代王京生活着不少城市贫民。其中，最具代表性的有真圣女王时期孝女知恩的事例、兴德王时期孙顺的事例、哀庄王时期在天严寺前生孩子后几乎被冻死的女乞丐的事例等。下代不仅仅是王京的空间构成发生了变化，王京人的富益富、贫益贫现象也随之加深。虽然学界最近开始关注新罗王京的排水问题，但很难认为超出了初步水平。此外，以往对各种城市问题没有给予太大关注。

今后，我们将对上述各种城市问题给予高度关注，进行考古发掘调查，同时期待在与相邻学科研究者共同合作的基础上，进一步激活对王京各种城市问题的研究。

原载《한국고대사연구》2022年第108期

（全德在，韩国檀国大学史学科教授；

冯立君，陕西师范大学历史文化学院教授）

隋代唐初的复都制
——作为阐明7世纪日本复都制的线索

[日] 村元健一 著　龚凯歌 译

前言

难波是天武朝末期的复都之一，圣武天皇也一度迁都于此，在讨论古代日本的复都制时是无法回避的。从建造于难波的宫室规模来看，飞鸟时代的前期难波宫大于飞鸟宫，奈良时代的后期难波宫虽然无法与平城宫相比肩，但它与其他宫室一样设置有朝堂院、正殿以及作为天皇居所的内里，具备完善的中枢功能。天武朝和圣武朝出现了具有大致相同构造的宫室并存的情况（天武朝的飞鸟和难波，圣武朝的平城、恭仁和难波），但这与单纯设置离宫的意义完全不同。泷川政次郎认为，复都制对于日本来说缺乏必要性，其不过是对中国制度的一种模仿，并不具有积极意义。[①]近年来，复都制的相关研究日渐活跃，相继有专论问世。[②]但正如一些学者指出的那样，围绕何谓复都制以及对其实际功能的探讨并未触及问题本质[③]，有关复都制的实际情况尚有诸多不明之处。泷川先生的研究问世以来，日本模仿了中国的复都制这一学说逐渐为学者所认可。日本的复都制最早可追溯至7世纪末的天武朝，通过究明天武天皇所模仿的中国复都的功能，可对其导入复都制的意图有所把握。

在讨论中国复都制对古代日本的影响之前，首先要明确7世纪唐朝的长安和洛阳

---

① 泷川政次郎：《複都制と太子監国の制》，见《京制並びに都城制の研究》，角川书店，1967年。

② 近年关于复都制的主要研究有仁藤敦史：《複都制と難波京》，《历博》1992年第53号；仁藤敦史：《古代都城の首都性》，《年报都市史研究》1999年第7册；荣原永远男：《天武天皇の複都制構想》，《市大日本史》2003年第6号；小笠原好彦：《難波宮・京と複都制》，见中尾芳治、荣原永远男编：《難波宮と都城制》，吉川弘文馆，2014年；山田邦和：《日本古代都城における複都制の系譜》，见仁木宏编：《日本古代・中世都市论》，吉川弘文馆，2016年。另外，关于东亚复都制的研究有奈良女子大学古代学学术研究中心编《都城制研究》第4册《東アジアの複都制》（2010年）收录的诸论文。

③ 馆野和己：《日本古代の複都制》，见《都城制研究》（4）《東アジアの複都制》，2010年。

两京的特性。无论是宫城的规模还是都城的大小，两京均比其他都市突出，这在隋唐以前的中国历史上是极为特殊的。隋唐时期的长安、洛阳都是非常庞大的都城，在规模上洛阳虽然略小于长安，但也并不逊色。

近年来，中国学界对于复都制的研究进展并不显著。研究者们多聚焦于隋唐的长安和洛阳两京存在的意义，而对于建造这些巨大都市的必要性等问题的关注较为有限。笔者之前在思考这一问题时，着眼隋代大兴城和东京洛阳的不同点，考察了东京规模扩张的原因①。本文作为探索古代日本复都制渊源的一次尝试，拟在前稿的基础上对隋代、唐初的复都制进行概观，以揭示隋唐复都制的实际状况。另外，在考察都城时也关照京畿相关的问题。对于本文涉及的唐朝初年的复都制，萧锦华先生进行过详细论述，提出了关于复都制的极为重要的问题。②萧先生的研究是探讨各朝外政、内政的厚重论考，本文在论述过程中多依据之。

接下来，首先以史料中皇帝的行幸记事为切入点，考察各朝对于长安、洛阳的处置方式。所引史料出典如无特别注明，皆据《隋书》《旧唐书》本纪以及《资治通鉴》。

一、隋代的洛阳

（一）文帝时期

隋文帝仅在开皇四年（584）和十四年（594）两次行幸洛阳。此两次行幸皆因关中饥馑而前往洛阳就食，停留时间均不超过一年。后来唐朝的高宗到玄宗时期，皇帝因关中饥馑而行幸洛阳均循隋文帝之先例。但需要注意的是，文帝行幸洛阳时，所谓的隋唐洛阳城尚未建造，其前往的地点即现在已经成为遗迹的汉魏洛阳城。这表明当时的洛阳拥有可供皇帝定期停留的设施，并且具备储存大量谷物的粮仓。为了更好地了解隋初洛阳城，先对北周末期的情况进行考察。

汉魏洛阳城随着北魏的分裂而荒废，但之后由北周宣帝复兴，并取代已经覆灭的北齐的都城邺城作为控制山东的据点。另外，洛阳宫的设立以及太极殿的营造亦可追溯至这一时期。③宣帝死后，洛阳城的复兴被静帝时期掌权的杨坚中止。但洛阳宫并未遭到破坏，这或许与其作为控制山东的根据地这一定位有关。北周大象二年

---

① 村元健一：《隋の大興、洛陽の二つの宮城》，《邮政考古纪要》2015年第62号《积山洋先生退职纪念特集号》；又收入《漢魏晋南北朝時代の都城と陵墓の研究》，汲古书院，2016年。

② 萧锦华：《唐前期两京畿内制建立考论》，《中国文化研究所学报》2008年第48期。

③ 村元健一：《中国複都制における洛陽》，见《都城制研究》（4）《東アジアの複都制》，2010年；又收入《漢魏晋南北朝時代の都城と陵墓の研究》，汲古书院，2016年。

（580），杨坚总管旧北齐领地①，在击溃镇守在邺城的尉迟迥后，九月以世子杨勇为洛州总管、东京小冢宰，以洛阳为根据地管辖旧北齐领地。隋建国后因袭这一做法，开皇二年（582）置河南道行台尚书省，以秦王杨俊为尚书令，翌年废之。②文帝首次行幸洛阳前一年的开皇三年（583），于洛州置河阳仓③，可以看出利用黄河和洛河的水运转运山东粮草时，作为集散地之一的洛阳发挥了一定的作用。综上所述，洛阳自北周末年以来宫殿区域一直未能建成；该地存在一些设施使其成为控制山东的根据地并用以保障皇帝及其随行百官的驻留；其附近还设置了河阳仓，用以储备谷物。以上是文帝行幸洛阳的背景。

毫无疑问，隋文帝在洛阳配置大规模的粮仓和宫城设施反映了其对于作为控制山东根据地的洛阳的重视。不过，如上所述，杨坚曾中止了北周宣帝重建洛阳宫的计划。作为州、郡长官的牧、尹也只设置在大兴城所在的雍州及京兆郡。④可见当时杨坚似乎还未有在洛阳建都的想法。

此外，关中的仁寿宫是文帝最常行幸之地。⑤该离宫建造于海拔较高的地带，常被用来避暑，有时皇帝也会在这里过年。对文帝而言，仁寿宫是与大兴城并列的重要据点。不过，仁寿宫外围不是郭城，宫城之内也没有用来举行各类仪式的殿庭，更不是作为特别的行政区设置的，可见其并非一座都城。⑥

---

① 《隋书》卷四五《房陵王勇传》载："出为洛州总管、东京小冢宰，总统旧齐之地。"

② 《隋书》卷一《高祖纪》载："（开皇）二年春正月……辛酉，置河北道行台尚书省于并州，以晋王广为尚书令。置河南道行台尚书省于洛州，以秦王俊为尚书令。……（三年）冬十月甲戌，废河南道行台省，以秦王俊为秦州总管。"

③ 《隋书》卷二四《食货志》载："开皇三年，朝廷以京师仓廪尚虚，议为水旱之备，于是诏于蒲、陕、虢、熊、伊、洛、郑、怀、邵、卫、汴、许、汝等水次十三州，置募运米丁。又于卫州置黎阳仓，洛州置河阳仓，陕州置常平仓，华州置广通仓，转相灌注。漕关东及汾、晋之粟，以给京师。"有关隋唐的粮仓，参见邹逸麟：《从含嘉仓的发掘谈隋唐时期的漕运和粮仓》，《文物》1974年第2期。

④ 《隋书·百官志下》对隋文帝时期的官制有如下记载："雍州、置牧。……京兆郡、置尹、丞、正、功曹、主簿、金、户、兵、法、士等曹佐等员。并佐史，合二百四十四人。"而其他的州设刺史，郡设守。另外，郡在开皇三年一度被废，炀帝大业三年又改州为郡。如下文所述，炀帝时期尹被设置在京兆、河南两郡。

⑤ 仁寿宫在开皇十三年（593）动工修建。根据《隋书》本纪将隋文帝行幸仁寿宫的记录总结如下：开皇十五年三至七月、十七年正月至九月、十八年二月至九月、十九年二月至二十年十月，仁寿二年（602）三月至六月、四年正月至七月。隋文帝亦驾崩于此。开皇十九年到次年十月之间有可能返回过京师。开皇二十年正月文帝在仁寿宫，可以肯定在此离宫过年。

⑥ 关于隋朝仁寿宫（唐朝九成宫）的构造，可参见中国社会科学院考古研究所：《隋仁寿宫·唐九成宫——考古发掘报告》，科学出版社，2008年。

因此，隋文帝仅考虑在关中的大兴城实行一极化统治，洛阳宫始终是其离宫之一。他如此重视洛阳，是为了稳定旧北齐领地和对抗南陈，可以视作在统一政权诞生之前维稳的临时举措。在经济上，河阳仓的设置固然重要，但并不意味着洛阳是漕运的主要据点，正如《食货志》所载，洛阳只是运送山东粮食到大兴的中转站之一。在关中饥馑之时，文帝选择洛阳作为行幸目的地，大概是因为在漕运条件最为恶劣的三门峡以东地区，洛阳拥有粮仓以及适合皇帝和官员长期逗留的基础设施。

（二）炀帝时期

炀帝即位后不久，其弟并州总管汉王杨谅叛乱。为了镇压叛乱，炀帝从并州向河南移民。[①]不难看出，炀帝的目的是充实洛阳周边的人口。炀帝即位以后将洛阳（汉魏洛阳城）废弃，在其西方建造新都城，与京师大兴并列为东京，自此正式实行复都制。[②]

众所周知，炀帝营造东京并不是简单的都城建造，而是一系列宏伟事业的一环，其中包括开凿大运河等重要工程。东京也是大运河漕运的基点。因此，在营建东京的规划阶段，炀帝于其周边新设了兴乐仓（洛口仓）、回洛仓等大规模的仓城。回洛仓位于东京城外的东北部，通过漕渠、水路与东京相连。[③]顺带一提，含嘉城虽然是唐代的著名仓城，但在炀帝时期尚未设立窖，因此并不算是仓城。[④]

东京的规模虽然稍小于大兴，但其内部建有紫微宫（宫城）和太微城（皇城），

---

① 《隋书》卷三《炀帝纪上》仁寿四年十一月炀帝诏书载："今者汉王谅悖逆，毒被山东，遂使州县或沦非所。此由关河悬远，兵不赴急，加以并州移户，复在河南。周迁殷人，意在于此。况复南服遐远，东夏殷大，因机顺动，今也其时。群司百辟，佥谐厥议。但成周墟堵，弗堪茸宇。今可于伊、洛营建东京，便即设官分职，以为民极也。"

② 营造之初，洛阳被称为"东京"，大业五年（609）改称"东都"。《隋书》中虽未明确记载其缘由，但《太平御览》卷一五六《州郡部二》引《两京记》云："至仁寿四年，隋文帝（炀帝误）于此营建，初谓之东京，有诣阙言事者称'一帝二京，事非稽'，乃改为东都。"也就是说，京师只能存在一处，故从东京改称为东都。根据这个说法，炀帝时期京师还是大兴城，洛阳是王权的所在地而非真正的京都，是一座较京师等级略低的都城。

③ 近年，隋唐洛阳城遗址东北部的回洛仓遗址调查取得进展，发掘出一条被认为是连接仓城和南方漕渠的水道。发掘成果见赵振华、张敏：《隋东都洛阳回洛仓的考古勘察》，《中原文物》2005年第4期；洛阳市文物工作队：《河南洛阳市东北郊隋代仓窖遗址的发掘》，《考古》2007年第12期；洛阳市文物考古研究院：《洛阳隋代回洛仓遗址2012～2013年考古勘探发掘简报》，《洛阳考古》2014年第2期；洛阳市文物考古研究院：《洛阳隋代回洛仓遗址2014年度考古发掘简报》，《洛阳考古》2015年第2期。

④ 李永强：《隋唐大运河洛阳段相关问题试析》，《四川文物》2011年第4期；宇都宫美生：《隋唐洛陽城の含嘉倉の設置と役割に関する一考察》，《東洋学報》2016年第98卷第1号。

具备与历代都城相近的功能与规模。这与隋文帝的离宫仁春宫存在明显不同。关于都城百姓居住的郭的部分，虽然没有完整的郭壁，但设置了郭门，都城的规模已然固定，除了京师大业以外其他城市均无法与之相比。值得注意的是，东京的特征反映了皇帝的嗜好，宫殿以及都城的布局环境极其奢华。①众所周知，相较于大兴，炀帝更重视东京，他认为这里才是自己的都城，后来还将东京改称为东都。

炀帝在位期间仅巡幸京师大兴四次。其中，第一次是大业三年（607）前往北方巡狩途中，第二、第三次是大业五年前往西方巡狩往返途中，最后一次是在大业十年（614）。在京师的逗留时间均不超过两个月。由于南郊祭祀只能在京师举行，炀帝仅在大业十年的巡幸途中举行过一次，这或许与前一年亲征高句丽失败有关。可见炀帝对东京的偏重。接下来对这一时期东京及京师大兴的作用加以考察。

从东京的建造经过及其利用方式来看，洛阳无疑是炀帝时期隋朝实质上的政治中心。妹尾达彦指出，从东京的构成要素中可以看到南朝建康的影响，可以说东京洛阳是隋朝在文化上完成南北统一的表征②，这也是炀帝建造新都城的原因之一。另一方面，大兴城是隋朝开国君主文帝所建的都城，其设计的各个方面都宣示着这里是正统的中华统治者的居所③。当然，彰显皇权正统性的太庙、郊坛等祭祀设施也都位于大兴城内。

炀帝时期，虽然政治、经济、文化上的"京"是东京，但京师大兴设有宗庙、郊坛等展示中华皇帝正统性的礼制设施，这也是两京能够并驾齐驱的原因。炀帝曾有将宗庙迁至洛阳的意愿，但出于不想废除大兴作为京师地位的考虑，最终还是放弃了这一计划。④此外，炀帝还在东都设置了畿内。关于炀帝时期的官制，《隋书》卷二八《百官志下》云：

> 司隶台，大夫一人，正四品。掌诸巡察。别驾二人，从五品。分察畿内，一人案东都，一人案京师。刺史十四人，正六品。巡察畿外。

东都和京师都有畿甸。另外，京师周边的京兆郡和东都周边的河南郡，即两个

---

① 村元健一：《隋の大興、洛陽の二つの宮城》，《郵政考古紀要》2015年第62号《積山洋先生退職記念特集号》；又收入《漢魏晋南北朝時代の都城と陵墓の研究》，汲古书院，2016年。
② 妹尾达彦：《江南文化の系譜——建康と洛陽》，《六朝学術学会報》2013年第14集、2014年第15集。
③ 妹尾达彦：《長安の都市計画》，讲谈社，2001年。
④ 关于炀帝的七庙建设，《隋书》卷七《礼志二》载："既营建洛邑，帝无心京师，乃于东都固本里北，起天经宫，以游高祖衣冠，四时致祭。于三年，有司奏，请准前议，于东京建立宗庙。"另行建造高祖庙的意向见于《炀帝纪》大业三年条。据《大业杂记》，天经宫的建造于大业四年（608）。

城市的畿内的行政机构中设置有同样的官员及官秩，这也反映了炀帝的意图。《百官志下》又载：

> 罢州置郡，郡置太守。上郡从三品，中郡正四品，下郡从四品。京兆、河南则俱为尹，并正三品。罢长史、司马，置赞务一人以贰之（注：京兆、河南从四品，上郡正五品，中郡从五品，下郡正六品）。次置东西曹掾（注：京兆、河南从五品，上郡正六品，中郡从六品，下郡正七品）主簿，司功、仓、户、兵、法、士曹等书佐，各因郡之大小而为增减。……大兴、长安、河南、洛阳四县令，并增为正五品。

可知，郡的长官不是太守而是尹，尹及其属官的官秩均高于其他诸郡。同样的情况也适用于辖下四县的县令。就这样，在制度上赋予了二都同等的地位。不过，炀帝并未轻视大兴城，大业九年（613）开始营建大兴城外郭。[1]这或许是因为在关中频繁发生叛乱的特殊形势下，需要加强京师大兴的防御能力。另外，新都东京的居民多为豫州郭下之民[2]，也包括镇压汉王叛乱后的并州迁户以及迁徙的天下富商大贾[3]，但并没有来自大兴的移民。这与后来武则天为了充实神都洛阳，从长安周边的雍州大举徙民的做法有所不同。[4]可以说，炀帝并没有为了实施东京单都制而牺牲大兴的地位。

（三）隋代洛阳和复都制

隋文帝杨坚并未打算实施复都制，而是采用了以大兴城为中心的单都制。虽然从北周末年到平定南朝陈，洛阳一直作为控制东方的据点受到重视，不过终究还是在实现南北统一前寻求稳定的临时举措，在制度层面并未给予洛阳都城的地位。除了大兴以外，文帝最常行幸的地点是位于关中地区的离宫仁春宫，仅两次前往洛阳巡幸，可见他对关中之重视。

这一状况随着炀帝的即位发生改变。洛阳虽然在都城规模上不如大兴，但宫城

---

[1] 《隋书》卷三《炀帝纪下》大业九年三月："丁丑，发丁男十万城大兴。"
[2] 《隋书》卷三《炀帝纪上》大业元年三月丁未："诏尚书令杨素、纳言杨达、将作大匠宇文恺营建东京，徙豫州郭下居人以实之。"
[3] 《隋书》卷三《炀帝纪上》大业元年三月戊申所收诏书载："徙天下富商大贾数万家于东京。"
[4] 《旧唐书》卷六《则天皇后本纪》载初二年（690）云："秋七月，徙关内雍，同等七州户数十万以实洛阳。分京兆置鼎、稷、鸿、宜四州。"关于武则天的神都移民可参见妹尾达彦：《隋唐洛阳城的官人居住地》，《东洋文化研究所纪要》1997年第133册；萧锦华：《唐前期两京畿内制建立考论》，《中国文化研究所学报》2008年第48期。

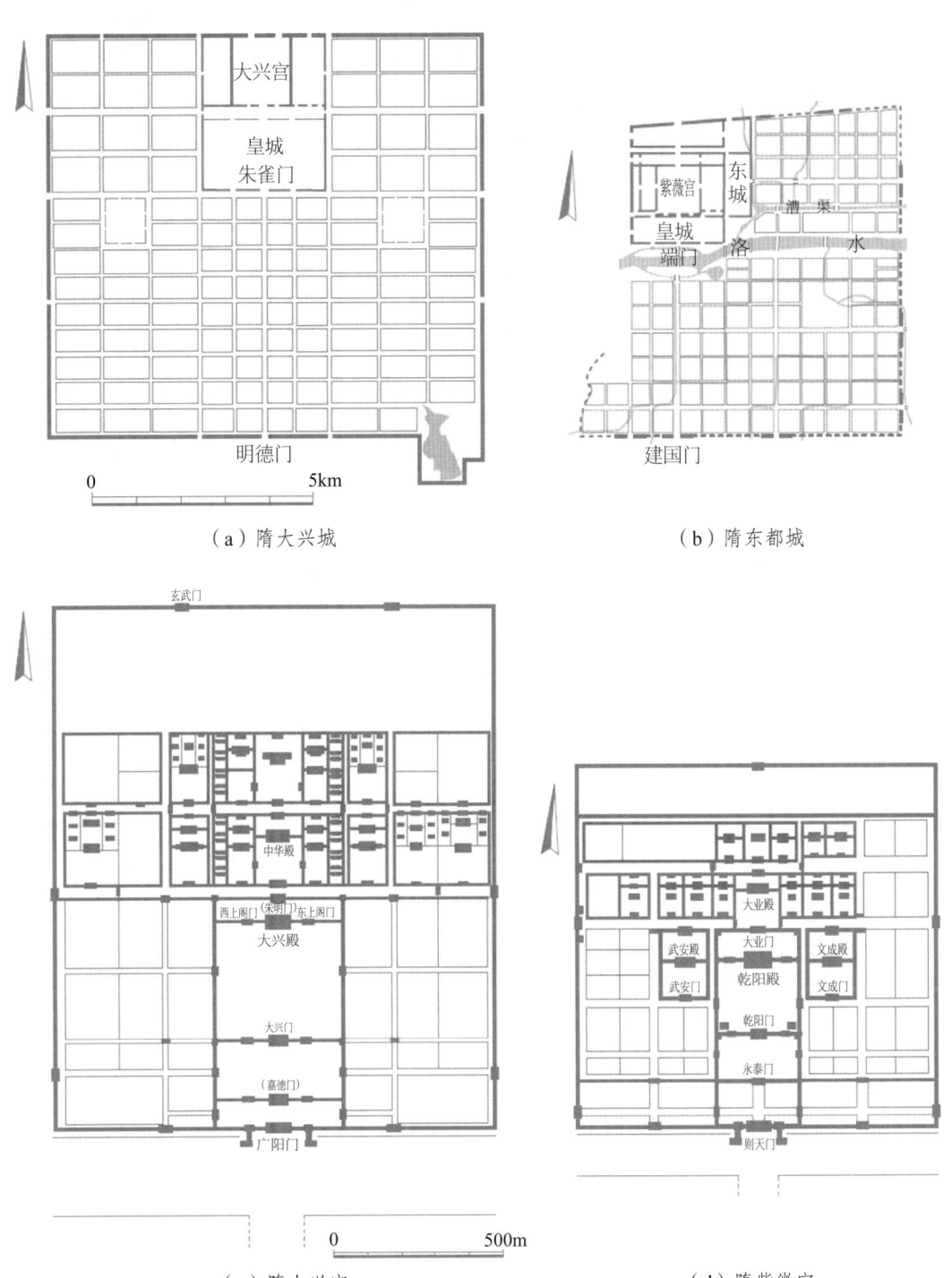

图 1 隋代的大兴、东都及其宫城

[大兴城与大兴宫图、洛阳城图、紫微宫图分别参考了《中国古代建筑史·三国、两晋、南北朝、隋唐、五代建筑》《隋唐大运河的中心——洛阳》《隋唐洛阳城1959—2001年考古发掘报告》,并有所调整]

隋代唐初的复都制 | 117

的壮丽程度确是大兴无法匹敌的。炀帝在东京设置都畿，河南尹的官品也仿照京师的规格。这些制度上的变化无不反映了洛阳已经取代大兴成为炀帝实际的据点。不过，作为展示皇权正统性的礼制建筑的宗庙和郊坛仍旧位于大兴。此外，炀帝也没有采取从大兴移民、缩小城郭规模以及改变京师官制等措施来降低大兴的地位。作为事实都城的洛阳以及作为象征性都城的大兴并立的复都制就此诞生。（图1）从隋朝复都制的诞生经过以及炀帝时期皇帝行幸地的特征来看，可以说炀帝营建东京的目的就是使其代替大兴成为事实上的都城。炀帝除了重视东京之外，也常行幸离宫江都宫，与文帝时期相比，大兴城的地位有所下降，但是它仍然维持了京师的地位，依旧是与东都并列的国家统治的核心。

就这样，东都的规模在炀帝时期逐渐壮大，与当时的京师大兴不相上下，宫城建筑的华丽程度甚至超越后者。宏伟的复都制度自此形成。这两座巨大都城在物理意义上为之后的唐朝所继承。

三、唐代前期的洛阳

（一）高祖时期

唐高祖李渊灭隋后，将隋朝的京师大兴改称长安并作为都城。另外，洛阳宫城的主要部分在王世充政权投降后的武德四年（621）五月惨遭焚毁，其南北中轴线上的标志性建筑建国门、端门、则天门、乾阳殿均未能幸免。[①]这些建筑无疑是炀帝奢靡生活的象征，因此从某种意义上来说，将其付之焦土如同一场政治表演。除此之外的部分则作为控制山东的需要被唐朝保留。这从推翻王世充政权不久之后的武德四年七月，屈突通被任命为陕东道大行台右仆射镇守洛阳之事也可窥见一斑。但该体制随着山东的平定发生改变。武德六年（623）改东都为洛州，武德九年（626），废陕东道大行台，置洛州都督府。洛阳作为都城的地位随之丧失。

也正因如此，在贞观元年（627）关中饥馑之际，高祖、太宗均未前往洛阳就食。此外，在高祖统治期间，他从未去过洛阳，甚至没有离开过关中，可见对关中地区的重视。唐高祖以东京为洛州，只将长安作为都城，在制度层面废除了隋炀帝时期的复都制。

[①] 《资治通鉴》卷一八九载："（武德四年）秦王世民观隋宫殿，叹曰：'逞侈心，穷人欲，无亡得乎。'命撤端门楼，焚乾阳殿，毁则天门及阙。"此外，《大唐六典》卷七《尚书工部》有如下记载："武德四年平充，乃诏焚乾阳殿及建国门，废东都，以为洛州总管府。寻以宫城，仓库犹在，乃置陕东道大行台。"

（二）太宗时期

太宗早在贞观四年（630）就考虑重建洛阳宫，但由于给事中张玄素的反对而搁置。[1]然而复兴洛阳宫的计划并未就此中止。贞观五年（631），洛阳宫开始重建，但由于建筑过于华丽，很快就被拆除。[2]太宗的洛阳宫复兴计划暂告中断。贞观十一年（637），太宗将洛州改称洛阳宫。可以看出他比高祖更加重视洛阳。

《旧唐书》本纪以及《资治通鉴》记载了太宗的三次洛阳行幸。

第一次：贞观十一年（637）二月至贞观十二年闰月。停留时间约为一年。此时将洛州改称为洛阳宫。

第二次：贞观十五年（641）正月至十二月。停留时间约为一年。

第三次：贞观十八年（644）十月至贞观十九年二月。太宗亲征高句丽，在亲征之际，以房玄龄为京师留守，以萧瑀为洛阳宫留守，实行太子监国之制。贞观二十年三月返回长安。

到了太宗时期，皇帝经常长期驻留洛阳并营造了洛阳宫，这与高祖时期有很大的不同。虽然洛阳宫有复兴的迹象，但据《两京记》记载，直至高宗时期，洛阳宫仍然处于荒废状态。[3]因此，太宗时期的洛阳宫可能尚未进入真正的复兴阶段。当时的洛阳只设置了离宫，并不具备都和京的特征，所以不能认为太宗时期也实行了复都制。由于隋炀帝的失政，洛阳宫的奢华给人们留下了负面印象，这

---

[1]《资治通鉴》卷一九三载："（贞观四年六月）乙卯，发卒修洛阳宫以备巡幸，给事中张玄素上书谏，以为：'洛阳未有巡幸之期而预修宫室，非今日之急务。昔汉高祖纳娄敬之说，自洛阳迁长安，岂非洛阳之地不及关中之形胜邪！景帝用晁错之言而七国拘祸，陛下今处突厥于中国，突厥之亲，何如七国？岂得不先忧，而宫室可剧兴，乘舆可轻动哉。臣见隋初营宫室，近山无大木，皆致之远方，二千人曳一柱，以木为轮，则戛摩火出，乃铸铁为毂，行一二里，铁毂辄破，别使数百人赍铁毂随而易之，尽日不过行二三十里，计一柱之费，已用数十万功，则其余可知矣。陛下初平洛阳，凡隋氏宫室之宏侈者皆令毁之，曾未十年，复加营缮，何前日恶之而今日效之也！且以今日财力，何如隋世？陛下役疮痍之人，袭亡隋之弊，恐又甚于炀帝矣。'上谓玄素曰：'卿谓我不如炀帝，何如桀、纣？'对曰：'若此役不息，亦同归于乱耳。'上叹曰：'吾思之不熟，乃至于是。'顾谓房玄龄曰：'朕以洛阳土中，朝贡道均，意欲便民，故使营之。今玄素所言诚有理，宜即为之罢役。后日或以事至洛阳，虽露居亦无伤也。'仍赐玄素绢二百匹。"

[2]《资治通鉴》卷一九三云："（贞观五年九月）又将修洛阳宫，民部尚书戴胄表谏，以'乱离甫尔，百姓凋弊，帑藏空虚，若营造不已，公私劳费，殆不能堪。'上嘉之曰：'戴胄于我非亲，但以忠直体国，知无不言，故以官爵酬之耳。'久之，竟命将作大匠窦琎修洛阳宫，琎凿池筑山，雕饰华靡。上怒剧命毁之，免琎官。"

[3]《太平御览》卷一五六《州郡部二》所引《两京记》云："太宗车驾始幸洛阳宫，唯因旧宫无所改制，终于贞观永徽之间荒芜虚耗。"

也成为太宗重建洛阳的阻碍。

（三）高宗时期

高宗曾经七次行幸洛阳，且每次均逗留较长时间。高宗于贞观二十三年（649）首次行幸洛阳，距离其即位已经过去八年时间。下面对这七次行幸进行概述。

第一次：显庆二年（657）正月至显庆三年二月。此次行幸发生于前往东方巡狩途中。[①]停留一年。是年高宗以洛阳宫为东都，洛州官员的官品均参照雍州设置。自此唐朝开始实行复都制。

第二次：显庆四年（659）闰月至龙朔二年（662）四月。停留两年半左右，在此期间行幸了并州。

第三次：麟德二年（665）正月至乾封元年（666）四月。停留一年有余，洛阳宫的核心殿舍乾元殿落成[②]，宫城初具雏形。在此期间，高宗举行了泰山封禅。

第四次：咸亨二年（671）正月至咸亨三年十一月。停留两年。此次行幸与前年的关中饥馑有关。

第五次：上元元年（674）十一月至上元三年四月。停留一年半。其间的675年，皇太子李弘猝逝。死后被追尊为孝敬皇帝，葬于洛阳近郊的恭陵。

第六次：仪凤四年（679）正月至永隆元年（680）十月。停留两年十个月。被认为与前一年的旱灾有关。其间巡幸嵩山。

第七次：永淳元年（682）四月至弘道元年（683）。停留时间约为一年半。此次行幸与前年关中饥馑有关。弘道元年十二月，洛阳真观殿倒塌。其间行幸嵩山。

显庆二年（657），高宗首次行幸洛阳时将其升格为东都，并同时授予洛阳诸官与京官相同的官品。这一举措在制度上确立了洛阳的都城地位。萧锦华指出，此时洛州已成为畿甸[③]，笔者认同此观点。与此同时，宫城的功能也正逐渐完善，麟德二年（665），正殿乾元殿落成，洛阳恢复了隋炀帝时期的繁荣。高宗重视洛阳的方针可以说是对太宗复兴洛阳计划的推进。值得注意的是，高宗行幸洛阳以及重建洛阳宫应该发生于永徽六年（655）册立武昭仪之后。高宗对洛阳的重视或许并非其本

[①]《旧唐书》卷四《高宗纪下》："十二月乙卯，还洛阳宫。……丁卯，手诏改洛阳宫为东都，洛州官员阶品并准雍州。"

[②]《旧唐书》卷四《高宗纪下》："（麟德二年三月）辛未，东都造乾元殿成。"

[③] 萧锦华：《唐前期两京畿内制建立考论》，《中国文化研究所学报》2008年第48期。

人，而是皇后武氏的意愿。^①另外需要注意的是，在高宗的七次洛阳行幸中，咸亨二年、仪凤四年和永淳元年的三次与关中爆发饥馑有关，因此行幸的目的并非完全出于经济考量。此外，为上元元年猝逝的皇太子李弘修造的恭陵是在洛阳设置的首个与礼制相关的设施。关于这些问题，拟在下文详述。

（四）唐初的洛阳与复都制

尽管唐朝在物理意义上保留了隋代的京师和东都，但其内在实质已经发生了较大变化。正如前文所述，唐高祖时期将东都改为洛州，使其失去了都城的地位。此外，高祖的活动范围仅限于关中，即使在关中爆发饥荒的年份也未前往洛阳就食。萧锦华认为，高祖本人虽然有意复兴洛阳，但是为了限制平定洛阳的秦王李世民的势力扩张，遂只给予洛阳临时的军事据点之地位[②]。这种可能性确实存在，但从隋末到唐初平定山东和江南的割据势力以后的高祖的行动来看，虽然不能断定关中以外的地区已经处于绝对稳定的状态，但由于没有在洛阳设立据点，长安仍然是唯一的中心。这种情况与隋文帝时期相似。

但是太宗行幸洛阳不是以就食为目的，而是与巡视山东地区以及远征高句丽等东方经略政策有着密切关系。为了满足行幸需要，太宗将洛州改为洛阳宫，旨在复兴隋炀帝时期的宫城。萧锦华指出，由于泰山封禅、远征高句丽等众多东方事务，太宗格外重视洛阳，因此打算复兴之并给予洛阳都城地位。但由于西方边境的紧张局势以及泰山封禅的中止等诸多原因，这一计划受挫，不过也为之后高宗朝的洛阳复兴奠定了基础[③]。太宗正是继承了隋朝以来将洛阳作为经营山东据点的这一定位。萧锦华认为，太宗的行动可视作高宗时期洛阳复兴的前奏。

唐高祖、太宗时期的执政者对洛阳有以下几种评价："东西两都"（高祖）[④]；

---

① 高宗本人，尤其是晚年，似乎更多地将长安视作自己的居所。《旧唐书》卷四《高宗纪下》弘道元年十二月条记载了其死前说的一句话："苍生虽喜，我命危笃。天地神祇若延吾一两月之命，得还长安，死亦无恨。"
② 萧锦华：《唐前期两京畿内制建立考论》，《中国文化研究所学报》2008年第48期。
③ 萧锦华：《唐前期两京畿内制建立考论》，《中国文化研究所学报》2008年第48期。
④ 《资治通鉴》卷一九一载："（武德九年）建成夜召世民，饮酒而酖之，世民暴心痛，吐血数升，淮安王神通扶之还西宫。上幸西宫，问世民疾，敕建成曰：'秦王素不能饮，自今无得复夜饮。'因谓世民曰：'首建大谋，削平海内，皆汝之功。吾欲立汝为嗣，汝固辞，且建成年长，为嗣日久，吾不忍夺也。观汝兄弟似不相容，同处京邑，必有纷竞，当遣汝还台，居洛阳，自陕以东皆主之。仍命汝建天子旌旗，如汉梁孝王故事。'世民涕泣，辞以不欲远离膝下，上曰：'天下一家，东西两都，道路甚迩，吾思汝即往，毋烦悲也。'将行，建成、元吉相与谋曰：'秦王若至洛阳，有土地甲兵，不可复制。不如留之长安，则一匹夫耳，取之易矣。'乃密令数人上封事，言：'秦王左右闻往洛阳，无不喜跃，观其志趣，恐不复来。'"

"洛阳形胜之地"（太宗）[①]；"两京心腹"（褚遂良）[②]。

尽管高祖、太宗并没有将洛阳作为行政上的京或都，但上述评价必然是基于洛阳的地缘政治优势而做出的，也反映了当时人们对隋炀帝时期东都的奢华印象之深。另外，象征炀帝奢靡生活的洛阳的壮丽宫城成为禁忌，这一认识在太宗朝比较盛行。

唐高宗时期洛州终于升格为东都，炀帝时期的复都制得以再现。与此同时，洛阳的正殿乾元殿也开始建造，洛阳作为都城的功能逐渐完备。自武氏立后起，与洛阳营造相关的记录增多，这反映的是武后本人而非高宗以及辅臣长孙无忌等元勋阶层的意向。随着武氏立后，太宗朝的重臣长孙无忌、褚遂良等人失势，朝廷旧臣的影响力大大削弱。此后，高宗开始频繁往返于长安和洛阳，其所谓"两京朕东西二宅"[③]的说法正表明了这一点。

在山东的形势趋于稳定的背景下，武后为何还如此看重洛阳呢？这或许是由于反对武氏立后的重臣长孙无忌、韩瑗、来济、褚遂良等人均为宰相或元勋，并且他们与皇族李氏关系颇深，因此她排斥在关中设置据点。另一方面，赞成武氏立后的除了许敬宗是太宗秦王府的十八学士以外，崔义玄、袁公瑜、李义府等人与皇室李氏关系均较为疏远而且多出身山东。不过，松井秀一早年就批判过武氏立后时统治阶层内部的东西对立的观点。[④]此外，对于"关陇集团"的存在问题，山下将司也提出过质疑。[⑤]但是，即便不拘泥于统治阶级内部的出身集团对立，拥立武氏的新兴官僚阶层为了远离李氏以及辅佐其的元勋阶层影响力较强的长安，取而代之将洛阳作为新的据点也是不难想象的。由隋文帝营建并被唐朝继承下来的长安，经过李氏三代的经营，已经深深地刻上了"李唐都城"的烙印。这对于想要排斥李氏、掌握

---

① 《资治通鉴》卷一九一载："（武德九年）秦王世民既与太子建成、齐王元吉有隙，以洛阳形胜之地，恐一朝有变，欲出保之，乃以行台工部尚书温大雅镇洛阳，遣秦府车骑将军荥阳张亮将左右王保等千余人之洛阳，阴结纳山东豪杰以俟变，多出金帛，恣其所用。"

② 《资治通鉴》卷一九七云："（贞观一八年二月）上欲自征高丽，褚遂良上疏，以为：'天下譬犹一身，两京，心腹也；州县，四支也；四夷，身外之物也。高丽罪大，诚当致讨，但命二、三将，将四五万众，使陛下威灵，取之如反掌耳……'"

③ 《太平御览》卷一五六《州郡部二》所引《两京记》载："又曰，太宗车驾始幸洛阳宫，唯因旧宫无所改制，终于贞观永徽之间荒芜虚耗。置都之后方渐修补，龙朔中诏司农少卿韦（弘）机，更缮造。高宗尝谓韦（弘）机曰：'两京朕东西二宅，来去不恒，卿宜善思修建。'始作上阳等宫。"

④ 松井秀一：《则天武后の擁立をめぐって》，《北大史学》1966年第11号。

⑤ 山下将司：《唐初における〈贞观氏族志〉の编纂と〈八柱国家〉の诞生》，《史学杂志》2002年第111卷第2号；山下将司：《玄武门の变と李世民配下の山东集团——房玄龄と齐济地方》，《东洋学报》2003年第85卷第2号。

权力的武后来说无疑是巨大阻碍。武氏对洛阳的重视，即使不能用关陇与山东的对立这样一种简单图式进行说明，但毋庸置疑它是武后排斥李唐都城长安的结果。如果说要找一个可以取代长安都城地位的城市，洛阳无论是在地理位置还是功能的完整度上都是最佳选择。因此，高宗时期唐朝对洛阳的重视，可以说是武后一手主导的。这与之前唐朝对洛观念有本质上的区别。正如史念海和萧锦华两位先生所指出的那样，与隋代和唐初不同的是，这一时期山东有组织地与王朝对峙的势力已不复存在，因此没有在洛阳设置都城的必要性。[①]即便如太宗时期那样为了应对高句丽问题才重视东方，但与都城的设置并没有直接关联。因此高宗时期很可能是为了取代长安才营造新都的。

高宗时期还在洛阳郊外为被追尊为孝敬皇帝的故皇太子李弘修造了恭陵。恭陵并不像高祖的献陵、太宗的昭陵那样位于关中，它是在洛阳郊区营建的第一座唐朝"皇陵"。恭陵的构造与高祖的献陵类似，为起坟式陵，但坟丘的规模却超过献陵，陵前排列的石刻与神道比献陵、昭陵更为醒目。虽说是追尊，但与历代的皇陵相比也毫不逊色。[②]隋炀帝时期祭祀设施只建在大兴，而唐朝开始在洛阳设置皇帝陵等与皇室相关的祭祀设施。都城与陵墓的组合同时出现在长安、洛阳两地，洛阳的重要性不言而喻，这使得其作为都城的内涵更为丰富。

高宗时期洛阳恢复了隋炀帝时期的繁荣，无论是在制度上还是事实上都已经成为与长安并列的都城。

四、遣唐使眼中的长安与洛阳

接下来在上文探讨的7世纪中国复都制的基础上，对同一时期日本的复都制进行考察。

---

① 史念海：《长安和洛阳》，见史念海主编：《中国通史·中古时代·隋唐时期》（上册），上海人民出版社，1997年；萧锦华：《唐前期两京畿内制建立考论》，《中国文化研究所学报》2008年第48期。

② 恭陵坟丘东西150米、南北130米、高22米，陵园东西、南北均440米。不过，坟丘最初的大小应为一边160—180米，高30米左右。陵前石柱、天马各一对，石人三对。高祖献陵的坟丘东西140米，南北110米，高18米，陵园东西448米，南北451米。神道有石柱、石犀各一对。关于恭陵的详细情况请参见若是：《唐恭陵调查纪要》，《文物》1985年第3期；陈长安：《唐恭陵及其石刻》，《考古与文物》1986年第3期。恭陵的测量数据数值参见中国社会科学院考古研究所河南第二工作队、河南省偃师县文物管理委员会：《唐恭陵实测纪要》，《考古》1986年第5期；赵振华、王竹林：《东都唐陵研究》，《古代文明辑刊》，2005年。关于高祖的献陵，请参见陕西省考古研究院：《唐高祖献陵陵园遗址考古勘探与发掘报告》，《考古与文物》2013年第5期。

《日本书纪》天武天皇十二年（683）十二月庚午条有如下记载：

> 又诏曰："凡都城、宫室非一处，必造两参。故先欲都难波，是以百寮者各往之请家地。"

天武天皇晚年提出实行复都制。虽然尚不明确天武为何会有"凡都城、宫室非一处"的想法，但是在天武之前，日本确实存在唐朝以长安、洛阳为东、西京的认识。这可以从齐明五年（659）被派往唐朝、齐明七年（661）返回日本的第四次遣唐使的记录中窥探一二。《日本书纪》齐明天皇五年（659，唐显庆四年）七月戊寅条所引《伊吉连博德书》云：

> 闰十月一日，行到越州底之。十月十五日，乘驿进京。二十九日，驰到东京。天子在东京。

遣唐使十五日抵达的"京"即长安，由于当时皇帝在东都，遂于二十九日赶往洛阳。同书齐明天皇六年（660，显庆五年）七月乙卯条又载：

> 庚申年八月，百济已平之后，九月十二日，放客本国。十九日，发自西京，十月十六日，回到东京，始得相见阿利麻等五人。

伊吉博德将长安、洛阳分别记作西京和东京，可见他认为二者是地位对等的京。如上所述，唐高宗时期的洛阳在制度上还未获得京的地位，不过已经开始受到重视。值得注意的是，伊吉博德等人在洛阳拜谒高宗，并在洛阳宫城门前见到了被恩赦的百济王族。[①]对于伊吉博德来说，这里无疑是皇权的所在地。因此，他们将长安、洛阳视作对等的京可以说是理所当然的。之后，这一信息传到了齐明天皇末期的日本。唐朝的复都制成为日本模仿复都制的原型。但是，作为天武天皇引进复都制重要契机的唐高宗时期的复都制，很可能是由皇后武氏主导实施的，这不同于唐朝之前以长安为中心的都城制。唐朝的复都制与隋炀帝时期相似，几乎对等的两京东西并立，它们作为皇帝的"两宅"发挥作用，这在唐朝历史上是极为特殊的。

7世纪末的天武朝将这一认识付诸实施，孝德天皇的巨大王宫的所在地难波被定为"都"。这看似是一个难以理解的问题，却正是复都制的理想形态。如果日本是基于第四次遣唐使带来的情报模仿了高宗时期的复都制的话，就没有必要明确区分

[①] 《日本书纪》齐明天皇六年七月乙卯条所引《伊吉博德书》载："十一月一日，为将军苏定方等，所捉百济王以下太子隆等诸王子十三人、大佐平沙宅千福、国辨成以下卅七人并五十许人，奉进朝堂，急引趋向天子。天子，恩敕见前放著。"关于该事件，《旧唐书》卷四《高宗本纪》载："（显庆五年）十一月戊戌朔，邢国公苏定方献百济王扶余义慈、太子隆等五十八人俘于则天门，责而宥之。"伊吉博德或许见证了在则天门前举行的赦宥仪式。

"主都"和"副都"。天武天皇设想的复都制是在两到三个地方设置规模大致相同的"京",但他似乎并不看重各个城市所分担的都城功能,而将他们视作"东西两宅"。这与新罗和渤海同时采取复都制的做法不同,因为它们在规模上区别了作为主都的京都和其他城市。此外,唐朝在长安、洛阳周围分别设置了京畿与都畿,而日本则在一个畿内设置了多个都,例如飞鸟和难波。这与中国的复都制在设立新的都城时,于周边地区设置王权直辖地的畿内有明显差异,可以作为今后探讨中日两国复都制的重要论点。[①]

余论

隋文帝、唐高祖和唐太宗时期只实行了以大兴长安为都城的单都制,洛阳虽然是控制东方的据点,但并不具备设置都城的条件。隋至唐初只有隋炀帝及唐高宗采用复都制。隋炀帝将权威之都大兴与权力之都东京分立,以东都洛阳为主要都城,宗庙、郊坛等仍在大兴。唐高宗以长安为主,也给予了洛阳可与之比肩的地位。在洛阳修造皇太子陵墓之事意味着将礼制建筑设置于京师的传统被打破,长安独占正统性的观念遭遇挑战,可以说这为之后的武周时期神都洛阳的兴盛埋下了伏笔。

高宗时期,洛阳成为都城,除了其作为物资集散地这一经济因素以外,与一直以来反抗关中统治体系的皇后武氏的意向密切相关。洛阳在高宗时期加速都城化,随着武则天即位一跃成为神都。换言之,在武氏政权看来,高宗时期的复都制实际上是向神都洛阳单都制的过渡。最后对武周政权之后洛阳的情况进行概述。

武氏政权覆灭后,随着玄宗改革漕运,唐朝后期再也看不到皇帝前往洛阳就食的记录[②]。都城制度逐渐向长安单都制倾斜,洛阳成为名义上的都城,长安的地位再也无法撼动。高宗时期复都制的最大特征是两都的综合实力不相上下,但从上述情况来看,该体制并未能长期延续,只是作为一方压倒另一方的单都制的过渡阶段。

可见,从隋朝到唐初,只有隋炀帝和唐高宗真正实行了复都制。在日本的天武天皇提出复都制之前的齐明朝末期,遣唐使带回了唐朝长安、洛阳二京并立的消

[①] 关于中国的畿内,请参照本文多次引用的萧锦华:《唐前期两京畿内制建立考论》,《中国文化研究所学报》2008年第48期;大津透:《中国における畿内制》,见《律令国家支配构造の研究》,岩波书店,1993年;砺波护:《唐代の畿内と京城四面关》,见唐代史研究会编:《中国の都市と农村》,汲古书院,1992年。关于日本畿内研究的成果颇丰,可举西本昌弘:《畿内制の基础的考察——日本における礼の受容》,《史学杂志》1984年第93编第1号;大津透:《律令国家と畿内——古代国家の支配构造》,《日本书纪研究》1985年第13册。

[②] 齐东方:《中国都城の立地环境——长安から洛阳へ》,见《都城制研究》(9)《东アジア古代都城の立地条件》,2015年。

息。因此，天武天皇的复都制构想很可能直接参照了唐高宗时期的复都制。如前所述，当时的洛阳不是简单的陪都，隋炀帝曾将其作为事实上的京师，到了唐高宗时期，按照武后的意愿，洛阳得以复兴，唐朝首次实行了复都制。然而，玄宗的漕运改革削弱了洛阳的经济优势的同时恢复了长安的主导地位，复都制的面貌也随之转变。天武天皇采用的正是诞生于这个特殊时期的复都制。难波的核心难波宫是天武复都制的都城之一，其规模超过飞鸟宫，与后来兴建的藤原宫相当。这是由于难波宫不仅继承了孝德天皇的难波长柄丰碕宫的核心区域，还受到了巨大都城与宫城并立的唐高宗时期复都制的影响。

参考文献

［1］陈寅恪. 唐代政治史述论稿［M］. 北京：商务印书馆，1947.

［2］陈长安. 唐恭陵及其石刻［J］. 考古与文物，1986（3）.

［3］村元健一. 漢魏晋南北朝時代の都城と陵墓の研究［M］. 东京：汲古书院，2016.

［4］大津透. 律令国家と畿内——古代国家の支配構造［M］//日本书纪研究会. 日本书纪研究：13. 塙书房，1985.

［5］中国における畿内制［M］//大津透. 律令国家支配構造の研究. 东京：岩波书店，1993年.

［6］大崎正次. 唐代京官职田考［J］. 史潮，1933，20（3）.

［7］大崎正次. 唐代京官职田考［J］. 史潮，1933，20（4）.

［8］丁海斌. 中国陪都史［M］. 北京：中国社会科学出版社，2012.

［9］傅熹年. 中国古代建筑史：三国、两晋、南北朝、隋唐、五代建筑［M］. 北京：中国建筑工业出版社，2001.

［10］介永强. 唐代行宫考逸［J］. 中国历史地理论丛，2001，16（2）.

［11］李永强. 隋唐大运河洛阳段相关问题试析［J］. 四川文物，2011（4）.

［12］李永强. 隋唐大运河的中心：洛阳［M］. 郑州：中州古籍出版社，2011.

［13］砺波护. 唐代の畿内と京城四面関［M］//唐代史研究会. 中国の都市と農村. 东京：汲古书院，1992.

［14］複都制と太子監国の制［M］//泷川政次郎. 京制并びに都城制の研究. 东京：角川书店，1967.

［15］洛阳市文物工作队. 河南洛阳市东北郊隋代仓窖遗址的发掘［J］. 考

古，2007（12）．

[16] 洛阳市文物考古研究院．洛阳隋代回洛仓遗址2012~2013年考古勘探发掘简报［J］．洛阳考古，2014（2）．

[17] 洛阳市文物考古研究院．洛阳隋代回洛仓遗址2014年度考古发掘简报［J］．洛阳考古，2015（2）．

[18] 妹尾达彦．隋唐洛陽城の官人居住地［J］．东洋文化研究所纪要，1997（133）．

[19] 妹尾达彦．長安の都市計画［M］．东京：讲谈社，2001．

[20] 妹尾达彦．江南文化の系譜：建康と洛陽：1［J］．六朝学术学会报，2013，14．

[21] 妹尾达彦．江南文化の系譜：建康と洛陽：2［J］．六朝学术学会报，2014，15．

[22] 仁藤敦史．複都制と難波京［J］．历博，1992（53）．

[23] 仁藤敦史．古代都城の首都性［M］//都市史研究会．年报都市史研究：7．东京：山川出版社，1999．

[24] 荣原永远男．天武天皇の複都制構想［J］．市大日本史，2003（6）．

[25] 若是．唐恭陵调查纪要［J］．文物，1985（3）．

[26] 山田邦和．日本古代都城における複都制の系譜［M］//仁木宏．日本古代・中世都市论．东京：吉川弘文馆，2016．

[27] 山下将司．唐初における〈貞観氏族志〉の編纂と〈八柱国家〉の誕生［J］．史学杂志，2002，111（2）．

[28] 山下将司．玄武門の変と李世民配下の山東集団：房玄齢と斉済地方［J］．东洋学报，2003，85（2）．

[29] 陕西省考古研究院．唐高祖献陵陵园遗址考古勘探与发掘报告［J］．考古与文物，2013（5）．

[30] 长安和洛阳［M］//中国通史：中古时代：隋唐时期：上册．上海：上海人民出版社，1997．

[31] 唐代长安和洛阳［M］//史念海．中国古都和文化．北京：中华书局，1998．

[32] 室山留美子．隋開皇年間における官僚の長安・洛陽居住：北人・南人墓誌記載の埋葬地分析から［J］．都市文化研究，2010（12）．

[33] 松井秀一．則天武后の擁立をめぐって［J］．北大史学，1966（11）．

[34] 西本昌弘. 畿内制の基礎的考察: 日本における礼の受容 [J]. 史学杂志, 1984, 93 (1).

[35] 萧锦华. 唐前期两京畿内制建立考论 [J]. 中国文化研究所学报, 2008 (48).

[36] 小笠原好彦. 難波宮・京と複都制 [M] //中尾芳治, 荣原永远男. 難波宮と都城制. 东京: 吉川弘文馆, 2014.

[37] 宇都宫美生. 隋唐洛陽城の含嘉倉の設置と役割に関する一考察 [J]. 东洋学报, 2016, 98 (1).

[38] 宇都宫美生. 隋唐洛陽城西苑の四至と水系 [J]. 中国文史论丛, 2010 (6).

[39] 赵振华, 王竹林. 东都唐陵研究 [J]. 古代文明辑刊, 2005.

[40] 赵振华, 张敏. 隋东都洛阳回洛仓的考古勘察 [J]. 中原文物, 2005 (4).

[41] 中国社会科学院考古研究所. 隋仁寿宫・唐九成宫: 考古发掘报告 [M]. 北京: 科学出版社, 2008.

[42] 中国社会科学院考古研究所. 隋唐洛阳城1959~2001年考古发掘报告 [M]. 北京: 文物出版社, 2014.

[43] 中国社会科学院考古研究所河南第二工作队, 河南省偃师县文物管理委员会. 唐恭陵实测纪要 [J]. 考古, 1986 (5).

[44] 朱士光, 叶骁军. 试论我国历史上陪都制的形成与作用 [M] //中国古都学会. 中国古都研究: 第3辑. 杭州: 浙江人民出版社, 1987.

[45] 朱士光, 叶骁军. 中国史上の陪都制 [J]. 积山洋, 译. 大阪历史博物馆研究纪要, 2002 (1).

[46] 邹逸麟. 从含嘉仓的发掘谈隋唐时期的漕运和粮食 [J]. 文物, 1974 (2).

原载《大阪历史博物馆研究纪要》2017年第15号

（村元健一，日本关西大学文学部综合人文学科教授；

龚凯歌，日本早稻田大学文学研究科博士在读）

唐长安城三苑考

——与西汉上林苑的功能相比

[韩]朴汉济 著 强 薇 译

一、序言

唐长安城的三苑（禁苑、东内苑、西内苑）和汉代的上林苑作为皇家的苑囿，在结构和功能等诸方面有相似之处，但有不同之处也是事实。笔者在本文中首先要阐明二者之间的结构差异及其出现的原因。二者在外形结构上最大的区别在于，唐代三苑与皇帝居住和办公的宫城相连，而汉朝的上林苑则是分开的。因此，笔者认为，苑的主要功能也存在相当大的差异。笔者把隋唐长安城的这种形态称为"城苑"体系。[①]那么，这种结构到底始于哪个时代，又始于何种契机呢？因此，笔者在本文中特别要阐述城苑体系下苑的主要功能是什么。

二、从城、苑分离到"城苑"体系

（一）城、苑分离时代的苑囿：上林苑型

上林苑位于西汉长安城周边，以秦旧苑[②]为基础，建于武帝建元三年（前138），周袤三百里。[③]武帝认为秦苑太小，所以大幅扩建，结果其规模以汉唐时期郡县的范围计算的话，可以说大到盩厔、鄠、杜三县的面积之和，但其疆境并未超

---

① 笔者之所以不称之为"宫苑"，是因为唐代常把"宫苑"用作"离宫苑囿"的简称。
② 关于秦上林苑的修建时期和规模等没有明确的记录。《雍录》卷九《苑囿·上林疆境》："秦之上林，其边际所抵难以详究矣。《水经》于宜春观曰：'此秦上林故地也。'《史记》载上林所起曰：'作朝宫渭南上林苑中，先作阿房前殿。'则宜春观、阿房宫皆秦苑故地也。"（〔宋〕程大昌：《雍录》，黄永年校注，中华书局，2002年，第187页）但秦昭王时已有五苑（《韩非子》外储右下），上林苑是五苑其中之一。
③ 《三辅黄图校注》载："汉上林苑，即秦之旧苑也。汉书云：'武帝建元三年开上林苑，东南至蓝田宜春、鼎湖、御宿、昆吾，旁南山而西，至长杨、五柞，北绕黄山，濒渭水而东。周袤三百里。'"参见何清谷：《三辅黄图校注》，三秦出版社，1995年，第216页。

过渭水以北。①

西汉长安城的宫殿主要位于西南部,闾里②则分布在城东北部。③上林苑围绕城外南部和西部的宫殿区域。因此,上林苑就成了宫殿所谓的"后花园",它的存在使普通人很难接近皇宫未央宫④的西南两侧,也暗示了二者的连接性。⑤

然而上林苑原本并非与皇宫相连,这在东汉等后世的皇家苑囿(尤其上林苑)中体现得更加明显。东汉时代的皇家苑囿主要有上林苑和位于洛阳以南七十公里开外的广成苑,以及位于洛阳东郊二十公里开外的鸿池苑。当时有两个上林苑,一是西汉的上林苑(关中的上林苑⑥),一是洛阳西郊的上林苑⑦,两个上林苑都远离皇宫。此外,位于隋朝洛阳城西面的会通苑又名上林苑⑧,唐代上林苑也与宫城隔绝而立⑨。这里还有一点需要注意的是,汉代把官奴和贫民移居到上林苑,使其从事各种生产活动,这一点⑩与下文讲述的唐代三苑相比,并没有过于强调与民隔绝。

关于这一问题,需要考察"苑"和"园"的用例。虽然现在两个词语常被混

---

① 《雍录》卷九《苑囿·上林疆境》:"武帝尚以秦苑为狭,命吾丘寿王举籍阿城以南,盩厔以东,宜春以西,悉除为苑,则所拓比秦益汰矣。以汉、唐郡县言之则盩厔一县不尽入苑,而鄠、杜两县悉归包并矣。其曰举籍阿城以南,而阿城之北则不在数,是其疆境至渭水南岸而极也。"

② 《三辅黄图》卷二长安城中闾里条:"长安闾里一百六十……有宣明、建阳……"

③ 刘庆柱、李毓芳:《汉长安城》,文物出版社,2003年,第167页。

④ 未央宫修建于惠帝即位后,此后到文、景、武、昭、宣、元、成、哀、平帝时期,被用作皇帝日常起居和办公场所。参见周长山:《汉代城市研究》,人民出版社,2001年,第69页。

⑤ 刘庆柱、李毓芳:《汉长安城》,文物出版社,2003年,第200—201页。未央宫西南是上林苑,北面是桂宫,"北阙甲第"和北宫起到屏风作用,东面的长乐宫起到了围墙的作用,具有号称"金汤"一样的坚固性。

⑥ 《后汉书》卷一《光武帝纪》:"冯异与延岑战于上林,破之。"注云:"关中上林苑也。"《后汉书》卷六九《何进传》:"进不听。遂西召前将军董卓屯关中上林苑……"

⑦ 《后汉书》卷六《顺帝纪》:"冬十月戊午,校猎上林苑,历函谷关而还。十一月丙寅,幸广成苑。"《后汉书》卷七《桓帝纪》:"十一月甲辰,校猎上林苑,遂至函谷关,赐所过道傍年九十以上钱,各有差。"《后汉书》卷八《灵帝纪》:"冬十月……校猎上林苑,历函谷关,遂巡狩于广成苑。十二月,还,幸太学。"

⑧ 刘庆柱、李毓芳:《汉长安城》,文物出版社,2003年,第202页。

⑨ 《新唐书》卷二《太宗本纪》贞观十八年条:"癸卯,宴雍州父老于上林苑,赐粟帛。甲寅,如洛阳宫。己巳,猎于天池。"

⑩ 《玉海》卷一七一汉上林苑条:"《汉旧仪》:'上林苑中广长三百里,置令、丞、右、左尉。苑中养百兽,天子春秋射猎苑中,取禽无数。其中离宫七十所,容千乘万骑。武帝时上林苑官奴婢及天下贫民,赀不满五十万,徙置苑中养鹿。'"

用，但最初它们是两个不同的概念，即"苑囿"和"园池"的区别。[①]因此，汉代的上林苑和唐代的三苑不同于"园池"，和"苑（囿）"之间有共性。例如，在南北朝时代通常把内城内的宫苑称为园，内城外的宫苑则称为苑。与此相关的是南北朝共同存在的华林园。六朝时期，华林园是建康城内园林中规模最大且历史最悠久的，它起源于东汉的芳林园，曹魏时期因避齐王芳讳，改名为华林园。六朝时期华林园是以宫城北侧的鸡笼山为中心而建的园林。[②]北魏洛阳城中也有华林园，其位置与功能大致与六朝相似，具有典型的庭园式园林的形态。观其形态，北魏洛阳的华林园用开采的佳石和花草树木为装点，由此可知其以观赏用途为主。[③]此外，还用作"听讼"或"亲录囚徒"的场所。[④]六朝皇家园林是饮宴、游乐、雅集、议政、听讼的场所，在这一点上二者的功能[⑤]并无太大差异。

唐长安城的三苑虽继承了汉代上林苑的诸多功能，但二者的类型有着本质上的区别。笔者认为，这些功能上的差异主要源于其位置（与宫城相连还是隔绝）。上林苑与隋唐的三苑不同，宫（城）和苑（囿）没有直接相连。这些差异导致二者之间功能上的差异，笔者认为这才是最为本质的区别。因此，如果把前者命名为"上林苑型"，那么后者就可以称为"三苑型"。从结论而言，三苑型是五胡北朝时代的遗产。

接下来研究吴、东晋、宋、齐、梁、陈六朝的苑和园。六朝是山水秀丽的地域特点与贵族文化相结合的园（苑）林文化非常发达的时代。仅史料中记载的六朝时代皇家园林就有西苑、桂林苑、华林园、西园、乐游苑、上林苑等二十余

---

① 《汉书》卷一《高帝纪》："十一月，立韩太尉信为韩王。汉王还归，都栎阳，使诸将略地，拔陇西。以万人若一郡降者，封万户。缮治河上塞。故秦苑囿园池，令民得田之。"这是把苑囿和园池区分开来使用。《说文解字》中说"苑，所以养禽兽也"，秦吕不韦的《吕氏春秋》慎小注中也说苑是养禽兽的地方。汉将其称为苑，即苑和囿一样，是饲养禽兽的地方。此外，西汉刘安的《淮南子》高诱的注也说大的称为苑，小的称为囿。实际上，唐代三苑内还有梨园。

② 郭黎安：《六朝建康》，香港天马图书有限公司，2006年，第46页。

③ 《魏书》卷九三《茹皓传》："迁骠骑将军，领华林诸作。皓性微工巧，多所兴立。为山于天渊池西，采掘北邙及南山佳石。徙竹汝颍，罗莳其间；经构楼馆，列于上下。树草栽木，颇有野致。世宗心悦之，以时临幸。"

④ 《魏书》卷七《高祖纪》："二十年春正月丁卯，诏改姓为元氏。……二月辛丑，帝幸华林，听讼于都亭。……三月丙寅，宴群臣及国老、庶老于华林园。""八月壬辰朔，幸华林园，亲录囚徒，咸降本罪二等决遣之。……丁巳，南安王桢薨。幸华林园听讼。""八月丙辰，诏中外戒严……甲戌，讲武于华林园。庚辰，车驾南讨。"《魏书》卷八《世宗纪》："甲辰，幸华林都亭，亲录囚徒，犯死罪已下降一等。"

⑤ 卢海鸣：《六朝都城》，南京出版社，2002年，第221—222页。

处[1]，主要分布在钟山、清溪、玄武湖周围，以及秦淮河畔长江之滨等建康城郊外的山水秀丽之地。[2]关于苑和园之间，有何功能上的差异，史料中并无明确记载。但是，六朝上林苑与汉代上林苑在官制上较为相似，因此其功能也不会有太大差异。[3]六朝时期苑的规模与汉代相比大幅缩小，在功能方面也逐渐走向园林化。[4]

（二）"城苑"体系的系谱：三苑型

笔者认为，唐代三苑在体系和功能方面源于五胡十六国、北朝时代的苑，并将其继承和加以完善。与上林苑型不同，这种类型最大的特点是在与宫城直接相连之处设有大规模的苑，即后苑[5]。

想在五胡十六国、北朝时代的苑中找到三苑型的起源，首先应该从五胡十六国时期苑的结构和功能等方面揭示其起源，但是这个时期对苑的记载非常零碎。有记载称后赵石季龙想在邺城北方修筑"广长数十里"的华林苑[6]，《晋书》中列举到的有东苑、西苑、文武苑、内苑、龙腾苑等，常被用作军事作战或训练场，仅此而已。

作为隋唐长安城体系的起源，常被提及的是河西王朝的都城姑藏城。姑藏城当时是前凉的都城，原为匈奴所建[7]，后来通过扩建形成了宫城位于城北、市场位于城南的结构，该结构与中国经典理论（《周礼·考工记》）中的结构不同，李冲继承这一结构并将其运用到北魏洛阳城，后再次沿用到隋代的大兴城，陈寅恪很早就指出过这一点。[8]然而南凉的秃发傉檀传记中在介绍以姑藏城苑为首的都城体系时，

---

[1] 卢海鸣：《六朝建康皇家苑囿综述》，《南京史志》1992年第1、2期。

[2] 卢海鸣：《六朝都城》，南京出版社，2002年，第211页。

[3] 《宋书》卷三九《百官志》："上林令，一人。丞一人。汉西京上林中有八丞、十二尉、十池监。丞、尉属水衡都尉。池监隶少府。汉东京曰上林苑令及丞各一人，隶少府。晋江左阙。宋世祖大明三年复置，隶尚书殿中曹及少府。"

[4] 大室干雄把六朝文化的特征总结为"园林都市"这一用语。参见大室干雄：《园林都市》，三省堂，1985年。

[5] 唐长安城的三苑（禁苑）并非单独存于城外，而是都城的构成要素［外郭城—皇城—宫城（太极宫）—禁苑］之一，因此有人认为，唐长安城的太极宫是以"中宫"为原则而建。参见王海燕：《禁苑と都城——唐長安城と平城京を中心に》，《国际学院大学大学院文学部纪要》2001年第32号，第357页。

[6] 《晋书》卷一〇七《石季龙载记》："季龙于是使尚书张群发近郡男女十六万，车十万乘，运土筑华林苑及长墙于邺北，广长数十里。"

[7] 《水经注》卷四〇都野泽条："王隐晋书曰：凉州有龙形，故曰卧龙城，南北七里，东西三里，本匈奴所筑也。"

[8] 陈寅恪：《隋唐制度渊源略论稿》，上海古籍出版社，1980年，第69—70页。

却说"张文王筑城苑"①。笔者认为,该记载在一定程度上暗示了姑藏城苑是何种形态。据《水经注》记载,扩建原有姑藏城的是前凉的张骏,那么张文王即为张骏。他增建东城和北城等四城,使姑藏城"并旧城为五",又在中城(宫城或禁城)修建四时宫以供不同节气游幸。②《晋书》中只记载张骏扩建是在"城南筑城",在那里建谦光殿之后,又在四面各建一(宫)殿,直至末年根据四时节气在各殿居住。③也就是说,《晋书》张骏传只记载了张骏在中城南侧增建了四时宫,关于四城却并未提及。然而,前文提到的秃发傉檀传记中说张骏"筑城苑",因此,张骏传实际上遗漏了这一记叙。《水经注》中记载的修建的四城为东城和北城,但除此之外还有哪些并没明确记载。

不管怎样,前凉张氏在原有的旧城上增建四座城,其中东城和北城均"殖园果",东城被命名为讲武场,北城被命名为玄武囿,两处均有宫殿,根据这样的记载可知东城和北城显然不是普通居民的居住地。《资治通鉴》胡三省注中说姑藏城中有"东西苑城"④。因此,笔者认为张骏的"筑城苑"是建造了像城一样带有墙的苑。实际上,姑藏城等河西政权的都城中存在的东西二苑在军事上尤为重要。因此,推测修建的是作为四城之一的西城(西苑)。也就是说,扩建的部分,比起"筑城"而言,实际上是"筑苑"的可能性更大。此外,可以确认的是,相当面积的空地(殖园果)没有直接与宫城或城郭相隔绝,而是相连的。⑤

那么,增建的苑的用途是什么呢?前文认为前凉姑藏城的东城被用作讲武场,

---

① 《晋书》卷一二六《秃发傉檀》:"傉檀谦群僚于宣德堂,仰视而叹曰:'古人言作者不居,居者不作,信矣。'孟祎进曰:'张文王筑城苑,缮宗庙,为贻厥之资,万世之业,……此堂之建,年垂百载,十有二主,唯信顺可以久安,仁义可以永固,愿大王勉之。'傉檀曰:'非君无以闻说言也。'"

② 《水经注》卷四〇都野泽条:"凉州……乃张氏之世居也。又张骏增筑四城箱各千步。东城殖园果,命曰讲武场,北城殖园果,命曰玄武囿,皆有宫殿;中城作四时宫,随节游幸。并旧城为五……"

③ 张骏修缮姑藏城是指在城南修建四时节居住的宫殿。《晋书》卷八六《张轨传附寔子骏传》:"时骏尽有陇西之地,……又分州西界三郡置沙州,东界六郡置河州。二府官僚莫不称臣。又于姑藏城南筑城,起谦光殿,画以五色,饰以金玉,穷尽珍巧。殿之四面各起一殿,东曰宜阳青殿,以春三月居之,……南曰朱阳赤殿,夏三月居之;西曰政刑白殿,秋三月居之;北曰玄武黑殿,冬三月居之。其傍皆有直省内官寺署,一同方色。及末年,任所游处,不复依四时而居。"

④ 《资治通鉴》卷一〇九《晋纪》安帝隆安元年(397)八月条:"凉州治姑藏,有东、西苑城。"

⑤ 陈寅恪:《隋唐制度渊源略论稿》,上海古籍出版社,1980年,第70页。

那么接下来探讨同样定都于姑藏城的后凉的情况。①后凉君主吕光年老得病后，散骑常侍、太常郭黁引诱王详利用"二苑之众"造反。据说，当时投入叛乱的部队"田胡王气乞机部众最强，二苑之人多其故众"，从这一表述可以判断，东、西苑士兵大部分为田胡②王气乞机的故众及旧部众。因此，郭黁宣称如果推举王气乞机为叛乱主帅，则可获得"二苑之众尽我有也"的结果。这里从"举东苑以叛"的表述可知其主力主要驻屯在二苑之中的东苑，从"得光孙八人于东苑"的表述③中可知东苑是官军和判军的激战之地。然而，"二苑之众"虽然很有可能是支撑王朝的军队，但似乎并非皇帝的禁军，因为"二苑之众"被认为是田胡王气乞机率领其部众归附吕光后，与吕光势力联合的旧部众。

这里再次结合姑藏城的结构对"二苑之众"加以分析。吕光死后吕绍嗣位，庶长子吕纂和吕弘发动叛乱登基，从这一宫廷叛乱过程来看，在一定程度上可以推测出当时的都城结构和的禁卫军驻地。吕纂率领数百名壮士经过北城（北苑）进攻中城（宫城、禁城）的北门广夏门（相当于洛阳的大夏门和长安城的玄武门），吕弘则率领"东苑之众"破洪范门④而入。这时吕绍令武贲中郎将吕开率领禁兵在端门（宫殿的正门）反抗。⑤从吕纂派主力军向宫城北门方向进发的情形来看，控制北门

---

① 《太平御览》卷一六五《州郡》凉州条所引《晋书》曰："姑藏城匈奴所筑旧盖藏城，语讹后云姑藏。又曰：惠帝末，张轨求为凉州，于是大城此地，为一会府以据之，号前凉，吕光复据之，号后凉。"

② 《资治通鉴》卷一〇九《晋纪》安帝隆安元年八月条，"胡注曰：田胡，胡之一种也"，此处"二苑之人多其故众"是指部帅王乞基的部众。《晋书》卷九五《郭黁传》写作"王乞基"。

③ 《晋书》卷一二二《吕光载记》："光散骑常侍、太常郭黁明天文……谓王详曰：'于天文，凉之分野将有大兵。主上老病，太子冲暗，纂等凶武，……以吾二人久居内要，常有不善之言，恐祸及人，深宜虑之。田胡王气乞机部众最强，二苑之人多其故众。吾今与公唱义，推机为主，则二苑之众尽我有也。克城之后，徐更图之。'详以为然。夜烧光洪范门，二苑之众皆附之，详为内应。事发，光诛之。黁遂据东苑以叛。……黁之叛也，得光孙八人于东苑。"

④ 《资治通鉴》卷一一一《晋纪》安定隆安三年（399）十二月条，"凉主（吕）光疾甚"胡注曰："广夏门、洪范门，皆中城门也。……青角门，盖凉州中城之东门也。"但是陈识仁认为是中城的东门。参见陈识仁：《十六国都城研究》，硕士学位论文，东海大学，1995年，第190页。

⑤ 《晋书》卷一二二《吕纂载记》："初，光欲立弘为世子，会闻绍在仇池，乃止，弘由是有憾于绍。遣尚书姜纪密告纂曰：'先帝登遐，主上暗弱，兄总摄内外，威恩被于遐迩，辄欲远追废昌邑之义，以兄为中宗何如？'纂于是夜率壮士数百，逾北城，攻广夏门，弘率东苑之众斫洪范门。……绍遣武贲中郎将吕开率其禁兵距战于端门，骁骑吕超率卒二千赴之。众素惮纂，悉皆溃散。"

是核心目标，也暗示了那里有禁军驻屯。此时叛军说东苑士兵"我有也"，"我之党也"，这一点与前文提到的王气乞机的情况一样，很有可能东苑士兵是由某强有力的同盟者所掌管，或是与其密切相关的兵户（士兵和其家属居住的）①。因此，从"东苑妇女赏军"这一表述中②可以看出，这些东苑的妇女还被当作给镇压军的赏赐对象。因此，姑藏城中的东、西苑就是军队集中的驻地③，这一点在此地建都的其他王朝也一样④。虽然很难断言这是否缘于姑藏城地形的特殊性，但是姑藏城中城后（宫城）也存在北城（北苑），笔者认为那里应该是禁卫军的驻地。

通过上文对姑藏城的考察可以确认，五胡十六国时代的苑不仅是军队的专用驻地，还被用作讲武场。苑的主要功能不再像上林苑型一样只具有游乐或经济用途，这对于理解唐代三苑非常重要，尤其是北苑和宫城相连这一点至关重要。

接下来探讨北魏时代的苑。回顾北魏城郭建造的历史。北魏于天兴元年（398）从盛乐迁都至平城，同年秋七月始营宫室，八月实行"正封畿，制郊甸"的措施。⑤当时的拓跋部尚未摆脱游牧迁徙的风气。⑥北魏的筑苑事例中，最显眼的就是太祖天兴二年（399）二月，役使被俘的高车人在平城附近修建号称"广轮数十里"大规模

---

① 高敏认为这些士兵的驻扎状况是以统领兵户的军镇形式。参见高敏：《魏晋南北朝兵制研究》，大象出版社，第265—267页。

② 《晋书》卷一二二《吕纂载记》："吕弘自以功名崇重，恐不为纂所容，纂亦深忌之。弘遂起兵东苑，劫尹文、杨桓以为谋主，请宗燮俱行。……乃率兵攻纂。纂遣其将焦辨击弘，弘众溃，出奔广武。纂纵兵大掠，以东苑妇女赏军，弘之妻子亦为士卒所辱。""伪巴西公吕他、陇西公吕纬时在北城，或说纬曰：'超陵天逆上，士众不附。明公以懿弟之亲，投戈而起，姜纪、焦辨在南城，杨桓、田诚在东苑，皆我之党也，何虑不济！'"

③ 后凉的吕他率领东苑之众降服后秦时，士兵数量有"二万五千"。《晋书》卷一一七《姚兴载记》："硕德至姑藏，大败吕隆之众，俘斩一万。隆将吕他等率众二万五千，以东苑来降。"

④ 秃发傉檀的南凉时期，姑藏城的东苑是大规模士兵的驻扎地，后秦姚兴的将军姚弼侵略时，这些士兵为敌军内应，大开杀戒。《晋书》卷一二六《秃发傉檀载记》载，北凉的沮渠蒙逊迁都姑藏城时，"蒙逊进围姑藏，百姓惩东苑之戮，悉皆惊散"。《晋书》卷一二九《沮渠蒙逊载记》载："傉檀来伐，蒙逊败之于若厚坞。傉檀湟河太守文支据湟川，……蒙逊下书曰：'古先哲王应期拨乱，莫不经略八表，然后光阐纯风。孤虽智非靖难，职在济时，而狁虏傉檀鸱峙旧京，毒加夷夏。东苑之戮，酷甚长平，边城之祸，害深猃狁。'"

⑤ 《晋书》卷二《太祖纪》天兴元年条："秋七月，迁都平城，始营宫室，建宗庙，立社稷。……八月，诏有司正封畿，制郊甸，端径术，标道里，……遣使循行郡国……"《魏书》卷一一○《食货志》："天兴初，制定京邑，东至代郡，西……，南……，北……，为畿内之田；其外四方四维置八部帅以监之……"

⑥ 《南齐书》卷五七《魏虏传》："什翼珪始都平城，犹逐水草，无城郭，木末始土著居处。"

鹿苑的记载。①这种鹿苑的存在可以说是中国首都经营史上极为罕见的例子。②在这里可以进行大阅和飨赐③，还筑有鹿苑台等设施④，由此可见，鹿苑性质并不局限于动物饲养的场所⑤。但也不能因此就断定这里是北魏皇帝专用的禁苑，不过从在此处进行"大阅飨赐"这一点来看，可以在此处进行一定程度的军事行为。

北魏太祖构想于天兴六年（403）九月在南平城新建一座都城。⑥按着这一构思，于天赐三年（406）展开了"筑灅南宫"和"广苑囿"的作业。⑦这里苑囿很明显是和灅南宫相连的。太宗明元帝早期的记载中可以看到北苑⑧、西苑⑨、东苑⑩等苑的名字，然而究竟建于何时，是否由鹿苑的一部分分化成北苑、东苑、西苑尚无法确认。⑪明元帝于泰常六年（421）命令京师六千人"筑苑"，从"旧苑"开始，向东围绕白登山，周长三十余里。⑫有人认为这里的"旧苑"指的是鹿苑，此时是对

---

① 《魏书》卷二《太祖道武帝纪》："二月……破高车杂种三十余部，获七万余口，马三十余万匹，牛羊百四十余万……征虏将军庾岳破张超于勃海。超走平原，为其党所杀。以所获高车众起鹿苑，南因台阴，北距长城，东包白登，属之西山，广轮数十里，凿渠引武川水注之苑中，疏为三沟，分流宫城内外。又穿鸿雁池。"

② 前田正名：《平城历史地理学研究》，风间书店，1979年，第114页。

③ 《魏书》卷二《太祖纪》天兴二年条："秋七月，起天华殿。辛酉，大阅于鹿苑，飨赐各有差。"

④ 《魏书》卷二《太祖纪》天兴四年（401）条："五月，起紫极殿、玄武楼、凉风观、石池、鹿苑台。"

⑤ 高允的《鹿苑赋》云："踵姬文而筑苑。包山泽以开制。植群物以充务。蠲四民之常税。"和西周文王的筑苑相比，可以说作为鹿苑皇室专用的耕种、生产，减轻了百姓的常税。但当然不仅仅是为了这刚目的。入股只是为了养鹿，那么这里应该叫作"鹿圈"才对。

⑥ 《魏书》卷二《太祖纪》天兴六年条："九月，行幸南平城，规度灅南，面夏屋山，背黄瓜堆，将建新邑。"

⑦ 《魏书》卷二《太祖纪》天赐三年："发八部五百里内男丁筑灅南宫，门阙高十余丈；引沟穿池，广苑囿；规立外城，方二十里，分置市里，经涂洞达。三十日罢。"

⑧ 《魏书》卷三《太宗明元帝纪》永兴五年（413）条："癸丑，穿鱼池于北苑。"泰常元年（416）条："十一月甲戌，车驾还宫，筑蓬台于北苑。"

⑨ 《魏书》卷三《太宗明元帝纪》："冬十月戊辰，筑宫于西苑。"

⑩ 《魏书》卷三《太宗明元帝纪》："秋九月，……乙巳，幸灅南宫，遂如广宁。已酉，诏泰平王率百国以法驾田于东苑，车乘服物皆以乘舆之副。辛亥，筑平城外郭，周回三十二里。"

⑪ "鹿苑"这一名称存在于高允、高闾活动的献文帝时期。但是，高允的《鹿苑赋》很有可能是高闾的《鹿苑颂》。《魏书》卷五四《高闾传》："高允以闾文章富逸，举以自代，遂为显祖所知，数见引接，参论政治。命造《鹿苑颂》《北伐碑》，显祖善之。"

⑫ 《魏书》卷三《太宗明元帝纪》："乙亥，制六部民，羊满百口输戎马一匹。发京师六千人筑苑，起自旧苑，东包白登，周回三十余里。"

"广轮数十里"的旧鹿苑进行修补和整备[①]，该苑围地幅广阔，地形平坦，位于都城"北部"[②]。因此，平城时代起到禁苑作用的很有可能就是鹿苑。

当然，北魏不仅皇室，统治者集团也建造了许多牧场或苑囿，供其专用。各地还设立了用于饲养动物的马苑[③]、野鹿苑[④]等各种名称的苑。北魏平城时代由于到处都是广阔的苑囿，因此出现了耕地不足的现象。[⑤]由此可见，对于游牧民出身而言，苑具有极其特殊的意义。

迁都洛阳后修建的苑规模也非常庞大[⑥]，然而重要的是首都洛阳的苑。《洛阳伽蓝记》城北条对此的记述与其他方面相比非常简单。这是因为没有命名为禁苑，可能与其实际作用有关。从宫城北方到邙山，几乎没有人烟。内城北壁有两门（南壁有四门），东有广莫门，西有大夏门，只有广莫门御道东侧和大夏门御道西侧有寺和里，然而那里也不是很好的居住的地方。[⑦]两个御道之间有以前晋代的宣武场也就是当时的光风园，那里长有苜蓿，还有"岁终农隙，甲士习战，千乘万骑，常在于此"的宽阔的阅武场。[⑧]光风园虽然被称为园，实际上却更接近于牧地，与庭院式园林相去甚远。这里曾是皇帝观看羽林和虎贲等禁卫军竞演的楼观所在场所，从这点来看，可以将其视为附属于宫室的后苑空间。[⑨]《洛阳伽蓝记》序文中说"广莫门以西，至于大夏门，宫观相连，被诸城上也"，这说明像唐代三苑一样，开始在上面建起了宫观。北魏洛阳城宫殿偏向内城北侧，通过郭城与郭外空地相连。也有人认为，这种后苑景观与以往北魏平城的形式没有太大的变化。[⑩]

---

① 前田正名：《平城历史地理学研究》，风间书店，1979年，第121页。
② 前田正名：《平城历史地理学研究》，风间书店，1979年，第119页。
③ 《魏书》卷四《世祖太武帝纪》："冬十有一月己酉，行幸椒杨，驱野马于云中，置野马苑。"
④ 《魏书》卷六《显祖献文帝纪》："十有二月甲辰，幸鹿野苑、石窟寺。"
⑤ 《魏书》卷七《高祖孝文帝纪》："十有二月庚戌，诏关外苑囿听民樵采。"《魏书》卷二八《古弼传》："上谷民上书，言苑囿过度，民无田业，乞减太半，以赐贫人。弼览见之，入欲陈奏……"
⑥ 《魏书》卷八《世宗宣武帝纪》："十有二月丙子，以苑牧公田分赐代迁之户。""二月……以苑牧之地赐代迁民无田者。癸卯，定奴良之制，以景明为断。"
⑦ 根据《洛阳伽蓝记》卷五城北条记载，那里有禅虚寺和凝圆寺，永平里和闻义里是基本没有人烟的地方。
⑧ 《洛阳伽蓝记》卷五记载城北禅虚寺在大夏门御道西："寺前有阅武场，岁终农隙，甲士习战，千乘万骑，常在于此。有羽林马僧相善抵角戏，掷戟与百尺树齐等，虎贲张车渠掷刀出楼一丈。帝亦观戏在楼，恒令二人对为角戏。中朝时，宣武场在大夏门东北，今为光风园，苜蓿生焉。"
⑨ 宫崎市定：《六朝时代华北的都市》，《东洋史研究》20–2，1961年，第70页。
⑩ 宫崎市定：《六朝时代华北的都市》，《东洋史研究》20–2，1961年，第70页。

接下来探讨唐长安城三苑的规模和结构。唐代三苑是太极宫北侧西内苑[1]，大明宫东侧东内苑[2]，以及将其围绕在内、面积广阔的禁苑三个苑囿的总称[3]。其规模北临渭水，东距浐川，西尽故都城（汉长安城址）[4]，极为广阔，东西二十七里，南北三十里有余，周回一百二十里。[5]三苑中，禁苑最大，关于其规模，东西长二十七里这一点并无差异，南北宽幅二十三里、三十里、三十三里等，根据不同史料而有所差异。[6]然而所有史料中周长都一致，按此计算的话，南北应该约为三十里。所以禁苑的规模略小于外郭城的一倍。而周长一百二十里，与西汉上林苑的三百里相比，略超过其三分之一。

唐长安城三苑中，负责禁苑的官职有苑总监、苑四面监（长乐监、旧宅监、东监、西监）等[7]，官厅为廨，位于禁苑之内，负责掌管苑内诸事[8]。此外，这些官职

---

[1] 西内苑位于西内（宫城）之北，被称为"北苑"。其规模南北一里，东西和宫城的长度一样。《唐两京城坊考》卷一《三苑》载："西京大内凡苑三，皆在都城北。西内苑在西内之北，亦曰北苑，南北一里，东西与宫城齐。"参见〔清〕徐松撰，李健超增订：《增订唐两京城坊考》，三秦出版社，1996年，第39页。

[2] 东内苑位于东内（大明宫）东南隅。其规模南北二里（1058米），东西占一坊的幅宽。《唐两京城坊考》卷一《三苑》载："东内苑在东内之东南隅，南北二里，东西尽一坊之地。"房间大小不一，具体数字不详。参见〔清〕徐松撰，李健超增订：《增订唐两京城坊考》，三秦出版社，1996年，第40页。

[3] 《雍录》卷九《唐三苑图》："唐大内有三苑，西内苑也，东内苑也，禁苑也。三者皆在两宫之北，而有分别。西内苑谨并西内太极宫之北，而东内苑则包大明宫东北两面也。两内苑北门之外，始为禁苑之南门也。禁苑也者，隋大兴苑也。"参见〔宋〕程大昌：《雍录》，黄永年校注，中华书局，2002年，第195页。

[4] "禁苑在大内宫城之北，北临渭水，东距浐川，西尽故城。"参见〔清〕顾炎武：《历代宅京记》卷六《关中》，中华书局，1984年，第111页。

[5] 《唐两京城坊考》卷一《三苑》："禁苑者……东西二十七里，南北二十三里。"

[6] 各种史料中记载的禁苑的南北长度各有稍许差异。《长安志》卷六《禁苑》中记载的南北长度为三十三里，"禁苑在宫城之北。隋曰大兴苑。开皇元年置。东西二十七里，南北三十三里。东接灞水，西接长安故城，南连京城，北枕渭水。苑西即太仓，北距中渭桥，与长安故城相接。东西十二里，南北十三里，亦隶苑中"。《雍录》中是三十二里，"其西则汉之长安四城皆在包并之内，苑东距灞而北抵渭，广轮所及，自周一百二十里，而东西二十七里，南北三十二里"。《旧唐书》卷三八记载为三十里，"禁苑在皇城之北，苑东西二十七里，南北三十三里，东至浐水，西连故长安城，南连京城，北枕渭水"。《唐两京城坊考》中是二十三里，"禁苑……东距浐。北枕渭，西包汉长安城，南接都城。东西二十七里，南北二十三里，周一百二十里"。《大唐六典》中只记载了三苑的周长，"北临渭水，东距浐川，西尽故都城。其周一百二十里"。

[7] 《大唐六典》，中华书局，1992年，第530页。

[8] 《唐两京城坊考》卷一《三苑》："又置苑总监领之。（监有廨，在苑中。《通鉴》言明皇率兵诛韦后，会于钟绍京廨是也……）"

的官品和俸禄在制度上也有规定。①

三、苑的功能变化

（一）上林苑型苑的功能

在考察唐长安三苑的主要功能之前，应该先探究西汉、东汉等王朝上林苑的功能。从字面上看，西汉上林苑并非皇帝的专用禁苑。这一点从汉高祖二年让百姓在秦的苑囿园池中耕种，以及十二年萧何为百姓请求在上林苑空地上获得耕地的记录②中可以看出。随着负责上林苑官属（令、丞、啬夫）定员③的出现，上林苑开始在一定程度上整改为皇帝专用的禁苑。④此外，吾丘寿王等人推进的上林苑扩建措施是为了把分散开的狩猎等皇帝的游乐用地集中到一个地方。⑤在讨论过程中，东方朔指出会引发抢占百姓田地的问题，但未被采纳。⑥

上林苑的功能随着时代的变迁而变化，其功能非常多样。首先从《三辅黄图》的介绍来看：一是饲养百兽供皇帝射猎或观赏的地方；二是种植群臣从远方带来的名果异卉供观赏的地方。⑦皇帝在上林苑狩猎的记述不仅出现于西汉，在东汉的史料

---

① 《旧唐书》卷四四《职官志》、《新唐书》卷四八《百官》。
② 《汉书》卷三九《萧何传》："何为请曰：'长安地狭，上林中多空地，弃，愿令民得入田，毋收稿为兽食。'"
③ 《汉书》卷一九《百官公卿表》："水衡都尉，武帝元鼎二年初置，掌上林苑，有五丞。属官有上林、均输……上林有八丞十二尉……"
④ 《雍录》卷九《苑囿·上林疆境》："百官表置令、丞、啬夫以为定员，则上林常为禁苑，未尝与民也。"参见〔宋〕程大昌：《雍录》，黄永年校注，中华书局，2002年，第188页。
⑤ 《汉书》卷六五《东方朔传》："初，建元三年，微行始出，北至池阳，西至黄山，南猎长杨，东游宜春。微行常用饮酎已。八九月中，与侍中常侍武骑及待诏陇西北地良家子能骑射者期诸殿门，故有'期门'之号自此始。微行以夜漏下十刻乃出，常称平阳侯。旦明，入山下驰射鹿豕狐兔，手格熊罴，驰骛禾稼稻秔之地。民皆号呼骂詈，……于是上以为道远劳苦，又为百姓所患，乃使太中大夫吾丘寿王与待诏能用算者二人，举籍阿城以南，盩厔以东，宜春以西，提封顷亩，及其贾直，欲除以为上林苑，属之南山。又诏中尉、左右内史表属县草田，欲以偿鄠杜之民。"
⑥ 《汉书》卷六五《东方朔传》："臣……奢侈越制，天为之变，上林虽小，臣尚以为大也……。故务苑囿之大，不恤农时，非所以彊国富人也……然遂起上林苑，如寿王所奏云。"
⑦ 《三辅黄图》卷四《苑囿》："汉上林苑……《汉旧仪》云：'上林苑方三百里，苑中养百兽，天子秋冬射猎取之。'帝初修上林苑，群臣远方，各献名果异卉三千余种植其中，亦有制为美名，以标奇异。"参见何清谷：《三辅黄图校注》，三秦出版社，1995年，第216页。

中也经常出现。①上林苑中很多建筑的名字都是以这些动物的名字命名，如白露观、走马观、虎圈观、射熊观、鱼鸟观、犬台、麀圈等，从这一点可以看出上林苑和禽兽之间的密切关系。实际上，进入汉朝后，苑和囿被用作同样的意义，由此可以看出这一点。②显然，不管什么时代，狩猎活动都是皇家禁苑的本质功能。这里还设有专门管理和记录禽兽的令和尉等专门职位。③

汉武帝时期，把官奴和贫民移居到苑中，让他们在皇帝的田地上耕作，并把其产出用作军费，这种形式的生产活动一直延续到元帝时期。④上林苑的另一个功能是在苑内的山泽上生产供天子私用的各种物品。上林苑由负责皇室财政的少府管辖⑤，从这点可以推断出它具有的经济意义。

如上所述，上林苑被用作皇帝的私人财产或空间，同时与都城经营有密切联系。笔者认为，唐代三苑主要与宫城密切关联，与此相比，上林苑与都城的关系反而比其与宫城更密切，这是二者间很大的不同之处。上林苑是都城的主要组成部分，同时是对都城的补充。⑥上林苑的昆明池是都城长安的水源供给，为京师和关东的漕运提供了必要条件。昆明池内饲养的鱼类主要用于祭祀，余下的则供长安人民

---

① 《玉海》卷一四四："明帝永平十五年冬，车骑校猎上林苑。安帝延光二年十一月甲辰，校猎上林苑。顺帝永和四年十月戊午，校猎上林苑，历函谷关而还。桓帝永兴二年十一月甲辰，校猎上林苑，遂至函谷关而还。赐所过道旁年九十以上钱各有差。延熹元年十月，校猎广成，遂幸上林苑。六年十月丙辰，校猎广成，遂幸函谷关、上林苑。灵帝光和五年十月，校猎上林苑，历函谷关，遂巡狩于广成苑。"

② 《吕氏春秋·慎小》注中说苑是饲养禽兽的地方，古时将其称作囿，汉时称作苑。西汉刘安《淮南子》高诱的注中说大的是苑，小的是囿。《康熙字典》中解释道"古谓之囿，汉谓之苑"。何清谷说"囿，西周曰囿，秦汉城苑，今称园林"。参见何清谷：《三辅黄图校注》，三秦出版社，1995年，第215页。

③ 《三辅黄图》卷四《苑囿·汉上林苑》："又《旧仪曰》：'上林有令有尉，禽兽簿记其名数。'"

④ 《玉海》卷一七一："武帝时上林苑官奴婢及天下贫民，赀不满五十万，徙置苑中养鹿。"《雍录》卷九《苑囿·上林疆境》："《汉旧仪》曰：'武帝使上林苑中官奴婢，及天下民贫赀不满五万，徙置苑中，人日五钱，后得七十亿万钱，以给军击西域。'则虽许业苑，仍使输钱也。详其意制，则犹今之佃作也。至元帝时乃始捐下苑以予贫民。杨雄传谓割其三垂者，始是举以予民也。"

⑤ 《汉书》卷一九《百官公卿》："少府，……掌山海池泽之税，以给共养（应劭曰：'名曰禁钱，以给私养，自别为藏……'师古曰：'大司农供军国之用，少府以养天子也。'）……又上林中十池监（师古曰：'三辅黄图云上林中池上籞五所，而此云十池监，未详其数。'）"

⑥ 放眼上林苑的这种性质，可以发现，汉代上林苑不仅是游乐和狩猎的禁苑，在都城的安全、用水、航运等方面也发挥了重要作用。参见刘庆柱、李毓芳：《汉长安城》，文物出版社，2003年，第201页。

食用，把这些鱼类投放到市场的话，长安市场鱼类的价格就会下降。[1]上林苑内设有多种官署。由于上林苑范围宽广，苑内还设有重要的铸币官署。"上林三官"的存在很好地说明了这一点。[2]该职位是元鼎四年（前113）汉武帝改革铸币制度时设立的。该制度禁止地方铸造货币，统一铸币权由中央掌握。

接下来是笔者最感兴趣并想探讨的军事功能。这一点与禁（近卫）军的驻屯位置和作战密切相关。西汉时期在首都长安设有南军和北军。西汉武帝之前，为了长安的警备、宿卫、卫仗，设有郎中令、卫尉、中尉三官，其中卫尉是主要负责宫城（未央宫）城门及宫内警备的军队，也就是皇帝的近卫军，设有一到两万名卫士，该军队就是南军。北军则指的是中尉的军队。卫尉的官厅位于长安城西南的未央宫，卫士的主力也"分屯"在宫城内各处，而中尉的军队则在长安城内北部设有一个营垒，并"集屯"于此处，故因此得名。[3]

武帝初期新设屯骑、步兵、越骑、长水、胡骑、射声、虎贲等七校尉[4]（加上原有的中垒校尉[5]为八校尉），这是汉代兵制上最大的变化之一，原来长安及其附近地区的军队只有南、北两军，后又另外新设了七校尉。关于这七校尉的所属问题（北军还是南军）虽然存在一些意见分歧，但有主张称[6]，直到西汉末期，北军一如既往只指中尉的军队。

无论其所属如何，因七校尉中的步兵、长水、胡骑等负责特定苑囿或离宫的

---

[1] "《三辅故事》曰：'武帝作昆明池，学水战法。帝崩，昭帝小，不能征讨，于池中养鱼，以给诸陵祠，余给长安市，市鱼乃贱。'"参见〔唐〕欧阳询：《艺文类聚》卷九六，上海古籍出版社，1965年，第1671—1672页。

[2] 《玉海》卷一八〇《汉水衡钱》："（表）水衡都尉掌上林苑，属官有上林钟官，注钟官，主铸钱官。（志）上林三官铸钱。杨可告缗钱，上林财物众，乃令水衡主上林。"

[3] 滨口重国：《前汉の南北军に就いて》，见《秦汉隋唐史研究》（上卷），东京大学出版会，1966年，第252—253页。

[4] 《汉书》卷一九《百官公卿表》中有屯骑、步兵、越骑、长水、胡骑、射声、虎贲校尉等七种。七校尉全都隶属北军，虽然之前已经论述过，但这是从东汉制度类推的结果，实际上，西汉七校尉散处在长安城内外，其职掌页不同。东汉五校尉全都在首都洛阳城内驻扎营舍，平日全都负责天子的宿卫仪仗。随着时代的变迁和首都的迁移，发生了相当大的变化。参见滨口重国：《前汉の南北军に就いて》，见《秦汉隋唐史研究》（上卷），东京大学出版会，1966年，第257页。

[5] 中垒校尉负责巡视北军即中尉军的营垒，检查违法行为。《汉书》卷一九《百官公卿表》记载说"中垒校尉掌北军垒门内，外掌西域"，颜师古把"西域"注为"四城"，"四部丛刊"本中为"四城门"，滨口重国认为后者是正确的。

[6] 滨口重国：《前汉の南北军に就いて》，见《秦汉隋唐史研究》（上卷），东京大学出版会，1966年，第258—259页。

警备，所以其营舍分散在长安城内外。①八校尉中只有步兵校尉"掌上林苑门屯兵"②，负责护卫位于长安城西南宽广的上林苑的苑门③，其营舍分屯于上林苑内④。因此，在西汉的军制上，禁卫军南军的主要驻地是在未央宫内，而非上林苑。但步兵校尉等因是检查皇帝出入禁苑情况的军队，所以其驻地当然是在上林苑。而唐代的禁卫军本营在三苑内⑤，这一点是差异较大的部分。

到了东汉，首都洛阳设有屯骑、越骑、步兵、长水、射声等五校尉（五营），统称为"北军"。卫尉的职责是守卫宫城诸门，在宫城内巡逻，以及车驾经过时充当仪仗队，这点与西汉没有太大差别。而卫士的数量比西汉大幅减少，这是因为宫城内的巡逻和宫城门的警戒由卫士负责⑥，虎贲、羽林、羽林左右骑等五校尉的士兵参与宫城的警备（宫城外郭的防卫），而洛阳城内的警备则由执金吾负责。这种变化意味着宫城警备的进一步复杂化⑦，但禁军绝不是驻屯在上林苑。

六朝的苑囿也与军事相去甚远。⑧尤其是刘宋孝武帝大明三年（459）在玄武湖

---

① 滨口重国认为，长水校尉统帅宜曲胡骑（营舍在位于长安城西南方的昆明池西侧的宜曲宫所在的宜曲）和长水胡骑（营舍在距宜曲胡骑不远之处），"掌池阳胡骑，不常置"的胡骑校尉是驻扎在左冯翊池阳县池阳宫的部队，"掌侍诏射声士"的射声校尉的营舍在宫城或长安城内，关于屯骑、越骑、虎贲的营舍虽无明确记载，但推测其营舍可能在长安城内。参见滨口重国：《前漢の南北軍に就いて》，见《秦汉隋唐史研究》（上卷），东京大学出版会，1966年，第255—256页。

② 《汉书》卷一九《百官公卿表》："城门校尉掌京师城门屯兵，有司马、十二城门候。中垒校尉掌北军垒门内，外掌西域。屯骑校尉掌骑士。步兵校尉掌上林苑门屯兵。越骑校尉掌越骑。长水校尉掌长水宣曲胡骑。又有胡骑校尉，掌池阳胡骑，不常置。射声校尉掌待诏射声士。虎贲校尉掌轻车。凡八校尉，皆武帝初置，有丞、司马。自司隶至虎贲校尉，秩皆二千石。"

③ 《玉海》卷一七一："上林苑门十二，中有苑三十六、宫十二、观二十五"。

④ 滨口重国：《前漢の南北軍に就いて》，见《秦汉隋唐史研究》（上卷），东京大学出版会，1966年，第255页。

⑤ 《长安志》卷六《宫室》："去宫城十二里，在左、右神策军后。"

⑥ 东汉随西汉设有城门校尉，负责帝都城门的警卫。当时，洛阳有十余座城门，几乎全都归城门校尉管辖。但唯独南面的平城门被视为宫城门，又卫尉的卫士负责警卫。

⑦ 滨口重国：《前漢の南北軍に就いて》，见《秦汉隋唐史研究》（上卷），东京大学出版会，1966年，第279—285页。

⑧ 然而乐游苑因诗中说"宫城北三里，晋时乐园也"（范晔《乐游应诏诗》一首注引），所以又被称作北苑。还有东晋时期，卢循、徐道覆造反逼近洛阳时，刘裕在这里修筑了乐园垒抵挡了叛军。东晋安帝时期，在这里疏浚西池，筑起了筑台用作"蓄养武士"。安帝时期桓玄造反，安帝在为即将征伐桓玄的司马元显践行等记载。由此可知，从一开始修建苑囿就不只是出于军事目的，其位置大致位于覆舟山（今小九华山）及其以南一带，与宫城没有直接相连。

以北建了上林苑。据记载，苑内有很多百姓的坟墓[1]，因此很容易看出它与军事并没有关联。

（二）"城苑"结构下苑的功能

北魏"序纪"时代昭成帝初期，拓跋族讨论过筑城问题，最终因当时的实权人物平文皇后王氏的反对未能成事，然而平文皇后反对筑城的见解却带来了很多启示。

> 国自上世，迁徙为业。今事难之后，基业未固。若城郭而居，一旦寇来，难卒迁动。[2]

从上述引文中可以看出，北魏初期的建国统治者们一直维持着游牧民族的迁徙特性。因此，当发生对他们不利的事情时，他们能随时转移到其他安全的地方来避免危机，这是他们的特长，也是他们的特性。一旦遇到危机，城郭就会成为妨碍他们移动的障碍物。而上述引文明确地表达了这种顾虑。然而，当作为当时中原的征服者建立了北魏王朝之后，他们不得不安定下来，也不得不采用中原式的城郭制度。因此，他们在建造城郭的同时，制定了周密、有效的对策。如前所述，北魏于太祖天赐三年六月正式筑城、筑苑。[3]实际上，五胡、北朝的许多王朝都是征服王朝的一种，都城的居民对征服者并非都持友好态度，还有从旧敌国迁徙来的人混居在都城南部的坊里。所以征服者无法信任他们，这种特殊情况就导致了新城郭形态的出现。五胡十六国的城郭特征延续到了北朝隋唐时代，这种特征表现为两点。

第一，其规模远大于实际所需面积。有的学者把这种情况称为"（大城）筑城运动"[4]。统治者为了把被征服者安置在业已建成的都城坊里，所以提前先建造了大城。

---

[1] 《宋书》卷六《孝武帝纪》："壬辰，于玄武湖北立上林苑。""丁卯，诏上林苑内，民庶丘墓欲还合葬者，勿禁。"

[2] 《魏书》卷一三《平文皇后传》这是东晋成帝成康五年（339）的事。《魏书》卷一《序纪》昭成皇帝二年夏五月条："朝诸大人于参合陂，议欲定都灅源川，连日不决，乃从太后计而止。语在皇后传。"但修建城郭似乎是在那之后的事。《魏书》卷一《序纪》昭成皇帝四年秋九月条："筑盛乐城于故城南八里。"然而，修建中原式的宫室和宗庙、社稷是昭成（皇）帝之后过了六十年的太祖道武帝天兴元年秋七月的事。《魏书》卷二《太祖纪》："迁都平城，始营宫室，建宗庙，立社稷。"

[3] 《魏书》卷二《太祖纪》天赐三年条："发八部五百里内男丁筑灅南宫，门阙高十余丈；引沟穿池，广苑囿；规立外城，方二十里，分置市里，经涂洞达。三十日罢。"

[4] 刘淑芬认为魏晋南北朝筑城运动的总集合就是北魏洛阳、隋唐长安和洛阳的兴建，这三座都城的两大共同特征是：①计划城坊制；②超大尺度的规划。参见刘淑芬：《魏晋南北朝的筑城运动》，见《六朝的城市与社会》，学生书局，1992年，第354页。

第二，宫城突出型城郭结构的出现。虽然有人提出五胡时代华北城市的特点是城郭二重式[①]，但事实上（小）城的突出才是其特点。众所周知，北魏洛阳城或隋唐长安城的都城结构宫城没有突出，宫城被推至后方，而且宫城后面没有市场或坊里，这一点与五胡十六国没有太大差异。这种都城结构可以确保最高统治者皇帝（人主）处于危机情况时，不用经过宫城南面的坊里，就可以轻易迁徙。而为了迁徙顺利，负责保卫皇帝且具有快速反应能力的禁军就必须贴近宫城（不是坊里方向，而是后方），以便随时待命。这就是后苑。

当然，为了统治效率，居住在宫城的皇帝有必要与都城的居民密切接触，但也不能被他们包围。因此，宫城朝南面向坊里，在北方留出空地是最稳定的格局。[②]

该空地以牧地的形式存在，这就是苑。笔者关注的是苑保卫人主（皇帝）的功能。苑的这种保卫功能的实例在"正平事变"后混乱的政局中得以体现。北魏太武帝死后，南安王余在东庙即位时被宦官宗爱弑杀，在一这紧急情况下，当时有力的继位者皇孙高宗（文成帝）就藏身于苑中。[③]这时，南部尚书陆丽施展谋略，让殿中尚书长孙渴侯重兵守卫，而陆丽和殿中尚书源贺、刘尼等人则跑到苑中，把在那里的高宗请来即位。[④]在此过程中，"时高宗避难，龙潜苑中"的记述使人想起唐代长安城的玄武门之变。

[①] 宫崎市定：《六朝时代华北的都市》，《东洋史研究》20-2，1961年，第67页。
[②] 宫崎市定：《六朝时代华北的都市》，《东洋史研究》20-2，1961年，第69页。
[③] 《魏书》卷四一《源贺传附子怀传》："昔世祖昇遐，南安在位，出拜东庙，为贼臣宗爱所弑。时高宗避难，龙潜苑中，宗爱异图，神位未定。臣亡父先臣贺与长孙渴侯、陆丽等表迎高宗，纂徽宝命……"《北史》卷二八《源怀传》："除车骑大将军、凉州大中正。怀又表曰：'昔世祖升遐，南安在位，出拜东庙，为贼臣宗爱所贼。时高宗避难，龙潜苑中，宗爱异图，神位未立。先臣贺与长孙渴侯、陆丽等奉迎高宗，纂徽宝命。……'"
[④] 《魏书》卷四〇《陆俟附陆丽传》："太武崩，南安王余立，既而为中常侍宗爱等所杀。百僚忧惶，莫知所立。丽以高宗世嫡之重，民望所系，乃首建大义，与殿中尚书长孙渴侯、尚书源贺、羽林郎刘尼奉迎高宗于苑中，立之。社稷获安，丽之谋矣。"《魏书》卷四一《源贺传》："南安王余为宗爱所杀也，贺部勒禁兵，静遏外内，与南部尚书陆丽决议定策，翼戴高宗。令丽与刘尼驰诣苑中，奉迎高宗，贺守禁中为之内应。俄而丽抱高宗单骑而至，贺乃开门。高宗即位，社稷大安，贺有力焉。"《魏书》卷三〇《刘尼传》："是贺与尚书长孙渴侯严兵守卫，尼与丽迎高宗于苑中。丽抱高宗于马上，入京城。尼驰还东庙，大呼曰：'宗爱杀南安王，大逆不道。皇孙已登大位，有诏，宿卫之士皆可还宫。'众咸唱万岁。贺及渴侯登执宗爱、贾周等，勒兵而入，奉高宗于宫门外，入登永安殿。以尼为内行长，进爵建昌侯……"

可以说苑是都城结构的一部分①，是北魏平城的人主为了庇卫其身而修建的。②不仅如此，苑也是对外出征的基地。那么，北魏禁军到底驻屯在哪里呢？为了弄清这一点，首先来研究下北魏的禁军制度。北魏的兵分为中兵、镇戍并、州郡并等，其中中兵（或中军）是对外作战的主力。首都宫廷的宿卫军（禁军）是中军的一部分。虽然关于北魏禁军的记载并不多，但根据零星的史料，总结起来大致如下。

在孝文帝太和改制以前，禁军分为殿内之兵和三郎卫士。③孝文帝迁都洛阳后，为了扩充都城经营和近卫军，断然实行了把"代迁之士（户）"选为羽林、虎贲，增强④宿卫的改革。⑤由代迁之户组成的羽林和虎贲根据能力的不同也有差别⑥，但他们无疑是受到极大优待的军队，被称为"六坊之众"⑦。太和前品令中，除了鲜卑之外，还有"高车羽林"和"高车虎贲"，从这一点⑧可以知道他们当初主要由骑兵构成。众所周知，北魏初期的兵力以骑兵为主，但随着对外政策的方向逐渐转为"南进"，从不擅长"攻城略地"的骑兵为主转向了"步骑并用"。⑨但是，由于孝文帝崇文鄙武的政策，武人被排斥在清途之外，从而引起这些人的不满并引发了骚乱。⑩

---

① 《魏书》卷一〇五《天象志》："明年六月，发八部人，自五百里内缮修都城，魏于是始有邑居之制度。或曰，北宫后庭，人主所以庇卫其身也。"

② 隋大兴城在设计上宫城位置偏北，是为了拱卫皇宫的安全。参见阎崇年：《中国历代都城宫苑》，紫禁城出版社，1987年，第64页。

③ 《魏书》卷一一三《官氏志》："是年置都统长，又置幢将及外朝大人官。其都统长领殿内之兵，直王宫；幢将员六人，主三郎卫士直宿禁中者自侍中已下中散已上皆统之，外朝大人无常员，主受诏命外使，出入禁中。"

④ 陈传良《历代兵制》卷五《北朝》："定都中洛，增减宿卫（十九年，选武勇之士十五万为羽林、虎贲，以充宿卫）。"此处虽写的"增减"，实际上可以理解为大量增加宿卫人员，自此北魏中军的数量达到了三四十万。参见王晓卫、刘昭详：《历代兵制浅说》，解放军出版社，1986年，第141—142页。

⑤ 《魏书》卷七《高祖纪》太和十九年（495）八月乙巳条："诏选天下武勇之士十五万人为羽林、虎贲，以充宿卫。"太和二十年（496）冬十月戊戌条："以代迁之士皆为羽林、虎贲。"

⑥ 《魏书》卷二一《献文六王列传》："世宗行考陟之法，雍表曰：……武人本挽上格者为羽林，次格者为虎贲，下格者为直从。"

⑦ 《隋书》卷二四《食货志》："是时六坊之众……"

⑧ 《魏书》卷一一三《官氏志》从四品之上有"高车羽林郎将"，从五品下有"高车虎贲司马"和"高车虎贲将"的职阶。

⑨ 何兹全：《府兵制前的北朝兵制》，见《读史集》，人民出版社，1982年，第319—322页。

⑩ 《魏书》卷六四《张彝传》："神龟二年二月，羽林虎贲几将千人，相率至尚书省诟骂，……"

北魏末期，六坊之众的一部分跟随孝武帝西迁①，所以可见直到北魏末期禁军仍然以他们为主力；而其余的六坊之众则归属东魏、北齐，他们经过严格的挑选，成为"百保鲜卑"②。总而言之，以羽林、虎贲为主力的禁军的规模和地位虽然不断起伏，但北魏时期的禁军仍是三郎卫士和羽林、虎贲。

羽林、虎贲人员众多，并且广泛驻扎在重要的地方。③他们的总统领为领军将军，领军将军设有将军府，率领府僚统管羽林、虎贲。该军分为左卫和右卫，各设有左卫府（长官：左卫将军两名，次官：武卫将军两名以及许多官属）和右卫府（右卫将军，武卫将军等与前一致）。近卫军的主体羽林和虎贲都归左、右卫所属。④羽林、虎贲的任务第一是番上左、右卫，负责天子的卫尉、仪仗和镇守都城；第二是天子亲征时随其出征；第三是戍守边疆。此外，自宣武帝末期以来，还有都城内警察、捕盗的任务。⑤因此，北朝时期的禁军与唐朝不同，并不专门负责皇帝的保卫工作。这是因为游牧民族的君主尚未从对外亲征的日常化性质中摆脱出来。⑥

拥有巨大兵力且肩负如此重大任务的羽林、虎贲的最高长官领军将军在北魏末期，尤其是宣武帝之后，成了左右中央权力的最高权力机构，比如宣武帝时期的于忠，孝明帝、灵太后时期的元叉，尤其是于忠因"又总禁卫，遂秉朝政，权倾一时"⑦而有名。

关于其驻地，有两种史料可作为依据。一是把羽林、虎贲称为"六坊之众"这一

---

① 《隋书》卷二四《食货志》："是时六坊之众，从武帝而西者，不能万人，余皆北徙。"《资治通鉴》卷一五六《梁纪》中大通六年（534）十一月条："六坊之众从孝武帝西行者不及万人，（胡注曰：魏盖以宿卫之士分为六坊。）余皆北徙……"

② 《隋书》卷二四《食货志》："及文宣受禅，多所创革。六坊之内徙者，更加简练，每一人必当百人，任其临阵必死，然后取之，谓之百保鲜卑。"《资治通鉴》卷一六四《梁纪》简文帝大宝元年（550）八月条："齐主简练六坊之人，（胡注曰：魏、齐之间，六军宿卫之士，分为六坊。）……然后取之，谓之'百保鲜卑'。（胡注曰：百保，言其勇可保一人当百人也。高氏以鲜卑创业，当时号为斗健斗，故卫士皆用鲜卑，犹今北人谓勇士为霸都鲁也。）"

③ 何兹全：《府兵制前的北朝兵制》，见《读史集》，人民出版社，1982年，第325—326页。

④ 滨口重国：《前漢の南北軍に就いて》，见《秦汉隋唐史研究》（上卷），东京大学出版会，1966年，第85—86页。

⑤ 《魏书》卷六八《甄琛传》："琛又奏以羽林为游军，于诸坊巷司察盗贼。于是京邑清静，至今踵焉。"

⑥ 朴汉济：《北魏王权和胡汉体制》，见《中国中世胡汉体制研究》，一潮阁，1988年。

⑦ 《魏书》卷三一《于忠传》。

点。有人推测,"六坊"是指洛阳附近所谓"六军坊"的特殊驻地。①第二点,孝文帝太和年间,北魏军队北征之前,高闾建议在苑内设征北大将军府,选拔"忠勇有志干者",其下设官属,分为三军,修建可以训练的战场。②虽然成事与否并不明确,但很明显,他们认为苑内作为对外作战主力军中军的习战场是非常合适的。

笔者在此想再次关注"正平事变"后,高宗登基过程中苑和羽林中郎刘尼的活动。如果说"时高宗避难,龙潜苑中",那么可以想象当时苑中驻扎着保卫皇室(皇孙)的禁军,羽林中郎刘尼进入苑中,从下属于他的禁军那里重新奉迎高宗的情形。

接下来探讨唐代三苑。《雍录》中说"凡此三苑也者,地广而居要,故唐世平定内外祸难,多于苑中用兵也"③,概括其中三苑的用途,既是"庇卫人主"的设施,也是主导亲征④、对外远征的游牧皇帝出征的出发点。换句话说,从北朝以来到唐代的后苑并不是供皇帝审美、赏玩,也不是为了筹集皇室私人财政而进行物品生产的中国传统园林、苑囿的样子,而是决定王朝命运的用兵处,也是禁卫军即北军的集结地。陈寅恪曾认为,称霸全国的关键在于关中⑤,而唐代政治革命的成败取决于由谁掌握与三苑直接相连的长安北门玄武门⑥。

该实例在《雍录》卷九《唐三苑图》中列举如下:

> 太宗武德六月四日之变,建成、元吉皆死苑中,而高祖泛舟海池,未

---

① 毛汉光认为羽林、虎贲由代迁之士组成,北魏后期作为鲜卑宿卫兵分住在洛阳附近的"六军坊"。参见毛汉光:《北魏东魏北齐之核心集团与核心区》,见《中国中古政治史论》,联经出版事业公司,1990年,第91页。
② 《魏书》卷五四《高闾传》:"宜发近州武勇四万人及京师二万人,合六万人为武士,于苑内立征北大将军府,选忠勇有志干者以充其选。下置官属,分为三军,二万人专习弓射,二万人专习戈盾,二万人专习骑矟。修立战场,十日一习,采诸葛亮八阵之法,为平地御寇之方,使其解兵革之宜,识旌旗之节,器械精坚,必堪御寇。使将有定兵,兵有常主,上下相信,昼夜如一。七月发六部兵六万人,各备戎作之具,敕台北诸屯仓库,随近作米,俱送北镇……"
③ 《雍录》卷九《唐三苑图》:"禁苑也者,隋大兴苑也,……苑东距灞而北抵渭,广轮所及,自周一百二十里,而东西二十七里,南北三十二里,……凡此三苑也者,地广而居要,故唐世平定内外祸难,多于苑中用兵也。(吕图、两京记)。"《玉海》卷一七一《唐禁苑》:"《长安志》:禁苑在宫城之北(……唐大内有三苑,西内苑、东内苑、禁苑、三苑之广,故唐世多于苑中用兵。)"
④ 《雍录》卷九《唐三苑图》:"太宗出征突厥,高祖饯之兰池宫。"
⑤ "凡操持关中主权之政府即可以宰制全国。"参见陈寅恪:《唐代政治史述论稿》,上海古籍出版社,1982年,第51页。
⑥ "自高祖、太宗至中宗、玄宗,中央政治革命凡四次,俱以玄武门之得失及屯卫北门禁军之向背为成败之关键。"参见陈寅恪:《唐代政治史述论稿》,上海古籍出版社,1982年,第58—59页。

及知也〔海池却在太极宫内〕。中宗之诛二张,元宗之平韦氏,则皆自元武门资禁军为困〔困李本作用,是〕。而元宗幸蜀,则自苑西之延秋门以出。德宗幸奉天,则又出苑之北门也。李晟自东渭桥入禁苑之东,逐出朱泚,而入屯于苑经宿,市人远者有不及知,即此足以见苑之阔远也矣。①

上述引文中提出了三种情况。第一,宫中政变和三苑禁军的关联性;第二,重新收复沦陷于叛乱的京师时,利用三苑;第三,京师陷入动乱时,三苑是皇帝暂时的避难场所,并在那里重新寻找更安全的避难处。据说,玄宗出行四川就是从禁苑的西门延秋门通过的,德宗出行奉天也是从禁苑的北门通过的。②此处虽未提及,但可见这里是对外出征的起点。而太宗出征突厥也是在三苑始发的。③

这里先看一下唐代三苑和禁军的关系。唐代前期的禁卫军一般分为南衙禁卫军和北衙禁卫军④,从职责上可以分为"卫城之军"和"卫宫之军"⑤,南衙的驻地在宫城南侧,北衙的驻地就是宫城后面的三苑(禁苑)⑥。北衙禁军在整体兵力中占据的数量非常少,但其权利和地位却很高。除特殊情况外,北衙禁军一般不出征⑦,因为他们主要由骑兵构成,并不是攻城略地的野战军。唐高祖时期,在玄武门设有"北面屯营",由"元从禁军"充任,故而形成北衙禁军。太宗时期设有左、右屯营,统领"飞骑"。高宗龙朔二年(662)设立羽林军,形成了独立的军事组织。武后时期羽林军的百骑被改编为千骑,中宗时期千骑被改编为万骑,玄宗时期万骑又被改编为左、右龙武军。如此,左、右羽林军和左、右龙武军就构成了唐代前期的

---

① 除此之外,《雍录》卷五《汉唐用兵攻取守避要地图》中记载的苑内发生的事件有"唐高祖入关""中宗反正""元(玄)宗内难""明皇幸蜀""肃宗往返灵武""代宗幸陕还京""德宗幸奉天入出汉中""僖宗幸蜀"等,并附有详细说明。

② 《雍录》卷九《唐三苑图》:"而元宗幸蜀,则自苑西之延秋门以出。德宗幸奉天,则又出苑之北门也。"此外,暂时占领长安城的黄巢逃亡之时也是利用的三苑,"黄巢帅众东走,程宗楚先自延秋门入"。参见《资治通鉴》卷二五四《唐纪》僖宗中和元年(881)夏四月条。

③ 《雍录》卷九《唐三苑图》:"太宗出征突厥,高祖饯之兰池宫,宫之来已久,若非秦创,亦必汉造也。"

④ 《新唐书》卷五〇《兵志·禁军》:"夫所谓天子禁军者,南、北衙兵也。南衙,诸卫兵是也;北衙者,禁军也。"

⑤ "唐代之北军即卫宫之军,权力远在南军即卫城之军之上。"参见陈寅恪:《唐代政治史述论稿》,上海古籍出版社,1982年,第52页。

⑥ 《雍录》卷八《唐南北军》:"唐制,凡曰禁军者,总南、北衙言之也。南衙,即诸衙之屯于宫南者也。(案:诸衙当作诸卫。)北衙,即北军之在禁者也。……而北军左右两军皆在苑内,左军在内东苑之东,大明宫苑东也,右军在九仙门之西,九仙门在内西苑东北角。"

⑦ 黄修明:《唐代前期的北衙禁军》,中华书局,1960年。

"北门四军"①。

史料中详细说明禁军驻扎位置的时期是"大明宫时代"。大明宫东门中的南门太和门外部署着左三军,从西面开始,第一个是左羽林军,第二个是左龙武军,第三个是左神策军。此外,西边有两门,北边有九仙门②,右三军就部署在九仙门外。从东面开始,第一个是右羽林军,第二个是右龙武军,第三个是右神策军。这些左右三军就是所谓的北军,因在苑北,所以称为北司。③

高宗以后,大明宫取代了太极宫,成为皇帝处理政务的主要场所④,这周围的防御得到了进一步加强。此外,除了左右三军之外,飞龙使的军事作用也进一步扩大。⑤飞龙使的兵营飞龙厩(又叫飞龙院)是武则天时期设立的仗内六闲之一,位于大明宫北门玄武门外。⑥大明宫把禁苑内高坡(六坡)上的射殿的地方选为地基⑦,从这一点来看,除了其本身具有的战略要冲意义以外⑧,随着大明宫的修建,禁苑的用途乃至功能在很大程度上集中在了用兵和防御问题上。

左右三军和飞龙使的兵营位于禁苑,苑内布阵的军队和士兵的活动情况史料多有记载。例如,穆宗征用两千余名神策六军修浚了位于大明宫北侧,也就是禁苑东

---

① 孙继民:《唐代行军制度研究》,文津出版社,1995年,第16页。
② 《资治通鉴》卷二二二《唐纪》肃宗宝应元年条胡注曰:"阁本大明宫图,宫城西面右银台门之北有九仙门。"
③ 《唐两京城坊考》卷一《大明宫》:"东面二门:南为太和门,门外则左三军列焉,门之北从西第一左羽林军,第二左龙武军,第三左神策军。太和门北为左银台门。西面二门:南曰营门,北右银台门,门皆有仗舍。右银台门之北九仙门,门外则右三军列焉。(门之北从东第一右羽林军,第二右龙武军,第三右神策军。按左右三军即所谓北军也,以中官领之。以在苑北,又谓之北司。)"
④ 《唐会要》卷三〇:"贞观八年十月,营永安宫。至九年正月,改名大明宫,以备太上皇清暑。公卿百僚,争以私财助役。至龙朔二年,高宗染风痹,以宫内湫湿,乃修旧大明宫,改名蓬莱宫,北据高原,南望爽塏。"参见〔宋〕王溥:《唐会要》,上海古籍出版社,1991年,第644页。
⑤ 飞龙厩设立于武则天时期,玄宗以后随着政变频发,飞龙使成为左右三军以外的另一支禁军。
⑥ 《资治通鉴》卷二二二《唐纪》肃宗宝应元年条胡注曰:"飞龙厩,仗内六闲之一也。程大昌曰:在玄武门外";关于"仗内六闲",《新唐书》卷四七《百官志》殿中省条:"武后万岁通天元年,置仗内六闲:一曰飞龙,二曰祥麟,三曰凤苑,四曰鹓鸾,五曰吉良,六曰六群,亦号六厩。以殿中丞检校仗内闲厩,以中官为内飞龙使。"
⑦ 《雍录》卷三《六典大明宫图》:"大明宫地本太极宫之后苑,东北面射殿也,地在龙首山上。"
⑧ 从大明宫的选址条件来看,让人想起了它作为连接北魏洛阳金墉城、北齐邺城三台的战略要冲的宫殿的意义。参见朴汉济:《唐代长安의 空间构造와 蕃人生活》,见《东亚细亚历史의 还流》,知识产业社,2000年,第59页。

北侧的鱼藻池[1];敬宗到位于东内苑的凝碧池,让士兵们在里面捕鱼[2]。从这里可以看出,三苑内的士兵除了防御任务外,还被用作各种劳力调用。这表明,在皇帝周围,也就是宫城周围,这些军队和士兵作为随时待命的人力而存在。总之,唐代的禁军集中驻扎在三苑内,这点与汉代大不相同。

那么,接下来观察一下唐代三苑和政变等军事作战的实例。太宗以后,先后发生了三次玄武门之变,这是如实反映宫中政变和三苑关系的代表性事例。第一次事变是李世民为了夺位而杀了李建成和李元吉的事件。而李世民就是在三苑杀了李建成的亲信、玄武门指挥官常何。李世民能够取得这场政变胜利的主要原因在于他能把那里的最高军队和将领们掌握在手。[3]此事件中,杀害李建成和李元吉的地方就是三苑。其后,中宗和玄宗时期发生的两次政变也是利用玄武门禁军,即北军的力量。[4]尤其是第三次玄武门之变中,帮助李隆基平定韦氏的苑内人事中,有苑总监的参与,这一点非常有趣。据说,李隆基当时与苑总监钟绍京联系[5]、见面的地方设在苑内四监的廨舍[6],而羽林军将士们都驻屯在玄武门等待李隆基的命令。[7]从这些方面可以再次推测出宫城北门玄武门与向其北延伸的三苑,以及苑内驻军北军对唐代政治史产生了多大的影响。

在玄宗时期以后的各种政变中,飞龙禁军的作用得以凸显。玄宗天宝十一载(752)刑縡和龙武万骑一起杀了龙武将军后,试图带领士兵作乱,宦官高力士率领

---

[1] 《长安志》卷六《宫室》:"贞元十二年,诏浚鱼藻池,深一丈。至穆宗又发神策六军二千人浚之。"

[2] 《唐两京城坊考》卷一《三苑》:"曰凝碧桥(疑即凝碧池之桥。敬宗幸凝碧池,令军士取鱼长大者送新浚池。)"

[3] Victor Cunrui Xiong, *Sui-Tang Chang'an: a study in the urban history of medieval China*, University of New York, Albany, 2000, pp. 65-66.

[4] 《雍录》卷九《唐三苑图》:"中宗之诛二张,元宗之平韦氏,则皆自元武门资禁军为困。"

[5] 《新唐书》卷五:"庶人韦氏已弑中宗,矫诏称制。玄宗乃与太平公主子薛崇简、尚衣奉御王崇晔、公主府典签王师虔、朝邑尉刘幽求、苑总监钟绍京、长上折动麻嗣宗、押万骑果毅葛福顺李仙凫、道士冯处澄、僧普润定策讨乱。"

[6] 《资治通鉴》卷二〇九《唐纪》睿宗景云元年(710)六月条:"庚子,晡时,隆基微服与幽求等入苑中,会钟绍京廨舍。"《唐两京城坊考》卷一"三苑":"苑中四面有监:在东西者曰东监、西监,南面长乐监,北面旧宅监,又置苑总监领之。(监有廨,在苑中。通鉴言明皇率兵诛韦后,会于钟绍京廨是也。)"

[7] 《资治通鉴》卷二〇九《唐纪》睿宗景云元年六月条:"时羽林将士皆屯玄武门,逮夜,葛福顺、李仙凫皆至隆基所,请号而行。"

飞龙禁军镇压了动乱。①安史叛军到达长安城时,玄宗一方面挑选禁军来确保自己的安全,另一方面让飞龙兵马跟随太子,确保太子的安全。②也就是说,从玄宗时期开始,飞龙兵马作为一种特殊的应急军事手段,其地位得以确立③。

掌握三苑对于宫城防卫甚至京师的安危来说都至关重要。德宗时期,朱泚造反占领长安城时,将军李晟的做法充分说明了收复京师时,占取禁苑有多重要。④当时李晟让其麾下的步兵进驻禁苑东门光泰门外⑤,趁机让官军入苑,从而收复了京师⑥。也就是说,长安城的收复是因为李晟把朱泚一党赶出三苑,使他自己的军队能进入禁苑才得以实现。⑦

到目前为止,我们发现唐代三苑既可以是用兵的场所,也是各种政变的主要舞

---

① 《资治通鉴》卷二一六《唐纪》玄宗天宝十一载三四月条:"所善邢縡,与龙武万骑谋杀龙武将军,以其兵作乱,杀李林甫、陈希烈、杨国忠;前期二日,有告之者。夏,四月,……縡斗且走,至皇城西南隅。会高力士引飞龙禁军四百至,击斩縡,捕其党,皆擒之。"

② 《资治通鉴》卷二一八《唐纪》肃宗至德元年(756)六月条:"上曰:'天也!'乃分后军二千人及飞龙厩马从太子。(胡注曰:仗内六厩,飞龙厩为最上乘马。)"

③ 早先左右神策军曾是最有力的禁军势力,但中期以后各种政变频发,飞龙使的作用逐渐增大。参见赵雨乐:《唐代における飛龍廐と飛龍使——特に大明宫の防衛を中心として》,《史林》74-4,1991年。

④ 《旧唐书》卷一二七《张光晟传》:"署光晟伪节度使兼宰相。及泚众频败,遂择精兵五千配光晟,营于九曲,去东渭桥凡十余里。光晟潜使于李晟,有归顺之意。晟进兵入苑,光晟劝贼泚宜速西奔,光晟以数千人送泚出城,因率众回降于晟。"

⑤ 《资治通鉴》卷二三一《唐纪》德宗兴元元年(784)五月条:"晟陈兵于光泰门外,使李演及牙前兵马使王佖将骑兵,佖,蒲必翻。牙前将史万顷将步兵,直抵苑墙神麚村。按:新书李晟传,神麚村在苑北。麚,古牙翻。晟先使人夜开苑墙二百余步。"

⑥ 《资治通鉴》卷二〇〇《朱泚》:"五月,泚又使仇敬忠寇蓝田,尚可孤击之,大破泚众,擒敬忠斩之。李晟、骆元光、尚可孤遂悉师齐进,晟屯光泰门,逆徒拒官军,王师累捷。二十八日,官军入苑,收复京师,逆党大溃。"

⑦ 《资治通鉴》卷二三一唐德宗兴元元年五月条:"庚寅,李晟大陈兵,谕以收复京城。……贼不敢出。晟召诸将,问兵所从入,皆请"先取外城,据坊市,然后北攻宫阙。"晟曰:"坊市狭隘,贼若伏兵格斗,居人惊乱,非官军之利也。今贼重兵皆聚苑中,不若自苑北攻之,溃其腹心,贼必奔亡。如此,则宫阙不残,坊市无扰,策之上者也!"诸将皆曰:"善!……戊戌,晟陈兵于光泰门外,使李演及牙前兵马使王佖将骑兵,佖,蒲必翻。牙前将史万顷将步兵,直抵苑墙神麚村。(按新书李晟传,神麚村在苑北。)麚,古牙翻。晟先使人夜开苑墙二百余步,比演等至。"从这里可以看出,禁苑的周围也建造了城墙。

台。①这与保卫宫城的禁军的存在有关，而禁军被安置在三苑内，又与宫城正后方设有三苑的都城结构相关。

那么，汉代上林苑是否有这种功能呢？据记载，上林苑内有七十处离宫，能收容千乘万骑②，可以说这里起到了军队和士兵驻扎地的作用。此外，武帝开凿昆明池也是出于征伐昆明国、练习水战的意图。因此，从名字被称为昆明湖这一点来看③，就不能否认它确实有军事用途，但是其功能与唐代三苑不同。然而，昆明池越到后代，其最初的作用逐渐褪色，变成了游玩的场所。④而上林苑的位置本身在地理上就与宫城相距甚远，因此，很难将其看作君主为了庇护自己而设置的装置。也就是说，上林苑可能强化了都城的安全，但对宫城的直接保护作用却微乎其微。

四、结论

笔者在上文中认为，唐长安城的三苑在继承了汉代上林苑部分功能的同时，增加了其独特的"庇卫人主"的功能，即作为保护皇帝人身安全的用兵场所的新功能，而具有这种功能的苑起源于五胡十六国。苑必须直接与宫城相连才能实现这些功能，笔者将这样的都城结构命名为"城苑"体系。

对于游牧民族出身的王朝而言，城郭只是烦琐的存在，进入中原后，虽然不可避免地建造了城郭，也还要独创能够确保他们安危的设施，这是理所当然的事情。不仅如此，对于游牧民族而言，草原也能给他们心理上带来安慰。有人指出，从都市设计的基础阶段就可以看出元大都的"展示型都市"的要素，比起在城内生活，蒙古统治者们更喜欢在郊外的野营地上建造天幕宫殿并在那里生活⑤，笔者认为这是值得倾听的观点。

---

① 《资治通鉴》卷二一八《唐纪》肃宗至德元年条："国忠大惧，乃奏：'……京师可忧，请选监牧小儿三千于苑中训练。胡注曰：时监牧、五坊、禁苑之卒，率谓之小儿。'""同罗、突厥从安禄山反者屯长安苑中。"可见，三苑不仅是精锐军的训练场所，还被用作叛军或是同调军的驻屯场所。

② 《三辅黄图》卷四《苑囿》："汉上林苑，即秦之旧苑也……周袤三百里，离宫七十所，皆容千乘万骑。"

③ 《三辅黄图》卷四《池沼》："汉昆明池，武帝元狩三年穿，在长安西南，周回十余里……天子欲伐之，越巂昆明国有滇池，方三百里，故作昆明池以象之，以习水战，因名曰昆明池。……图曰：'上林苑有昆明池，周匝四十里。'庙记曰：'池中后作豫章大船，可载万人，上起宫室，因欲游戏，养鱼以给诸陵祭祀，余付长安厨。'"

④ 周云庵：《陕西园林史》，三秦出版社，1987年，第74页。

⑤ 杉山正明：《モンゴル帝國の興亡：世界経営の時代》（下），讲谈社，1996年，第32—34页。

北魏孝文帝迁都洛阳后，太子又回到旧都平城[1]，虽然史书中把所谓"雁臣"[2]的出现原因记述为洛阳的"暑热"，但实际上可以想象，洛阳几乎没有草地，游牧民族很难忍受待在这样的都城中。笔者认为，游牧民族建造的王朝的苑，从实际层面和心理层面来看，都期待其具有草原的功能。而驻扎在唐代三苑的北衙禁军由百骑、千骑、万骑等步兵组成，这一点也颇具启示意义。

原载《历史学报》2005年第188期
（朴汉济，首尔大学东洋史学科教授；
强薇，陕西师范大学外国语学院讲师）

---

[1] 《魏书》卷二〇《孝文五王废太子恂传》："恂不好书学，体貌肥大，深忌河洛暑热，意每追乐北方。"
[2] 《洛阳伽蓝记》卷三《城南》宣阳门外永桥以南条："北夷酋长遣子入侍者，常秋来春去，避中国之热，时人谓之雁臣。"

隋唐时期鸿胪寺的附属机构
——鸿胪客馆、礼宾院、左右威远营以及外宅、四方馆

石晓军　著　　陈海冰　译

关于鸿胪寺的附属机构，首先应该指出的是接待外国使节的迎宾馆。再者，关于隋唐时代外国宾客住宿设施，迄今为止，虽在关于隋唐的对外关系史或东亚国际关系史的论著里面经常被言及，但对文献里看到的鸿胪客馆、礼宾院、四方馆、外宅的实际情况和作用以及相互之间的关系并没有说得很充分。①另外，在鸿胪寺的管辖下，有左右威远营这样的机关，关于它以往的研究也基本上没有涉及。所以在本篇论文里，想围绕这些问题进行探讨。

一、鸿胪客馆

直属于鸿胪寺的外国使节住宿设施，在隋代被称为蕃客馆。在另外的论文提及的关于隋文帝末年的蕃客馆废弛的记载也能证实这件事。②只是，关于隋代蕃客馆的位置不明。

进入唐代后，隋的蕃客馆改称为鸿胪客馆。唐太宗贞观年间的秘书少监颜师古在为《汉书》做注释的时候，对汉代的蛮夷邸注云："蛮夷邸，若今鸿胪客馆。"③唐初颜师古对外交事务强烈关心，并给太宗图写诸国朝贡使容貌，建言作王会图。④所以他的记述是可以值得信赖的。也就是说，可以认为鸿胪客馆这个说法是从唐初开始存在的。

关于唐代鸿胪客馆的地理位置，沿袭唐玄宗时期韦述《两京新记》内容的北

---

① 石见清裕：《唐の鸿胪寺と鸿胪客馆》，《古代文化》1990年第42卷第8号。石见清裕先生的论文是关于鸿胪客馆研究的优秀专论，但是，文中只介绍客馆的地理位置和鸿胪寺的职责等，并没有全面论述外国使节的住宿设施，特别是相互之间的关系。
② 《隋书》卷二五《刑法志》。
③ 《汉书》卷九《元帝本纪》建昭三年秋。
④ 《全唐文》卷一四七《请撰王会图表》；《新唐书》卷二一七《回鹘传下》；《旧唐书》卷一四七《南蛮传》；《资治通鉴》卷一九三贞观三年十二月条。

宋宋敏求《长安志》以及清代徐松《唐两京城坊考》里有详细记载。例如,《长安志》卷七《唐皇城》"承天门街之西第七横街之北"云:

> 从东第一鸿胪寺(割注略),次西鸿胪客馆(割注:如汉之藁街,四夷慕化及朝献者所居焉),馆西含光门街,街西第一大社。

鸿胪寺和鸿胪客馆位于长安城中央承天门街(连接承天门和朱雀门的大街)及其西侧呈南北走向的含光门街之间,第七横街之北(长安城内最南端呈东西走向的大街)。结合唐代文献里的相关内容来看,《资治通鉴》卷一二二唐代宗广德元年(763)闰月条有如下记载:

> 己酉夜,有回纥十五人犯含光门,突入鸿胪寺,门司不敢遏。

另外,《旧唐书》卷一九五《回鹘传》云:

> 大历六年正月,回纥于鸿胪寺擅出坊市,掠人子女,所在官夺返,殴怒,以三百骑犯金光门[①]、朱雀门。是日,皇城诸门尽闭,上使中使刘清潭宣慰,乃止。七年七月,回纥出鸿胪寺,入坊市强暴,逐长安令邵说于含光门之街,夺说所乘马将去。

《旧唐书》卷一一《代宗本纪》云:

> 大历七年春正月甲辰,回纥使出鸿胪寺劫坊市,吏不能禁止,复三百骑犯金光、朱雀等门。

从这些记载来看,鸿胪寺的位置很明确是在含光门及朱雀门附近,也证明了前面所引用的《长安志》内容的可靠性。

关于鸿胪寺及其西侧鸿胪客馆的内部构造,虽因没发掘调查报告而不明了,但唐长安城朱雀门及含光门两城址,因和现在西安城同名两门的地理位置重合[②],所以其范围大概可知。根据石见清裕先生的推算,鸿胪寺和鸿胪客馆位于东西边长约五百米的长方形区划中,是东西两侧并排建造的。[③] 这个区域里,鸿胪客馆在西侧,且从前面所引用的《旧唐书·回鹘传》内容,可知侵入含光门及朱雀门的三百回鹘人是留宿在鸿胪客馆之人。另外,同传的唐穆宗长庆元年(821)有如下记载:

> 五月,回鹘宰相、都督、公主、摩尼等五百七十三人入朝迎公主,于鸿胪寺安置。

从迎接大和公主而来唐的以回鹘宰相为首的五百七十三人使节团被安置在鸿胪

[①] 也许应是含光门。
[②] 中国科学院考古研究所西安唐城发掘队:《唐代长安考古纪略》,《考古》1963年第11期。
[③] 前揭石见清裕论文。

寺（鸿胪客馆）这件事，大概可以窥测到鸿胪客馆的规模大小。① 在元代骆天骧《类编长安志》里，鸿胪府被认为是长安有名的九府之一②，这也许就是根据鸿胪府（鸿胪寺和鸿胪客馆）的规模吧。

再者，唐代文献里，可见鸿胪亭这个名称。《新唐书》卷二二五《安禄山传》云：

> 禄山北还，诏中书门下尚书三省正员长官，御史中丞饯<u>鸿胪亭</u>。

还有，《唐会要》卷二四《诸侯入朝》云：

> 永泰元年正月，宰相王缙等奏，春秋之义，臣子一例。今后有大臣入朝，百寮望请朝罢，于中书行相见之礼，<u>其宴饯准故事，于鸿胪亭集，从之</u>。

鸿胪亭是外地大臣等入朝时，君主举行迎送宴会的场所。鸿胪亭、鸿胪寺、鸿胪客馆的关系虽不清楚，但从"于中书行相见之礼"等内容上来看，鸿胪亭并非鸿胪客馆，可能是中书省的宴会厅。在文献里常看到的在中书省招待外国使节的宴会③场所，恐怕就是鸿胪亭吧。

二、礼宾院和外宅

在唐代，外国宾客住宿设施在鸿胪客馆以外还有礼宾院这样的设施。唐宪宗时期，韩愈的《论佛骨表》云：

> 夫佛本夷狄之人，（中略）假如其身至今尚在，奉其国命，来朝京师，陛下容而接之，不过宣政一见，<u>礼宾一设</u>。④

关于唐宣宗大中五年（851）吐蕃论恐热入朝一事，《资治通鉴》卷二四九云：

> 五月，恐热入朝，上遣左丞李景让就礼宾院问其所欲。恐热气色骄倨，语言荒诞，求为河湟节度使。上不许，召对三殿，<u>如常日胡客，劳赐遣还</u>。

再者，圆仁《入唐求法巡礼行记》卷一开成四年（839）正月二十一日条有如下

---

① 再举一例，德宗贞元四年（788），回鹘为迎接唐的和亲公主（咸安公主），派遣以宰相为首的千余人来朝，其中七百人在朔州和太原停留，三百人来到长安，"分馆鸿胪，将作"（《旧唐书》卷一九五《回鹘传》）。

② 《类编长安志》卷八《九府》："图经云，长安有九府，丞相府，御史大夫府，鸿胪府，少府，司隶府，中尉府，京兆府，左冯翊府，右扶风府。"（中华书局，黄永年点校，1990年）

③ 详细的记载在《册府元龟》卷一一一《帝王部·宴享》、卷九七四《外臣部·褒异》也可看到。

④ 《全唐文》卷五四八。《资治通鉴》卷二四〇宪宗元和一四年正月条也有同样的记载。

156 | 域外回响——从彼岸看长安

的内容：

> 廿一日，斋后，大使等去年十二月六日书将来。案其状称：十二月三日，<u>平善到上都，安置东京礼宾院者</u>。其状如别，长判官傔从村清同月同日状称：今月三日辰时，<u>到长乐驿</u>，敕使迎来，传陈诏门，<u>使到礼宾院</u>，兼朝拜毕者，略知事由。

从这些记载来看，确实存在礼宾院。但是，礼宾院是在什么时候设置的？鸿胪寺和鸿胪客馆之间又有什么关系？它的地理位置在哪里？上揭圆仁《入唐求法巡礼行记》里看到的"东京礼宾院"指的是什么？还有日本文献中所见的"外宅"是什么？可以说还存在着种种问题。接下来，集中探讨这些问题。

虽然无法看到关于礼宾院开设的明确记载，但《唐会要》里有如下的内容："天宝十三载二月二十七日，礼宾院，自今后宜令鸿胪勾当检校，应缘供拟，一物已上，并令鸿胪勾当。"① 据此可知，礼宾院在天宝十三载（754）以前已存在，从那时起已被鸿胪寺管理。因唐代前半期史料里无法看到关于礼宾院的记载，所以它的开设时期也许可推测是在玄宗朝开元或天宝年间。《旧唐书》卷一五《宪宗本纪下》云："（元和九年）六月（中略）乙未，置礼宾院于长兴里之北。"

再者《资治通鉴》卷二四〇宪宗元和十四年（819）正月条胡三省注云："唐有礼宾院，凡胡客入朝，设宴于此。元和九年，置礼宾院于长兴里之北。宋白曰，置鸿胪寺。"

还有宋敏求《长安志》卷七《长兴坊》云："礼宾院（割注：元和五年置院，坊之北街）。"这里的元和五年，据《旧唐书》及《资治通鉴》的记载，明确是元和九年的错误。

从这些史料可知，隶属于鸿胪寺的礼宾院是在宪宗元和九年六月开设，地址在长兴里以北（长兴坊北街）。但这些和上揭《唐会要》的记载明显不一致。到底哪个可靠性高呢？宋敏求《长安志》里可见线索。同书卷一〇《昌化坊》里有"礼宾院（原注：敬宗初废，礼宾院赐教坊）"记载。也就是说，在昌化坊里，到唐敬宗初年为止被废止的礼宾院确实是存在的。由此内容来考虑，开设在昌化坊的礼宾院，也许就是《唐会要》里所记载的天宝年间就已存在的礼宾院。再者，《册府元龟》卷一一〇《帝王部·宴享二》云："（大历二年三月）己卯，宴吐蕃使于礼宾院。"因在大历二年（767）长兴坊的礼宾院还未开设，所以礼宾院也许在昌化坊吧。从上述内容上来看，礼宾院在天宝时期（或之前的某个时期）就被设置在昌化

---

① 《唐会要》卷六六《鸿胪寺》。

隋唐时期鸿胪寺的附属机构 | 157

坊，但敬宗初年（宝历元年，825）被废止。另外，元和九年在长兴坊新开设的礼宾院，被认为一直存在到唐末。昌兴坊礼宾院被废止前的约十年间（814—825），似乎和新开设的长兴坊新礼宾院同时存在。但那时到底是其中一方发挥作用呢，还是双方都发挥作用呢？关于这一点，现阶段因史料欠缺，想作为今后的课题。

长兴坊的地理位置正如《长安志》所记载的，在长安城南面安上门东侧第三坊，也就是国子监所在地务本坊南面的第二个坊。① 但关于昌兴坊的所在地，在宋敏求编纂《长安志》的北宋时期似乎已不明。《长安志》把它放在卷一〇的末尾，提出"疑改易坊名"这样的疑问。之后，清代徐松把昌兴坊推想成崇仁坊："长安志载昌化坊而不知所在，按坊内有礼宾院及岐阳公主宅，礼宾院旧在崇仁坊。（中略）盖昌化即崇仁之异名。"② 徐松的这个推想被后世的研究者认可，几乎可以说是定论。小野胜年先生《入唐求法巡礼行记研究》以及近年爱宕元先生《唐两京城坊考》译注都是沿袭徐松之说，是其代表性的例子。③ 但实际上已有史料间接推翻徐松之说。《长安志》卷八《崇仁坊》云："坊南门之西礼会院（割注：本长宁公主宅，主及驸马杨慎交奏，割宅向西一半官市为礼会院。每公主，郡县主出降，皆就此院成礼。德宗实录曰，初开元中置礼会院于崇仁里，自兵兴以来，废而不修）。"再者，《唐会要》卷八三《嫁娶》云："开元十九年四月四日，于京城置一礼会院。其年九月二十四日敕，礼会院宜属司农寺，其什物合令所司供（割注：院在崇仁坊南街）。"另外，《旧唐书》卷八《玄宗本纪上》开元十九年有如下记载："夏四月壬午，于京城置礼院。"

据这些记述可知，开元十九年（731）四月设置于崇仁坊的是公主或郡县主降嫁之时举行仪礼的礼会院。徐松所说的"礼宾院旧在崇仁坊"，可认为是崇仁坊的礼会院被误认成礼宾院。④ 昌化坊并不是崇仁坊，这在上面已阐述过，那么昌化坊到底在哪里呢？据辛德勇先生的研究，昌化坊是广化坊的别名，可能是原来的安兴坊。⑤ 笔者赞同辛先生的见解。安兴坊（安史之乱后，改名成广化坊或昌化坊）因在长安城以东进入长安城中心部最重要枢纽的延喜门大街（连接长安城东侧延喜门与外郭

---

① 《长安志》卷七。
② 《唐两京城坊考》卷三《崇仁坊》。
③ 小野胜年：《入唐求法巡礼行记研究》卷一，铃木学术财团，1964年，第370页；爱宕元译注：《唐两京城坊考 长安与洛阳》，"东洋文库"（577），平凡社，1994年，第92页注1、注2。
④ 辛德勇《隋唐两京丛考》上篇第十三节"长安志所在不明四坊"中也指出这一点（三秦出版社，1991年）。
⑤ 辛德勇：《隋唐两京丛考》，三秦出版社，1991年。

城通化门的大街）南面，所以应是设置礼宾院理想的场所吧（图1）。

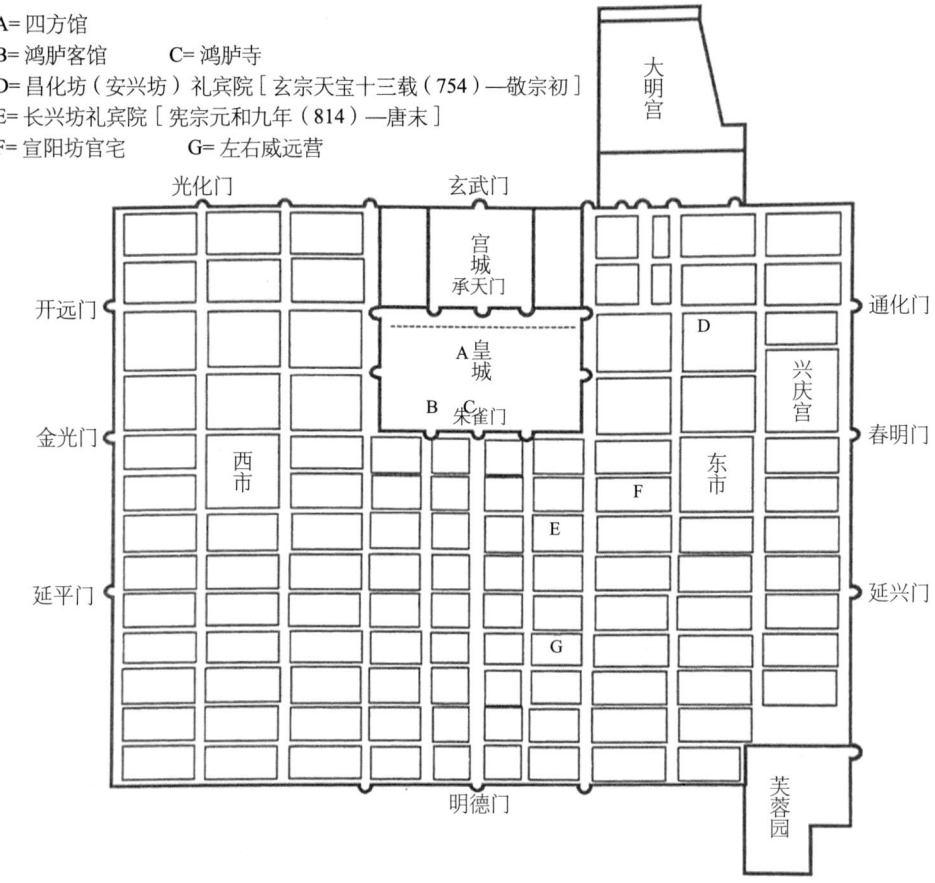

A= 四方馆
B= 鸿胪客馆　　C= 鸿胪寺
D= 昌化坊（安兴坊）礼宾院［玄宗天宝十三载（754）—敬宗初］
E= 长兴坊礼宾院［宪宗元和九年（814）—唐末］
F= 宣阳坊官宅　　G= 左右威远营

图1　外务机构及其设施在唐长安城的位置

不管是昌化坊（元安兴坊），还是长兴坊，都在唐长安城东面（朱雀大街东侧）。在这基础上，可理解前文所引用的圆仁《入唐求法巡礼行记》里看到的"东京礼宾院"的说法，正如小野胜年先生指出的那样，这里所说的"东京"并非东都洛阳，而指的是长安的东城。[①]确实，从引文中"上都""长乐驿"等记载，以及上述礼宾院的地理位置来看，东京礼宾院指的是在京城东部的礼宾院。再者，因圆仁的记载指的是会昌四年（844）第十八回遣唐使藤原常嗣一行人，所以那时的礼宾院也许是元和九年重置于长兴坊的礼宾院吧。

还有，与这两个位于东城的礼宾院有关联的，即日本方面关于遣唐使在唐住宿设施的文献中，经常可看到的外宅的说法。例如，《续日本纪》卷三五光仁天皇的宝龟九年十月（778）乙未条，第十五回遣唐使节团的判官小野滋野的归朝报告里有

---

① 小野胜年：《入唐求法巡礼行记研究》卷一，铃木学术财团，1964年，第370页。

隋唐时期鸿胪寺的附属机构 | 159

如下内容：

> 正月十三日，到长安城，<u>即于外宅安置供给</u>。特有监使，勾当使院，频有优厚。中使不绝。十五日，<u>于宣政礼见</u>，天子不御，是日，进国信及别贡等物。

再者，《日本后纪》卷一二桓武天皇的延历二十四年（805）六月乙巳条，第十七回遣唐大使藤原葛野麻吕的归朝报告有以下记载：

> （延历二十三年）十二月廿一日到上都长乐驿宿。廿三日内使赵忠，将飞龙家细马廿三匹迎来，兼持酒脯宣慰。<u>驾即入京城，于外宅安置供给</u>。

这两则史料经常被引用，但实际上不仅仅是日本方面的记载，唐方面的记载里，也可看到关于外宅的内容。元和二年（807）白居易撰写的《与回鹘可汗书》（《白居易集》卷五七、《全唐文》卷六五五）云：

> 又有彼国师僧，不必更劳人检校，（中略）。所令帝德将军安庆云，供养师僧，请住外宅。

这里的师僧，指的是摩尼教的师僧。据此内容，供养摩尼教师僧的回鹘将军也被分配到外宅。《旧唐书》卷一八《武宗本纪》会昌三年（843）二月制书（《唐大诏令集》卷一三〇《讨回鹘制》、《唐会要》卷四九《摩尼教》略同）云：

> 应在京外宅及东都修功德回纥，并勒冠带，各配诸道收管。其回纥及摩尼寺庄宅、钱物等，并委功德使与御史台及京兆府各差官点检收抽，不得容诸色人影占。如犯者并处极法，钱物纳官。

长安的外宅及在东都修行功德的回纥人全部被取缔，流放到地方诸道。从上述的内容可知，被外配到外宅的，并不仅仅是日本使节，也有回纥人。这里所见的外宅明确可说是以外国使节为首的蕃客的共同住宿设施。那么，外宅到底指的是什么呢？以前的解释大体上有两种。首先木宫泰彦先生《日华文化交流史》里有外宅可能指的是四方馆的推测[①]，森克己先生解说云："遣唐使一行人到达上都长乐站后，内使带着一行人马前来迎接，准备酒脯并慰劳他们。接着由内使带路进入长安城内，让他们滞留四方馆接受接待。"[②]

也就是说，两位先生都把外宅推想成四方馆。戴禾先生据空海《御请来目录》

---

① 木宫泰彦：《日华文化交流史》，富山房，1955年，第102页注17。
② 森克己：《遣唐使》，至文堂，1966年，第73页。

里所言及的"宣阳坊官宅",把外宅推想成宣阳坊官宅。[1]但四方馆正如前面阐述的那样,到了唐代隶属于中书省。而且它不仅位于长安城内中书外省的旁边,也是主要负责四方表章的接待、皇帝谒见等的官厅,并非外国使节的住宿设施(参见本文附录)。因此,把外宅推想成四方馆的木宫先生及森先生之说难以成立。相对的,戴先生的"宣阳坊官宅"之说虽是值得倾听的新说,但在唐代文献中能看到外宅这一说法[2],却看不到指代外国使节住宿设施的官宅事例,所以还是缺乏说服力。

笔者认为外宅是礼宾院的别称,理由如下。

(1)如上述所阐述的那样,隶属于鸿胪寺的外国宾客接待设施,只有长安城内鸿胪客馆及长安城外昌化坊的礼宾院两处。所以,相对于设置在长安城内的鸿胪客馆,置于长安城外的礼宾院被称为外宅也是合理的。

(2)从前揭小野滋野的归朝报告来看,正月十三日,遣唐使一行人一进入长安城,就被安置在外宅,并二日后,在宣政殿接受天子的召见。因这个日程和韩愈所言的"宣政一见""礼宾一设"[3]的接待外国使节的惯例是一致的,所以也能说外宅是礼宾院的别名。

(3)在前揭圆仁《入唐求法巡礼行记》的记述里,明确写道第十八回遣唐使一行人一进入长安,就被安置在东京(东城)的礼宾院。所以,在这之前的第十五回、第十七回遣唐使的住宿设施可认为是在同一个地方。由此,也可认为外宅是礼宾院的别名。

以上推论若无大过,外宅指的应是礼宾院。且从两回遣唐使的入唐时间在宝龟九年(代宗大历十三年,778)及延历二十三年(德宗贞元二十年,804),那么就可推断作为住宿设施的外宅就是昌化坊的礼宾院。

三、关于鸿胪客馆和礼宾院的关系

直属于鸿胪寺的鸿胪客馆和礼宾院之间到底是怎样的关系呢?关于这个问题,足立喜六先生做了如下的说明:

> 礼宾院,国宾待遇之馆,普通蕃客(外国使节)是入鸿胪客馆。所以虽然附属官员都进入鸿胪馆,但大使享受待遇进入礼宾院。[4]

---

[1] 戴禾:《唐代来长安日本人的生活、活动和学习》,《陕西师大学报》1985年第1期。
[2] 《唐会要》卷四九《摩尼寺》:"在京外宅修功德回纥。"
[3] 参见韩愈《论佛骨表》(《全唐文》卷五四八)。
[4] 足立喜六译注、盐入良道补注:《入唐求法巡礼行记》,"东洋文库"(157),平凡社,1970年,第88页注11。

也就是说，鸿胪客馆和礼宾院之间存在等级差异，礼宾院的地位高于鸿胪客馆，接待的是国宾级别的使节。足立先生的这个说法虽未标明典据，但就笔者所见，很难赞成此说法。

正如前面所阐述的那样，从唐初开始，鸿胪寺附设鸿胪客馆，用来接待诸国来使。且如"凡酋渠首领朝见者，皆馆供之"①所说的，以外国国王为首的使节来唐都被分配到鸿胪客馆。到了唐中期（玄宗朝？），为了应对外交的活跃化和各国使节的增加等事，在长安城外的昌化坊（之后迁移到长兴坊）新设了礼宾院。在这基础上，礼宾院反而是鸿胪客馆的补充。这样想会更合理吧？从文献记载上来看，不管是在唐的前半时期，或是在礼宾院开设后的后半时期，经常可见外国使节留宿鸿胪客馆。举两三个例子。唐高祖的武德二年（619），突厥始毕可汗死亡之后，"处罗可汗嗣位，（中略）遣使入朝告丧。高祖为之举哀，废朝三日，诏百官就馆吊其使者。"②这里的"馆"可认为指的是鸿胪客馆。也就是说把突厥使节留宿在鸿胪客馆。再者，从肃宗时期开始经常可见把回纥的遣唐使安置在鸿胪客馆。《新唐书》卷二一七《回鹘传》云："自乾元后，（中略）使者相蹑，留舍鸿胪。"贞元四年（788）十月，为了迎接咸安公主，回纥遣使到唐，"其宰相，大首领至者，馆于鸿胪寺"。③另外，贞元五年（789）十二月，回纥汨咄禄长寿天亲毗伽可汗死亡之后，德宗云："废朝三日，文武三品已上就鸿胪寺吊其来使。"④

据这些可知，也许回纥使节也留宿在鸿胪寺（客馆）。还有，在礼宾院已开设后的穆宗长庆元年（821），穆宗收到回纥毗伽可汗死亡之讯息后，"辍朝三日，仍令诸司三品已上官就鸿胪寺吊其使者"。⑤另外同年五月，为了迎接和亲的太和公主，回纥再次遣使入唐，"回鹘宰相、都督、公主、摩尼等五百七十三人入朝迎公主，于鸿胪寺安置。敕：太和公主出降回鹘为可敦，宜令中书舍人王起赴鸿胪寺宣示"。⑥再者，吐蕃遣唐使的情况也是如此。《唐会要》卷九七《吐蕃》云："会昌二年，赞普卒，至十二月，遣论赞热等来告丧，诏废朝三日，仍令文武等参官四品已上，就鸿胪寺吊其使者。"

---

① 《旧唐书》卷二四《职官三·鸿胪寺》。《新唐书》《唐会要》的"鸿胪寺"也可以看到同样的记述。
② 《旧唐书》卷一九四《突厥传上》。
③ 《唐会要》卷六《杂录》。
④ 《旧唐书》卷一九五《回鹘传》。《册府元龟》卷九七六《外臣部·褒异三》也可以看到类似的记载。
⑤ 《旧唐书》卷一九五《回鹘传》；《册府元龟》卷九七六《外臣部·褒异三》。
⑥ 《旧唐书》卷一九五《回鹘传》；《册府元龟》卷九七六《外臣部·褒异三》。

从这些记载可以看出，突厥、回纥、吐蕃的使者们，明确地被分配到鸿胪寺，也就是鸿胪客馆。众所周知，唐朝政府最重视的是突厥、吐蕃、回纥、南诏等对自己有威胁的西北及西南诸国。①派遣到这些国家的使者的位阶不仅仅比派遣到其他国家的使者的位阶高，对于从这些国家来的遣唐使也会进行优待。特别是，在平定安史之乱中做出贡献的回纥，比起周边诸国更被优待。正如上节所述的留宿在鸿胪客馆的回纥使者侵入含光门、朱雀门，行为蛮横就是最好的例子。通过这件事，也能窥测到回纥使者的地位。从文献来看，回纥的遣唐使基本上都被分配到鸿胪寺。②特别是上揭为了迎接太和公主而来朝的以回纥宰相、都督、公主为首的使节团，唐朝必须将其作为头等国宾来接待。因此，回纥使节团被安置在鸿胪客馆，也充分证明鸿胪客馆的地位。单纯从地理位置来看，长安城内鸿胪客馆的等级比起远离政治中心的长安城外礼宾院要高。

从上述情况来看，不得不说足立先生的解释是难以成立的。

那么，鸿胪客馆和礼宾院，到底是什么关系？唐代文献里关于此事虽无法看到明确的记载，但从前面所阐述的鸿胪客馆、礼宾院被设置的经过，以及外国使节留宿的实际情况来看，礼宾院作为唐代中期新设的外国使节的住宿设施，天宝十三载以后，被鸿胪寺兼管。然后，敬宗宝历元年（825）南郊赦文云："鸿胪礼宾院，应在城内蕃客等，各有赐物。"③

这种情况可能持续到唐后期。换句话说，鸿胪客馆和礼宾院虽都是隶属于鸿胪寺的同级别的迎宾馆，但更主要的迎宾馆还是鸿胪客馆。突厥、回纥、吐蕃等使节基本上都被分配鸿胪客馆也证明了这一点。在鸿胪客馆满员的情况下，会让外国使留宿于礼宾院。④上述日本遣唐使被安置到礼宾院，大概就是这个原因吧。

四、关于左右威远营的文书

《旧唐书》卷一三八《贾耽传》云："（贾耽）入为鸿胪卿，<u>时左右威营隶鸿</u>

---

① 《新唐书》卷二一五《突厥传》："唐兴，蛮夷更盛衰，尝与中国亢衡者有四：突厥，吐蕃，回鹘，云南是也。"
② 参见两《唐书·回纥传》。
③ 《唐大诏令集》卷七〇；《册府元龟》卷八〇《帝王部·庆赐二》。
④ 《东京梦华录》卷六《元旦朝会》："其大辽使人在都亭驿，夏国在都亭西驿，高丽在梁门外安门巷同文馆，回纥、于阗在礼宾院。"正如上面所述的那样，在宋代，礼宾院只不过是住宿设施之一，这一点值得参考。关于这一点，藤善真澄先生指出："因为不是朝贺，所以留宿在礼宾院吧。"参照藤善真澄译注：《诸蕃志》，"关西大学东西研究所译注系列"（5），关西大学出版部，1990年，第218页。

胪，耽仍领其使。"郑余庆撰《左仆射贾耽神道碑①》云："微拜鸿胪卿，兼左右威远营使。"根据这些记载，鸿胪寺的下属里有左右威远营。关于左右威远营到底是什么，和鸿胪寺的从属关系是从什么时候开始到什么时候为止等问题，以往的研究没有涉及，几乎不明。所以有必要对左右威远营进行考察。

关于左右威远营的记载，以《通典》《唐六典》为首的典制文献以及两《唐书》的职官志（《新唐书》称《百官志》）、《新唐书》兵志里都没有留存下来的记载，《唐会要》卷七二《京城诸军》里有以下的诏敕内容。

（元和三年）四月敕，<u>左右威远营，置来已久，著在国章</u>。近置英武军及加军额，宜从并省，以正旧名。其英武军额宜停，将士及当军一切已上，并合入左右威远营，依前置使二人勾当。

这个诏令是命令把英武军合并到左右威远营。据此可知，左右威远营是和英武军一样，驻守在唐长安的禁军之一。而且，从"置来已久，著在国章"，以及本节开头所引用的左右威远营隶属于鸿胪寺内容来看，左右威远营是京城警备部队，也在迎接外宾等重要典礼的时候，作为仪仗队及鸿胪迎宾馆的警备等发挥作用。

关于左右威远营的设置时期，非常遗憾无法找到明确的记载。但从上揭元和三年敕书的"置来已久"来看，可以追溯到宪宗时期以前。因前文言及的贾耽就任鸿胪卿的时期为代宗大历十四年（779）②，所以至少说明那时左右威远营已经隶属于鸿胪寺吧。

《唐大诏令集》卷五九《郭子仪都统诸道兵马收复范阳制》可看到以下的记载：

宜令子仪都统诸道兵马使，管崇嗣充副使……便收范阳及河北。仍遣射生衙前、六军、英武、长兴、宁国、左右威远、骁骑等……搜乘练卒，籍马赋军……以仗顺之师旅，讨从逆之凶徒。

这个诏书，是为平定安史之乱，唐肃宗上元元年（760）九月戊申发布的。动员包含左右威远营等七万禁军，由郭子仪、管崇嗣统率，攻略范阳。③这证明左右威远营在肃宗时期已存在。在那个时期，虽然没有明确记载左右威远营是不是隶属于鸿胪寺，但从管崇嗣、郭晞（郭子仪的三男）二人都在肃宗时期担任过鸿胪卿来看④，左右威远营在此时已经隶属于鸿胪寺的可能性比较高。还有，郭晞在任鸿胪卿的宝

---

① 《全唐文》卷四七八。
② 参照笔者著述第二部第三章唐代鸿胪卿授官、任官考里贾耽（T133）的记载。
③ 《资治通鉴》卷二二一肃宗上元元年九月戊申条。
④ 参照笔者著述第二部第三章郭晞（T100）、管崇嗣（T102）的记载。

应元年（762）七月，曾随郭子仪平定河中叛乱。《旧唐书》卷一二〇《郭子仪传》云：

> 子仪至绛，诛其元恶，其党颇不自安，欲谋翻变，晞知其谋，选亲兵四千，伏甲以防之，常持弓警夜，不寐者凡七十日。①

这则记载所见的"亲兵"，也有可能指左右威远营。因为，隶属于鸿胪寺的左右威远营虽是京城的警备部队及仪仗部队，但在非常时期的特殊情况下，派遣到外地去一点也不奇怪。前揭的上元元年《郭子仪都统诸道兵马收复范阳制》所见的讨伐军里包含左右威远营，也可作为证据。

现阶段史料所能见到的关于左右威远营的记载，上述肃宗时候的记事是最早的，但宋敏求《长安志》卷七载安善坊里内的教弩场在武后末期设置，而且因其有隶属于威远营的记载，所以威远营最初设置的时间可以追溯到唐代前期。但是，遗憾的是没有找到与此相关的其他记录，只能止于推测。

肃宗时期以后，涉及左右威远营的记载增多。例如，代宗广德二年（764）南郊赦文云：

> 去岁行幸陕州，六军英武、威远、威武、宝应射生、衔前射生、左右步军等并内外文武百官扈从到行在者。②

唐顺宗即位赦文云：

> 神策、神威、金吾六军将军、大将军，英武、威远、镇国军使……各与一子官各差。
>
> 神策、神威六军、英武、威远营、左右金吾及皇城将士及缘御楼立仗将士等，赐物及爵即有差。③

唐宪宗平淮西大赦文云：

> 神策六军、威远、金吾及皇城等缘御楼立仗将士等。④

宪宗上尊号赦文云：

> 神策六军、金吾、威远、皇城等诸军。⑤

唐穆宗南郊改元德音云：

> 神策、金吾六军将军、威远、镇国军使，各与一子出身。⑥

---

① 在《资治通鉴》卷二二二里，这件事情是被记在宝应元年（762）。
② 《唐大诏令集》卷六九；《全唐文》卷四九。
③ 《全唐文》卷五五；《唐大诏令集》卷二。
④ 《全唐文》卷六三；《唐大诏令集》卷一〇。
⑤ 《全唐文》卷六三；《唐大诏令集》卷一〇。
⑥ 《全唐文》卷六六；《唐大诏令集》卷一〇。

唐敬宗南郊赦文及受尊号赦文云：

> 神策、金吾六军将军、大将军、上将军、统军、威远、镇国军等使、皇城留守，各与一子正员九品官。在城神策六军、威远营、左右金吾及皇城将士，应大礼移仗宿卫御楼立仗等。①

像这样，之后的唐文宗②、唐武宗③、唐宣宗④、唐懿宗⑤诸帝的即位，南郊、改元、受尊号等赦文和德音，都言及威远营。从上述诸史料来看，威远营确实是和六军同时存在的驻屯京城的禁军之一。《唐会要》卷七二云：

> 天祐二年正月二十二日敕，威远军宜停废。其所管兵士便隶六军，其军使张勤宜却守本官归班。⑥

威远营到唐末哀宗天祐二年（905）被废止前一直存在着。

但是，左右威远营在唐末以前就不隶属于鸿胪寺了。《旧唐书》卷一二《德宗本纪上》建中元年（780）有如下记载："秋七月（中略）壬申，以鸿胪寺左右威远营隶金吾。"据此，左右威远营隶属于鸿胪寺的时期，到德宗建中元年七月为止。综合前文来考虑，至少在肃、代两朝以及德宗朝初年，左右威远营还是被鸿胪寺管辖的。

那期间，通常鸿胪卿会兼任左右威远营使，本节开头所引用的贾耽事例说明了这一点。另外，也能看到鸿胪少卿兼任威远营使的情况。《唐故<u>鸿胪少卿</u>贬明州司马北平阳府君墓志铭并序》里有如下内容。

> 少卿讳济，字利涉。……拜大理少卿，西戎叛换，又加御史中丞，持节和蕃。……出为潭州刺史，转衡州刺史，……贬抚州司马。皇上登极，追念旧勋，拜鸿胪卿兼威远营使。⑦

据墓志的题目以及墓主妻子刘氏的墓志《鸿胪少卿阳济故夫人彭城县君刘氏墓志铭并序》⑧，墓主阳济被授予的官职并非鸿胪卿，而是鸿胪少卿，上揭碑文的"鸿胪卿"很明确是"鸿胪少卿"之误。阳济就是《旧唐书》《资治通鉴》《册府元

---

① 《全唐文》卷六八。
② 《全唐文》卷七五。
③ 《全唐文》卷七八。
④ 《全唐文》卷八二。
⑤ 《全唐文》卷八五；《唐大诏令集》卷八六。
⑥ 《唐会要》卷七二《京城诸军》；《唐文拾遗》卷八。
⑦ 周绍良：《唐代墓志汇编》，"贞元070"，上海古籍出版社，1992年。
⑧ 周绍良：《唐代墓志汇编》，"建中010"，上海古籍出版社，1992年。

龟》等史料里所见，代宗大历元年（766）曾以大理少卿任遣吐蕃使的杨济。①他在之后经潭州、衡州刺史以及贬官职位抚州司马，在德宗即位的建中元年，被任命为鸿胪少卿兼威远营使。据此，也可认为鸿胪少卿可兼任左右威远营使。就像前面所阐述的，从建中元年七月，因左右威远营的所属从鸿胪寺移到金吾，所以可认为杨济是鸿胪寺的长官（次官）兼任威远营使的最后一人。

关于威远营的所在地，李德裕《奉宣今日以后百官不得于京城置庙状》里有以下的记载：

> 以朱雀门至明德门，凡有九坊，其长兴坊是皇城南第三坊，便有朝官私庙，实则逼近宫闱，自威远军向南三坊，俗称围外，地至闲僻，人鲜经过，于此置庙，无所妨碍。②

此外，王起《请禁皇城南六坊内朱雀门至明德门夹街两面坊及曲江侧近不得置私庙奏》③里也有大致一样的记载。据此，威远军的地理位置应该是在唐长安城正南面从朱雀门到明德门为止的朱雀大街东侧第二街南起第四坊，也就是北起第六坊之安善坊。另外，前揭《长安志》卷七《安善坊》里指出，安善坊的教弩场设置于武后末期并隶属于威远军。徐松据此推断威远军应该是在安善坊。④

从上述史料来考虑，威远营位于唐京城南端安善坊里应是没有问题的。上节所说的礼宾院从安兴坊移到南面的长兴坊这件事情，恐怕与安善坊威远营的存在并不是没有关系。

以威远营的地理位置来看，威远营从属于禁军的南军也是很明确的。唐长孺先生《唐书兵志笺正》里，虽把威远营认为是北军名号之一⑤，但根据威远营的所在地，把它看作北军是否不恰当？《资治通鉴》卷二四〇宪宗元和十三年（818）二月条载，因右龙武统军张奉国、大将军李文悦二人对麟德殿改修一事持有异议，所以才被移为鸿胪卿、右武卫大将军充威远营使。对此，胡三省做了如下注解："既出奉国于外朝，文悦又自北门诸卫迁南牙诸卫。威远营，亦非北军也。"也就是说，威远营并非北军，而是南军。

综上所述，左右威远营作为唐京城南牙禁军之一，位于长安城正南面安善坊。关于其开设时期虽不明，但可追溯到唐前期。威远营到唐末天祐二年还依然存在，

---

① 《旧唐书》卷一一《代宗本纪》、卷一九六《吐蕃传下》；《资治通鉴》卷二二四代宗大历元年二月己亥条；《册府元龟》卷九八〇《外臣部·通好》。
② 《全唐文》卷七〇六。
③ 《全唐文》卷六四三。
④ 《唐两京城坊考》卷二《安善坊》。
⑤ 唐长孺：《唐书兵志笺正》，科学出版社，1957年，第100页。

但作为鸿胪寺的所属，至少到唐中期以后的肃、代两朝及德宗朝的建中元年七月为止鸿胪卿以及少卿可兼任威远营使。虽没有留存关于威远营具体作用的记述，但也许可推断它担任过外国使节的迎送仪式典礼和迎宾馆的警备等仪仗兵的职务。

附录：关于唐代四方馆

正如上章第二、三节所说的那样，隋炀帝时期开设的四方馆，在隋代是隶属于鸿胪寺的非常设外务接待机构，但到了唐代却成了中书省的所属。那么，这种所属关系的变化对四方馆带来了怎样的影响呢？到目前为止，几乎所有的论者在言及唐代四方馆的时候，都指出它沿袭了隋朝的四方馆，是唐代主要的外国使节住宿机构，但也仅限于此，没看到更详细的研究。例如，伊濑仙太郎先生说："四方馆是接待使节在长安滞留期间住宿及其他事宜的机构。……遗憾的是，关于唐朝的四方馆没有找到详细的记录。但从隋唐两制的一般关系来看，恐怕与隋代四方馆的作用是相近的。"[①]另外，第二节中言及木宫泰彦、森克己两先生主张的"外宅即四方馆"之说，也没有论及四方馆的细节。因此，对于唐代四方馆几乎不清楚也毫不为过。所以，作为本文的相关问题，笔者认为有必要考察唐代四方馆的性质及实际情况。

关于唐代四方馆，《通典》、《唐六典》、两《唐书》职官志以及《文献通考》里各有若干记载，其中《通典》卷二一《职官三》里对关于隋唐两代四方馆沿革及唐代四方馆的记述相对较详细：

> 隋初罢谒者官，置通事舍人十六员，承旨宣传。开皇三年又增为二十四员。及炀帝，置谒者台，乃改通事舍人为谒者台职，谓之通事谒者，置二十人。又于建国门外置四方馆，以待四方使者，隶鸿胪寺（割注：炀帝置四方馆，东曰东夷使者，南曰南蛮使者，西曰西戎使者，北曰北狄使者，各一人，掌其方国及互市事）。<u>大唐废谒者台，复以其地为四方馆，改通事谒者为通事舍人</u>，掌通奏，引纳，辞见，承旨宣劳。皆以善辞令者为之，隶四方馆而文属中书省。

整理一下这些要点：

（1）隋炀帝时期，设置谒者台，随着隋初的通事舍人改为通事谒者，建国门外也设置隶属于鸿胪寺的四方馆。

（2）唐代废除了隋代的谒者台，并在其地（谒者台所在地）设置四方馆，把通

[①] 伊濑仙太郎：《西域经营史研究》，日本学术振兴会，1955年，第487页。

事谒者改为通事舍人，隶属于四方馆。

（3）唐代的四方馆是中书省的所属。

其中，（1）是关于隋代四方馆的记载，其详细情况已在第二章第二节论述，请参照。关于（3），除此之外在其他文献中也能看到类似的记载。①《旧唐书》卷一七《文宗本纪》大和二年（828）六月云："癸亥，四方馆请赐印，其文以'中书省四方馆'为名。"据此记载，唐末四方馆依旧是中书省的所属。所以笔者认为没有详述的必要。需要探讨的是（2）。

关于（2），特别值得注意的是，隋代谒者台在唐时废止，谒者台的旧址上设置了四方馆。然后，隋代从属于谒者台的通事谒者改名为通事舍人，并隶属于四方馆。反过来说，唐代四方馆是和隋代谒者台有着同样性质的机构。

实际上，关于这一点北宋宋敏求已指出。《长安志》卷七有如下记载：

> 承天门街之西，宫城之南第二横街之北。从东第一中书外省，次西四方馆（割注：隋曰谒者台，即诸方通表，通事舍人受事之司）。

宋敏求指出四方馆的地理位置在唐长安城承天门街（连接承天门和朱雀门的大街）西侧，位于宫城南面第二条东西街以北的中书省西侧。在割注里又指出，四方馆在隋代被称为谒者台，是接受各方表章的通事舍人的办公机构。

隋谒者台沿袭了秦汉以来的谒者制度。其基本的职责是"受诏劳问，出使慰抚，持节察授，及受冤枉而申奏之。驾出，对御史引驾"。置长官大夫一人，副长官司朝谒者以下，通事谒者二十人，掌管着具体事务。②

关于从隋的通事谒者改名的通事舍人，在前揭《通典》的引文里已涉及，其中作为日常业务"通奏引纳"的具体情况，《唐六典》卷九《中书省》云：

> 凡近臣入侍，文武就列，则引以进退，而告其拜起出入之节，凡四方通表，华夷纳贡，皆受而进之。③

也就是说，其职责是在国家朝会、仪式典礼之时，负责导引文武百官，以及接受四方上表、纳贡，传递文书。关于其具体的作用，《通典》卷四一、卷一〇三和《大唐开元礼》里可看到。但详述这一点并不是本文的主旨，故今后再详述。这里主要以其职责为线索，围绕通事舍人与四方馆的关系以及四方馆的性质略述笔者看法。

《资治通鉴》卷二五二懿宗咸通十一年（870）正月条云："知四方馆事，太仆卿支详为宣谕通和使。"关于此事，胡三省引用《晏公类要》，做了如下

---

① 《唐六典》卷九。两《唐书·职官志》也可以看到同样的记载。
② 《隋书》卷二八《百官志下》。
③ 两《唐书·职官志》略同。

注释：

> 旧仪，于通事舍人中，以宿长一人总知馆事，谓之馆主，凡四方贡纳及章表皆受而进之。唐自中世以后，始以他官判四方馆事。①

从十六名通事舍人之中选择一位资历较高的来总管四方馆的事务，称其为四方馆主。②据此，至少到唐中期为止，通事舍人是四方馆最高负责人这件事是毋庸置疑的。然后，其职责是四方的贡纳以及受付表章并呈递上司。换言之，这也可以说是四方馆的职责。

四方馆是通事舍人的办公机构，还有一例可为证据。《唐会要》卷五三可看到如下记载：

> 大中十二年七月，除宰相夏侯孜为剑南节度。时值中元假，十四日三更三点，通事舍人无在馆者，宣令捧麻，皆两省人吏。自后令通事舍人，虽遇假在馆俟命。③

命令的传达虽是通事舍人的职务内容，但因中元节是节假期间，通事舍人不可能在馆待命。为了不让皇帝的命令延迟，此后就算是节假日也严格要求通事舍人必须待命于馆。毋庸置疑，这则记载中所看到的"馆"指的是通事舍人办公之四方馆。因大中十二年（858）处于唐后期，从这则史料来看，唐代四方馆一直是十几个通事舍人的日常办公场所。

另外，四方馆虽是通事舍人接受四方表章等的办公机构，但"四方贡纳及章表"之"四方"到底指的是什么呢？

看一下文献中关于四方馆的其他记载。《通典》卷七〇云：

> （天宝）六载十二月敕，承前，诸道差使贺正，十二月早到，或有先见，或有不见，其所贺正表，但送省司，又不同进，因循日久，于礼全乖。自今以后，应贺正使，并取元日，随京官例，序立便见，通事舍人奏知，其表直送四方馆。元日仗下候一时同进。④

也就是说，天宝六载（747）以后，规定诸道的元日贺正表先直接送至四方馆，经通事舍人整理后再进呈皇帝。再者，《旧唐书》卷一二《德宗本纪》建中元年正月条，有如下记载：

> 常参官、诸道节度观察防御等使、都知兵马使、刺史、少尹、畿赤

---

① 《唐六典》卷九："通事舍人十六人，从六品上。"
② 五代孙光宪《北梦琐言》卷二〇也可看到"唐四方馆主王郡尚书"的记载。
③ 《唐会要》卷五三《杂录》。
④ 参见《通典》卷七〇《礼三〇》元正冬至朝贺条。《唐会要》卷二四《受朝贺》略同。

令、大理司直评事等，授讫三日内，于四方馆上表让一人以自代。其外官委长吏附送其表，付中书门下。每官阙，以举多者授之。①

常参官以及地方的节度使、刺史等，推荐接替自己的候选人的表章也要提交到四方馆。

据这些记载，四方的表章与其说是从外国来的奏表，不如说是以国内的四方——诸道、诸蕃的奏表为主。外国使节的表章因是中书侍郎自己接收，所以至少在这里所说的四方并不仅限于外国，也包含国内各地方之奏表。从前揭看到的通事舍人的职责"凡四方通表，华夷纳贡，皆受而进之"那样，这里的四方明确包含华和夷两方面。不用说，这所依据的就是以"天下一家"为中心的传统华夷思想。②但在这里，说到底，四方馆的性质是接受来自四方的各类表章和纳贡的机构。

另一方面，关于四方馆是外国使节住宿设施的记载，笔者所见文献当中只能看到一例。反而，四方馆通事舍人去鸿胪寺探望外国使节的记载常能看到。举一例来说，《册府元龟》卷九七一云："（开元五年）十月，日本国遣使朝贡，命通事舍人就鸿胪宣慰。"③如果四方馆是外国使节的住宿设施，通事舍人不可能特意到鸿胪（客馆）慰问外国使节。从这则内容来看，四方馆明确不是迎宾馆。另外，从四方馆的地理位置来说，鸿胪寺、鸿胪客馆同一块土地上，中书外省、四方馆、右千牛卫、右监门卫、右卫这五个机关从东到西挤在一起④，四方馆是外国使节的住宿设施几乎没有可能。

总之，通过以上考察，可得出如下结论：四方馆并非外国使节的住宿设施，而是隶属于中书省，仅仅是办理四方上表、纳贡的官署而已，将其视为迎宾馆是不恰当的。

原载石晓军：《隋唐外務官僚の研究——鴻臚寺官僚、遣外使節を中心に》，

东方书店，2019年

（石晓军，日本姬路独协大学教授；陈海冰，日本龙谷大学文学研究科研究生）

---

① 《唐会要》卷二六《举人自代》建中元年正月五日敕文条，略同。
② 关于唐代华夷思想的特征，请参见拙稿《古代中国の華夷思想及び東伝の研究》（富士ゼロックス小林節太郎纪念基金刊，1995年8月）第一章第五节。
③ 《册府元龟》卷九七一《外臣部·朝贺四》。
④ 《长安志》卷七；《唐两京城坊考》卷一。

唐代长安的佛教仪式

[日]中田美绘 著 王若宾 译

序言

在唐的都城长安，举行过基于儒教、道教以及佛教的各种仪式。在中国，佛教虽然是外来宗教，但自东汉传入以后，其在社会层面上广泛渗透，已为各个阶层的人们所接受。隋唐时期的长安，拥有大规模伽蓝的寺院多达一百余座。可以说，长安就是"佛教之都"[1]。寺院除了举行俗讲之外，还举行其他各种佛教仪式，如祈祷、为击退外敌与镇压内部叛乱而带有浓厚政治色彩的法会等活动。另外，也有将长安郊外的法门寺与长安宫廷和城内各寺院联动起来的大规模仪式，像佛舍利供养活动等。除此之外，也存在将寺院作为与外国缔结盟约的外交场所使用的情况。[2]总之，寺院担负着各种各样的职责。

在唐长安的各种佛教礼仪中，本文之第一节关注与皇帝和宫内人士关系密切的章敬寺，并介绍在那里举行的仪式。第二节则以长安定期实施的佛舍利供养活动为例，进行讨论。另外，第一、二节还会涉及对与此相关的世俗权力的讨论。

一、章敬寺

（一）章敬寺与皇帝

章敬寺是设在长安城外的寺院，位于长安城通化门外东侧的龙首渠旁的形胜之处。其与大明宫一并处于利用夹城、交通便利的位置。章敬寺是宦官鱼朝恩捐赠庄园为代宗生母章敬皇后追福所建的寺院，从代宗大历二年（767）着手建设，同年末或第二年完成。据《长安志》卷一〇记载，章敬寺是由4130间、48院组成的

---

[1] 妹尾达彦：《長安の都市計画》，讲谈社，2001年，第167—169页。
[2] 如永泰元年和大历二年时，唐与吐蕃在兴唐寺结盟（《资治通鉴》卷二二三、二二四，《册府元龟》卷九八一、九九八等）。

大规模建筑群。①章敬寺虽然位于城外，但并不孤立。惠林、元盈、有则等属于章敬寺的僧侣，他们前往城内的保寿寺、大兴善寺处讲经（见《代宗朝赠司空大辨正广智三藏和上表制集》卷二、卷三、卷六），与城内的各寺院一起活跃在长安佛教界。

代宗皇帝与章敬寺之间有很强的关联性。例如，大历三年（768）春正月，代宗行幸章敬寺，度僧尼千人；同年七月，宫内向章敬寺赐下了"盂兰盆"（《资治通鉴》卷二二四、《册府元龟》卷五二）。另外，在大历四年的代宗生日这天，百官在此寺举办了佛事（《册府元龟》卷二）。这些与皇帝相关的活动频繁在章敬寺进行。另外，也有全国各地的名僧大德在大历年间奉敕命齐聚章敬寺的记载（《宋高僧传》卷一〇《唐雍京章敬寺怀晖传》）。而后继位的德宗，也支持章敬寺。例如《册府元龟》卷一一四所载，其于贞元三、七、八年的七月，曾行幸至此。另外，据说德宗被授予菩萨戒的地方也是章敬寺。②

章敬寺还承担了佛教活动以外的职能。例如，被任命为许州节度使的李光颜前往军镇时，穆宗皇帝御临通化门，赐"锦彩、银器、良马、玉带"等，宰相等百官在章敬寺为其饯行（《旧唐书》卷一六一《李光颜传》等）。长庆元年（821）太和公主下嫁回鹘时，穆宗御临通化门，让百官在章敬寺前列队。仪卫也很盛大，吸引全城人前往观看（《旧唐书》卷一九五《回纥传》等）。会昌三年（843）二月，公主回国之际，根据皇帝诏令，宰相率领百官在章敬寺前迎谒（《旧唐书》卷一八《武宗本纪》、《资治通鉴》卷二四七）。

（二）章敬寺与宦官

唐代后半期，宦官掌握禁军，对中央政治有着很大的影响力；同时，宦官与佛教势力相结合，使自身的势力不断增强。章敬寺是以鱼朝恩为首的宦官和寺院结合的显著例子。因此，关于与章敬寺相关的各种仪式，即使是在皇帝的敕命下实施的，也要考虑与宦官有关的可能性。

鱼朝恩得到代宗的信赖而被重用，也曾在人前论及时政，凌辱宰相（《资治通鉴》卷二二四）。当时的宰相元载和王缙均为热心佛教的信徒，他们对政敌鱼朝恩

---

① 以上有关章敬寺的信息，参见小野胜年：《中国隋唐长安·寺院史料集成（解说篇）》，法藏馆，1989年，第112—113页。

② 《宋高僧传》卷一六《唐京师章信寺道澄传》。原文中"章信寺"应该是"章敬寺"的误记。参见塚本善隆：《唐中期の净土教——特に法照禅师の研究》（《塚本善隆著作集》第四卷），大东出版社，1976年，第248—249页。

建设寺院并以此为基础扩大势力的活动十分警觉。《资治通鉴》卷二二四曾记载：大历四年春（769），"正月丙子，郭子仪入朝，鱼朝恩邀之游章敬寺。元载恐其相结，密使子仪军吏告子仪：'朝恩谋不利于公。'"郭子仪是在安史之乱中立下大功的名将。鱼朝恩原本就非常嫉妒郭子仪，甚至想陷害郭子仪（《旧唐书》卷一八四《鱼朝恩传》）。鱼朝恩邀请郭子仪到章敬寺，不仅仅是为了炫耀自己的权力，可能也有与郭子仪联合对抗宰相的意图。正因为如此，元载才担心郭子仪被鱼朝恩邀请到章敬寺。

在与宰相的对立中，鱼朝恩在大历五年（770）被诛杀。但是，宦官和章敬寺的联系似乎没有改变，章敬寺的沙门有则为宦官周惠和第五玄昱撰述墓志铭就表明了这一点。① 德宗时期章敬寺与宦官的勾结，可以从宦官与章敬寺悟空和法照等僧侣的交往关系中得到确认。悟空，俗名车奉朝。玄宗天宝九载（750），在罽宾的大首领萨婆达干和僧侣舍利越魔朝贡之际，身为唐朝官员的悟空作为答礼使节的随员被派到了罽宾。悟空因病留在犍陀罗，之后在克什米尔受戒。贞元六年（790）二月，悟空回到长安，他向唐皇帝献上了从罽宾的舍利越魔处获得的佛典和释迦牟尼牙舍利等信物。之后，通过窦文场的上奏，居住在了章敬寺。② 当时，窦文场作为中央禁军神策军的指挥官，被委以军事。而且，从贞元四年（788）左右开始，神策军的指挥官兼任管辖长安佛教界的左右街功德使一职，所以此时窦文场也是左街功德使。③ 不难想象，在广域范围内旅行的悟空得到了详细的国际情报。这个时候唐朝正注视着势力扩张的吐蕃的动向，从主持长安防卫工作的指挥官窦文场的立场看，悟空拥有的最新信息极其重要。另外，迎接经过修行从西方归来的僧侣，也有利于提高章敬寺的名声。

法照是与道绰、善导并列的净土教僧侣，在南岳创立了五会念佛，经过五台山、太原的佛教活动后，在大历末或德宗时期以长安的章敬寺为根据地继续活跃。④ 在《广清凉传》卷中的"法照和尚入化竹林寺"中记载了在传法活动这一背景下，

---

① 关于墓志的出处，参见气贺泽保规编：《新版唐代墓志所在综合目录》（增订版），汲古书院，2009年，编号4120、4124。

② 小野胜年：《空海の将来した〈大唐贞元新訳十地等経記〉——〈悟空入竺記〉のこと》，《密教文化》1984年第148号。

③ 关于功德使制度的变迁，参见塚本善隆：《唐中期以来の長安の功徳使》（《塚本善隆著作集》第三卷），大东出版社，1975年；室永芳三：《唐長安の左右街功徳使と左右街功徳巡院》，《长崎大学教育学部社会科学论丛》1980年第30期。

④ 参见塚本善隆：《唐中期の浄土教——特に法照禅師の研究》（《塚本善隆著作集》第四卷），大东出版社，1976年，第325—368页。

法照与宦官相勾结的内容:

> 德宗皇帝贞元年中,有护军中尉邠(宾)国公扶风窦公,施敕赐三原县庄租赋之利。每皇帝诞圣之日,于五台山十寺普通兰若,设万僧供,命司兵参军王士詹,撰述刻石记纪颂,其词略曰:弥陀居西国,照师宗焉,帝尧在位,邠公辅焉。是知佛宝国宝,殊躅而同体也。

据此,每次在德宗生日的这一天,名为"护军中尉邠国公扶风窦公"的施主,都会在五台山的十寺等地设置万僧供。这个"护军中尉"指的是神策军的指挥官。即神策军护军中尉。①窦公是指窦文场。另外,这篇委令王士詹撰写的文章,列举阿弥陀佛和法照、德宗和窦文场,分别对应佛宝与国宝,对净土佛教界的法照和朝廷的窦文场进行了对比和赞扬。②虽然具体的联系不清楚,但两者之间应存在某种交流。

(三)盂兰盆会和章敬寺

代宗大历三年(768),长安举行了盛大的盂兰盆会。而这与章敬寺也有关系。关于盂兰盆会,作为其经典依据的《盂兰盆经》(竺法护译)中这样说:如果人们想把现世的父母和过去七生中的父母从死后的痛苦世界中解救出来的话,就要在举行自恣(雨安居结束时举办的活动)的七月十五日这天,把美味的食物放于"盆"中,施供给前来参加自恣活动的十方僧侣。③

根据《荆楚岁时记》(南北朝宗懔撰)的记载,僧尼以及世俗之人准备"盆"来供奉诸佛。从这里可以看出,中国从6世纪左右就已经设盂兰盆会了。另外,从《法苑珠林》卷六二"祭祠篇·献佛部"可以看出,唐初在盂兰盆会时,国家会向

---

① 宦官被委任为神策军指挥官这件事,在兴元元年(784)十月。护军中尉称号的设立,在贞元十二年(796)。参见何永成:《唐代神策军研究——兼论神策军与中晚唐政局》,台湾商务印书馆,1990年,第17页。

② 参见塚本善隆:《唐中期の净土教——特に法照禅师の研究》(《塚本善隆著作集》第四卷),大东出版社,1976年,第313—314、358页。

③ 佛典的解释依据的是辛岛静志先生的研究(The Meaning of Yulanpen—"Rice Bowlon" Pravāraṇā Day, in *Annual Report of The International Research Institute for Advanced Buddhology at Soka University*, Vol XVI, 2013, p. 183)。另外,根据辛岛先生的研究,盂兰盆节并不是以前所说的"倒悬"的意思,而是"盛饭的钵"。竺法护所译《盂兰盆经》不是伪经,而是一部由印度原著翻译而来的经典。参见辛岛静志:《盂兰盆节之意——自恣日的"饭钵"》,《中华文史论丛》2014年第114期。

西明寺、慈恩寺等大寺院送去供奉品和乐人。①据说，在武则天如意元年（692）的洛阳，从宫中取出盂兰盆送到城内的佛教寺院，武则天和百官观赏了盂兰盆会。②大历三年的盂兰盆会是这项活动的延续。

> 代宗七月望日于内道场造盂兰盆，饰以金翠，所费百万。又设高祖已下七圣神座，备幡节、龙伞、衣裳之制，各书尊号于幡上以识之，舁出内，陈于寺观。是日，排仪仗，百僚序立于光顺门以俟之，幡花鼓舞，迎呼道路。岁以为常，而识者嗤其不典，其伤教之源始于缙也。（《旧唐书》卷一一八《王缙传》）

在七月十五日这一天，于宫中的佛教内道场制作了豪华的盂兰盆，并设置了从唐朝的高祖到前代肃宗的七圣神座，将各皇帝的尊号写在幡上，从宫中取出至寺院和道观巡展。这个盛大的佛教仪式成了每年的例行活动。"识者嗤其不典"，表明对这个仪式秉持厌恶态度的人也是有的。另一方面，根据《资治通鉴》卷二二四的大历三年（768）七月条所载：

> 丙戌，内出盂兰盆赐章敬寺。设七庙神座，书尊号于幡上，百官迎谒于光顺门。自是岁以为常。

从宫中请出的盂兰盆被送到了章敬寺。③章敬寺是为供奉代宗生母而建设的寺院，这样做恐怕是为了合于七圣，而为亡母赐盂兰盆。根据《旧唐书》和《资治通鉴》的记载可知，大历三年的盂兰盆会是与宫中的内道场、城内的寺院道观，以及刚完成不久的章敬寺相关的法会。④虽然这些记载中并不能确认有鱼朝恩的名字，但如果考虑到他是章敬寺的施主，那么他就有可能为了将内道场的盂兰盆会和章敬寺

---

① 参见大谷光照：《唐代の仏教儀礼》，有光社，1937年，第23—30页；中村裕一：《中国古代の年中行事》第三册《秋》，汲古书院，2010年，第187—215页。

② 另外，《唐六典》卷二二"中尚署"载："（七月）十五日，进盂兰盆。"开元年间，中尚署也制作了盂兰盆，这恐怕是要被运到宫中的内道场等处举办盂兰盆会用。参见大谷光照：《唐代の仏教儀礼》，有光社，1937年，第23页；中村裕一：《中国古代の年中行事》第三册《秋》，汲古书院，2010年，第211页。

③ 《册府元龟》卷五二《帝王部·崇释氏》载大历三年七月赐章敬寺盂兰盆一事。

④ 有关大历年间盂兰盆会的记载，见成于《旧唐书》《资治通鉴》之后的《隆兴佛教编年通论》[隆兴年间（1163—1164）]卷一七："大历元年七月壬午，始作盂兰盆会于禁中，设高祖太宗已下七圣位，备銮舆建巨幡，各以帝号标其上，自太庙迎入内道场，铙吹鼓舞旌幢烛天。是日立仗百僚于光顺门迎拜导从，自是岁以为常。"此处加入了有关太庙的新情况。另外，该史料记载举办时间为"大历元年七月壬午"，而因为大历改元是在十一月，所以七月的时间点是永泰二年。还有，是年的七月壬午是二十九日，不是盂兰盆节的十五日。另一方面，咸淳年间（1265—1274）的《佛祖统纪》卷四一也有太庙的信息，内容与此极为相似，但记为大历三年七月举办。

联系起来而进行了某些活动。

那么,这个在大历三年由宫廷主导而举行的盛大的盂兰盆会,在那之后真的成了例行活动了吗?根据《旧唐书》卷一二《德宗本纪上》记载,建中元年(780)停止了从宫中请出盂兰盆的活动,没有让僧侣在内道场举行盂兰盆会。这与登基之初的德宗采取的抑制佛教政策有关。但是,作为后世的史料,元代的《释氏稽古略》中有"贞元二年复作盂兰盆会,依代宗时"的记载,即贞元二年(786)时,和代宗朝一样的盂兰盆会又被复活了。虽然本史料的出处不明,但《册府元龟》卷一一四记载,贞元三年七月丙寅(十五日)这一天,德宗行幸章敬寺,从日期上判断可能与盂兰盆会有关,故而存在复活与代宗朝相同的盂兰盆会的可能性。①

二、长安佛舍利供养

唐代长安城实施的佛舍利供养活动,是以联动西安(长安)以西约120公里处的法门寺(陕西省扶风县)和长安城的形式进行的。1987年夏,法门寺院内坍塌的古塔下发现了大量的唐代金银器和舍利函中的佛舍利,此事一下子引起了人们的关注。同时,还发现了《大唐咸通启送岐阳真身志文》(以下简称《真身志文》)、《监送真身使随真身供养道具及恩赐金银宝器衣物帐》(以下简称《衣物帐》)等碑文,这使得我们可以了解到懿宗咸通十四年(873)唐代最后一次佛舍利供养的细节。

法门寺(又叫阿育王寺或圣朝无忧王寺),位于岐山以南的岐阳,其成立时间被推定为6世纪中叶的西魏时期。岐州刺史拓跋育在北周鲜卑宇文氏的圣地岐阳设立阿育王寺一事,被认为是表明了拓跋育与宇文氏政权的合作态度。②唐太宗贞观五年(631),岐州刺史张亮将佛舍利请出并供奉,于是同法门寺佛舍利有关的活动开始多了起来。此后,三十年一度开舍利塔取出舍利的所谓"三十年一开"的原则被固定下来,高宗、武则天、肃宗、德宗、宪宗、懿宗朝都实行过。佛舍利借此机会得以取出后,又被从法门寺运到长安(洛阳),在宫廷内外举行法会,向大众公开。

---

① 虽然不是章敬寺,但可以确认元和十五年(820)秋七月乙卯(十五日),穆宗前往安国寺的盂兰盆会(《旧唐书》卷一六《穆宗纪》)。
② 气贺泽保规:《扶风法門寺の歴史と現状——仏舎利の来た寺》,《佛教艺术》1988年总第179期;气贺泽保规:《中国法門寺成立をめぐる一考察》,《富山大学教养部纪要(人文・社会科学篇)》,1990年,第23—31页;气贺泽保规:《法門寺出土の唐代文物とその背景——碑刻〈衣物帳〉の整理と分析から》,见《中国中世の文物》,京都大学人文科学研究所,1993年。

然后，舍利与供奉品一起被送回寺庙，安置在地宫中。①

关于唐代法门寺的佛舍利供养，已经有了丰富的研究成果。②在此基础上，本文将在适当补充史料的同时，作一概观，并特别关注仪式的参加者。

（一）唐前半期——高宗、武则天

继太宗贞观五年之后，高宗显庆五年（660）法门寺的舍利被运到长安、洛阳进行供养。但是，这个时候武则天掌握实权，代替高宗开始处理政务，所以实际上可以视为武则天在对将来的局面积极进行准备。③接下来举办仪式的时间点是武则天长安四年（704），法藏等人被派遣迎接舍利，第二年正月舍利被正式迎入洛阳的明堂。但是，紧接着发生了政变，武则天退位，舍利没有被奉还。根据《宋高僧传》卷一四《唐京师崇圣寺文纲传》，中宗景龙二年（708），舍利终于被送回法门寺。关于当时的情况，在塔基西南地下发现的石函铭文中记载，景龙二年二月十五日中宗和韦后与温王（李重茂）、长宁、安乐公主等人将头发放入石函，并供奉在塔下。④众所周知，韦后和武则天一样在政界掌握着权力。由此可见，唐前期皇后、公主等宫中女性对佛舍利有着高度的关注。另外，从"三十年一开"的原则来说，接下来实施的时间点应该是730年前后的玄宗朝，但是并未得到确认。⑤

---

① 气贺泽保规：《扶風法門寺の歷史と現狀——仏舍利の来た寺》，《佛教艺术》1988年总第179期；气贺泽保规：《法門寺出土の唐代文物とその背景——碑刻〈衣物帳〉の整理と分析から》，见《中国中世の文物》，京都大学人文科学研究所，1993年。

② 先行研究有气贺泽保规先生的论考和《美術史料として読む〈集神州三宝感通録〉——釈読と研究（3）》等的详细研究，本稿对这些内容多有参考。中国学界对法门寺的研究成果，由于篇幅的关系，本文只举了直接引用的内容。关于中国学界的研究，请参见气贺泽保规先生的研究中提到的内容。

③ 气贺泽保规：《扶風法門寺の歷史と現狀——仏舍利の来た寺》，《佛教艺术》1988年总第179期，第100—101页。

④ 气贺泽保规：《扶風法門寺の歷史と現狀——仏舍利の来た寺》，《佛教艺术》1988年总第179期，第93页；气贺泽保规：《法門寺出土の唐代文物とその背景——碑刻〈衣物帳〉の整理と分析から》，见《中国中世の文物》，京都大学人文科学研究所，1993年，第586—587页；韩金科编：《法门寺文化与法门学》，五洲传播出版社，2001年，第567—568页。

⑤ 从塔基地宫前室发现了开元二十九年（741）二月三日的带有铭文的石函，但没有奉纳者的记载，详细情况不得而知。参见新潟县立近代美术馆、朝日新闻社、博报堂编《中国正仓院：法门寺地下宫殿的秘宝"来自唐皇的礼物"展图录》（1999年，第52页）。即使没有举行过官方的佛舍利供养，也有可能进行过某些私下层面的供养。

（二）唐后半期——肃宗、德宗、宪宗、懿宗

肃宗上元元年（760）举行的舍利供养活动的特征之一，就是宦官的参与。[1]肃宗时期的宫中，张氏皇后和宦官李辅国都很有实力，两者逐渐对立，直至肃宗朝末期宦官获胜。宦官参与肃宗朝举行的舍利供养活动标志着他们逐渐过渡到了掌握权力的阶段。而且，在约百年后的唐代最后一次佛舍利供养，即懿宗咸通十四年的活动中，根据《真身志文》和《衣物帐》的记载，俗家的参与者中以当时担任枢密使的杨复恭为首的宦官占绝大多数，出家人可以确认的有左右街僧录[2]（隶属于左右街功德使，僧侣担任）及其以下的僧官等。[3]而且，从这时留在地宫内的刻文看，除了右神策军使、右神策军营田使兼观察御史、神策军护军中尉之外，亦有内诸司使的内弓箭使和内庄宅使等神策军相关人员和宦官的参与。[4]那么，在肃宗和懿宗之间的德宗朝与宪宗朝的供养活动中，能看到什么样的参加者？

在德宗贞元六年（790）的舍利供养活动中，正月先将舍利迎入宫中，继而送至长安城内诸寺处向公众展示，后于二月八日，由"中使"即宦官送还法门寺（《资治通鉴》卷二三三）。据《册府元龟》卷五二记载，"左神策行营节度使凤翔尹邢君"负责迎接奉还舍利并将其埋回原处。神策军由中央禁军和外镇组成，神策行营节度使被认为是由外镇担任的。[5]邢君牙是贞元三年（787）成为凤翔尹、凤翔陇州都防御观察使的，并且不久后便被任命为右神策行营节度凤翔陇州观察使（《旧唐书》卷一四四《邢君牙传》）。综上所述，在德宗朝的佛舍利供养活动中，神策军和宦官的参与也可以得到确认。另外，第一节（二）中提及的悟空，他为将舍利带到法门寺，于贞元六年二月返回长安。如前所述，僧侣悟空通过中使段

---

[1] 气贺泽保规：《唐法門寺咸通十四年（八七三）舍利供養をめぐる一考察——あわせて法門寺〈真身誌文〉碑の検討》，《骏台史学》1996年第97期，第46页。

[2] 关于左右街僧录，参见山崎宏：《中国中世仏教の展開》，法藏馆，1971年；室永芳三：《唐長安の左右街功徳使と左右街功徳巡院》，《长崎大学教育学部社会科学论丛》1980年第30期。

[3] 气贺泽保规：《法門寺出土の唐代文物とその背景——碑刻〈衣物帳〉の整理と分析から》，见《中国中世の文物》，京都大学人文科学研究所，1993年，第603—606页；气贺泽保规：《唐法門寺咸通十四年（八七三）舍利供養をめぐる一考察——あわせて法門寺〈真身誌文〉碑の検討》，《骏台史学》1996年第97期，第45—55页。

[4] 韩金科编：《法门寺文化与法门学》，五洲传播出版社，2001年，第378—402页；王寿南《唐代的宦官》，台湾商务印书馆，2004年。

[5] 何永成：《唐代神策军研究——兼论神策军与中晚唐政局》，台湾商务印书馆，1990年，第47—53页。

明秀向德宗献上由罽宾的舍利越魔三藏托付的佛祖真身牙舍利。[1]这件事发生的时间与法门寺供奉佛舍利的时间相吻合，此时，长安对佛舍利的兴趣肯定会变得更加浓厚。

宪宗元和十四年（819）的舍利供养活动，发端于前一年功德使向皇帝上言一事。宪宗于十三年十二月一日派遣中使前往法门寺，十四年正月在长安迎接佛舍利（《唐会要》卷四七、《资治通鉴》卷二四〇、《册府元龟》卷五二）。当时，功德使通常由神策军护军中尉兼任，因此此时的功德使被认为是由梁守谦和吐突承璀[2]（或其中一位）担任。据《册府元龟》卷五二记载，僧侣惟应等人前往法门寺，中使杜英琦被任命为监督的角色。此外，该记录还写道"又命中使领禁兵，与僧徒迎护，开光顺门以纳之，留禁中二日[3]，乃送京城佛寺"。中使率领"禁兵"与"僧徒"一起迎护舍利入宫，供养期间舍利在城内佛寺公开展示。这里所说的中使应该是宦官杜英琦。如果"禁兵"是由宦官所率领的，那么就很有可能是神策军。

关于中使杜英琦，在西安市发现的其人墓志中，也可以确认他参加了元和的佛舍利供养。[4]根据墓志记载，杜英琦被选为舍利供养使者的理由是"性不喜欢腥膻，志存每正直。护持舍利，公非谁志"，杜英琦是适合迎接舍利的人选。被选为迎接使者是一件光荣的事情。此外，墓志中也记载"僧录惟应、法师端甫"参与了佛舍利供养活动。惟应的参与，在如前所述的资料中也能得到确认。端甫是被德宗召唤到长安的高僧，之后作为顺宗、宪宗的顾问而频繁出入宫中。[5]惟应的头衔"僧录"应该是"左右街僧录"中的"左"或"右"之一。之前看到的咸通年间的佛舍利供养活动，也有宦官及左右街僧录的参与，那么元和十四年的活动中应该也有宦官及其属下的僧录参加。

在元和十四年的佛舍利供养活动中，值得注意的是被称为"护国真身塔"的舍利塔（《唐会要》卷四七、《册府元龟》卷五二、《旧唐书》卷一六〇《韩愈传》）。功德使在上奏中曾说，如果实施舍利供养活动，在丰年人们就会获得安

---

[1] 悟空带来的真身舍利，随后被存放在长安城内的荐福寺或兴福寺（《入唐求法巡礼行记》会昌元年二月八日条）。参见小野胜年：《入唐求法巡礼行记の研究》卷三，铃木学术财团，1967年，第362—364页。

[2] 王寿南：《唐代的宦官》，台湾商务印书馆，2004年，第79页。

[3] 《唐会要》《资治通鉴》作三日。

[4] 景亚鹂：《新见唐代宦官〈杜英琦墓志〉疏证》，《文博》2014年第3期。

[5] 关于端甫的传记史料有《唐故左街僧录内供奉三教谈论引驾大德安国寺上座赐紫大达法师玄秘塔碑并序》（《唐文粹》卷六二、《金石萃篇》卷一一三、《全唐文》卷七四三）和《宋高僧传》卷六《唐京师大安国寺端甫传》。另外，端甫在元和二年至十一年担任左街僧录的职位。参见山崎宏：《中国中世仏教の展開》，法藏馆，1971年，第639—645页。

宁。肥田路美指出，佛舍利与王权有着不可分割的关系，为政者供养舍利，意味着实现和保证人民获得现世和来世的幸福与利益。①正是因为对舍利有着这样的认识，所以借由其给人们带来平安和安宁的意味，舍利被冠以"护国"之名。另外，在内乱和吐蕃势力扩张等内外不稳定状况下的8世纪后半期的代宗、德宗朝，《仁王护国般若波罗蜜多经》《大乘理趣六波罗蜜多经》等护国要素很重的佛典在长安被翻译，佛教对"护国"的关切增强了。受此潮流影响，法门寺的舍利也许同样被寄予了"护国"的期待。唐朝后半期，长安佛教这样的"护国"活动，是在皇帝的命令下进行的。在此背景下，宦官势力的存在是不能忽视的。

然而，舍利供养并没有受到长安所有人的欢迎。有个显著的例子，就是儒家官僚韩愈，强烈反对元和十四年的舍利供养活动，并写作了《论佛骨表》②一文。韩愈批评舍利供养活动的要点在于，信奉佛教的王朝都是短命的，佛教是夷狄的教义，等等。

像韩愈一样，从儒教复兴的立场出发，强烈反对供养舍利的佛教，这与武宗朝的会昌废佛（842—845）有关。根据《入唐求法巡礼行记》的记载，会昌三年（843）六月，韦宗卿进贡的佛典被烧毁，当时所出敕文就提到佛原是"西戎之人"。这种对夷狄、西戎等异族出身者的反对，从会昌废佛不仅反对佛教，还弹压摩尼教、景教、伊斯兰教、袄教在内的其他外来宗教这件事上就可以看出。安史之乱以降，由于围绕唐朝的回鹘和吐蕃的势力增长，唐朝的疆域不断缩小，在"护国"的佛教活动变得活跃的同时，民族主义也随之高涨。840年左右，吐蕃的衰弱和回鹘的崩溃，成为国内排外的民族主义迸发的契机，包括对佛教在内的外来宗教的排斥。③除此之外，对佛教的弹压实际上也意味着削减与佛教势力结合、对唐后半期的政界具有持续巨大影响力的宦官势力。受废佛的影响，下令禁止与佛教和宦官都有很深关系的法门寺佛舍利供养和巡礼活动是必然的（《入唐求法巡礼行记》"会昌四年三月"）。

元和十四年之后的舍利供养活动，本来应该是850年左右进行，但是在废佛后的混乱中并没有实施。终于在懿宗咸通十四年举办的舍利供养，成为唐的最后一次舍利供养活动。如前所述，这次活动有很多宦官参加，延续了唐后半期舍利供养活动

---

① 肥田路美：《舍利信仰と王権》，《死生学研究》2009年第11期。
② 收录于《旧唐书》卷一六〇《韩愈传》、《新唐书》卷一七六《韩愈传》、《唐会要》卷四七《议释教上》、《韩昌黎文集》卷三九等。
③ 气贺泽保规：《絢爛たる世界帝国——隋唐時代》，讲谈社，2005年；石见清裕：《円仁と会昌の廃仏》，见铃木靖民编：《円仁とその時代》，高志书院，2009年。

的特征。据说这是比郊外祭祀更盛大的仪式（《资治通鉴》卷二五二），其中应该还包含了"护国"的愿望。此时唐朝已经开始走向衰亡，这一点不言而喻。

结语

本文首先介绍了章敬寺与宫中、城内寺院联动举办的佛教活动，还介绍了其作为公主的迎谒仪式场所而被使用的种种功能。章敬寺繁荣的背后，有着势力强大的宦官的支持。章敬寺可以说是象征唐后半期宦官势力和佛教势力结合的寺院。

长安的佛舍利供养活动是在皇帝的敕命下，为祈求丰年和人民的安宁而实施的。并且，在大部分情况下，其主要由宫中（后宫）人士积极推动，表现为唐前半期皇后、公主的参与和后半期宦官的参与。放眼唐代中央政治圈，唐前半期的武则天、韦后、太平公主等后宫女性，唐后半期的宦官势力，都有与寺院即权威僧侣相联合的背景，这种联合对朝政产生了巨大的影响力。这种情况在当时众所周知。可以看出，宫廷政治势力状况也直接反映在佛舍利供养活动相关人员的特征上。玄宗开元一代，到了"三十年一开"的时候，却没有举办舍利供养活动。这一阶段正是经过女性掌权"武韦之祸"后的改革时期，也与宦官势力崛起还不明显有关。唐代的佛舍利供养活动，不仅关乎着当时佛教信仰的特征，也为我们讲述着宫廷政治势力的变化。

原载原田正俊编：《宗教与仪礼中的东亚：交错的儒释道三教》，勉诚出版，2017年

（中田美绘，日本京都产业大学文化学部副教授；

王若宾，日本龙谷大学文学研究科佛教学专攻博士在读）

唐代长安的印刷文化
——以S.P.12和S.P.6为主要线索

[日]妹尾达彦 著 翁远方 译

前言：敦煌吐鲁番学与长安洛阳史研究

本文的目的是以S.P.12（"上都东市刁家大印具注历日卷尾断片"）和S.P.6〔"丁酉年具注历日（首缺）"〕为主要文本，探讨唐代长安印刷业的一角。同时，本文将会对与唐代的长安及洛阳的都市社会有关联的敦煌吐鲁番文书进行分析，尝试使唐代两京史的研究向更深层次发展。

敦煌吐鲁番文献虽然拥有丰富多样的可以复原唐代两京都市社会的直接性、间接性的史料，但还没有充分运用敦煌吐鲁番文书的两京史研究。关于敦煌与中原的关系，至今已有多方面的分析，但融合敦煌吐鲁番学与都城史的研究却没有太大进展。两者的研究无太大关联，呈现各自发展的状态。

关于这一点，陈国灿著、关尾史郎译《关于从长安、洛阳来到吐鲁番的唐代文书》（《东洋学报》1991年第72卷第3、4号）一文，对从西京长安与东都洛阳来到吐鲁番的文书（全部从阿斯塔那206号墓中出土）进行分析，是一篇说明了唐代两京都市社会的实际情况、具有先驱性的研究。陈国灿氏在文中相继介绍了从唐代长安的朝廷下达至西洲的诏敕、告身11件，由都城送达西州的民间文书3件（家书2件、典舍契1件），各类官文书（文官俸案2件、山陵赐物文书1件、唐事目历1件）以及长安的质库账，从而证明了研究唐两京时，吐鲁番文书具有绝对的重要性。

近年，荣新江氏依据从敦煌文书和敦煌壁画中发现的长安佛教关联的信息，对敦煌佛教界与长安佛教的密切关系进行了系统的讨论，提出了敦煌学与长安学融为一体的新视角。①今后这类分析还需要更为系统化的发展。

本文对20世纪初在敦煌发现的印刷物2件（S.P.12和S.P.6）和抄写印刷物的印刷关联文书进行分析，希望能够从中发现唐代长安印刷从业者的存在，并对长安印刷文化的一角做出说明。我认为，分析在敦煌发现的长安印刷文书，能为复原长安历史带来新的启示，也是窥见中国初期印刷史的一条重要线索。

可以断定，唐代长安印刷物和印刷关联文书，在现阶段有三种类型：（1）印刷有"上都东市大刁家大印（上都东市的大刁家的印刷）"一文与印刷从业者名字的具注历1件（S.P12，Giles 8101）；（2）记有"京中李家于东市印（京师李家在东市印刷）"一文的《新集备急灸经》残余抄本1件（P.2675）；（3）记有"上都李家印（上都的李家的印刷）"一文的《崔氏夫人训女文》的抄本数件（P.2633、P.3780、S.4129、S.5643）。

上述的（1）"上都东市大刁家大印"为印刷品，（2）《新集备急灸经》和（3）《崔氏夫人训女文》则为印刷品的复写。（1）在具注历上印刷的"上都东市"和（2）灸书中所记的"京中东市"，都为唐代都城长安东市的名称，所以分析是长安的印刷商所印刷的并无任何问题。（1）具注历和（3）训女文里的"上都"，也可认为是指长安。②

因（1）"上都东市刁家大印具注历日卷尾断片"和（2）《新集备急灸经》残余抄本，证明了在唐代长安东市里，存在过被称为"大刁家"和"李家"的长安印刷商家。（3）《崔氏夫人训女文》也是被称为"李家"的长安印刷商家所印刷，有可能与印刷了（2）《新集备急灸经》的长安东市印刷商家"李家"为同一个商家。

在先行研究的基础之上，拙稿《唐代长安东市的印刷业》（唐代史研究会报告

---

① 荣新江在日本中央大学人文科学研究所公开演讲《盛唐长安与敦煌——从俄藏〈开元廿九年（741）授戒牒〉谈起》（2007年2月22日）中已经提到了融合敦煌学与长安学的学术性展望。演讲内容的日文版见西村阳子译：《盛唐長安と敦煌——俄藏〈開元廿九年（七四一）授戒牒〉から》，见中央大学东洋史学研究室编著：《池田雄一教授古希記念アジア史論叢》，白东史学会，2008年。同稿中文版见荣新江：《盛唐长安与敦煌——从俄藏《开元廿九年（741）授戒牒》谈起》，《浙江大学学报》（人文社会科学版）2007年第3期。

② "上都东市刁家大印具注历"、《崔氏夫人训女文》中的"上都"是指唐代的长安，《新集备急灸经》残卷中的"京中东市"是指唐代长安的东市。关于这一点参考了以下论述，陈祚龙：《关于敦煌古钞李唐〈崔氏夫人训女文〉》，见《敦煌学海探珠》，台湾商务印书馆，1979年；宿白：《隋唐长安城和洛阳城》，《考古》1978年第6期；翁同文：《世界史上最早的中晚唐间长安出版商》，见《唐代研究论集》（第4辑），台湾编译馆，1992年。

集Ⅷ《东亚史的国家与地区》，刀水书房，1999年，第200—238页）对长安东市印刷商家的实际情况进行了并不娴熟的分析，并发表了对本论文修订补充后的拙稿："The Printing Industry at the East Market in the Late Tang"〔Memoirs of the Research Department of the Toyo Bunko, 2004(61), pp.1-42〕。

上述拙稿刊出的前后，学界相继公开了探讨长安印刷业的新研究。关于上述的（1）"上都东市刁家大印具注历日卷尾断片"，邓文宽氏基于所著《敦煌天文历法文书辑校》（江苏古籍出版社，1996年）正在展开新的研究。对敦煌的历文书进行分析是研究中国历法学史的一环。我听说黄一农氏现在正尝试从残缺不全的敦煌历文书中复原曾在敦煌实行的历。[①]

黄正建氏在近期著作《敦煌占卜文书与唐五代占卜研究》（学苑出版社，2001年）中，系统分析了以"上都东市刁家大印具注历日卷尾断片"为首的全部敦煌占卜文书，这是一项突破性的成就。并且，黄正建氏在张弓主编的《敦煌典籍与唐五代历史文化》（中国社会科学出版社，2006年）的"杂占章"中总结了上述所著《敦煌占卜文书与唐五代占卜研究》的研究成果，揭开了敦煌文书中占卜文书的全貌。

西泽宥综的《敦煌历学综论——敦煌具注历集成》（美装社，2004年）是一本汇总了敦煌文书中的历并尝试进行录文和注释的巨作，也是可作为今后敦煌历文书研究基础的一部力作。本文要探讨的S.P.12和S.P.6也在此作中有录文和注释。特别是S.P.6"丁酉年具注历日（首缺）"也有全文录文，并在同具注历日所记具注的各个项目上标示了简洁的注解，为今后的研究提供了基础。本文所示的录文，也是在西泽氏的研究基础之上进行的。

随着相关研究论著相继出版，以及最近几年唐代医疗史研究的盛行，对上述（2）《新集备急灸经》残余抄本（P.2675）的分析探讨有了新的可能。[②]

伊藤美重子氏和郑阿财氏的研究取得进展。通过近期的婚姻史、家族史和女性史研究，对（3）《崔氏夫人训女文》的分析更为多样化。特别是伊藤美重子的《从敦煌文书观学校教育》（汲古书院，2008年）第二部"敦煌的规范教育——童蒙教

[①] 黄一农早先就在《敦煌本具注历初探》（《新史学》1992年第3卷第4期，第1—56页）中对包括"上都东市刁家大印具注历"在内的40件敦煌具注历进行系统性分析。这为敦煌具注历文献的研究提供了基础。黄一农在《名家专题精讲系列——社会天文学史十讲》（复旦大学出版社，2004年）中，将敦煌具注历定位于秦汉至清代的中国天文学史之中。

[②] 关于《新集备急灸经》（P.2675），参考了马续兴《出土亡佚古医籍研究》（中医古籍出版社，2005年）、张弓主编《敦煌典籍与唐五代历史文化》（中国社会科学出版社，2006年）"科技章"甲医药典。

训书的世界"第四章第六节《崔氏夫人训女文》与《齖䶗新妇文》，汇总了关于《崔氏夫人训女文》传统研究的成果。

本文在吸取上述最新研究成果的基础上进行再度解析，争取定位出以上三种印刷关联文书在长安史和中国初期印刷史中的位置。但因本文的篇幅关系，无法全部论述以上三种印刷文书。本文将以上述的"上都东市大刁家大印具注历日卷尾断片"为例，与可以推定是同时期的具注历印刷品"丁酉年具注历日（首缺）"做分析比较，从而对9世纪长安的历的印刷诸问题进行分析。

一、唐代长安东市的印刷商家的具注历断片

1."上都东市刁家大印具注历日卷尾断片"（S.P.12）的定位——与S.P.6、S.P.10比较

斯坦因敦煌文书中木板编号12（S.P.12）的历书断片，为纸本，墨笔，实际尺寸长17厘米×宽7厘米。在IDP（International Dunhuang Project）的网页（http://idp.bl.uk/）中可以看到相对清晰的照片（图1）。本文将这件历书断片S.P.12统一称作"上都东市刁家大印具注历日卷尾断片"[①]。

唐代民间的历书印刷品，除了"上都东市刁家大印具注历日卷尾断片"以外，现在还存有"丁酉年具注历日（首缺）"（S.P.6）和僖宗中和二年（882）"剑南西川成都府樊赏家具注历卷首断片"（S.P.10）。这两者都是对日常生活中的吉凶和禁忌等事项做出注释的具注历。除印刷的历书以外，敦煌发现的历书约有40种。上述西泽宥综的《敦煌历学综论——敦煌具注历集成》中校正、注释了40件敦煌具注历。

其中，标明印刷地点和印刷商家的有"上都东市刁家大印具注历日卷尾断片"（S.P.12）和"剑南西川成都府樊赏家具注历卷首断片"（S.P.10），能大致判别出印刷时期的有"丁酉年具注历日（首缺）"（S.P.6）和"剑南西川成都府樊赏家具注历卷首断片"（S.P.10）。"上都东市刁家大印具注历日卷尾断片"（S.P.12）虽没有明记印刷时期，但历注的内容以及印刷的形态与"丁酉年具注历日（首缺）"（S.P.6）基本相同，所以可以推定是9世纪后期所印刷的。（图2）

同时，没有明记印刷地、印刷人的"丁酉年具注历日（首缺）"（S.P.6）也与"上都东市刁家大印具注历日卷尾断片"（S.P.12）一样，有很大的可能不是国家发行的官历，而是长安的印刷商家所印刷的民间历。"丁酉年具注历日（首缺）"

---

① 在前稿中写作"上都东市刁家大印日卷尾断片"是为了遵循旧有的名称。但本文要强调是"具注历"这一点，所以更改为"上都东市刁家大印具注历日卷尾断片"。

（S.P.6）中的各月大小、朔日干支、闰月、节气干支等，都与此历印刷成物的乾符四年（877）的官历长庆《宣明历》一致[①]。

"丁酉年具注历日（首缺）"（S.P.6）虽缺失了首部，但其宽度27.5厘米，是横向长度较长的大型历日。其内容被分成5—6段（图3）。如图4、图5、图6的录文，最上方的1段是月亮的大小与月建干支、月九宫图。第2段的小段是密日注，第3段是干支、五行、建除（十二直）。在那之下，有"六十甲子宫宿法""十二相属灾厄法""推十二得病日法""太岁将军同游日""五姓修造日""五姓种莳日""五姓安置门户井灶图""推丁酉年五姓起日""洗头日"等月相、节气，记有吉凶日的选择（选日）以及方位占卜。

对照图1、图2后便能得知，残存的"上都东市刁家大印具注历日卷尾断片"（S.P.12）的历注内容与"丁酉年具注历日（首缺）"（S.P.6）的卷尾部分几乎完全一致。"上都东市刁家大印具注历日卷尾断片"（S.P.12）中的一部分，可以由"丁酉年具注历日（首缺）"（S.P.6）的卷尾部分内容来补缺。

可以推定原本的"上都东市刁家大印具注历日卷尾断片"（S.P.12），也如"丁酉年具注历日（首缺）"（S.P.6）一般，为大型具注历的卷尾的左下方部分。从采用类似形态同型文字这一可以看出，"丁酉年具注历日（首缺）"（S.P.6）也有可能印刷于长安东市，但并未明记印刷商家的具体名字，所以现阶段还无法做出断定。或者像是"剑南西川成都府樊赏家具注历卷首断片"（S.P.10）那样，有可能印刷商家的名称不是被印刷在卷首，而是在卷尾。但"剑南西川成都府樊赏家具注历卷首断片"（S.P.10）历注的布置，与其他两者并不相同。

2. 前稿录文的补正

前稿《唐代长安东市的印刷业》刊出后，黄正建氏指出了关于"上都东市刁家大印具注历日卷尾断片"（S.P.12）录文中的有误之处。参照黄氏指正的，望于此再次书写译文。

"上都东市刁家大印具注历日卷尾断片"（S.P.12）结构上分为上、中、下三段（参见图1、图2）。上段相当于S.P.6的"周公五鼓逐□法"部分，记有与寻人寻物（走失）相关，被称为"神龟推定失法"等的占卜。中段应当是组合了八卦方位图、吉凶方位以及吉凶日的"周公八天出行图"。下端则记有"岁符日"，是基于

[①] 藤枝晃：《敦煌历日谱》，《东方学报》1973年第45册，第395页；严敦杰：《跋敦煌唐乾符四年历书》，见中国社会科学院考古研究所编：《中国古代天文文物论集》，文物出版社，1989年。

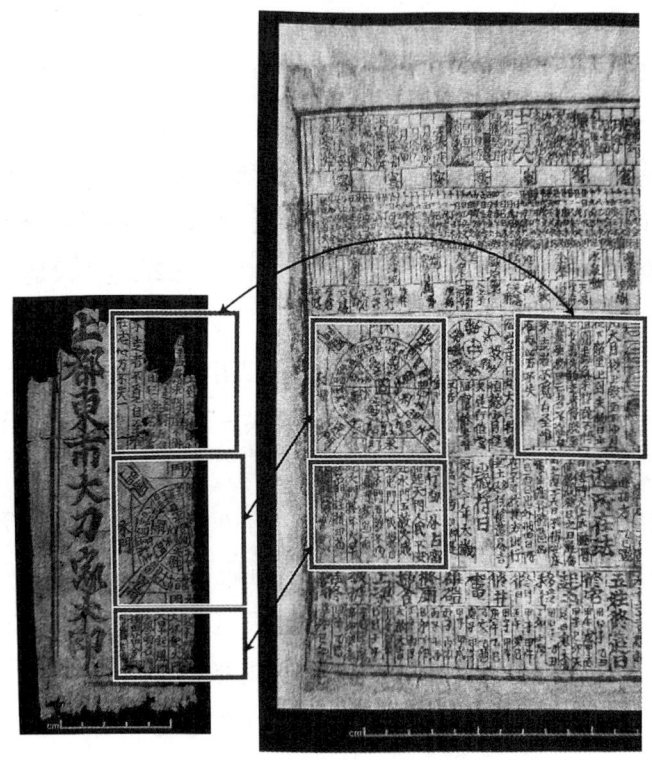

（a）"上都东市刁家大印具注历日卷尾断片"（S.P.12）　　（b）丁酉年具注历日（S.P.6）

图1　S.P.12与S.P.6的对应部分（相同比例尺下的对比）

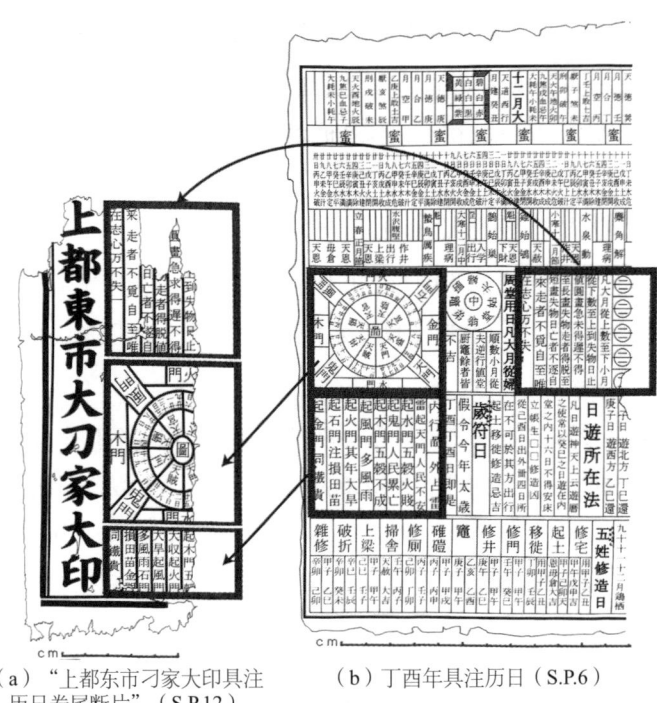

（a）"上都东市刁家大印具注历日卷尾断片"（S.P.12）　　（b）丁酉年具注历日（S.P.6）

图2　S.P.12与S.P.6拓片对比

上一段"周公八天出行图"所进行的雷占卜。①

在此，我将前稿中的录文与译文更改如下。

①图1（a）、图2（a）上段"周公五鼓逐□法"（"神龟推定失法"）

"上都东市刁家大印具注历日卷尾断片"（S.P.12）是与寻人寻物有关联的占卜。但因缺损部分较多，所以以记录了相同内容的"丁酉年具注历日（首缺）"（S.P.6）的对应部分作为参考，尝试解译。

[　　　　　]上。到失物日，止□圆画。急求得，迟不得。□□□□物走者得脱。值□□□□日。亡者不逐自来，走者不觉自至。唯在志心，万不失一。

【参考】图1（b）、图2（b）"丁酉年具注历日（首缺）"（S.P.6）的对应部分

凡大月从上数至下，小月从下数至上，到失物日止。值圆画，急未（求？）得，迟不得。至长画，失物〔日〕，走者得脱。至短画，失物日，亡者不逐自来，走者不觉自至。唯在志心，万不失。

【译】凡大月（三十日的月）从上往下数，小月（二十九日的月）从下往上数，数至失物之日。（这一天）如果正值圆画，急不可得（急求便可得？），迟也不可得。如至长横线，失物或离去的人不会回来。如至短横线，失物或离去的人，失物会自行出现，离开的人即使不求也会自行前来。只要有志心，各类事物（一个都）不会失去。

黄正建氏在《敦煌占卜文书与唐五代占卜研究》指出，可以在P.3081、P.3602V、P.4771V、P.4996、上图017、北新0884、Дx.01236中见到与此类似的占卜。黄正建氏尤其参照了P.3602V的类似文，把本占卜归为持有"神龟推定失法"这一名称的占卜的例子。

②图1（a）、图2（a）中段"周公八天出行图"

以双层圆形为核心的这份图，把它与有留下完整图形的"丁酉年具注历日（首缺）"（S.P.6）进行对照后，便能得出"周公八天出行图"，或"太岁八天出行图"。

"周公八天出行图"（"太岁八天出行图"）的圆圈内，记有天门（所求大吉）、天贼（伤害凶）、天财（百事吉）、天阳（出行平）、天宫（开通吉）、天

---

① 关于上段"神龟推定失法"，中段"太岁八天出行图"，下段"太岁八天出行图"这一说法，基于黄正建对拙稿的书评〔见荣新江主编：《唐研究》（6），北京大学出版社，2000年，第461—463页〕、《敦煌占卜文书与唐五代占卜研究》（学苑出版社，2001年）、西泽宥综《敦煌历学综论——敦煌具注历日集成》中的解释。

阴（主水灾凶）、天富（来财吉）、天盛（主窃害凶）的八种吉凶方位，以及以此方位为依据的吉凶日。这份八卦图与下一段的岁符日的内容对应。

原本这份图便是《易》的八卦方位图（文王八卦图即后天易图），圆圈的外侧依照后天易的八卦方位图所作，组合了四门（天门〈乾：西南〉、石门〈坤：西北〉、风门〈巽：东南〉、鬼门〈艮：东北〉）和五行（木门〈震：东〉、水门〈坎：北〉、金门〈兑：西〉、火门〈离：南〉）来示意八卦方位。土门在这份图的正中心。

中段的"周公八天出行图"，是参照了图1（b）、2（b）的"丁酉年具注历日（首缺）"（S.P.6）后复原的。

③图1（a）图2（a）下段雷占卜

与"丁酉年具注历日（首缺）"（S.P.6）对照后便可以得知，这个部分（缺损首部）是根据"周公八天出行图"（"太岁八天出行图"）的方位，使用雷占卜来算出此年的吉凶。①因此这里遵循黄正建氏的建议，把前稿中的"风占卜"更改为"雷占卜"。"上都东市刁家大印具注历日卷尾断片"（S.P.12）与"丁酉年具注历日（首缺）"（S.P.6）的文章当中也有差异。

[　　　]。起木门五谷大收。起火门大旱。起风门多风雨。石门损田苗。金门铜铁贵。

【译】[　　　]。如果在木门的方向（东）上有雷鸣，五谷将会丰收。如果在火门的方向（南）上有雷鸣，则会有大旱。如果在风门的方向（东南）上有雷鸣，将会多风雨。如果在石门的方向（西北）上有雷鸣，则田苗会受损。如果在金门的方向（西）上有雷鸣，铜铁的价格将会上涨。

【参考】图1（b）、图2（b）"丁酉年具注历日（首缺）"（S.P.6）的对应部分

岁符日

假令今年太岁丁酉。丁酉日即是内行图，外占□□。起天门人民不安。起水门五谷火贼。起鬼门人民累□。起木门五谷不成。起风门多风雨。起火门其年大旱。起石门□损田苗。起金门同铁贵。

【译】岁符日。按今年是太岁丁酉的年份来看，每月（？）丁酉之日在圆的内侧进行图上的占卜（？），在圆的外侧进行八卦雷□（雷法？）占卜（？）。如果天门的方向有雷鸣，则人民的生活将无法安定。如果水门的方向有雷鸣，五谷将降

---

① 《开元占经》卷一〇二中关于占雷的部分："雷起水门，流潦滂沱。雷起天门，人不安。雷起石门，蝗虫食。……雷起木门，岁大热。雷起风门，霜、禾伤。雷起金门，铜铁贵。雷起火门，夏旱。……雷起土门，五谷贱。雷起鬼门，人民常暴死。"雷占与风占一并在唐代被广为信奉。

价。如果鬼门的方向有雷鸣，人民将会相继死去。如果木门的方向（东）有雷鸣，五谷将无法成熟。如果风门的方向（东南）有雷鸣，将会多风雨。如果火门的方向（南）上有雷鸣，则会有大旱。如果在石门的方向（西北）上有雷鸣，则田苗会受损。如果在金门的方向（西）上有雷鸣，铜铁的价格将会上涨。

虽然"上都东市刁家大印具注历日卷尾断片"（S.P.12）中没有明记印刷时期，但如上述一般，其内容与历注"周公五鼓逐□法""周公八天出行图""岁符日"的内容一致，印刷的活字、形状和大小也与"丁酉年具注历日（首缺）"（S.P.6）基本相同。这暗示S.P.12与S.P.6基本是在同一时期的印刷，也可以推断出S.P.6的印刷与S.P.12一样，是在长安被印刷成品。

黄一农氏在研究敦煌独自发行的历书方面取得了进展，认为这些历书与中原地区的历书并不相同。他推断S.P.6并非敦煌发行的历，而是在中原被印刷出品。[①]黄一农氏指出其缘由：S.P.6的置闰的月份、大小及朔日干支与中原的历完全一致。关于历的天道运行方向的记载与同时期的在敦煌发行的历有所不同，但却遵守了唐代的避讳规则。

现阶段虽然无法完全证明"丁酉年具注历日（首缺）"（S.P.6）就是在长安印刷，但作为唐代印刷的历，也是现存最大的历，其与唐都长安的历有密切关系这一点却是完全可以肯定的。由此，想要理解"丁酉年具注历日（首缺）"（S.P.6），就必须对S.P.6的内容进行探讨。下面将进入考察S.P.6的特征的部分。

二、对"丁酉年具注历日（首缺）"（S.P.6）的分析

针对S.P.6，已有薮内清[②]、藤枝晃[③]、严敦杰[④]、黄一农[⑤]、邓文宽[⑥]等做过研究。如上述所说，西泽宥综氏刊出了系统化的研究之后，这项研究便迎来了一个新的阶段。西泽氏对于S.P.6的录文和注释刊载在《敦煌历学综论》B5版，初次揭开了拥有组合历和各式各样的占卜性质的S.P.6的全貌。

---

① 黄一农：《敦煌本具注历日新探》，《新史学》1992年第3卷4期，第5—6页。
② 薮内清：《隋唐历法史的研究》，三省堂，1944年，第49—52页。
③ 藤枝晃：《敦煌历日谱》，《东方学报》1973年第45册，第395—396页；藤枝晃：《文字的文化史》，岩波书店，1971年，第228—231页。
④ 严保杰：《跋敦煌唐乾符四年历书》，见中国社会科学院考古研究所编：《中国古代天文文物论集》，文物出版社，1989年，第243—251页。
⑤ 黄一农：《敦煌本具注历日新探》，《新史学》1992年第3卷4期。
⑥ 邓文宽：《敦煌天文历法文献辑校》，江苏古籍出版社，1996年；邓文宽：《敦煌吐鲁番天文历法研究》，甘肃教育出版社，2002年。

但是在西泽氏研究S.P.6的时期，在日本能阅览到S.P.6的，仅限于东洋文库的微缩胶片和英藏敦煌文献。[①]

现在任何人都能在IDP的网页上看到更为清晰的图片，可以填补一部分西泽氏的录文中并不明确的地方。同时，在大英图书馆近年的修复工程中印刷品被揭下了衬纸。印刷品的现状被复原后，S.P.6的特色也更加显现。下面将依据西泽氏的研究成果，重新指出全文录文和内容上的问题点。

图3（a）是斯坦因所见到的卷装物的S.P.6。经过长年的使用，开头和中段部分有所破损，为了修补破损部分而贴有衬纸。内衬纸上可能有拥有此历的人所写下的文字，并能看出有一些破损的部分有手写补缺的痕迹。

揭下衬纸展现出了印刷物原有的面貌，便是图3（b）。这是IDP网页上刊载的S.P.6，可由此一窥印刷品原有的状态。图3则为笔者重新录文的S.P.6。IDP网页上S.P.6破损残缺的地方，也依照西泽宥综氏的复原方案进行了补缺。从此可以看出，原本的历是雕刻在了两块大型板木上的。虽然左侧部分的板木被完好地保留下来，但右侧的板木已严重破损，缺少了开头部分，中间也因破裂导致文字缺失。为此，必须要用衬纸来保护。原本的长度超出1米，是从正月十七日到二月四日的断片。

图4、图5、图6为S.P.6录文的详细部分。S.P.6是乾符四年二月九日至十二月三十日的部分的历。这份具注的上部分注记了每一日、每一月的干支五行，下段则记有乾符四年这一年的各式各样的占卜。具注的内容样式之多，是窥见当时中原民间信仰的一级史料。下面将参照西泽氏等学者的诸项研究，来简单介绍具注的内容。

首先，此历的右端记有"凡修造动土云云"，因"修造"是指"建造"，"动土"则有"开始工事"之意，所以这里是在讲述关于建造住宅、坟墓等日期吉凶的占卜。左边圆形中写有文字，四方形的四角写有"推地囊法"的图片，注记每月建造时应该避开的干支。

[①] 中国社会科学院历史研究所、中国敦煌吐鲁番学会敦煌古文献编辑委员会、英国国家图书馆等编：《英藏敦煌文献》（第14卷），四川人民出版社，1995年，第244页。

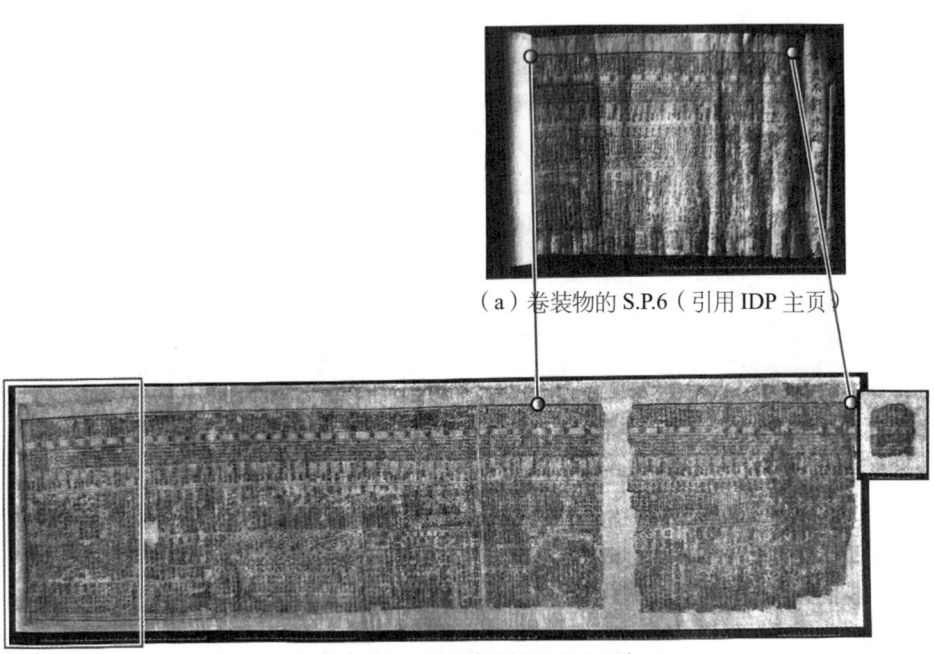

（a）卷装物的 S.P.6（引用 IDP 主页）

（b）S.P.6 全图（引用 IDP 主页）

（c）S.P.6 全图（录文）

图3　S.P.6 卷装物的原状与修复后的状态

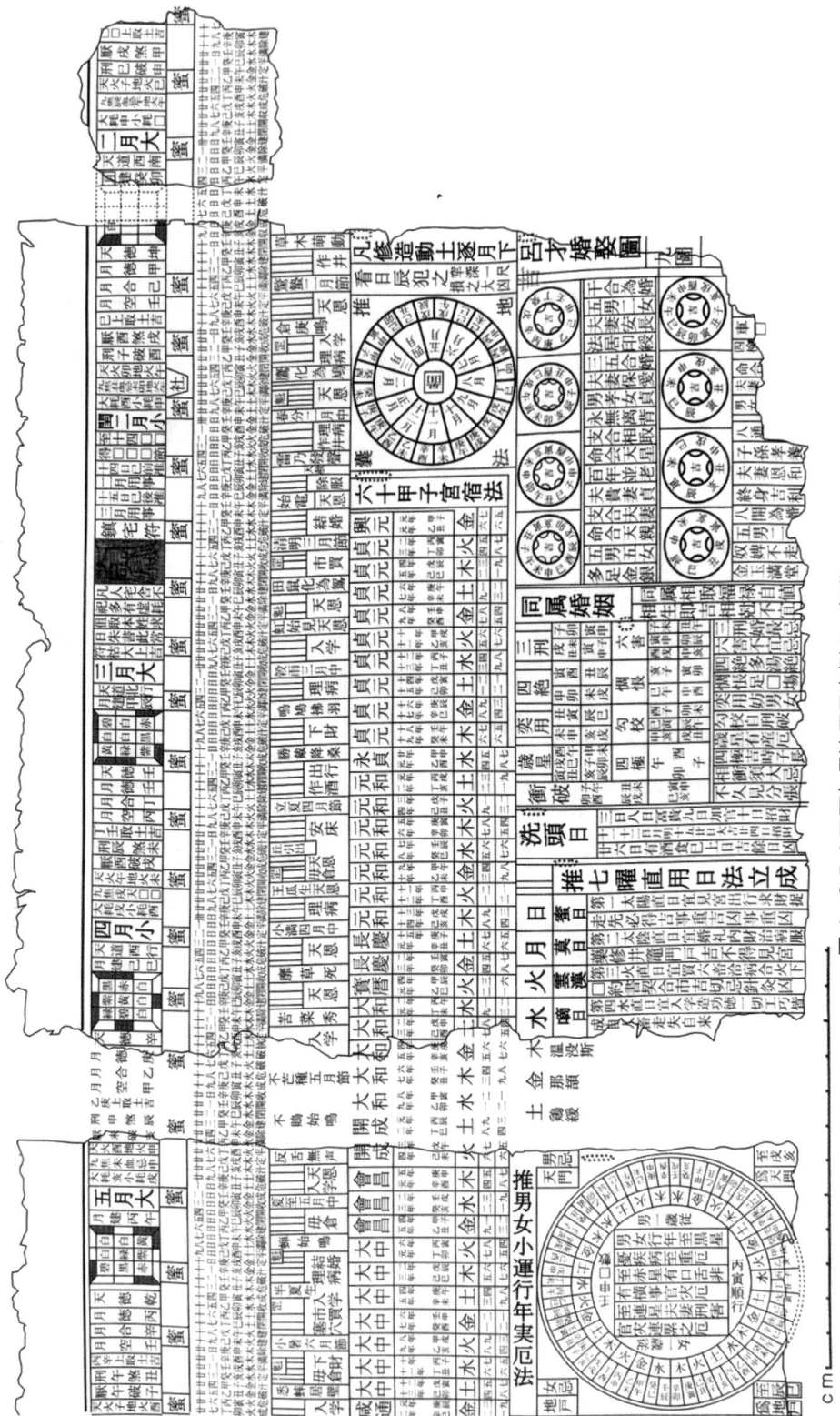

图 4　S.P.6 丁酉年具注历日右侧 1/3 部分

194 | 域外回响——从彼岸看长安

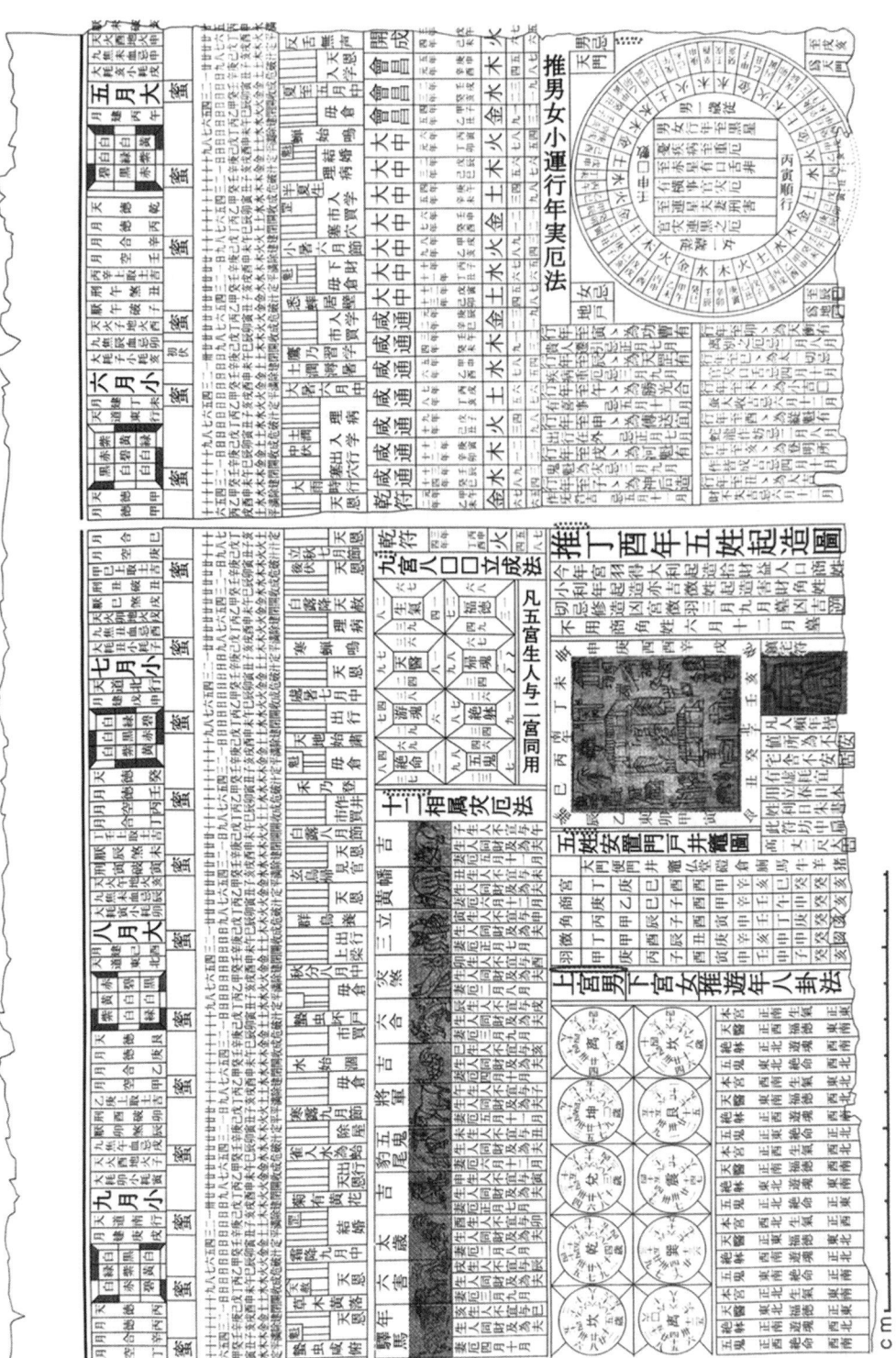

图 5 S.P.6 丁酉年具注历日中部 1/3 部分

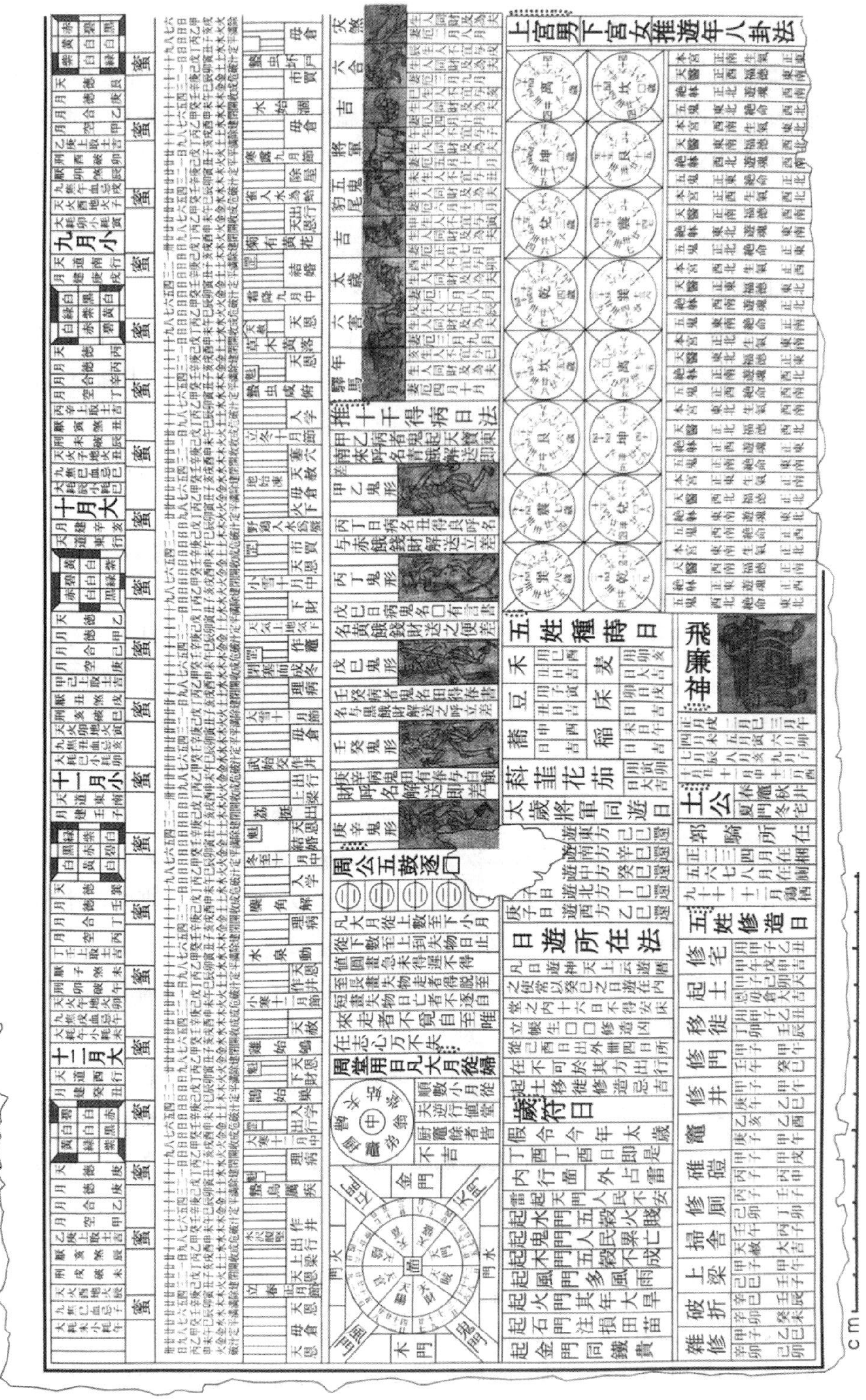

图6　S.P.6 丁酉年具注历日左侧 1/3 部分

196 | 域外回响——从彼岸看长安

"推地囊法"下方的"吕才婚姻图",是由唐代著名的术数家吕才制成,通过组合两人的干支来占卜婚姻。其左侧的被称为"三刑""六害""四绝""惆怅""奕用""勾校""岁星""四极""冲破"的婚姻即"同属婚姻","同属婚姻"意味着相互之间干支的组合。"再左侧的"洗头日"则写有洗头吉日里的吉事内容。再左侧的"推七曜直用日法立成"则是由七曜(日月火水木金土)与日(密日、莫日、云汉等)的组合来判定吉凶的占卜。

据西泽氏所言,"推七曜直用日法立成"上方的"六十甲子宫宿法"的干支有三种用法,一是作为年号年次的纪年的干支,二是纳音(对应五行的音)、五音、五姓(宫姓、羽姓、商姓、徵姓、角姓)所对应的干支,三是定下男女各自的九宫的干支。宫宿法采用了作为宫宿的九宫的方式,用于规划男女婚姻的基准。

"六十甲子宫宿法"下方的"推男女小运行年灾厄法",是用来推算男性女性各自年运前后的厄运。"推男女小运行年灾厄法"左侧的"九宫八□□立成法",正是西泽氏所复原的"九宫八卦合婚立成法",用于展示婚姻能成为吉事的搭配。

"九宫八卦合婚立成法"下方的"推丁酉年五姓起造图"显示了依据五姓推算本年建筑工事的吉凶。"推丁酉年五姓起造图"的左图展示了对应阳宅(住宅)五姓的建筑布置,名为"起造阳宅图"。其左方的"五姓安置门户井灶图"与右方的"推丁酉年五姓起造图"一起,都属于基于五姓的一种建筑占卜(宅经)。最下方的"镇宅符"为关于住宅的咒符,其中写道:立春日在五姓的利日里朱书这幅符,并挂在坊中高一丈二尺的地方,便为大吉。[①]

再回到上方,"十二相属灾厄法"表记了与出生年十二支所对应的当下一年的吉凶。下方的"上宫男下宫女推游年八卦法"中,上面的圆代表了男命宫,下面的圆则代表了女命宫,这是把一年的九宫分为男性、女性来拟定后再基于各自八卦的一种占卜。

"推十干得病日法",以病为鬼,把鬼的形状对应十干的组合分为五个种类,并分别给每个鬼起名"青饿""赤饿""黄饿""黑饿""白饿"。驱除了自己的

[①] 关于本历的宅经,陈于柱《敦煌写本宅经校录研究》(民族出版社,2007年)中已有综合分析。另参见以下资料:余欣《神道人心——唐宋之际敦煌民生宗教社会史研究》(中华书局,2006年)、余欣《博望鸣沙——中古写本研究与现代中国学术史之会通》(上海古籍出版社,2012年)、谭蝉雪《敦煌民俗》(甘肃教育出版社,2006年)、高国潘《敦煌民俗资料导论》(新文丰出版社,1993年)。

干支所对应的鬼后，便能驱走病鬼。

"推十干得病日法"下方的"五姓种莳日"，显示了禾、麦、豆、糜、荞、稻这六种谷类与蒜、韭、花、茄这四种蔬菜类的播种吉日。从这些栽培植物的种类来看，可以推测出此历主要是面向中国北方的居民。"五姓种莳日"下一段的"飞廉神"中的"飞廉"一词，是指被命名为大杀的恶神。在本历中，飞廉神像的左边记有不宜工事、移动和婚姻。再左侧的"土公"是指土地神，他所在的地方不可动土。土公春于灶夏于门秋于井冬于宅。"土公"左侧的"郭骑所在"应是根据郭骑的所在地占卜吉凶，但其内容尚不明。

"郭骑所在"的左侧有"五姓修造日"，与上方右侧的"五姓种莳日"相同，显示与五姓所对应的人在建造建筑物时的干支，住宅以下按顺序排列。"五姓修造日"上侧右方的"太岁将军同游日"遵循太岁将军的方位，显示了与出行时的方向所对应的归途的方向。

"太岁将军同游日"左侧的"日游所在法"遵循日游神的方位，显出了出行、起工、移动、修造的吉日。其中的日游神与太岁将军为不同神明，所以内容也不相同。"日游所在法"左侧是与S.P.12的内容有所重复的"岁符日"。

"岁符日"上方的"周堂用日"里有一个圆形的图，这是依据住宅堂内翁姑夫妇所站的方位推算吉凶。"周堂用日"的左方是与S.P.12相同的"周公八天出行图"。如第一节所述，"推十干得病日法"左方的"周公五鼓逐□"与S.P.12的内容有重复的部分。

如此，"丁酉年具注历日（首缺）"（S.P.6）与"上都东市刁家大印具注历日卷尾断片"（S.P.12）共同传达了9世纪末中原的历的形式，历注中所表现的民间信仰的情形实为一级史料。

S.P.6的"周公五鼓逐□法"和"周公八天出行图（岁符日）"与"上都东市刁家大印具注历日卷尾断片"（S.P.12）中所记的内容基本一致。S.P.12所示的其他具注的部分，在东市印刷的历S.P.6中很可能也被表记。所以，可以从除S.P.6外的其他众多长安印刷的历中，推测出依据当时中原民间信仰的丰富多彩的具注。

三、长安的商业与东市的印刷业

本节将在拙稿《唐代长安东市的印刷业》《唐代长安的闹市》（《史流》1986年第27号）、《唐代长安的店铺选址与街西的致富谭》（《布木潮沨博士古稀纪念论集·东亚的法律与社会》，汲古书院，1990年）的基础上，吸收近年的研究成果，尝试对9世纪长安的印刷业进行综合性分析。

将长安东市的印刷品1件（具注历）与印刷品抄本2件（灸书、训女文）放在唐末普遍的印刷业中去寻找其业界特征后发现，印刷品中有佛教关联书籍（11例；陀罗尼经5例＋金刚教3例＋其他2例），历书、历注（5例），字书（4例），灸经（1例），训女文（1例），道传（1例）。从此可以明确地看出9世纪时密教与金刚教的渗透，以及民间历的广泛流行。

长安、成都以及长江下游的大都市中有众多印刷地，可以说到了9世纪，长安以及成都的民间印刷商人的印刷品已经销往全国。在长安印刷的民间历书、家庭医学书（灸书）、训女文等，都是针对一般家庭出版印刷的。从历的制作、医疗技术以及婚姻风俗等能看到，长安都市文化已经被远传至敦煌等偏远地区。

如图7、图8所示，9世纪的长安东市位于长安城内上级阶层聚集的地区中心。作为全国性商品的一大集散地，东市为长安印刷业的兴起提供了背景。东市以及其他周边地区是地方官员、偏远地区的商人、科举考生以及来自唐朝以外地域的访客们聚集的地方。日本的圆仁也在这里的崇仁坊资圣寺度过了他的长安生活。

研究长安印刷业需要注意到重要的一点，那就是各个地方的行政组织（藩镇）在首都设立的机关——进奏院（表1），也都聚集于东市附近。进奏院不只是一个收集情报的机构，它还兼备了金融功能。进奏院向各地藩镇的将帅传送的来自中央政界情报的文书（邸报），被称为是中国新闻报纸的开端。[①]从图7可以看出，进奏院的选址集中于东市的周围。因为掌握中央情报对于地方政府来说至关重要。

也就是说，长安东市及其周边地区，是全国性的情报中心。也就是在这样的环境之下，东市的印刷商家李家与刁家收集最新的历和历注，以及医术方面的情报，印刷成品后在全国贩卖。

结语：唐代长安的印刷文化

本文以长安城内东市的印刷商家刁家所发行的"上都东市刁家大印具注历日卷尾断片"（S.P.12）为线索，探讨了唐代长安印刷业的存在。根据9世纪的长安已经诞生了印刷具注历、灸书以及训女文等书籍的专业商家这一事实，可以指出9世纪的长安已经形成了中国最初期的印刷文化。

---

① 关于进奏院可参见青山定雄《唐宋时期的交通与地质地图的研究》（吉川弘文馆，1965年）、张国刚《唐代进奏院考略》（《文史》1983年第18辑）、中村裕一《唐代官文书研究》（中文出版社，1991年）、福井信昭《唐代的进奏院——唐后半期"藩镇体制"的侧面》（《东方学》2003年第105辑）、王静《唐长安城中的节度使宅第——中晚唐中央与方镇关系的一侧面》（《人文杂志》2006年第2期）、于赓哲《从朝集使到进奏院》[《上海师范大学学报》（社会科学版）2002年第5期]。

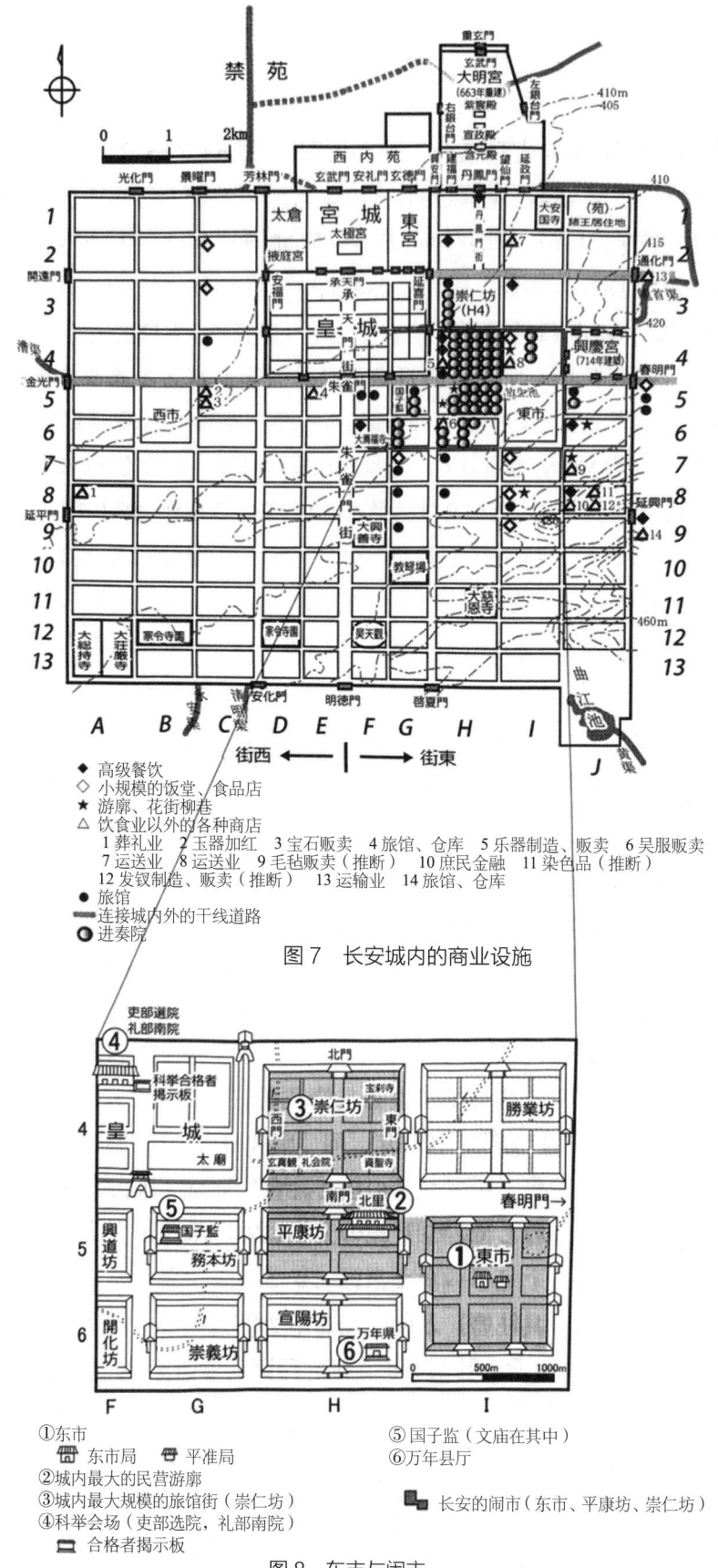

图 7 长安城内的商业设施

图 8 东市与闹市

200 | 域外回响——从彼岸看长安

表1　唐代长安进奏院的选址

坊名（位置）	唐代长安进奏院名称（基于《长安志》《唐两京城坊考》）
务本坊（G5）	西川进奏院　齐州进奏院
崇义坊（G6）	兴元进奏院　鄜坊进奏院　易定进奏院
长兴坊（G7）	镇州进奏院
永兴坊（H3）	凤翔进奏院　陈许进奏院　湖南进奏院
崇仁坊（H4）	东都进奏院　河南进奏院　商周进奏院　汝州进奏院　汴州进奏院　淄青进奏院　淮南进奏院　兖州进奏院　太原进奏院　幽州进奏院　盐州进奏院　丰州进奏院　沧州进奏院　天德进奏院　荆南进奏院　宣歙进奏院　江西进奏院　福建进奏院　广州进奏院　桂州进奏院　安南进奏院　邕州进奏院　黔南进奏院
平康坊（H5）	同华进奏院　河中进奏院　河阳进奏院　襄州进奏院　徐州进奏院　魏州进奏院　泾原进奏院　灵武进奏院　夏州进奏院　昭义进奏院　浙西进奏院　浙东进奏院　容州进奏院
宣阳坊（H6）	邠宁进奏院　东州进奏院　振武进奏院　鄂州进奏院
胜业坊（I4）	陕府进奏院　郑滑进奏院
道政坊（J5）	东平进奏院

但本文中所言及的印刷文化，并不是指像宋朝之后的中国或者16世纪之后西欧那般的，商家、销售渠道、读者三位一体式的发达印刷文化。9世纪的唐朝，其印刷品的种类数量、销售方式以及读者，都还停留在初级阶段。这里提到的印刷文化，只意味着印刷文化的起点。

本文将唐代长安东市印刷商家所发行的S.P.12的断片与"丁酉年具注历日（首缺）"（S.P.6）进行分析比较，介绍了长安东市印刷的具注历所拥有的丰富内容。S.P.12与S.P.6是相类似的具注历，将两者进行分析比较，可以更为系统地看出唐代长安印刷文化的一角，以及历的原本情形、民间信仰的实际情况等。把历与民间占卜组合到一起的印刷品，有着解读中原民间信仰的重大意义。可以从S.P.12与S.P.6中感受到唐代长安生活文化的一角。

本文仅做到了订正前稿以及一些简单的内容介绍。还留下如何把S.P.12与S.P.6所携带的丰富情报活用到复原长安社会这一课题。望今后能够取得更大的进展。

原载土肥义和编：《敦煌、吐鲁番出土汉文文书的新研究》，东洋文库，2009年

（妹尾达彦，日本中央大学名誉教授；

翁远方，日本龙谷大学人文科学研究科东洋史学专攻修士在读）

道教东传新罗与长安的道观
——以《皇甫奉諴墓志》为中心

［日］土屋昌明　著　　王若宾　译

一、引言

　　笔者认为，通过对唐代长安城内及其周边道观具体情况和功能的了解，可以加强与深化我们对唐代道教思想史及社会史的理解。从这样的观点看，我们对有关个别道观之史料的综合研究仍然较少。[①]虽然已经有了一些研究，如查尔斯·本（Charles D.Ben）教授对太清观以及金仙公主、玉真公主在此处的入道仪礼情况的研究。[②]最近，中国社会科学院的雷闻教授也对太清观和肃明观进行了综合性的研究。[③]笔者自身也在探讨这些问题，包括但不限于皇城内的所谓内道场，还有金仙观、玉真观、昭成观、东明观、太清观和清都观。[④]在本文中，笔者希望借《皇甫奉諴墓志》公开发表的机会，对玄真观（景龙观）的情况加以深入探讨。

　　近来，位于陕西省西安市的大唐西市博物馆在《大唐西市博物馆藏墓志》一书中公布了此馆所藏之《皇甫奉諴墓志》（下文略称为"本墓志"）。这是唐玄宗时期长安某道观一位住持道士的墓志。当时的道士墓志出土数量不多，所以像本墓志

---

　　① 孙昌武：《道教与唐代文学》，人民文学出版社，2001年；樊光春：《长安道教与道观》，西安出版社，2002年。拙作《神仙幻想》（春秋社，2002年）之中亦有尝试。

　　② Charles D. Benn, *The Cavern-mystery Transmission*: *A Taoist Ordination Rite of A.D.711*, University of Hawaii Press, 1991.

　　③ 雷闻：《唐长安太清观与〈一切道经音义〉的编纂》，见荣新江主编：《唐研究》（第15卷），2009年，第199—226页；雷闻：《盛唐长安肃明观考论》，见《隋唐辽宋金元史论丛》（第2辑），上海古籍出版社，2012年，第164—178页。

　　④ 以下是笔者的相关考论。《長安道教の内道場について》，见矢野建一、李浩编：《長安都市文化と朝鮮・日本》，汲古书院，2007年，第77—95页；《開元期の長安道教の諸問題——金仙・玉眞公主をめぐって》，见宇野隆夫、王维坤编：《古代東アジア交流の総合的研究》（日文研丛书42），人间文化研究机构国际日本文化研究センター，2008年，第365—395页；《長安の太清觀の道教と道士——史崇玄と張萬福を中心に》，见《专修大学人文科学研究所年报》，2013年，第109—136页。

这样的例子，对长安道教研究来说具有重要意义。特别是在本墓志中，还提到了墓主曾被派遣到新罗的情况，这对于我们研究道教是如何向新罗传播这一话题，也有着重要意义。

因此，在下文中，我们将首先对墓志主人之皇甫奉諠的情况进行考察，继而对墓志反映出的道教向新罗东传的情况，以及作为推动道教向外国传播的道观玄真观（景龙观）具有何种性质的问题，提出笔者的观点。最后，基于这些观点，笔者还想顺带指出，这些研究对解释有关道教如何在日本传播的问题也具有参考价值。

二、关于皇甫奉諠的情况

首先，我将展示本墓志的原文，并试译。①

大唐故道门大德玄真观主皇甫尊师墓志铭并序

尊师胄姓宗族曰皇甫氏，安定朝那人也。讳奉諠，字抱一。曾盖，灵府户曹参军。祖廉，朗池县主簿。父瑛，吏部常选。妣彭城刘氏，初若梦神人振焉，诞弥厥期生焉。幼孤，妣以从侍，育于叔祖玄远道舍。少循外物，雅有段干之资。弱考中孚，载叶京君之律。更为高陵会善里人也。匪不好弄，勤止。岂不有憯，询止。叔祖病卒，服丧承嫡，以孝闻。天宝初，祥符发于尹真人故宅，声教遐布，有诏以童诵随三洞法主祕希一传经新罗。复于王庭，光锡羽珮，甫廿五岁矣。于是进以朝彻，清以晨漱，攀琼蕤于华圃，追风驭于高衢。学精真文，功备道要，既卅七岁矣。属玄宗尚道，讲肆日闻。其斋祠清宫，考校内殿者，有恒矣。及肃宗靖乱，希微克举，毛节距千，彩座弥百。出拥投蛟之传，入登角辩之场者，亦数矣。自今上御极，迨兹十六年。其醮火坛金，飞章告箓，固以平成九气，降格三清，有助神功，允敷圣泽。前后赐衣五副，绫绢一百匹，金钱卅千，旌有道也。大历四年，初司封补本观监斋兼威仪。八年，迁上座。十一年，道门使奏充本观主，举有德也。呜呼，秋驾方驰而景绝，霄炼始淬而泉沉。仙霞欲飞，孤鹤已泣。春秋五十七，以大历十二年六月六日子时夜，愉不怛化，偃然归真。盖形解而神升尔。术掩黄庭之妙，恸流紫府之众。数存遗简，礼举空衣。以十一月十二日葬于少陵原，从宿志也。犹子洌，门人郭通微等，痛三年之在心，病九原之莫纪。行其高尚，读余志焉。铭曰，猗欤尊师，道实犹龙。匪贞奚尚，匪利奚从。沧海万里，丹墀九重。

---

① 此处略去原文日语训读文字，有需要者可自行核查原文。——译者

皇华远绩，飞步高踪。鸾鹤息驾，云霓闭容。国城之左，森森茂松。①

根据这段文字，皇甫氏族谱系如下：盖（灵府户曹参军）—廉（朗池县主簿）—琠（吏部常选）—奉諲。虽然有三十多份与皇甫氏族有关的墓志传世或出土，但根据笔者可见的资料，尚无法直接找到与奉諲的家谱相符的记录。根据本墓志的记载，皇甫奉諲的年谱如下：

开元九年（721），出生。

天宝元年（742），22岁时，尹真人故宅之楼观中出现了"符"，奉諲根据诏令担任"童诵"的职务，随三洞法主祕希一，将"经"传入新罗。

天宝四载（745），25岁，从新罗回到长安，受到朝廷的表扬。

至德二年（757），37岁，道学精进，进入内道场讲解经义，参与祭祀、经典校勘等活动。

上元二年（761），41岁，肃宗平定了安禄山之乱后，开始重新尊崇道士。奉諲展示法术，经常参与法义讨论（有关上元二年的说明稍后再提）。

大历四年（769），49岁，被任命为玄真观的监斋兼威仪。

大历八年（773），53岁，晋升为上座。

大历十一年（776），56岁，通过道门使的奏报，被任命为本观之主，并受到了表彰。

大历十二年（777），57岁，于六月六日子时去世。同年十一月十二日被埋葬在少陵原。

此外，他的儿子皇甫洌和门徒郭通微也有相关记录。关于郭通微，武元衡（758—815）②有一首题为《春斋夜雨忆郭通微》的诗：

桃源未去阻风尘，世事悠悠又遇春，

雨滴闲阶清夜久，焚香偏忆白云人。③

这首诗中使用了道教词汇如"桃源"和"焚香"，而提到的神仙"白云人"似乎指的是与诗题相关的郭通微，可以认为这首诗的作者在回忆这位名叫郭通微的道

---

① 胡戟、荣新江主编：《大唐西市博物馆藏墓志》，北京大学出版社，2012年，第293页。

② 生卒年份是根据卞孝萱主编《唐代文学百科辞典》（汉语大辞典出版社，2003年）提供的信息。

③ 《全唐诗》卷三一七，中华书局，1960年，第3573页。"未去"一作"在在"。另外，武元衡是在公元783年考中进士的，从他的诗意来看，那时他似乎已经在官场上经历了一些困苦，应距奉諲的去世已经有相当一段时间了。

士。笔者认为此诗中郭通微与作为奉諝门人的郭通微是同一人。

三、关于道教东传新罗

本墓志可以视为与《道德经》在新罗传播（"传经新罗"）问题有关的新史料。此处所说的"经"正是《道德经》。有关这一点，可以从以下几个理由来考虑。

第一，文中提到了"天宝初年，祥符在尹真人故宅的楼观中出现，其声教传遍远方"一事（"天宝初，祥符发于尹真人故宅，声教遐布"）。这里所说的"尹真人故宅"是指位于终南山的楼观，也被认为是老子著述《道德经》的地方。天宝元年（742）的正月，玄元皇帝（老子）示现于丹凤门，告知灵符位于尹喜的故宅。这一事件被田同秀上奏给玄宗。玄宗派使者前往"函谷令关尹台"（楼观）找到了这个符文，并于二月将其安置在玄元皇帝的庙中。当时，《道德经》被认为是最高的经典。玄宗在四月停止了除了崇玄学士以外的其他考试中提及《道德经》，这是因为他将《道德经》视为最高级的经典。第二年三月，安置了这个符文的玄元皇帝庙被称为太清宫。[①]

据说玄元皇帝示现在丹凤门时，垂示了"天下太平，圣寿无疆"的圣语。总而言之，玄宗对《道德经》的尊崇举措，是为了祈愿玄元皇帝之庇佑，希望其能带来天下太平和天子的永世。

第二，虽然文中提到了在楼观发现的是"符"，但奉諝等人带到新罗的是"经"。在道教中，"符"和"经"通常被视为不同的范畴，笔者认为不太可能将"符"等同于"经"。因为这个符文在被发现后就安放于玄元皇帝的庙宇，所以不太可能将这个符文带到新罗。

第三，在当时的语境中，"经"被用来指代《道德经》的例子屡见不鲜。例如，《大唐新语》中司马承祯的话就是一个例子：

> 睿宗尝问阴阳术数之事。承祯对曰："经云：损之又损之，以至于无为。且心目一览，知每损之尚未能已，岂复攻乎异端而增智虑哉！"[②]

这句话中的"损之又损之，以至于无为"是出自《老子》第四十八章，因此，此处之"经"字指的就是《道德经》。根据以上的理由，可以推断这份墓志中所提到的"经"也是指《道德经》。

一直以来，关于《道德经》在新罗传播的情况，有《三国史记》卷九《新罗本纪·孝成王》中的一段记载（738年）：

---

① 《册府元龟》卷五四，周勋初校订，凤凰出版社，2006年，第564—565页。
② 〔唐〕刘肃：《大唐新语》卷一〇，中华书局，1984年，第158页。

> 二年春二月。唐玄宗闻圣德王薨，悼惜久之。遣左赞善大夫邢璹，以鸿胪少卿往吊祭，赠太子太保，且册嗣王为开府仪同三司新罗王。……帝谓璹曰：新罗号为君子之国，颇知书记，有类中国。以卿惇儒故持节往、宜演经义、使知大国儒教之盛……三月，遣金元玄入唐贺正。夏四月，唐使臣邢璹以老子道德经等文书献于王。①

在考虑《道德经》传入新罗这件事的时候，需要注意的是嗣王被册封为开府仪同三司新罗王的这个情况。根据玄宗的话，我们知道作为使者的邢璹其实是一位儒者。玄宗命令他在新罗进行经义讲授，以展示"大国儒教之盛"。次月，新罗派金元玄等使者前往唐朝。而邢璹又将老子的《道德经》等文书献给了新罗王。虽然没有记录说明邢璹将《道德经》献给新罗王一事有玄宗的命令或许可，但考虑到邢璹是儒者，可以推断他的主要目的并非是传播或宣扬道教。

在此之前，玄宗于开元十八年（730）十月，指示集贤学士学习《道德经》。并在开元二十年（732）正月，要求士庶的家庭收藏《道德经》，并在贡举中设置了与《道德经》相关的问题。②从这一背景看，从唐朝来的人向新罗王献上《道德经》，其目的可能是让新罗王学习《道德经》。笔者认为，新罗王学习《道德经》，这既是接受唐朝册封的必要条件，也是出于以《道德经》教义治理国家的需要。司马承祯的话中提到了老子的教义适合治理国家，而这一点在《旧唐书》的《司马承祯传》中可以找到。

> 帝曰："理身无为，则清高矣！理国无为，如何？"对曰："国犹身也。《老子》曰：'游心于淡，合气于漠，顺物自然而无私焉，而天下理。'《易》曰：'圣人者，与天地合其德。'是知天不言而信，不为而成。无为之旨，理国之道也。"③

司马承祯认为，皇帝的身体和国家是一体的，通过无为来治理自己，实际上就是治理国家。这里引用的老子的话出自《庄子》内篇之《应帝王》，是关于一个叫"天根"的人在蓼水边向"无名人"学到的内容。司马承祯似乎将"无名人"视为老子。④因此可以认为，向新罗王献上《道德经》，有着寻求管理所册封国家方法的意味。

---

① 末松保私校订：《三国史记》，朝鲜史学会，第208页。
② 《册府元龟》卷五三，周勋初校订，凤凰出版社，2006年，第558页。
③ 《旧唐书》卷一九二，中华书局，1975年，第5128页。
④ 成玄英注疏《庄子》内篇《应帝王》虽然未提到这一点，但在随后的问答部分出现了老聃，且由于"无名"一词出自《道德经》，因此存在将"无名人"解释为老子的可能性。《云笈七签》卷一一三下的《续仙传》之"司马承祯传"将"老子"作"庄子"。

相比之下，墓志铭中提到的将《道德经》下赐给新罗一事则是根据玄宗诏令进行的。也就是说，这是为了宣扬道教的国家行为，也可以认为同行的道士在新罗进行道教礼仪活动，也是为了宣扬道教。

奉諝作为"童诵"前往了新罗。"童诵"可能指的是"童子"的"朗诵"。根据唐代朱法满《要修科仪戒律钞》卷一〇所引用的《太真科》一文，在天师道的教团内，将八岁到十九岁之间的男女称为"童子"①。相比之下，年龄更小的称为"儿童"，而"朗诵"可能指的是对经典的朗诵或合唱。因此，八岁以下的儿童可能因为太年幼而无法进行《道德经》的朗诵。在《混元圣记》卷七的"张道陵传"中，对他七岁时已能"朗诵"《道德经》一事，大书特书。②不过，一般来说，普通的"儿童"朗诵《道德经》可能还为时尚早。

包括张道陵的传记在内，《混元圣记》和《太平广记》中有许多关于经年不倦诵读《道德经》的事例，在这些事例中可以看到，他们获得了老君的认可，被授予经典且被选中成为真人。③同样，国家层面也受持《道德经》，认为通过朗诵的祈祷仪式，可以消除国家的祸患。《要修科仪戒律钞》卷二中就描述了国王受持和朗读《道德经》的功德。

> 大梵国王，为国大旱，迎请尊经，以灭旱灾。多恼国王，国多障难，迎请尊经，故疾新痴，并皆痊愈。当知经有威神，诵念必应。《太极隐注》曰："诵《道德经》，常有三万六千仙童玉女，侍经、烧香、散花，通致众仙。"《隐注》又曰："诵《道德经》万遍，云舆下迎，若不至，可一月三诵之，无不至者。"④

这些关于大梵国王和多恼国王从中国迎请《道德经》而解决国难的故事，虽然是传说神话，但前往新罗的道士通过"童诵"方式诵读《道德经》的仪式目的，似乎与这个神话有着相同的逻辑。

然而，奉諝在这个时候已经二十二岁，因为年龄太大已经无法被称为"童子"了。所以，这个"童诵"似乎不是一个普通的名词，而是代指某种职务。但在《道

---

① 《道藏》第六册，天津古籍出版社，1988年，第967页。
② 《道藏》第十七册，天津古籍出版社，1988年，第846页。
③ 《混元圣记》卷七："（张陵）转入嵩山，斋戒念道，常诵道德经，积九年，精感老君。"参见《道藏》第十七册，天津古籍出版社，1988年，第846页。"（茅盈）常诵道德经及周易六年，闻西城总真王君有道，径往求师……卒遇之。"参见《道藏》第十七册，天津古籍出版社，1988年，第846页。《太平广记》卷六六："（谢自然）乃徙居山顶，自此常诵《道德经》《黄庭内篇》。"参见《太平广记》，中华书局，1961年，第408页。
④ 《道藏》第六册，天津古籍出版社，1988年，第931页。

藏》和唐代文献中似乎没有类似的用法。虽然这么说，但是奉誗应该具有与"童诵"相关的经验。因为在本墓志中，提到过他曾在少年时代"载叶京君之律"的事迹。这是《文选》卷一八中所见马融《笛赋》中提到的京房的典故——京房通过在羌人制作的笛子上多加了一个音孔，从而调整了音阶。①所以"载叶京君之律"，意味着奉誗在少年时代就显示出了音乐的才华。如果是这样，那么"童诵"可能是指少年的朗诵团队，他们随行到新罗，在仪式和讲法中朗诵《道德经》，而奉誗可能是原本就出身自这样的团队，并且在这次活动中充当着导演角色。或者，奉誗本人虽然已成年，但他尚可以用少年般美妙的高音，在仪式和讲法中朗诵《道德经》。

无论如何，在这个记载中，《道德经》不仅以书籍的形式传播到新罗，还充当着"治理国家"的角色。新罗期望通过受持和诵读《道德经》，得到老君的庇佑。可以想象到，为了祈祷，还进行了某种道教仪式或《道德经》的讲法。我想，在奉誗逗留新罗的四年中，他们一直进行这些活动。如前所述，朗读《道德经》需要经年不倦。因此，与邢璹献上书籍不同，奉誗等人的活动不仅有书籍呈献，还包括宗教仪式和教义教育，具备更加正式的宗教目的。

玄宗皇帝将《道德经》下赐新罗，此事发生在天宝元年，当时是为了通过道教的宗教力量祈愿天下太平。总之，这次前往新罗的派遣行为是国家系列活动的一部分。也意味着新罗通过道教的力量承担了祈愿天下太平的责任。因此，新罗虽然在之前已经得到了《道德经》，但可以说直到天宝元年，新罗才首次在唐王朝主导的册封体制中，出于镇护国家的道教仪式的需要接受了《道德经》。同时，这也意味着玄宗在通过道教祈祷实现天下安宁这一范围内，承认了新罗属于被册封国家的地位。

四、皇甫奉誗的道观——景龙观（玄真观）

如上所述，皇甫奉誗进行了向外国传播道教的布教活动，因此可以说，他作为道士所在的道观也具有向外国传播道教的任务。关于这种情况的道观之例，唯一的历史文献是这篇《皇甫奉誗墓志》。因此，我们还想讨论一下奉誗所住持的玄真观。关于这个道观，在《长安志》"崇仁坊"一条中可以找到一些记录。

> 西南隅元真观。半以东，本尚书左仆射申国公高士廉。西北隅，本左金吾卫。神龙元年，并为长宁公主第。东有山池别院、即旧东阳公主亭子，韦庶人败，公主随夫为外官，遂奏请为景龙观，仍以中宗年号为名。

---

① 《文选》胡刻本卷一八："易京君明识音律，故本四孔加以一，君明所加孔后出，是谓商声五音毕。"李善注释云："汉书，京房子君明，汉武帝时人也。修易，尤好钟律。"

初欲出卖，官估木石当二千万，山池仍不为数。天宝十二载，改为元真观。肃宗时，设百高座讲。[1]

根据这段文字，我们知道：玄真观最初是尚书左（右）仆射申国公高士廉的住所，与坊的西北角的左金吾卫一起，在神龙元年（705）时被定为长宁公主的宅邸。[2]东边有山池别院，古时还有东阳公主的亭子。710年，韦庶人被打倒后，公主跟随丈夫成为外官，于是此处被奏请改名为景龙观，这是采用了中宗的年号而命名的。最初被出售时，估值为二千万石，但山池的价格尚未包含在内。天宝十二载[3]（753）时改名为元（玄）真观。肃宗时期还设立了百高座讲。

根据这些记录，高士廉的住宅经历了以下变迁：高士廉宅+左金吾卫→长宁公主第→景龙观→元真观。关于长宁公主第，更早的韦述《两京新记》亦有记录，这在《长安志》中找不到。

> 崇仁坊西南隅，景龙观，长宁公主宅，既承恩，盛加雕饰，朱楼绮阁，一时胜绝。又有山池别院，山谷亏蔽，势若自然。中宗及韦庶人数游于此第，留连弥日。赋诗饮宴，上官昭容操翰于亭子柱上写之。韦氏败，公主随夫为外官，初欲出卖，木石当二千万，山池别馆仍不为数。遂奏为观，请以中宗号为名。词人名士竞入游赏。[4]

长宁公主的宅邸"盛加雕饰，朱楼绮阁，一时胜绝"。这显然是当时长安城中最出色的建筑之一。此外，韦述还提到"词人名士竞入游赏"，并称东侧山池别院的亭子柱上曾有上官昭容题字，可想象诗人们经常为景龙观创作各种诗题。苏颋在《景龙观送裴士曹》中写道"昔日尝闻公主第，今时便作列仙家"[5]，表达对景龙观前身是公主邸宅的感慨。根据《历代名画记》卷三所述，此处成为道观后，建筑内有玄元皇帝和侍者的雕像，其背后还有陈静心和程雅的壁画。[6]

---

[1] 〔宋〕宋敏求：《长安志》卷八，〔清〕毕沅校正，民国二十年铅印本"中国方志丛书"第290号，成文出版社，第178页。

[2]《唐两京城坊考》中提到靖恭坊也有长宁公主的宅邸，但这是错误的。参见李健超：《汉唐两京及丝绸之路历史地理论集》，三秦出版社，2007年，第275—277页；李健超：《长宁公主宅在唐长安崇仁坊》，《中国历史地理论丛》1996年第3辑。

[3] 李健超《增订两京城访考》第三卷作"天宝十三载"（三秦出版社，2006年，第82页）。

[4] 辛德勇辑校：《两京新记辑校》，三秦出版社，2006年，第17页；《太平御览》卷一〇八中所引韦述《两京记》。

[5]《全唐诗》卷七三，中华书局，1960年，第805页。

[6]《历代名画记》卷三："玄真观殿内玄元及侍真座上，陈静心画乐天，及神殿内外，程雅、陈静心画。"参见谷口铁雄校：《校本历代名画记》，中央公论美术出版社，1981年，第45页。

至于奉源什么时候来到玄真观，文献中并未提到，但玄真观在天宝十二载之前被称为景龙观。因此，虽然本墓志提到奉源从幼年开始过道教生活，但没有提到他在玄真观之前居住的道观。这是因为奉源生活的玄真观，其前身可能就是景龙观。如果是这样，那一起到新罗的祕归一居住的道观可能也是景龙观。

根据这份墓志的记载，我们可以了解到景龙观（玄真观）与道教向外传扬和布教活动有关系。虽然不能确定景龙观（玄真观）是向外传教的唯一道观，但可以推测它是一座在这方面有着影响力的道观。

《长安志》载："韦氏败，公主随夫为外官……遂奏为观，请以中宗号为名。"根据这个记载，在韦后被清除掉之后的710年左右，东阳公主的宅邸被改建成了道观。而根据以中宗的年号命名这件事，还可以推断这是为了祈福、追悼被韦后毒死的中宗皇帝而建的道观。《新唐书·韩思复传》中，在皇帝计划建造景龙观时，韩思复提出的建议中提到"祸难初弭"①。这里的"祸难"可能指的是韦后政变及其清除行动。在相应的传记中，之后还提到严善思与谯王重福（中宗的第九子）连坐的情节。因此，这里的皇帝指的是唐睿宗。根据这些线索，可以推断东阳公主的住所被改建为景龙观是在睿宗时代。

然而，在睿宗景云二年（711）的《景龙观钟铭》中，却提到景龙观是中宗时期所建。②此外，根据《田仙寮墓志》③，开元二十九年（741），五十九岁去世的大洞法师田仙寮，其十五岁起就居住在景龙观，这意味着在697年景龙观就已存在。根据《岱岳观碑》的记载，景龙三年（709）三月十九日，长安景龙观的大德曹正一等举行了金箓斋。④因此，可以推断在710年之前，中宗所建的景龙观就已经存在于长安某处了。而在中宗死后，约710年，景龙观被移至原长宁公主的住宅，并进行了修缮，以供祭拜中宗之用。⑤

紧接着，在景云二年，被召见到睿宗朝廷的天台道士司马承祯就居住于景龙

---

① 《新唐书》卷一一八《韩思复传》，中华书局，1975年，第4272页。
② 陈垣编：《道家金石略》，文物出版社，1988年，第100页。
③ 《田仙寮墓志》收录于周绍良主编《唐代墓志汇编》（上海古籍出版社，1992年，第1522页）。其中记载："自后十五岁而通易象老庄，隶景龙观，名雄上国。"
④ 《岱岳观碑》，见陈垣编：《道家金石略》，文物出版社，1988年，第114页。
⑤ 吴真先生也提出了这个问题，为了解释这一点，吴氏引用了卢怀慎关于中宗景龙二年在两京和各地建立景云观和翊圣观的上疏文（见《唐会要》卷五〇"景云观"）。但吴氏将其中的"景云观"解读为"景龙观"，我对此持有不同意见。参见吴真：《为神性加注——唐宋叶法善崇拜的造成史》，中国社会科学出版社，2012年，第22页。

观，并与工部侍郎李适之等朝廷高官交往[1]。承祯似乎在景龙观停留了三个月。[2]并且，在承祯向睿宗献上镜子的同时[3]，睿宗也为承祯在天台山重建了桐柏观。[4]

先天二年（713），玄宗任命了从睿宗时期就活跃在皇帝身边的叶法善（616—720）担任景龙观的观主。[5]叶法善在景龙观一直待到开元八年（720）去世，而他的影响力则一直持续到了开元二十七年（739）左右。这是因为玄宗《叶尊师碑》中提到了叶法善的弟子丁政观。据此可以确认的是，丁政观到开元二十七年为止，一直居住在景龙观。[6]这位道士的名字出现在法国国家图书馆藏敦煌文书《阅紫箓仪》的末尾。该文书于开元二十三年（735）在河南大弘道观写成，而长安的景龙观大德丁政观负责校订。由此可知，景龙观与洛阳的弘道观一样，参与了道教经典文本的编纂工作，成为当时道教教学的权威机构之一。

在开元九年（721）三月，玄宗要求司马承祯书写三种书体的《道德经》，并将此刻在石柱上，放置在景龙观。这是仿效后汉蔡邕的《三体石经》而写成的[7]。换句话说，这份文献是对《道德经》文字进行了校订的文本，目的是将其刻在石头上，供众人观看、书写。这份由司马承祯所书写的文本的抄写本或雕刻版本可能被下赐给新罗。或可以说，景龙观一直是保存皇帝向外国下赐经典文本的道观。

在开元十九年（731）十一月，景龙观的大德杨琬和洛阳大弘道观的道主张游雾一起，在泰山建立了真君像，并进行了三天三夜的修斋。[8]这一年的五月十五日，玄宗发布了关于建立五岳真君祠的诏令，并根据司马承祯的洞天福地思想，陆续在五岳建立真君祠庙。景龙观的杨琬等人在泰山建立真君像并进行修斋，也正是其中的

---

[1] 《两京新记辑校》记载："景云二年，天台道士司马承祯被召，止于此观（景龙观）。"参见辛德勇辑校：《两京新记辑校》，三秦出版社，2006年，第17页。原文出自《玉海》卷一〇〇所引之《两京新记》。李适之的事迹见于《大唐新语》卷一〇。

[2] 《赐天师司马承祯三敕》，见《全唐文》卷一九，上海古籍出版社，1990年，第93页。

[3] 出处同前，睿宗敕："所进明镜，规制幽奇，隐至道之精，含太易之象、藏诸宝匣、铭佩良深。"

[4] 《复建桐柏观敕》，见《全唐文》卷一九，上海古籍出版社，1990年，第93页。

[5] 玄宗：《封叶法善越国公制》，见《全唐文》卷二〇，上海古籍出版社，1990年，第100页；李邕：《唐有道先生叶国重墓碑》，见《道家金石略》，文物出版社，1988年，第104页；《册府元龟》卷五三，周勋初校订，凤凰出版社，2006年，第589页。

[6] 《御制叶真人碑》，见陈垣编：《道家金石略》，文物出版社，1988年，第124页。

[7] 参见《册府元龟》卷五三，周勋初校订，凤凰出版社，2006年，第558页。

[8] 《岱岳观碑》，见陈垣编：《道家金石略》，文物出版社，1988年，第114页。

一部分。①这表明景龙观具备承担镇护国家的道教仪式的能力。

这一点也可以从景龙观其他道士的活动中看出。景龙观的田仙寮（前文提到过）备受玄宗的信任。开元初年，当玄宗亲临白马楼时，他进行了《道德经》的讲解。其入室学习的弟子包括蔡玮、杨景春、王景晋、敬□昌。②由于他们被称为入室弟子，因此他们也是景龙观的道士。其中，蔡玮是《张尊师探玄碑》和《玉真公主受道灵坛祥应记》的撰文者，也是弘道观的道士。③根据《张尊师探玄碑》，张探玄在开元初年成为景龙观的大德，在内道场也有职务。他在开元十四年和田仙寮一起参与了玄元庙的修建，也为玉真公主的王屋山奉先观的建设做出了贡献，同时是洛阳的圣真观和玄元观的观主，并住持了王屋山的清虚观。此外，《玉真公主受道灵坛祥应记》记载了玉真公主在天宝二年于王屋山举行金箓斋的事情。这些都是开元末年到天宝初年一系列国家级道教祭祀活动的一部分，也是与景龙观道士在司马承祯所说的第一大洞天之王屋山上举行金禄斋活动密切相关的例子。被派往新罗的祕归一和皇甫奉諝也是这样的道士。另外，曾是景龙观大德的张探玄还与洛阳多个道观有关。如前所述，洛阳的弘道观与景龙观合作进行金箓斋和写经活动，从蔡玮的事例可以看出，景龙观的道士也可能调动到弘道观工作。

另外，我们之前提到，皇甫奉諝在童年时就擅长音乐，并参书"童诵"。而在这一道观中，还有其他著名的道教音乐家。根据《大唐故尹尊师墓志铭》的记载，尹尊师（名讳等信息不详）在十二岁出家后，就被誉为"洛诵之声"的"仙才"，其后被分配到长安的昊天观，习"五和之音"、吟"洞章之曲"的才能被认可后，他进入内道场，参与了金箓斋、罗天、河图大醮等重要仪式活动。后来，他转到了景龙观，但以年老移至宫阙附近更好为由，最终搬到了兴唐观，于天宝六载（747）去世。④可以想见，在景龙观尹尊师的弟子中，可能还有其他掌握道教仪式音乐的道士。而皇甫奉諝应是这位著名音乐家道士的后辈。

---

① 雷闻：《郊庙之外——隋唐国家祭祀与宗教》，北京三联书店，2009年；土屋昌明：《第一大洞天王屋山洞的阳台觀与紫微宮的現況》附《司马承禎による玄宗の受法について》，见洞天福地研究会编：《洞天福地研究》第3号，2012年，第45—54页。

② 《田仙寮墓志》，见周绍良主编：《唐代墓志汇编》，上海古籍出版社，1992年，第1522页。

③ 陈垣编：《道家金石略》，文物出版社，1988年，第136、139页。关于弘道观的研究，雷闻在《唐洛阳大弘道观考》一文中进行了总括性的研究，收录于中国人民大学国学院主编《国学的传承与创新——冯其庸先生从事教学与科研六十周年庆贺学术文集》（上海古籍出版社，2013年，第1234—1248页）。

④ 《大唐故尹尊师墓志铭》，见周绍良主编：《唐代墓志汇编》，上海古籍出版社，1992年，第605页。

根据以上的信息，可以得出这样的结论：景龙观从中宗时期建立以来，直到皇甫奉覼出国的天宝元年，一直是与皇帝关系密切的道观，也可以说是为皇帝而设的道观。不仅如此，景龙观还参与了制定道教经典的定本的活动，具备了与涉及外交所需的《道德经》的权威文本有关的资格。此外，还积极参与了，开元十九年诏令建立五岳真君祠，景龙观积极参与了基于道教洞天福地思想的山川祭祀活动的全国推广。

此外，根据《太平广记》的一段记载，景龙观也曾经有过外国的僧侣。

> 唐殿中内供卢虔……尝于景龙观监官行香，右台诸御史亦预焉。台中先号右台为高丽僧。时有一胡僧徒倚于前庭，右台侍御史黄守礼指之曰："何胡僧而至此？"虔徐谓之曰："亦有高丽僧，何独怪胡僧？"为一时欢笑。①

这里提到了"高丽僧"。但这个词实际上不是指真正的高丽僧，而是用来嘲笑右御史台的官员是个闲职，就像高丽僧一样不用干活，这是一种调侃的说法。②卢虔使用了这个词语，并对怀疑道观中有西域外国僧人的黄守礼说："高丽僧（指"右御史台"）怀疑胡僧，这真是有趣。"这个故事可能发生在开元年间。因为《南部新书》开元七年的内容中也有类似的记载。③

景龙观本是为皇帝设立的道观，因此这里的胡僧，不太可能是突然间出现的，更可能是受邀而来的外国僧人。这就意味着在开元时期，景龙观就有外国人居住。提到"胡僧"，即与外国人相关的道观记载并不常见。④或许可以想见，景龙观在天宝初年向新罗派遣道士之前，就已经与外国有关联。

此外，还有一些与这个道观相关的历史资料。根据《大燕应天观故尊师太原王君墓志铭并序》之记载，太原的王清，又名子文，研究"仙方秘术"，侍奉玄宗，天宝元年出家成为道士，居住在玄真观（玄真观的名字从天宝十三载开始使用，因此这份墓志使用了景龙观改名后的名称）。后来，他迁至应天观，并于圣武六年（761）去世。这份墓志使用了安禄山的国号和年号——"应天"即759年燕的年号，所以应天观可能位于洛阳。这样一来，王清在759年之前可能一直在长安的玄真

---

① 《太平广记》卷二四九"卢虔"所引《御史台记》，中华书局，1961年，第1932页。
② 《太平广记》卷二五四"左右台御史"所引《御史台记》，中华书局，1961年，第1917页。这反映了来自高句丽的移民在长安所经历的不同待遇。参见拜根兴：《唐代高丽百济移民研究》，中国社会科学出版社，2012年，第63页。
③ 〔宋〕钱易：《南部新书》卷甲，黄寿成点校，中华书局，2002年，第5页。
④ 活跃于中宗到睿宗时期，后来被玄宗处死的太清观道士史崇玄，曾与作为胡僧的会范合作。

观，与皇甫奉瀛有大约十五年的时间重叠。

景龙观似乎也成了佛道论战的舞台。根据《南部新书》，在肃宗上元二年（761），景龙观发生了一场道教与佛教的论战。①根据这份资料，前面提到的《长安志》中有"肃宗时，设百高座讲"的事件，应该就发生在上元二年。此时的皇甫正处在本墓志中所写的"毛节钜千，彩座弥百"的状态中，可能正是与这场道佛论战有关。②

玄真观可能一直存续到了唐代末年。在冯宿的《大唐昇玄刘先生碑铭》中，记载了宝历二年（826），敬宗皇帝从道士刘昇玄处受道，并将刘昇玄从内道场迁移到了玄真观的事情。③这表明玄真观一直到唐代末年都与内道场保持密切的联系。

根据《唐玄济先生墓志铭》，太清宫的内供奉曹用之于咸通十三年（872）四月十一日在玄真观本院去世。④内供奉是内道场道士的官职名称，曹用之最终在玄真观度过了他生命的最后时刻。由此可见，即使到了唐代末年，玄真观仍然与朝廷保持着密切的关系。

五、总结：与日本的关系

考虑到上述情况，我们是否可以在《道德经》东传新罗的背景下，对记载了道教传入日本的两个历史文献进行重新审视呢？其中一个是《册府元龟》中所载开元二十三年（735）日本国中臣名代向玄宗乞要《道德经》和天尊像：

> （开元）二十三年闰十一月，日本国遣其（中）臣名代来朝，献表恳求老子经本及天尊像以归于国，发扬圣宗。许之。⑤

这是涉及将《道德经》及天尊像送往日本以宣扬道教的一份奏表。然而，奏表中未

---

① 《南部新书》卷丁："上元二年夏，于景龙观设高座，讲论道释二教。遣宰臣百僚，悉就观设斋听论，仍赐钱有差。"《册府元龟》卷五二、卷五四中也有记载。

② 景龙观应该在天宝十三载改名为玄真观，但从这个例子可以看出，在肃宗时代也使用了景龙观这个名称。通称是否会被继续，目前尚不清楚。

③ 冯宿《大唐昇玄刘先生碑铭》载："宝历二禩秋八月甲子，（敬宗）躬法服御，内殿北面，执弟子之礼，受道于昇玄先生……翌日下明诏加先生之号检校光禄少卿，自内道场送归于玄真之观居。"《唐文粹》卷六五，四部丛刊初编。

④ 张全民：《〈唐玄济先生墓志铭〉与有关道教问题考略》，见《唐史论丛》第14辑，陕西师范大学出版总社，2012年，第227—232页。在最初的整理段阶，笔者通过新出土的历史资料获得了关于这个唐末道观的新见解。雷闻：《新见〈程紫霄墓志〉与唐末五代的道教》，见中国社会科学院历史研究所隋唐宋辽金元史研究室编：《隋唐辽宋金元史论丛》（第3辑），上海古籍出版社，2013年，第115—127页。雷闻教授向笔者提供这篇及前述《唐洛阳大弘道观考》两篇大作，在此表示感谢。

⑤ 《册府元龟》卷九九九，周勋初校订，凤凰出版社，2006年，第11559页。

提及道士的同行，由由可见，即使带回了天尊像，也无法围绕它进行道教相关的仪式。虽然与新罗在738年接受《道德经》的献书相比，日本接受了与道教宗教方面（天尊像）有关的部分，但可以说其情况并不像《皇甫奉诏墓志》所记载的新罗传法那样，也包括仪式和讲法的内容。

与此相对，在记载了鉴真753年东渡的《唐大和上东征传》一书中，有玄宗要求道士一同前往的记载：

> 弟子等先录大和尚尊号并持律弟子五僧，已奏闻主上，向日本传戒。主上要令将道士去。日本君王先不崇道士法。便奏留春桃原等四人。令住学道士法。①

考虑到742年皇甫奉源等道士前往新罗的情况，可以推测玄宗要求道士同行日本可能是为了进行朗诵《道德经》之类的道教仪式，他希望日本也像新罗一样，通过道教仪式承担祈祷天下安宁的责任。众所周知，在当年正月大明宫含元殿的庆祝会上，发生了日本与新罗争夺座次的事情。从唐的视角来看，这是日本和新罗的地位相当微妙的一个时期。我们应该考虑到，这一时期新罗成功宣扬道教对玄宗要求道士随行前往日本一事的影响。

一直以来，关于唐朝道士前往周边国家的具体案例，可以在《三国史记》卷二〇的《荣留王本纪》中找到。荣留王曾派遣使者"请班历"，荣留王七年，唐刑部尚书沈叔安前来，随行道士将天尊像和道法带去，向国王和国民传授《老子道德经》。在《三国史记》卷二一《高句丽本纪》中，记载了在宝藏王二年（643）三月，唐太宗将道士叔达八人等并《老子道德经》一道下赐高句丽的事情。②根据《三国遗事》卷三的记载，道士们曾"行镇国内有名山川"，即在名山大川处为国进行消灾祈福的斋醮祭祀活动。③此时，高句丽招请道士的目的在于希望被唐承认为册封国家，以确保其国内政治的正当性。④因此，由道士进行道教仪礼就变得必不可少了。

传统的历史资料中，像高句丽末年举行的这种道教仪式在新罗统一后的记录里

---

① 藏中进编：《唐大和上东征传》，宝历十二年本。
② 末松保私校订：《三国史记》，朝鲜史学会，第208、221页。
③ 村上四男：《三国遗事考证》下之一，墙书房，1994年，第109页。
④ 土屋昌明：《唐の道教をめぐる高句麗·新羅と入唐留学生の諸問題》，见专修大学社会知性开发研究センター：《東アジア世界史研究センター年報》2021年第4号，第139—165页。

完全不存在。[①]然而，根据本墓志的描述，道教仪式也传入了新罗。以往将高句丽末年的道教传承与日本的情况进行比较时，常常忽略百年的时间差，但本墓志的记载可以还原以下一系列道教事件：首先是唐向新罗赐《道德经》，然后是日本的向唐乞要《道德经》和天尊像，接着是向新罗送去《道德经》和派遣道士，最后是鉴真东渡时提及的"主上要令将道士去"的情况。本文尝试进行了初步的比较研究。

从以上的研究中可以得出结论，对于曾要求藤原清河等人携带道士前往日本的唐玄宗来说，天宝元年皇甫奉諠等人率领"童诵"前往新罗并在那里逗留了近四年的事情，可能是一个道教东传的重要前例。因此，与新罗一样，日本接受道士不仅仅是因为"日本君王"崇敬唐王朝皇帝的先祖，而且是因为日本需要通过与唐朝一样的道教仪礼来向老子祈祷，承担与新罗一样的护持唐之"天下"的宗教责任，并将道教视为镇护日本的宗教而接受。至少在今后考虑藤原清河等人的问题时，需要将本墓志中提到的天宝元年道教东传新罗一事也纳入考虑范围。顺便一提，对于留在长安并且下落不明的春桃源等人来说，玄真观（景龙观）可能就是他们学习"道士法"的地方。

原载《东方宗教》2013年第122号
（土屋昌明，日本专修大学国际交流学部教授；
王若宾，日本龙谷大学文学研究科佛教学专攻博士在读）

[①] 车柱环氏认为，由高句丽进行的斋醮仪式可能从统一新罗一直延续到高丽推测，统一新罗时代也应该存在道教的仪式。参见车柱环：《朝鲜的道教》，三浦国雄、野崎充彦译，人文书院，1990年，第105页。

近代西安碑林展示空间的演变
——文物保护与博物馆化

[日] 村松弘一 著　刘宇欣 译

清朝灭亡后，博物馆成为创造和维持近代中国新整体的一种机制。古都西安的博物馆创办较晚，碑林作为文庙（孔子庙）的附属设施，经陕西省图书馆管理，直到1944年才成立陕西历史博物馆。本文从展示空间、文物保护、文物陈列等方面考察了碑林的博物馆化过程。将以下7份资料：①1906年《西安府文庙与碑林中的古碑》（关野贞）；②1908年《长安史迹研究》（足立喜六）；③1914年《图书馆所管碑林碑目表》（陕西图书馆）；④1935年《西京碑林》（张知道）；⑤1938年《西安碑林碑石目录》（西安碑林管理委员会）；⑥1946年《西京碑林藏石目录》（陕西省历史博物馆）；⑦2006年《西安碑林博物馆藏碑刻总目提要》（陈忠凯），按时期进行整理，探讨了"大秦景教流行中国碑""昭陵六骏""鸳鸯七志斋藏石"、西北艺术文物考察团的考古发掘品、西安新城小碑林等文物（文化遗产）的收藏过程以及碑林的博物馆化。

一、引言

清末、辛亥革命后，传统的中国社会整体崩溃。需要一种机制来创造和维持近代中国新整体，其中之一即博物馆。在地下文物众多的中国古都西安，成立的第一个博物馆是于1944年开设的陕西省历史博物馆。清朝灭亡后，北京于1912年开设国立历史博物馆，1925年开设故宫博物院，南京于1933年设立中央博物馆筹备处，从此可以看出西安的博物馆设立时间相对较晚。一个原因是，西安碑林、西京图书馆、西京筹备委员会、陕西民众教育馆、陕西考古会、西北艺术文物考察团等多个组织分别进行文物的发掘和保管，未能统一为一个整体。[①]因此，研究近代西安碑林中各种文物的集聚、保管和展示方式，对于理解西安在近代中国的身份认同是如何

---

① 村松弘一：《西安の近代と文物事业——西京筹备委员会を中心に》，见山本英史主编：《近代中国の地域形象》，山川出版社，2011年。

形成的具有重要意义。

在进入正文之前，让我们再次简要回顾一下近代西安碑林的组织变迁历史（参见表1）。西安碑林的建立可以追溯到北宋哲宗元祐二年（1087），当时吕大忠将唐长安的开成石经移至府学北侧。①此后一直到清末，碑林作为文庙（孔子庙）的附属设施而受到管理。随着1905年科举制度的废除，孔子庙被荒废，经历了1911年的辛亥革命后，碑林于1912年开始由1909年成立的陕西图书馆管理。陕西图书馆后来在1927年更名为陕西省中山图书馆，1931年更名为陕西省立第一图书馆，1937年更名为陕西省立西京图书馆。南京国民政府成立后，文物事业得以推进，1928年3月在南京设立了古物保管委员会，1930年通过了古物保存法，1934年成立了中央古物保管委员会。1937年到1938年，西京筹备委员会（委员长张继）与中央古物保管委员会（主任黄文弼）西安办事处合作，对西安碑林进行了大规模的修缮。修缮后，于1938年5月由陕西省西安碑林管理委员会（主任委员张鹏一）代替陕西省图书馆负责碑林的管理。此外，1941年重庆国民政府教育部组织的西北艺术考察团（团长王子云）也在陕西省开始了发掘和保护文物的工作，并提出要将碑林建设成为陕西省的石碑和出土文物的保护基地。1944年4月，在陕西省政府委员会第十次会议上，决定将西安碑林的全部文物、西京图书馆附设的历史博物的部分、西京筹备委员会的考古文物、陕西民众教育馆的工艺陈列品、陕西考古会收藏的古物及西北艺术文物考察团的文物，全部移交给以西安碑林为基础成立的陕西省历史博物馆。这一机构1950年被命名为西北历史陈列馆，1952年被命名为西北历史博物馆，1955年被命名为陕西省博物馆，现在名为西安碑林博物馆，成为吸引众多游客参观的文物展示设施。

如上所述，可以总结出碑林的组织变迁史。那么，从更微观的角度，即从展示空间的变迁和展示文物的变化来看，碑林的变迁史又是怎样的呢？毫无疑问，从中我们可以窥见更为详细的历史观。本文将通过目录和调查报告对近代西安碑林的展示空间和展品的变迁进行整理和分析，并探讨在其变迁背景下文物事业的开展以及碑林的博物馆化。

---

① 北宋《京兆府府学新移石经记》和明代《重修孔庙石经记》等碑文（西安碑林博物馆收藏）。吕大忠（生卒年不详），京兆蓝田人，字进伯。皇祐年间的进士，历任陕西华阴县尉、山西晋城县令、河北转运判官、陕西转运副使。在此期间，他迁移了《石台孝经》和《开成石经》。但是，关于碑林的创建，也有说法称是虞策在宋崇宁二年（1103）时将府学、文庙、唐石经迁至府城东南角的。参见路远：《西安碑林史》，西安出版社，1998年，第68—70页。

表1 近代西安碑林相关年表

		碑林相关年表	文物相关年表	政治相关
1905年				科举制废除
1906年10月—11月		关野贞，调查碑林(资料①)		
1907年10月			何乐模盗窃大秦景教流行中国碑未遂事件	
1908年		足立喜六，调查碑林（资料②）		
1909年		成立陕西图书馆	足立喜六，拍摄唐昭陵六骏"飒露紫"照片	
1911年				辛亥革命
1912年1月—2月				中华民国临时政府成立，清朝灭亡
		碑林为陕西图书馆所管		
1913年5月			昭陵六骏中的两尊被盗	
1915年		陕西图书馆搬迁到劝工陈列所内		
1914年		《图书馆所管碑林碑目表》（资料③）完成		
1917年10月			到此时为止，已经有四尊六骏的雕像在图书馆展览	
1918年3月			两尊六骏的雕像被保管在纽约大都会艺术博物馆	
1921年3月			宾夕法尼亚大学成功购买两尊六骏的雕像	
1927年4月		陕西图书馆更名为陕西省中山图书馆		
1928年	3月	成立了古物保管委员会（南京）		
	6月			南京国民政府北伐结束
1930年6月		实施了古物保存法		
1931年7月		陕西省中山图书馆更名为陕西省立第一图书馆		
1932年5月		西京筹备委员会成立		
1933年			足立喜六的《长安史迹研究》（1933年出版）	
1934年7月		中央古物保管委员会成立		
1935年3月		《西京碑林》（资料④）出版		

近代西安碑林展示空间的演变 | 219

续表

		碑林相关年表	文物相关年表	政治相关
	春	中央古物保管委员会在西安设立分事务处		
1936年10月		整理西安碑林监修委员会成立		
1937年	4月	更名为陕西省立西京图书馆		
		开始了西安碑林的大规模修复工程（直到1938年4月）		
	7月			七七事变
	10月	中央古物委员会在西安办事处被取消。碑林的修复工程被移交给了陕西省政府		
1938年	3—4月	碑林的重建完成	"鸳鸯七志斋藏石"被移交到碑林	
	5月	陕西省西安碑林管理委员会成立		
	12月	《西安碑林碑石目表》（资料⑤）完成		
1940年	6月		"鸳鸯七志斋藏石"被埋藏到地下	
		西北艺术文物考察团（重庆）成立		
1944年4月		成立陕西省历史博物馆		
1945年	6月	西京筹备委员会解散		
	8月			
		西北艺术文物考察团解散		
1947年	2月	《西京碑林藏石目录》（资料⑥）出版		
	11月—12月		"鸳鸯七志斋藏石"出土	
1948年6—7月		从新城小碑林迁移了38块石碑		
1949年	5月	西安解放，7月，西安市军管会接管了陕西省历史博物馆		
	10月			中华人民共和国成立
1950年5月		成为西北历史陈列馆		
1952年11月		成为西北历史博物馆		
1955年6月		成为陕西省博物馆		

二、近代西安碑林的展示空间与展示文物的变迁

本节将从西安碑林的调查记录和目录出发,考察其展示空间和展示文物的变迁。目前,碑林中收藏了约4000件从汉代到清代以及民国时期的石碑和文物。本文将着眼于其中具有特殊价值的唐代以前刻制的石碑及以唐代以前的石碑为模板摹刻的宋代以后的石碑。在考察过程中,将根据后文提到的资料①—⑦,按照时间整理为七个时期,分别是:①1906年;②1908年;③1914年;④1935年;⑤1938年;⑥1946年;⑦2006年。资料④和⑥是笔者通过中国古籍书店网站获取的原书(图1、图2),资料①和②是日本研究者的调查报告,资料③和⑤是路远的著作《西安碑林史》(西安出版社,1998年)中引用的目录。

图1《西京碑林》(资料④)

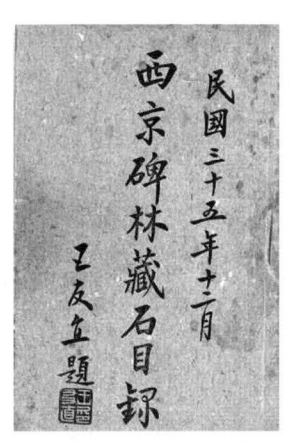

图2《西京碑林藏石目录》(资料⑥)

表2总结了①—⑦时期展示的文物清单以及其展示位置。从左开始按照编号、时代(王朝)、年代(年号)、公元(公历)、碑名(文物名)、展厅及备注进行了分类整理。备注中记载了移至碑林(文庙)的时间、书法家、重刻的时间和重刻者。此外,本文首先获取了资料④和⑥的原本目录,并以这两份目录为中心进行整理,再添加其前后的相关资料,然后进行考察的。因此,在表格中用浅灰色标记了④和⑥的单元格,以突显这一过程。另外,为了与唐代制作的石碑相区别,用深灰色标记了后代重刻的唐代以前的石碑。接下来,根据资料的顺序,对目录和调查报告的概要、展示空间的特点以及展示的文物特点进行记录。另外,文中各个石碑名前的编号对应表2中的编号。

资料①:1906年,关野贞《西安府文庙与碑林中的古碑》(见《日本之建筑与艺术》,岩波书店,1938年,第197—221页)。

关野贞是近代日本的建筑师和建筑史家,他调查了朝鲜半岛和中国大陆的

建筑，撰写了许多报告、图谱和论文。①在此列举的资料①最初是明治四十一年（1908）7月刊登在《时事新报文艺周报》上的连载文章，是关野贞根据他于明治三十九年（1906）10月到11月对西安碑林进行的调查写的。②在这份调查报告中，关野贞提道："清朝内地，在汉魏六朝碑刻中曲阜孔庙、济宁州文庙较为著名，而在六朝之后的经幢、墓志石中则有河南存古阁等，但真正将如此众多的碑帖集中在一个区域的，除了西安府文庙和碑林之外，别无他处。"

这份调查报告所展示的文物空间可以分为文庙（图3）和碑林（图4）两部分。文庙的空间从门口到泮池、碑阁、东西建筑，一直延伸至大成殿，其间共陈列了17块石碑。其中，包括唐碑一块（1《皇甫诞碑》），唐碑的重刻碑两块[2《孔子庙堂碑》、3《智永千字文碑》（图5）]。大成殿里面的空间就是碑林。这一时期的碑林展示空间分为8个区域。③1区是以23《石台孝经》（图6）为中心的碑群，2区是东西狭长的建筑物，其中共有39块碑，有唐碑和唐碑重刻碑15块，还有秦碑宋重刻碑的29《峄山刻石》（图7、图8）和47《敦煌太守裴岑纪功碑》（关野贞的清单上写着"汉碑再刻"）等，关野贞称2区为"碑林中的珍贵之物"。3区是49—60《开成石经》，4区至6区放置的是康熙年间重刻的《孟子》及《复修碑林记碑》（道光二十二年）。7区前的碑亭内放置了道光年间移至此处的91《于孝显之碑》，7区东廊展示的是碑林所藏的从嘉庆到光绪年间的隋唐时期的墓志。8区放置的是元末明初从万年县崇道乡迁移来的82《冯宿神道碑》和83《尊胜陀罗尼经》。1区和3区是碑林的原型，2区放置的主要是明代以前收藏在碑林中的碑，7区和8区内是明清时期迁移到碑林的碑。值得注意的是，关野贞所调查的碑林在当时是文庙的附属建筑，虽然在空间平面图上分为文庙和碑林两部分，但这两者其实是一体化的展示空间。

---

① 关野贞（1868—1935），明治至昭和初期的建筑师和建筑史学者。他在东京帝国大学工部大学毕业后，担任奈良县技师，调查奈良的古建筑和平城宫遗址，并担任东京帝国大学教授以及东方文化学院东京研究所研究员。1906年，他被派往中国考察中国建筑，1904年前往朝鲜半岛进行调查，1910年后受朝鲜总督府委托每年前往朝鲜半岛进行调查。著有《中国佛教史迹》（1925—1929年，与常盘大定合著）和《朝鲜古迹图谱（1916—1935）》等众多著作。

② 根据关野贞的日记，他于1906年10月29日、11月1日、11月2日、11月3日、11月11日这五天进行了碑林的调查和摄影工作。参见关野贞研究会《关野贞日记》中关于明治三十九年"中国旅行日记"（中央公论美术出版，2009年，第174—177页）。

③ 关野贞的论文中没有对碑林的展示空间进行分类。因此，在本论文和表2中，根据后述资料④的划分进行了分类。

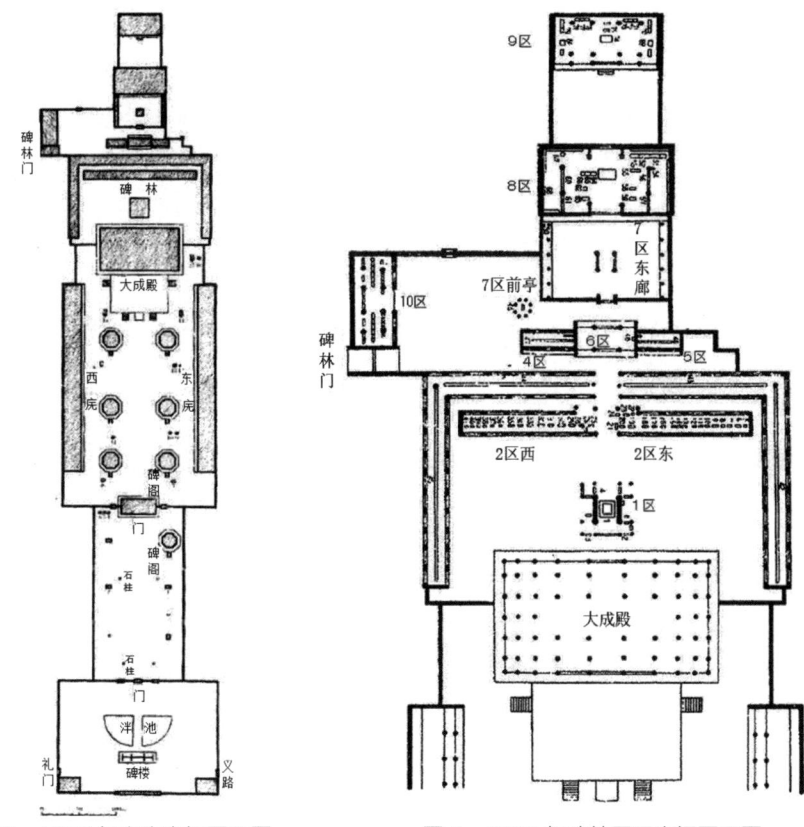

图3　1906年文庙空间平面图　　图4　1906年碑林展示空间平面图
（图3、图4据《西安府文庙与碑林中的古碑》插图改绘）

资料②：1908年，足立喜六《长安的古碑》（见《长安史迹研究》，东洋文库，1933年，第275—292页）。

足立喜六是1906年至1910年在西安的陕西高等学堂担任数学和物理课程的日本人教师。[①]他在西安结识了桑原骘藏、宇野哲人等东洋学者，受到他们的影响，走访

---

① 足立喜六（1871—1949），出生于日本爱知县名古屋市千种区［实际应为静冈县丰田郡冈村（现磐田市冈）——译者］。1898年，毕业于东京高等师范学校（现筑波大学），并在熊本县、茨城县、爱媛县和山梨县的高小学校、中学校和师范学校任教。1906年3月至1910年2月，被派往陕西高等学堂担任数学和物理老师，于1907年与桑原骘藏和宇野哲人相识。返回日本后，成为爱知县一宫町立高等女学校校长。退休后，于1933年出版了《长安史迹研究》，随后又出版了《考证法显传》《法显传——中亚、印度、南海纪行的研究》《大唐西域记的研究》等著作，并对《大唐西域求法高僧传》和《入唐求法巡礼行记》进行了翻译和注释。《长安史迹研究》于1935年在上海发行了中文版，此后，在1983年和2006年发行了日语版本的重印，于1990年和2006年发行了中文版本的重印，2003年还出版了中文的新译本。可以说，足立喜六在西安的经历为他退休后成为东方史研究者开辟了道路。参见村松弘一：《清末西安の教育と日本人教習——足立喜六を事例に》，《学習院大学国際研究教育機構研究年報》2016年第2期。

近代西安碑林展示空间的演变 | 223

图5　3《智永千字文碑》
（笔者2009年拍摄）

图6　23《石台孝经》
（笔者2007年拍摄）

图7　2区东面展示的29《峄山刻石》
（足立喜六1908年拍摄）

图8　现在的29《峄山刻石》
（笔者2007年拍摄）

调查了许多西安的历史遗迹，并于1933年出版了《长安史迹研究》（东洋文库）。其中第十三章"长安的古碑"中记载了关于碑林的调查记录。尽管该文未将碑林所收藏的全部石碑列成清单，但通过整理碑林平面图（图9）、在碑林门外出售的55种藏石拓本清单、碑林所藏唐碑的解说文以及插图照片，可以对展示文物的整体情况有所了解。表2的②中，通过平面图确定展示位置的碑文已经标注了区编号。此外，唐碑解说文中提到的碑文用"○"标记，有拓本或照片的碑文也分别进行了标示。另外，足立喜六曾多次访问碑林，因此平面图和刊载的展示文物可能是不同时间段的，但由于照片的拍摄日期是在明治四十一年（1908）4月4日至8月27日，所以拍摄的应该是这期间的信息。

展示空间的布局与资料①中的图3基本相同①，展品从时期①到②的最显著的变化是，将67《大秦景教流行中国碑》（以下称为《景教碑》，图10、图11）移动到了6区的复修碑林记碑（清代）的所在地。《景教碑》是证明被视为异端的聂斯脱利派基督教在唐朝长安流行的石碑，于唐建中二年（781）在长安的大秦寺建立。后来，崇圣寺（又称崇仁寺或金胜寺）迁至该地，但在同治年间因回民起义而遭到荒废，《景教碑》被遗弃在那里。在这种情况下，对《景教碑》感兴趣的丹麦人何乐模以3000多两银子的价格购买了《景教碑》，并试图将其运到伦敦。然而，陕西高等学堂的王猷与其进行交涉，并制作了精巧的复制品，何乐模将复制品带到了欧美。随后，何乐模在美国纽约的大都会艺术博物馆制作了复制品的副本，并将其搬入英国大英博物馆、法国吉美博物馆等。西安制作的第一个复制品据说保存在梵蒂冈美术馆。实际的《景教碑》于1907年10月4日被移至碑林。②当时的摆放位置如图10所示，位于白墙前，与图11中现在的位置不同。可以说，这是碑林首次发挥防止珍贵文物被带往国外的"博物馆"功能的实例。

---

① 图4与图3一样，由于没有展示空间的分类，所以根据资料④的区分进行分类。
② 1907年10月4日宇野哲人和桑原骘藏在碑林看到了石碑被移送的现场，这一情况被记录了下来。参见桑原骘藏《考史游记》（弘文堂，1942年，2001年由岩波书店出版文库版）、宇野哲人《中国文明记》（大同馆书店，1912年。后来改名为《清国文明记》，于2006年由讲谈社出版文库版）。此外，村松弘一《清末西安の教育と日本人教习——足立喜六を事例に》（《学习院大学国际研究教育机构研究年报》2016年第2期）中也有相关记述。有关盗窃事件和复制品的后续情况可以参考桑原骘藏的《大秦景教流行中国碑に就いて》（《东洋史说苑》，弘文堂书房，1927年；后收录于《桑原骘藏全集（第一卷）》，岩波书店，1938年）、Michael Keevak的著作 *The Story of a Stele: China's Nestorian Monument and Its Reception in the West, 1625—1916*（香港大学出版社，2008年）。

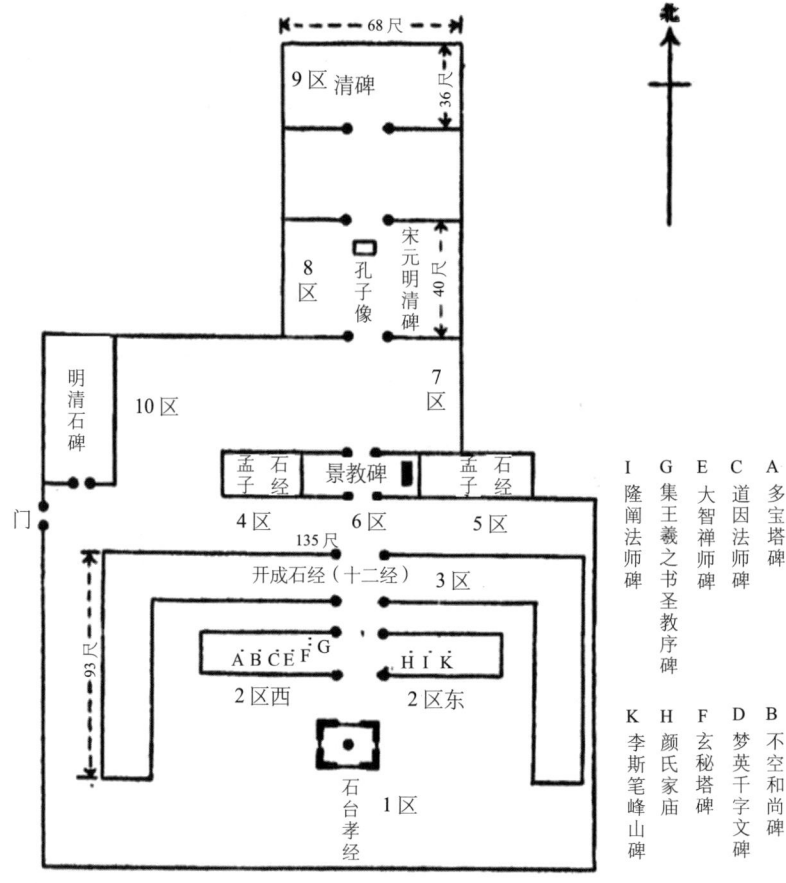

图9　1908年碑林展示空间平面图
（据足立喜六《长安史迹研究》插图改绘）

此外，足立喜六的拓本出售清单中出现了资料①关野贞的清单中没有的43《东陵圣母帖》、44《僧怀素法帖》、45《肚痛帖》、46《断千字文》等后人根据唐代怀素和张旭等人的书法重刻的碑。由于这些重刻碑是明代以后才出现在碑林中的，所以关野贞应该也亲眼见过这些碑。然而，关野贞更注重石碑本身的古老价值，而这份清单实际上是为那些看重怀素、张旭等人的书法拓本的购买者而创建的，因此他忽视了这份清单。

以上，从时期①到②的重要变化是，碑林作为文庙的附属设施，接纳了濒临流失海外的《景教碑》，从而开始了碑林的"博物馆化"。

资料③：1914年，《图书馆所管碑林碑目表》（陕西图书馆，1914年。参见路远：《西安碑林史》，西安出版社，1998年，第270—291页）。

这份资料是碑林的管理于1912年由文庙划归陕西图书馆而制作的目录。事实上，这是最早的碑林综合目录。目录上带有1913—1914年陕西图书馆馆长朱元照的

226 │ 域外回响——从彼岸看长安

图10 从崇圣寺迁至碑林的67《景教碑》
（足立喜六1908年拍摄）

图11 现在的67《景教碑》
（笔者2008年拍摄）

签名，此外，由于目录中还列有民国三年（1914）碑林所收藏的石碑，因此，该目录应该是1914年碑林藏石的汇总。由于没有当时展厅的相关信息，也没有展示位置的记录，所以在表2的③中，对所收藏的石碑标注"○"。

总体来说，有三个变化。第一，增加了图书馆所藏的展品。9《夏侯纯陀造像记》、10《钳耳神猛造像碑》、11号《魏国夫人裴氏墓志》在资料③中标注为"在图书馆"，即不在碑林中而是放置在了图书馆内。这时的陕西图书馆位于西安市梁府街的陕西省学务公所的东侧。这些是关野贞和足立喜六的报告中没有提到的展示文物。第二，文庙区域内曾存在的1《皇甫诞碑》、2《孔子庙堂碑》、3《智永千字文碑》，以及文庙所藏的4《郎官题名柱》、5《白道生神道碑》都没有出现在清单中。这表明碑林已经从文庙中分离出来，只有碑林中的石碑才归图书馆管理。第三，1914年从开元寺转移而来的39《杜顺和尚行记碑》以及85《梵汉合文经幢》（图12）、86《陀罗尼经幢》、87《于惟则经幢》、88《尊胜陀罗尼经幢》[①]以及清

[①] 《雍州金石记》中记载，开福寺佛殿前有《杜顺和尚行记碑》，但据关野贞称，明治三十九年（1906）11月他访问了西安府东北角的开福寺，在寺院内进行了广泛的搜索，但未能找到此石碑。参见关野贞、常盘大定《中国文化史迹》（法藏馆，1940年）。虽然资料③④中都记载《杜顺和尚行记碑》于民国三年（1914）从开福寺迁来，但考虑到这之前关野贞的调查，也有写错字的可能性存在。因为同样民国三年移至碑林的85《梵汉合文经幢》的碑林博物馆解说文中有从开元寺迁来的记载，因此这些也有可能是从开元寺运来的。在关野贞前揭书中，关于开元寺的说明中有提到《唐陀罗尼经幢》和《唐佛顶尊胜陀罗尼经幢》，也不能否定其是84、86、87中某一个的可能性。

末在陕西扶风发现的78《多宝塔碑》都被新添至清单中。开元寺是位于西安市钟楼东南的寺院，在清末就已经荒废。由此可以推测，碑林被用于保护唐代文物，防止其流失至海外。

资料④：1935年，《西京碑林》（见张知道编：《西京碑林》，陕西省立图书馆，1935年3月1日（初版）版，第88页）。

这份资料是由陕西省立图书馆的馆长张知道[①]编制的目录。卷末注明石碑总数为494种1424方。标题使用的不是西安而是"西京"，并且在序文中提到了"建设西北"的口号，这表明其受到从1930年开始的南京国民政府的"西北建设"和1932年成立的西京筹备委员会的影响。[②]

目录分为按朝代和时期排列的时代目录和按展厅记载的地区目录。每个石碑都有编号，采用了按时代目录和地区目录分别记录的形式，但由于两个目录之间的编号存在许多偏差，因此需要仔细核实。展示空间平面图如图13所示，

图12　85《梵汉合文经幢》
（笔者2009年拍摄）

[①] 张知道（1905—1963），出生于陕西省华县。尽管家境贫困，但他得到了杨松轩等人的援助，毕业于咸林中学。他曾在南京中央政治学校学习，后来退学，在华县和西安从事教育工作。1933年，他成为西京图书馆馆长，编纂出版了《西京图书馆馆藏目录》、《西京碑林》和《图书馆》等著作。1939年，他转任陕西省民众教育馆馆长，1947年参与了国立西安图书馆的筹备工作，但该馆由于资金不足未能如期开馆。1948年成为华县高塘中学校长，并在1949年后继续从事教育工作。

[②] 在1930年代初，南京国民政府提出了开发西北论。1931年成立的全国经济委员会主导规划了水利建设、道路建设、卫生和农村建设等计划，但最终未能取得具体成果。1932年成立的直属于国民政府的西京筹备委员会进行了测量、林业、交通、名胜古迹的调查以及编纂西京指南等具体工作，一直持续到1945年。从1932年成立到1945年废止，张继一直担任西京筹备委员会的委员长。张继（1882—1947）出生于今河北省沧县。1899年前往日本留学，在东京善邻书院和东京专门学校（早稻田大学）学习。1905年在东京加入中国同盟会。辛亥革命后，他成为交际部主任兼河北支部部长，1913年成为参议院议长。1924年成为国民党第一期中央监察委员，但与孙中山对立，1925年参加了"西山会议派"。南京国民政府成立后，历任司法院副院长兼北平政治分会主席、中央监察委员、立法院院长（未就任）、西京筹备委员会委员长、国民党华北办事处主任。1947年出任国史馆馆长。

图的下侧是北方，与资料①和②的绘制方向不同。现有的展厅位置不变，但新增了位于西北方向的11区管理员室。

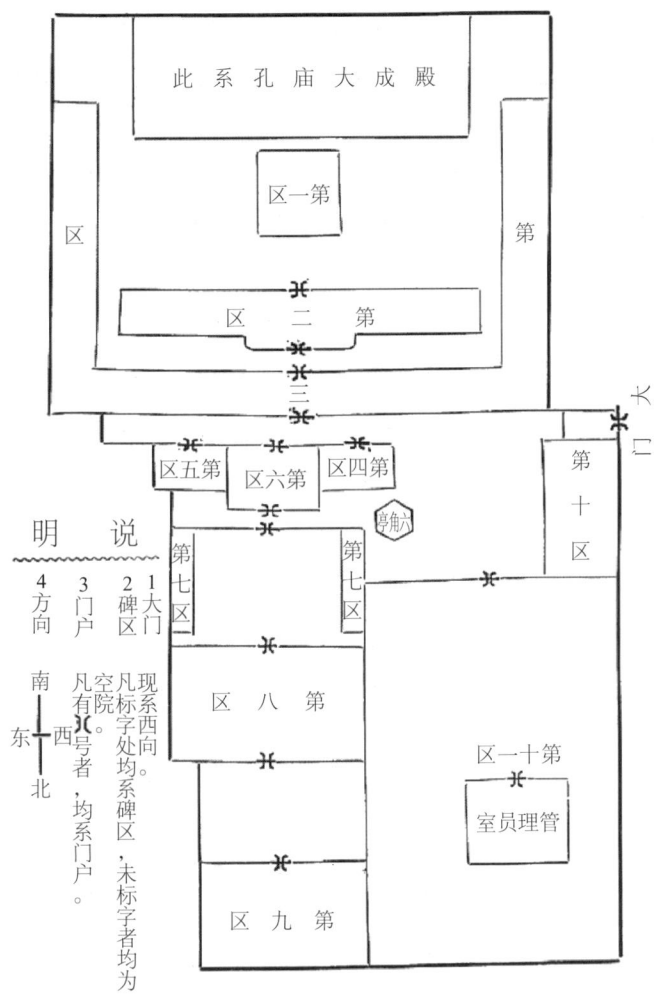

图 13　1935年碑林展示空间平面图
（出自《西京碑林》）

关于展品，有三大变化。第一，是图书馆藏品的增加。图书馆收藏了6《北魏正光三年茹氏一百人造像碑》、7《田良宽造像碑》、12《吏部南曹石幢》、13《佛顶尊胜陀罗尼经幢》等与佛教相关的造像碑和石幢。此外，唐太宗昭陵六骏中的四尊也被编入图书馆的收藏（14《太宗昭陵六骏》）。六骏是昭陵北司马道上立着的六匹马的浮雕，刻有太宗李世民的爱马"白蹄乌""特勒骠""飒露紫""青骓""什伐赤""拳毛䯄"。其中，图书馆收藏了"白蹄乌"（图14）"特勒骠""青骓""什伐赤"这四尊，而剩余两尊则被收藏在美国宾夕法尼亚大学考古学及古人类学博物馆。足立喜六于1909年11月10日在昭陵拍摄了后来流失到美国的

近代西安碑林展示空间的演变 | 229

"飒露紫"①的照片（图15）。由于陕西图书馆成立于1909年，所以推测图书馆最初并没有收藏这些六骏石刻。之后，在1912年或1913年，有两尊六骏被外国人偷走，但遭到当地居民的抵抗而失败，被临时放置在西安的旧督署内。但是，后来根据袁世凯的命令，它们被运至北京，古董商卢芹斋购买了它们，并于1918年3月保管在了美国纽约大都会艺术博物馆的仓库中。②之后，卢芹斋和宾夕法尼亚大学博物馆馆长戈登之间进行了谈判，这两尊于1921年3月正式成为博物馆的收藏品。③至于剩余的四尊六骏，C.W.毕士博（C.W.Bishop）于1917年10月访问陕西图书馆的时候见到了它们。④图书馆的平面图如图16所示，有一扇门可进入四明厅（阅览室）和藏书楼，藏书楼的两侧摆放着石碑和佛像，后方则陈列着这四尊六骏。⑤图书馆于1915年移至南院门的劝工陈列所内，1916年重新开馆，1917年进行了改建。C.W.毕士博看到的应该是图16中陈列在后方的这四尊六骏。在经历了两尊六骏被盗之后，图书馆成了保护文物的保管地。碑林是专门收藏石碑的设施，而这些石刻并没有收藏于碑林，而是保管在图书馆的陈列室内。另外，位于图16北侧的廊房东侧的是唐代的景云钟。足立喜六在荒废的迎祥观中看到了这口钟，其在1910年代被移至图书馆。由于这口钟非石碑因此并未存放于碑林，而是保管在图书馆内。中华人民共和国成立后，景云钟被移至碑林，至今仍在碑林博物馆的室外展示。

第二，在碑林的其他展示和收藏品中，有新增的79《攀龙附凤》，这是从民国初年的科举考试场所贡院移交过来的。宇野哲人在1907年访问贡院时目睹过这件

---

① 参见足立喜六《长安史迹研究》图版119。足立喜六的书中还有另外5张照片，这些照片是从Édouard Chavannes的著作 *Mission archéologique dans la Chine septentrionale* 第14章（1909年）中摘录的。

② 卢芹斋（C.T. Loo，1880—1957），浙江省人，于1900年前后来到巴黎，与国民党元老张静江合作并投资在巴黎建立了中国大使馆员和古美术品贸易公司。他经营的来远公司在巴黎、纽约、上海和北京设有门店，向各国博物馆出售中国文物。

③ 关于六骏的海外流失，长期以来一直被认为是由宾夕法尼亚大学的相关人员进行的文物掠夺行为。然而近年来，在博物馆档案中发现了在纽约和巴黎等地开设店铺的国际古董商卢芹斋与博物馆馆长高登之间的书信资料，这些信件揭示了博物馆通过中国古董商"购买"了这些文物的事实。参见周秀琴：《昭陵两骏流失始末》，《碑林集刊》2002年第8期；Xiuqin Zhou, "Zhaoling:The Mausoleum of Emperor Tang Taizong", *SINO-PLATONIC PAPERS*, Vol.187, 2009；村松弘一：《引き裂かれた唐昭陵"六骏"——ペンシルヴァニア大学博物館アーカイブズ資料から》，见村松弘一编：《世界の蒐集——アジアをめぐ博物館・博覧会・海外旅行》，山川出版社，2014年。

④ Bishop, CarlW, "The Horses of T'ang T'ai-tsung", *The Museum Journal IX*, Vol. 3/4, 1918.

⑤ 陕西省图书馆馆史组编：《陕西省图书馆馆史》，陕西教育出版社，1989年，第30—34页。

图 14 六骏"白蹄乌"
（2008年笔者拍摄，现藏于西安碑林博物馆石刻艺术陈列室）

图 15 六骏"飒露紫"
（1909年11月足立喜六拍摄，现藏于美国宾夕法尼亚大学博物馆）

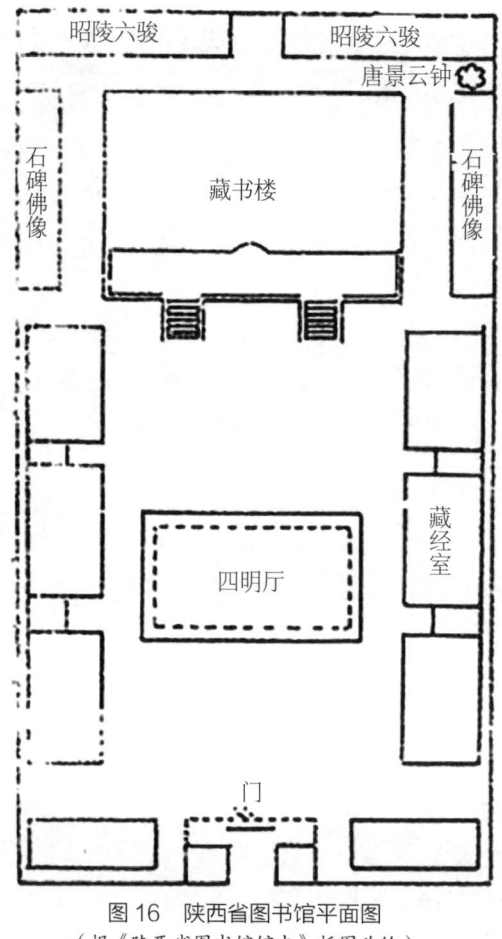

图 16 陕西省图书馆平面图
（据《陕西省图书馆馆史》插图改绘）

作品。①此外，名单中还新增了92《唐吴道子写意菩萨像》、89《鲁司寇孔子像》等画碑和68《寿字碑》、90《九成宫醴泉铭》、80《少林寺戒坛铭》等后代复刻的唐碑。

第三，94《李彬夫人宇文氏墓志》在这份目录之后消失了。资料④中记载其在清末被某人带走并卖给端方，而其他一些资料中则提到，端方于光绪二十八年将其带出，目录上有这尊石碑但实际上并没有，实际情况难以确认。

六骏的盗窃和文物流失事件成为图书馆具有收藏和保护文物功能的契机。另一方面，碑林的展示空间和收藏品变化不大，但受到了南京国民政府西北建设的影响。在此期间，碑林展示空间的老化相当严重，正如张知道在序言中所述："现有的建筑物长期以来未经修缮，一直破败不堪。什么时候可以更换为新的，无法预

---

① 宇野哲人：《清国文明记》，讲谈社，2006年。

232 | 域外回响——从彼岸看长安

料。新的修复工程何时能够展开，无法确定。"这将成为下一个课题。

资料⑤：1938年，《西安碑林碑石目录》（西安碑林管理委员会编，1938年12月制作。参见路远：《西安碑林史》，西安出版社，1998年，第350—421页）。

本目录是西安碑林博物馆图书室所藏的手稿。有两种，一种是从第一室到第七室的清单，另一种是新设的第八室的清单。1935年春季，以中央古物保管委员会西安办事处和西京筹备委员会为中心，成立了"整理西安碑林工程监修委员会"①，利用南京国民政府的预算，对碑林进行了大规模的改造。工程于1937年4月开始，但因为七七事变的爆发，南京的预算中止。此后，由陕西省提供资金支持工程继续进行，最终于1938年3月完工。在此次改造的契机下，1938年5月1日成立了"陕西省西安碑林管理委员会"，碑林的管理由陕西省图书馆转交给了该委员会。该委员会进行了专业的碑林设计、管理、碑石的采拓、游览、鉴赏和会计等工作。主任委员为陕西考古委员会委员长张鹏一②，其他委员来自民政厅、教育厅、高等法院等机构，共有6人。他们从专业角度讨论了碑林的收藏和展示。《西安碑林碑石目录》就是由西安碑林管理委员会制作的。

图17是根据碑林中留存的档案资料绘制的1938年碑林展示空间平面图。通过1937年至1938年的改造，23《石台孝经》周围的旧1区原封不动，成为第1室，位于旧1区和旧3区之间的东西向长条形的旧2区被拆除，旧2区和旧3区合并成为新的第2室用来展示《开成石经》。其北侧的旧4、5、6区改建为第3室，旧8区改建为第4室，旧9区改建为第5室。其西侧的旧11区和管理员室的位置改建为第6室和第7室，还在东侧新建了第8室。这次改造带来了三个重大变化。第一是通过扩展和整备第2室，突出了碑林起源的《开成石经》。第二是充实了以唐碑为主的第3室。随着旧2区的撤除，原先在那里展示的24—28、31—39的唐碑以及40—42的唐碑复刻碑被移

---

① 参见路远《西安碑林史》所载《重修西安碑林记》（西安出版社，1998年，第68—70页）。其中，委员名单的首位是西京筹备委员会委员长张继，顾问有陕西考古委员长张鹏一、西京图书馆馆长张知道、陕西通志馆馆长宋联奎、西京金石书画会会长寇遐、孔教会会长张玉玺等人。

② 张鹏一（1867—1943），出生于陕西省富平县。在泾阳味经书院学习，协助刘古愚校勘《史记》和《尔雅注疏》。他中举后前往北京，参与了康有为的变法运动。随后，在陕西省富平县创办文王庙小学堂，并在临潼横渠书院任教。从1908年起，历任山西省长治县代理知县、山西大学堂庶务长、中国银行秘书长等职务。1914年任陕西督军署秘书，陕西吏治研究所所长，1916年任陕西通志局分纂，监修西安碑林。1930年任陕西省政府顾问，1934年任国立北平研究院和陕西省政府共同设立的陕西考古会的委员长。陕西考古会在1934年至1937年对宝鸡斗鸡台戴家湾进行了发掘调查。1937年任西北史学会理事长、西安碑林保管委员会主任。

动到了第3室。此外，原先在旧7区东廊的69—78的唐碑、隋唐墓志，旧8区的唐代墓志和石碑，旧9区的唐碑91也被转移到了第3室。此外，在改造过程中，重新发现的的95《不空和尚译经碑》、96《慧日寺石壁真言》（图18）和97《佛经残石》的唐碑，也被放置在了第3室。通过这次改造，得以将隋唐时期的珍贵石碑和墓志集中展示在第3室。另外，旧2区的43—46的唐碑复刻碑被移到第4室，29和47的秦汉碑复刻碑被移到第7室。在第5室中展示80、89和92的唐碑复刻碑，以及83—88的唐代造像碑和经幢。第三个重大变化是新设了第8室。这个第8室是为了展示当时担任国民政府监察院院长的陕西籍政治家、书法家于右任①所收藏的111"鸳鸯七志斋藏石"而建立的。据资料⑤中第8室的清单记载，空间分为三个部分，东侧有162种，西侧有183种，中间有39种，还有一件北魏的造像，一共有385件从西晋至唐代的墓志。"鸳鸯七志斋藏石"主要是1920年代在洛阳邙山附近发掘的。此外，112《熹平石经

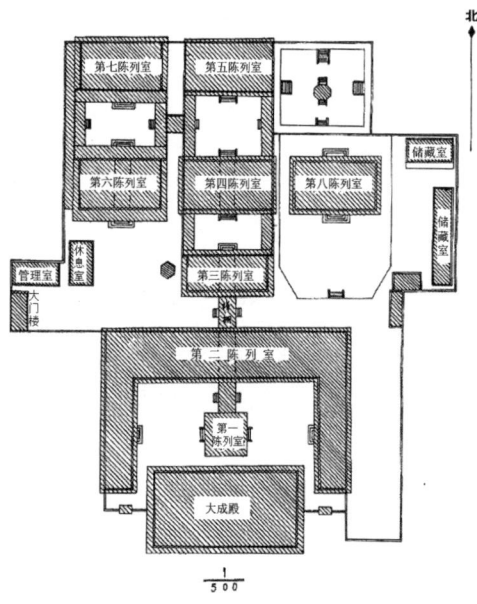

图17　1938年碑林展示空间平面图
（出自路远《西安碑林史》）

图18　96《慧日寺石壁真言》
（笔者2007年拍摄）

---

① 于右任（1879—1964），出生于陕西省三原县。在震旦学院毕业后创办了复旦公学（今复旦大学）。1906年，前往日本留学，加入了中国同盟会。回国后，创办了《神州日报》，辛亥革命后于1912年担任中华民国临时政府交通部次长。1918年，组织了陕西靖国军。1922年，担任国立上海大学校长，1926年任陕西省政府主席。南京国民政府成立后，历任国民政府委员、军事委员会常务委员、监察院院长、国防最高委员会常务委员，在南京国民政府中担任重要职位。藏有"鸳鸯七志斋藏石"等藏品（后捐献给西安碑林博物馆），是出身于陕西省的文化名人。

残碑》也是于右任的藏品，但与放置在第8室的"鸳鸯七志斋藏石"分开保管，在战争期间，它被运往于右任的出生地陕西省三原县，之后失踪了。后来又被重新发现，并于1952年移至碑林。

资料⑥：1946年，《西京碑林藏石目录（民国三十五年十二月）》（见陕西省历史博物馆编：《西京碑林藏石目录（民国三十五年十二月）》，陕西省历史博物馆，1947年，第50页）。

该目录是1944年4月陕西省历史博物馆开馆后，于1947年2月编辑并刊行的目录。该目录将1946年12月前所藏的文物，按照第1室至第7室的展示室、内照壁、前院和办公室进行分类整理。1912年碑林归图书馆管理，1944年办理了向陕西省历史博物馆移交文庙石碑和建筑物等与碑林藏石有区别的文物的手续[①]，已经成为博物馆的收藏品了。然而，由于这份资料仅限于"碑林藏石"，所以文庙区域内的1《皇甫诞碑》和4《郎官题名柱》未包含在目录中。

从资料⑤附带的1946年展示空间平面图（图19）可以看出，1938年建造的第8室已不再作为展厅，而是变为办公室和会客室。其他方面与图17中1938年的平面图没有大的变化。

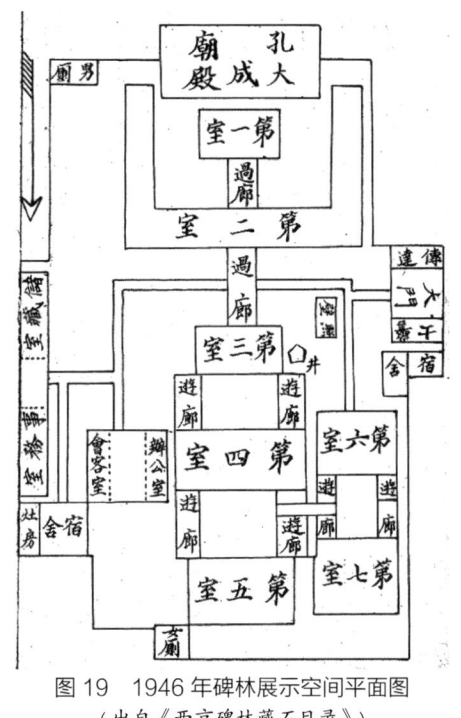

图19　1946年碑林展示空间平面图
（出自《西京碑林藏石目录》）

---

① 参见路远《西安碑林史》所载《1944年陕西省历史博物馆接收孔庙财产清册》（西安出版社，1998年，第68—70页）。

展示内容方面，第1室至第3室、第5室和第7室的展品没有变化。重大变化有两点。第一点，第8室中展示的"鸳鸯七志斋藏石"中的385件墓志等，于1940年被埋入碑林东院的地下。之后，在1947年8月至9月期被挖掘出来。[1]由于这份目录是1946年的版本，"鸳鸯七志斋藏石"当时仍被埋在地下，因此未包含在此清单中。正因如此，第8室并未用作陈列室，而是成了办公室和会客室。

第二点是通过考古挖掘出土的文物被添加到展品和收藏品中。第4室西廊、第4室外西、第5室西廊和前院，新收藏了以下文物：98《孟显达碑》（1910年出土，图20）、99《三藏圣教序》（民国初出土）、100《兴庆宫残图》（1934年出土，图21）、101《韦顼墓志》（1943年出土）、102《韦顼石椁》（1941年出土）、103《慧坚禅师碑》（1945年出土）、104《白石造像》（1943—1944年出土）、106《残石经幢》（1941—1942年出土）。其中101、102、104、106是由王子云[2]领导的西北艺术文物考察团和以夏子欣为首的西京筹备委员会共同进行的考古调查时发现的文物。另外，102《韦顼石椁》是一块唐代雕刻的石椁，最初被用作西安城内大湘子庙街旧教育局的楼梯石材使用，1941年被发现后保存于碑林。[3]101《韦顼墓志》是以102的发现为契机，由王子云挖掘并保存于碑林。[4]106《残石经幢》是在1941年至1942年在西京东郭门外浐桥乡第七保调查时发现的，后保存于碑林[5]。另外，被认为是六朝时期的

---

[1] 路远：《西安碑林史》，西安出版社，1998年。

[2] 王子云（1897—1990），出生于江苏省萧县。曾于上海美术专科学校和国立北京美术学校（今中央美术学院）学习，后在北京孔德中学任教，参加了阿波罗美术学会并从事美术研究。在国立西湖艺术院学习后，于1932年前往法国巴黎国立高等美术学院留学。1937年后返回国内，并成为国立杭州美术专科学校的教授。1940年，组织了西北艺术文物考察团并担任团长。1945年结束考察团的工作后，成为国立西北大学历史系教授和西北文物研究室主任。随后，历任国立成都艺术专科学校教授、西北艺术学院教授、西安美术学院教授。教育部西北艺术文物考察团是基于王子云的建议于1940年6月由重庆国民政府组织成立的机构，其活动一直持续到1945年8月。考察团的主要调查包括陕西关中汉唐陵墓调查、河南洛阳龙门石窟调查、青海塔尔寺参观调查、敦煌莫高窟调查（壁画摹写）、拉卜楞寺调查、河西走廊佛窟群调查、西安考古调查、兰州考古等，覆盖了西北地区的各个地方。从成立到解散，王子云一直担任团长。

[3]《张继为收集历史资料复教育部艺术文物考察团公函》（1941年5月23日），西安市档案局、西安市档案馆编：《筹备西京陪都档案资料选辑》，西北大学出版社，1994年，第220页。

[4] 路远：《西安碑林史》，西安出版社，1998年。

[5]《西京筹备委员会工作报告》（1941年11月—1942年5月），见西安市档案局、西安市档案馆编：《筹备西京陪都档案资料选辑》，西北大学出版社，1994年，第226—229页。

图20　98《孟显达碑》　　　　　　图21　100《兴庆宫残图》
（笔者2009年拍摄）　　　　　　　（笔者2007年拍摄）

104《白石造像》是1943年至1944年在西安城内的骡马市被发现的。①就这样，碑林逐渐演变成了一个不仅仅收藏石碑，还收藏新发现文物的"博物馆"。

资料⑦：2006年，《西安碑林博物馆藏碑刻总目提要》（见陈忠凯等编：《西安碑林博物馆藏碑刻总目提要》，线装书局，2006年）。

西安于1949年5月解放，7月西安市军管会接管了陕西省历史博物馆，近代西安碑林的历史走到了尾声。资料⑦是截至2006年西安碑林所收藏的碑石目录。在表2的⑦中，列出了1949年以前收藏在碑林的石碑目前在哪个展厅展示。由于资料⑦中没有关于展厅的记载，所以参考了路远的《西安碑林史》、西川宁的《西安碑林》（讲谈社，1966年）、塚田康信的《西安碑林研究》（同刊行会，1983年）等资料进行整理，并将笔者无法确认的展厅的情况在表2的⑦中标注为"○"。

现在的展示空间中，将资料⑦中的旧1室称为《石台孝经》碑亭，将原来展示《开成石经》的旧2室称为第1室，之后旧3室至旧7室按顺序排列，变为第2室至第6室。另外，1963年在第1室的西侧建造了石刻艺术陈列室，1982年在第6室的南侧设立了展示清顺治三年（1646）复刻的《淳化阁帖》的第7室，2010年位于第1室东侧（旧8室的位置）的以佛像为主要展示内容的石刻艺术馆开馆。（图22）

资料⑥中1946年展示的石碑在展厅之间的移动情况如下。29《峄山刻石》、47

---

① 《西京筹备委员会工作报告（1943年9月—1944年4月）》，见西安市档案局、西安市档案馆编：《筹备西京陪都档案资料选辑》，西北大学出版社，1994年，第233—237页。

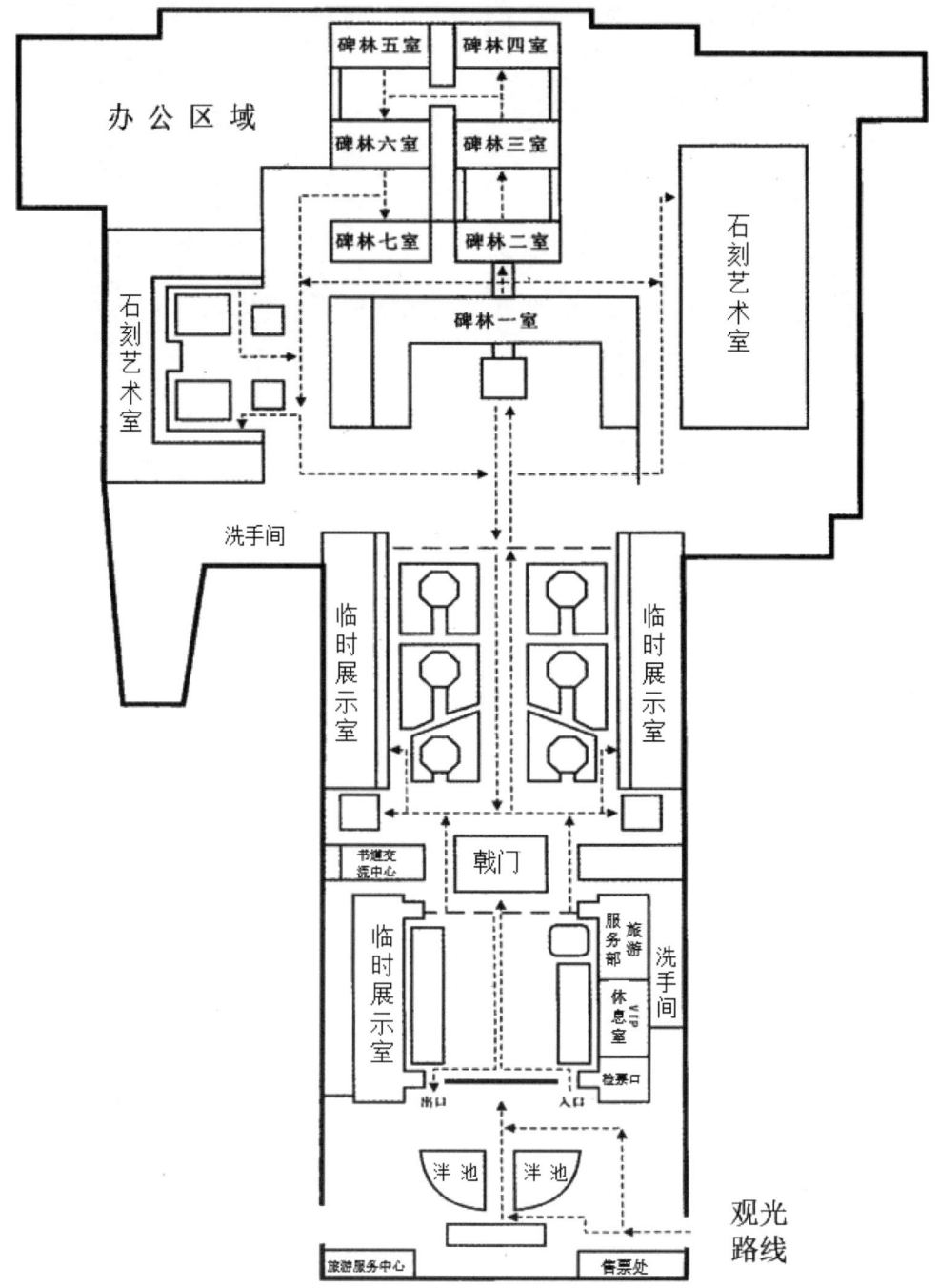

图 22 现在的碑林展示空间

《敦煌太守裴岑纪功碑》（图23）、68《寿字碑》、90《九成宫醴泉铭》等唐碑复刻碑从旧7室移动到了第5室。第5室成了收集复刻碑的展厅，80《少林寺戒坛铭》也从旧5室移动过来。另外，旧7室，也就是第6室成了元明清时期文人诗刻的主要展示地。原来在旧5室的85《梵汉合文经幢》被移到了陈列珍贵唐碑的第2室，91《于孝显之碑》被移至第3室。正如后文所述，第3室是一个专门陈列博物馆新增石碑的展厅，91《于孝显之碑》是清道光四年从富平移动来的，因此被放置于第3室。

第3室中还展示了从文庙移来的1《皇甫诞碑》、2《孔子庙堂碑》、3《智永千字文碑》。旧5室中的84《北魏田僧敬四面造像碑》（图24）被移至1963年设立的石刻艺术陈列馆，但在陈列馆完成之前，它在碑林的具体展示位置不清楚，需要进一步调查。原本陈列在陕西图书馆中的6《北魏正光三年茹氏一百人造像碑》、7《田良宽造像碑》、8《四面佛造像记》、14《太宗昭陵六骏》也在1963年起被展示于石刻艺术陈列馆。11《魏国夫人裴氏墓志》与"鸳鸯七志斋藏石"一同在第6室外展出。资料⑥中记录了1946年到1949年西安解放前，新展示于碑林中的石碑有两部分：一部分是1940年被埋入地下，后于1947年出土的111"鸳鸯七志斋藏石"中的385块墓志和石碑。这些被陈列在第2室与第3室之间、第3室与第4室之间，以及第5室与第6室之间的碑廊墙壁处（图25）；另一部分是113《武都太守题名残碑》（图26）、114《美原神泉诗序碑》、115《述圣颂碑》、116《告华岳文》和117《颜勤礼碑》5块石碑，都是从新城小碑林移来的。西安新城小碑林是1928年由陕西省政府主席宋哲元创办的机构，位于陕西省政府所在的新城院内，收集了陕西各地的石碑。这些石碑被安置在陈列博物馆新增石碑的第3室中。之后，第3室中也逐渐增加了由考古发掘获得的石碑，成了碑林"博物馆化"的一个重要展示空间。

中华人民共和国成立后碑林的历史如下：1950年更名为为西北历史陈列馆，1952年被更名为西北历史博物馆，1955年更名为陕西省博物馆，开始收藏陕西省出土的青铜器、壁画等石碑、石刻以外的文物。①随着"博物馆"功能的扩展，之前提到的石刻艺术陈列馆和石刻艺术馆也相继增设。在此期间，1959年为了区分文庙区域和碑林区域而建成的大成殿，因雷击而被焚毁（图27）。大成殿的遗址被改造为广场，结果文庙区域和碑林区域融为一体，整体成为博物馆展示设施。1992年陕西历史博物馆开馆后，许多出土文物被转移到历史博物馆，碑林逐渐成为以石碑、石刻和佛像为中心的西安碑林博物馆（图28）。

---

① 陕西省博物馆编《陕西省博物馆》（文物出版社，1983年）中展示了青铜器、壁画、秦始皇帝陵兵马俑等后来被移交至陕西历史博物馆的文物。

图 23　47《敦煌太守裴岑纪功碑》
（笔者 2007 年拍摄）

图 24　84《北魏田僧敬四面造像碑》
（笔者 2007 年拍摄）

图 25　111 "鸳鸯七志斋藏石"墓志
（笔者 2009 年拍摄）

图 26　113《武都太守题名残碑》
（笔者 2007 年拍摄）

图 27　文庙大成殿照
（出自足立喜六《长安史迹研究》，拍摄时间不明）

图 28　碑林《石台孝经》碑亭前
（笔者 2018 年拍摄于淑德大学海外研讨会集训）

240 | 域外回响——从彼岸看长安

三、结语：西安碑林的博物馆化与文物保护

以上，整理总结了①至⑦时期的展示空间和展示文物的变迁。接下来，将近代西安碑林的历史分为Ⅰ期至Ⅳ期进行分析，并对本文进行总结。

1. Ⅰ期：1912年，文庙时期（资料①②）

碑林作为文庙的附属设施，始于宋代，基于《石台孝经》和《开成石经》创建，直到清末，很多西安附近的唐碑和墓志被转移至此。此外，清末文物的海外流失问题十分严峻，从《景教碑》的盗窃未遂事件可见一斑。收入《景教碑》，可以视为碑林"博物馆化"的第一步。

2. Ⅱ期：1912—1938年，图书馆时期（资料③④）

辛亥革命后，碑林于1912年交由陕西图书馆管理。随着碑林的设立，图书馆也设置了陈列室，收藏了石刻和佛像等，还收藏了4尊唐昭陵六骏。图书馆保存流失了两件到海外的六骏，这意味着碑林不仅仅收藏石碑还收藏石刻，可视为碑林迈向"博物馆化"的契机。

3. Ⅲ期 1938—1944年，碑林管理委员会时期（资料⑤）

大规模整修完成后，从1938年开始，碑林管理委员会接管了碑林，代替了图书馆的管理。在整修之后，唐碑被整理并放置到第3室，同时收入了于右任所收藏的"鸳鸯七志斋藏石"，这使得唐代以前的收藏大幅增加。1941年，西北艺术文物考察团和西安碑林管理委员会进行了联合考古发掘，为碑林带来了新的文物。可以说在这一时期，碑林开始逐渐具备了"博物馆"收藏考古发掘文物的功能。

4. Ⅳ期：1944—1949年，陕西省历史博物馆时期（资料⑥⑦）

1944年，陕西省历史博物馆开馆。其目的是阻止类似《景教碑》和六骏等文物流失海外，收纳和展示新的考古发掘文物，保存荒废的寺庙文物。碑林的这些经验可以说为博物馆的成立铺平了道路。

通过上述整理与考察，本文告一段落。关于中华人民共和国成立后碑林中的石碑收藏过程，还需结合中国现代史和考古学，做进一步探讨。

表2

编号	时代	年代	公元	碑名	①1906年	②1908年	③1914年	④1935年	⑤1938年	⑥1946年	⑦2006年	备注
1	唐	贞观		皇甫诞碑（隋皇甫君碑）	文庙	拓本					3室	明代，从西安长安县鸣犊镇皇甫川迁移至文庙。1944年，从文庙移交至陕西省历史博物馆。欧阳询书
2	唐	武德九年	626	孔子庙堂碑（孔子家庙）	文庙	拓本					3室	宋建隆、乾德年间，王彦超重刻并在文庙立碑。1944年，从文庙移交至陕西省历史博物馆。虞世南书
3	隋			智永千字文碑（智永真草千字文）	文庙	拓本					3室	明初，从西安迎祥观迁至文庙。1944年，从文庙移交至陕西省历史博物馆。智永禅师书
4	唐	大中十二年	858	郎官题名柱（唐尚书省郎官石柱）（郎官石幢）		拓本					○	于明代迁移。1944年，从文庙移交至陕西省历史博物馆。张旭书
5	唐	永泰元年	765	白道生神道碑（太子宾客白道生神道碑）（白公神道碑）		○					○	清道光二年在文庙立碑，随后由文庙管理。原碑立在咸宁县凤栖原
6	北魏	正光三年	522	北魏正光三年茹氏一百人造像碑（大代正光一百人造像记）（茹昌等一百人造像记）			图书馆				石刻	
7	北魏	正始－延昌	504-515	田良宽造像碑（道民田良宽等四十五人造像记）			图书馆				石刻	
8	北周	武成二年	560	四面佛造像记（碑）			图书馆				石刻	
9	北周	天和四年	569	夏侯纯陀造像记			图书馆				○	
10	隋	开皇四年	584	钳耳神猛造像碑			图书馆				○	

续表

编号	时代	年代	公元	碑名	①1906年	②1908年	③1914年	④1935年	⑤1938年	⑥1946年	⑦2006年	备注
11	唐	景龙三年	709	魏国夫人裴氏墓志（大唐故魏国大夫人裴氏墓志）				图书馆			6室外	
12	唐	天宝元年	742	吏部南曹石幢（吏部南曹造佛顶尊胜陀罗尼经幢）				图书馆			○	
13	唐			佛顶尊胜陀罗尼经幢				图书馆			○	
14	唐			太宗昭陵六骏				图书馆			石刻	四尊
15	唐			石碑造像残记				图书馆				从西窑头迁移
16	唐			千佛像残石				图书馆				四面存有佛造像
17	唐	景龙		舍利塔				图书馆				四面存有佛造像
18	唐			造像荸曾石幢				图书馆				于周固造像
19	唐			唐代荸曾石幢				图书馆				从兴平移至图书馆。与同样从兴平迁移过来的皇兴造像碑的关系不明
20	唐			白石千佛石				图书馆				
21	唐			黄玉千佛石				图书馆				
22	隋			骑马仁造像碑（骑马仁耆君造像记）	1区	1区/照片		图书馆？			○	④有错字。是否为图书馆所藏
23	唐	天宝四载	745	石台孝经（唐玄宗御注孝经碑）	2区东	2区东/照片	○	1区	1室	1室	碑亭	在宋元祐年间从唐长安国子监迁移过来
24	唐	天宝二年	743	隆阐法师碑	2区东	2区东	○	2区东	3室	3室	2室	在宋初，从长安实际寺的旧址迁移过来。僧怀恽（隆阐法师）书
25	唐	建中元年	780	颜氏家庙碑（颜维贞家庙碑）	2区东	2区东	○	2区东	3室	3室	2室	迁移于北宋末泰平兴国年间。颜真卿书

近代西安碑林展示空间的演变 | 243

续表

编号	时代	年代	公元	碑名	①1903年	②1908年	③1914年	④1935年	⑤1938年	⑥1946年	⑦2006年	备注
26	唐	长庆二年	822	梁守谦功德铭（邠国公功德铭）（邠国公梁守谦功德碑）	2区东	拓本/照片	○	2区东	3室	3室	2室	移自宋初长安大宁坊大唐兴寺。杨承和书
27	唐	开元十一年	723	御史台精舍碑	2区东	拓本	○	2区东	3室	3室	2室	元末至明早期迁移。梁升卿书
28	唐	景龙三年	709	法琬禅师碑（比丘尼法琬法师碑）（大唐□□寺比丘尼法琬法师碑）	2区东	拓本	○	2区东	3室	3室	2室	在清朝乾隆二十四年之前，从西安长安神禾原迁移过来。刘钦旦书
29	秦	始皇二十八年	前219	峄山刻石	2区东	2区东/照片	○	2区东	7室	7室	5室	宋淳化四年于文庙立碑。李斯书，宋代徐铉重刻
30	唐			千字文（怀素草书千字文）		拓本	○	2区东	4室	4室	3室	明成化六年，余子俊进行了文庙立碑的重刻。僧怀素书
31	唐	龙朔三年	663	道因法师碑（大唐故大德因法师碑）	2区西	2区西/照片	○	2区西	3室	3室	2室	宋初，从长安德坊慧日寺的旧址迁移过来。欧阳通书
32	唐	咸亨三年	672	集王圣教序碑（集经圣教序附心经）（集王右军书三藏圣教序）	2区西	2区西	○	2区西	3室	3室	2室	宋初，从长安修德坊弘福寺的旧址迁移过来。僧怀仁集王羲之书
33	唐	开元二十四年	736	大智禅师碑	2区西	2区西/照片	○	2区西	3室	3室	2室	宋代迁移。史维则书

续表

编号	时代	年代	公元	碑名	①1906年	②1908年	③1914年	④1935年	⑤1938年	⑥1946年	⑦2006年	备注
34	唐	天宝十一载	752	千佛寺多宝佛塔感应碑	2区西	2区西	○	2区西	3室	3室	2室	宋初，从长安安定坊千福寺的旧址迁移过来。颜真卿书
		贞元二十一年	805	楚金禅师碑								吴通微书
35	唐	建中二年	781	广智三藏和尚碑（不空和尚碑）（三藏不空法师碑）	2区西	2区西	○	2区西	3室	3室	2室	宋初，从长安城南兴善寺迁移过来。徐浩书
36	唐	会昌元年	841	大达法师玄秘塔碑	2区西	2区西/照片	○	2区西	3室	3室	2室	宋初，从长安崇宁坊安国寺的旧址迁移过来。柳公权书
		大中五年	851	敕内庄宅使牒								
		大中六年	852	比丘尼言疏								
37	唐	开元九年	721	镇军大将军吴文残碑（兴福寺半截碑）（兴福寺残碑）	2区西	○	○	2区西	3室	3室	2室	明朝万历年间在西安南城护城河发现，然后迁移过来。僧大雅集王羲之书
38	唐			心经（百塔寺心经）（百塔寺石刻草书心经）（草心经）		拓本		2区西	3室	3室	2室	明成化十年，由孙仁从白塔寺迁移过来。郑万钧集王羲之所书
39	唐	大中6年	852	杜顺和尚行记碑（华严寺杜顺和）	—	—		2区西	3室	3室	2室	民国三年，从开福寺迁移过来，董景仁书。
40	唐	广德二年	764	争座位稿（争座位文稿）（与郭仆射书）	2区西	拓本	○	2区西	3室	3室	2室	宋熙宁年间重刻，于文庙立碑，颜真卿书
41	唐	大历二年	767	李氏三坟记碑（李阳冰篆书）	2区西	○		2区西	3室	3室	2室	宋大中祥符三年重刻文庙立碑，李阳冰书
42	唐	大历二年	767	李氏栖先茔记碑（李阳冰书篆先生记）	2区西	拓本	○	2区西	3室	3室	2室	宋大中祥符三年重刻文庙立碑，李阳冰书

近代西安碑林展示空间的演变 | 245

续表

编号	时代	年代	公元	碑名	①1906年	②1908年	③1914年	④1935年	⑤1938年	⑥1946年	⑦2006年	备注
43	唐	贞元九年	793	东陵圣母帖（怀素圣母帖）		拓本	○	2区西	4室	4室	3室	明代迁移过来。僧怀素书。宋元祐三年宋人重刻
44	唐	贞元		僧怀素法帖（唐僧怀素法帖）（藏真律公二帖）		拓本	○	2区西	4室	4室	3室	明代迁移过来。僧怀素书。宋元祐八年游师雄重刻
45	唐			肚痛帖		拓本	○	2区西	4室	4室	3室	明代迁移过来。张旭书。来嘉祐三年李丕绪上石
46	唐			断千字文（千字文断碑）（断狂草千字文）		拓本	○	2区西	4室	4室	3室	明代迁移。张旭书。北宋元丰三年吕大防重刻
47		永和二年	137	敦煌太守裴岑纪功碑	2区西	照片	○	2区西	7室	7室	5室	清乾隆五十一年申兆定重刻。原碑在新疆巴里坤
	汉	汉安元年	142	会仙友								同上。原碑在四川逍遥山
				汉石经残字								同上。尚书・论语
48	北魏			汉兖州刺史洛阳令残字碑	8区							同上
49	唐	开成二年	837	造像残石（阳刻石佛像）	3区	3区	○	2区西	5室	5室	1室	是否指的是同一文物尚不明确
50	唐	开成二年	837	春秋左氏传（唐石经）	3区	3区	○	3区	2室	2室	1室	北宋元祐二年从国子监迁移过来
51	唐	开成二年	837	公羊传（唐石经）	3区	3区	○	3区	2室	2室	1室	
52	唐	开成二年	837	谷梁传（唐石经）	3区	3区	○	3区	2室	2室	1室	
53	唐	开成二年	837	孝经（唐石经）	3区	3区	○	3区	2室	2室	1室	
54	唐	开成二年	837	论语（唐石经）	3区	3区	○	3区	2室	2室	1室	
55	唐	开成二年	837	尔雅（唐石经）	3区	3区	○	3区	2室	2室	1室	
56	唐	开成二年	837	仪礼（唐石经）	3区	3区	○	3区	2室	2室	1室	
	唐	开成二年	837	礼记（唐石经）	3区	3区	○	3区	2室	2室	1室	

续表

编号	时代	年代	公元	碑名	①1906年	②1908年	③1914年	④1935年	⑤1938年	⑥1946年	⑦2006年	备注
57	唐	开成二年	837	周易（唐石经）	3区	3区/照片	○	3区	2室	2室	1室	
58	唐	开成二年	837	尚书（唐石经）	3区	3区	○	3区	2室	2室	1室	
59	唐	开成二年	837	毛诗（唐石经）	3区	3区	○	3区	2室	2室	1室	
60	唐	开成二年	837	周礼（唐石经）	3区	3区	○	3区	2室	2室	1室	
61	唐	开成二年	837	五经文字				3区	2室	2室	1室	
62	唐	开成二年	837	九经字样			○	3区	2室	2室	1室	
63	唐	开成二年	837	石经题名（写经官题名）				3区	2室	2室		
64	唐	开成二年	837	进石经状残字			○	3区				
65	唐	咸通四年	863	程府君墓志盖				3区	3室	3室	2室	收藏于清光绪二十五年以前。程再思书。是第76号《程修己墓志》的盖
66	唐	开元		王维竹子图				4区	5室	5室	4室	从凤翔县迁移过来。王箴书。末元祐六年游师雄题重刻。吕秀岩书。
67	唐	建中二年	781	大秦景教流行中国碑	—	6区/照片	○	6区	3室	3室	2室	明天启二年出土，光绪二十二年迁移
68	唐			寿字碑				6区	7室	7室	5室	道光二十四年石梧重刻立碑。吕道人书。萨迎阿藏
69	唐	开元四年	716	法藏禅师塔铭（净域寺法藏禅师塔铭）	7区东廊	○		7区东廊	3室	3室	2室	自清嘉庆年代以后，从百塔寺迁移而来
70	唐	天宝十二载	753	令狐氏墓志（雁门郡夫人令狐氏墓志）（张元忠妻令狐氏墓志）	7区东廊	○		7区东廊	3室	3室	2室	在清光绪二十五年之前收藏
71	唐	元和十年	815	魏逸墓志	7区东廊	○		7区东廊	3室	3室	2室	在清光绪二十五年之前收藏

续表

编号	时代	年代	公元	碑名	①1906年	②1908年	③1914年	④1935年	⑤1938年	⑥1946年	⑦2006年	备注
72	唐	元和十五年	820	韦瑞墓志（韦瑞玄堂志）（京兆韦公玄堂志）	7区东廊	○	○	7区东廊	3室	3室	○	在清光绪二十五年之前收藏，韦纾书
73	唐	会昌五年	845	魏謩妻赵氏墓志	7区东廊	○	○	7区东廊	3室	3室	2室	在清光绪二十五年之前收藏，魏匡赞书
74	隋	大业十二年	616	宋永贵墓志	7区东廊		○	7区东廊	3室	3室	2室	在清光绪二十五年之前收藏
75	唐	万岁通天二年	697	梁师亮墓志	7区东廊		○	7区东廊	3室	3室	2室	在清光绪二十五年之前收藏
76	唐	咸通四年	863	程修己墓志	7区东廊		○	7区东廊	3室	3室	2室	在清光绪二十五年之前收藏，程进思书
77	唐	景龙三年	709	许公及夫人杨氏残石合葬墓志（许公及妻杨氏墓志残石）		○	○	7区东廊	3室	3室	○	在清光绪二十五年之前收藏，李为仁书
78	唐	开元二十九年	741	多宝塔碑			○	7区东廊	3室	3室	2室	在清末陕西扶风发现，由郭楚贞等人刻制
79	唐			攀龙附凤		—		7区东廊	4室东廊	4室东廊		民国初年，从贡院正移而来。宇野哲人在贡院目睹
80	唐	开元二年	714	少林寺戒坛铭		○	○	7区东廊	5室	5室	5室	义净述、李邕书。明嘉靖南书。光绪元年，郭建木重刻并立碑
81	唐	咸亨四年	673	韩宝才墓志	7区东廊	○	○	8区	3室	3室	2室	在清光绪二十五年之前收藏

248 | 域外回响——从彼岸看长安

续表

编号	时代	年代	公元	碑名	①1900年	②1908年	③1914年	④1935年	⑤1938年	⑥1946年	⑦2006年	备注
82	唐	开成二年	837	冯宿神道碑（冯宿碑）（冯公神道）	8区	拓本	○	8区	3室	3室	2室	在元末明初，从万年县崇道乡冯宿墓前迁移到文庙。柳公权书
83	唐	大中六年	852	尊胜陀罗尼经（万年县崇道乡乾村造佛顶尊胜陀罗尼经幢）	8区			8区	5室	5室	○	王伦建
84	北魏			北魏田僧敬四面造像碑（田僧敬造像记）		照片	○	8区	5室	5室	石刻	
85	唐			梵汉合文经幢	—	—	○	8区	5室	5室	2室	民国三年，从开元寺迁移而来
86	唐	垂拱三年	687	陀罗尼经幢（大经幢）	—	—	○	8区	5室	5室	○	民国三年，从开元寺迁移而来
87	唐	大中二年	848	陀罗尼经幢（于惟则经幢）	—	—	○	8区	5室	5室	○	由王铉记尚书于惟则建
88	唐			尊胜陀罗尼经幢	—		○	8区	5室	5室	?	民国三年，从开元寺迁移而来。开元寺的经幢
89	唐	开元		鲁司寇孔子像（孔圣立像）		○		8区	5室	5室	4室	吴道子绘。宋代重刻。明嘉靖年题
90	唐	贞观六年	632	九成宫醴泉铭				8区	7室	7室	5室	欧阳询书。乾隆六年，清王端重刻
91	唐	贞观十四年	640	于孝显之碑（于君之碑）	7区前亭	照片	○	9区	3室	3室	3室	清道光四年，从富平迁移而来
92	唐	开元		唐吴道子写意菩萨像（观世音菩萨像）		照片	○	9区	5室	5室	4室	吴道子绘。清康熙年间，张世锡重刻
93	唐	大中		残经幢	—	—	△	11区	5室	5室		
94	唐	咸通八年	867	李彬夫人宇文氏墓志	—	—	—	11区	—	—	—	在清光绪二十五年之前收藏。楚封书
95	唐			不空和尚译经碑	—	—	—	—	3室	3室	2室	1938年在碑林重新发现

近代西安碑林展示空间的演变 | 249

续表

编号	时代	年代	公元	碑名	①1900年	②1908年	③1914年	④1935年	⑤1938年	⑥1946年	⑦2006年	备注
96	唐			慧日寺石壁真言	—	—	—	—	3室	3室	2室	1938年在碑林重新发现。赵从师书
97	唐			佛经残石	—	—	—	—	3室	3室		1938年在碑林重新发现
98	隋	开皇二十年	600	孟显达碑	—	—	—	—		4室西廊	3室	清宣统二年，在西安长安南里王村出土。第7号中提到了1948年的迁移，第6号中有1946年目录
99	唐	咸亨		三藏圣教序	—	—	—	—		4室西廊	6室外	民国初年，在西安荐檀林出土。僧怀仁集王羲之书。明代刻
100	唐			兴庆宫残图	—	—	—	—		4室外西	4室	1934年在陕西省民政厅门内院（西安市社会路）发现
101	唐	开元六年	718	韦顼墓志	—	—	—	—	—	4室外西	6室外	1943年由王子云发掘
102	唐			韦顼石椁	—	—	—	—	—	4室外西	4室	1941年由王子云发现
103	唐	元和元年	806	慧坚禅师碑	—	—	—	—		5室西廊	3室	1945年西安机场发掘
104	六朝			白石造像	—	—	—	—		前院		1943—1944发现
105	唐			独孤氏墓志碑	—	○	—	—		前院		
106	唐	天宝		残石经幢	—	—	—	—		前院		1941—1942发现
107	唐	永徽		褚书残石	—	—	—	—		前院		褚遂良书
108	唐	长安		赵府君墓志（赵智偘及妻宗氏墓志）	—	—	—	—	—	办公室	6室外	
109	唐	开元		吴道子观音像	—	拓本	—	—	—	办公室	—	吴道子绘，明代摹刻，不明
110	唐			心经（草书心经）	—	—	—	—	—	—	—	民国初期以后散失，张旭书
111				"鸳鸯七志斋藏石"（385块）	—	—	—	—	8室	—	碑廊	1938年由于右任赠送。在战争时期埋藏在地下，1947年出土

续表

编号	时代	年代	公元	碑名	①1903年	②1908年	③1914年	④1935年	⑤1938年	⑥1946年	⑦2006年	备注
112	后汉	熹平四年	175	熹平石经残碑	—	—	—	—	个别放置	—	3室	1929年出土于洛阳大郊村，1938年由于右任赠送，后在战争期间疏散到富平县和三原（不明），1952年迁移到碑林
113	后汉			武都太守题名残碑	—	—	—	—	—	—	3室	1948年从新城小碑林迁移而来。清乾隆四十四年于陕西华阴华岳庙发现
114	唐	垂拱四年	688	美原神泉诗序碑	—	—	—	—	—	—	3室	1948年从新城小碑林迁移而来，位于陕西富平
115	唐	开元十三年	725	述圣颂碑	—	—	—	—	—	—	3室	1948年从新城小碑林迁移而来，位于陕西华阴西岳庙
116	唐	天宝元年	742	告华岳文	—	—	—	—	—	—	3室	1948年从新城小碑林迁移而来，位于陕西华阴西岳庙
117	唐	大历十四年	779	颜勤礼碑	—	—	—	—	—	—	3室	1948年从新城小碑林迁移而来，1922年发现于西安西大街社会路一带

原载《淑德大学人文学部研究论集》，淑德大学人文学部纪要委员会，2019年第4号

（村松弘一，日本淑德大学人文学部历史学科教授；

刘宇欣，日本京都大学人间·环境学研究科人间·环境学专攻东亚文明讲座硕士在读）

近代西安碑林展示空间的演变 | 251

胡司德《早期中国的食物、祭祀和圣贤》

[美]戴梅可 著　刘子明　舒显彩 译

在20世纪后半叶，即使是精通汉语和日语的人，若对"中国"这片土地的食物生产与消费史感兴趣，通常都会参考两部经典著作：张光直（Chang Kwang-chih）主编的《中国文化中的饮食》[①]（*Food in Chinese Culture*：*Anthropological and Historical Perspectives*）（1997年）和尤金·N.安德森（E.N.Anderson）的《中国食物》[②]（*The Food of China*）（1990年）。近十余年来，一大批早期医书和食方的出土，以及在后现代主义影响下对娱乐和消费文化的关注，再度激发了人们对食物相关话题的兴趣。与前辈学者相比[③]，胡司德的新书更专注古典时代所处的战国、秦汉时期。因涉及"礼制与宗教"[④]这一晦涩领域的诸多基础问题，该书很受欢迎。

本书读来引人入胜，在短短五章中，它以最少的篇幅引用了大量文献。此外，正如对章节内容做简要回顾时所显示的那样，本书进行全面概括时仅有少许注释有误。第一章概述了饮食文化，尤其是饮食禁忌和饮食制度，以及胡司德所言"蕴含

---

① 张光直主编的《中国文化中的饮食》一书出版于1977年。——译者
② 林巳奈夫的文章，特别是《汉代的饮食》（《东方学报》第48卷，第1—98页）一文是一个典范。希望胡司德可以更多地参考日本学者的研究，现在通常可以借助中译本来实现。
③ 尽管如此，胡司德还是从第1页开始便提及了商周时代的青铜器。
④ 塞斯·施瓦茨（Seth Schwartz）声称："没有一个艺术、民族、国家、文化以及种族的现代术语比宗教本身更不合时宜或更具误导性。"（Seth Schwartz, "How Many Judaisms Were There? A Critique of Neusner and Smith on Definition and Mason and Boyarin on Categorization", *Journal of Ancient Judaism*, Vol.2.2, 2011, p.224）类似的，伊丽莎白·卡斯泰利（Elizabeth Castelli）在*Martyrdom and Memory*：*Early Christian Culture-Making*（New York：Columbia Univ. Press，2004）第二章中指出："从一个后启蒙社会的角度来看，罗马帝国的状况需要仔细关注……人们习惯称之为'宗教'的东西与政治体制、社会结构、家族使命以及自我认知如此紧密地交织在一起。在古罗马社会很少……不会……符合'宗教'资格。"参见Filippo Marsili, "Heaven Is Empty：A Cross-cultural Approach to Religion and Human Agency in Early Imperial China", PhD diss., University of California at Berkeley, 2011.

各种规则的"针对生者或死者宴飨中的肉类消费（第35页）[1]。随后，胡司德简要介绍了孔子在宴会上遵守的用餐准则，从而对圣贤君子的相通之处重新加以阐释，即"从他们对食物的看法中可以反映出君子对于社会等级秩序、礼仪、无私的品性以及道德气节的认识"（第47页）[2]。第二章讨论了"治大国如烹小鲜"，在胡司德看来，其意为"宰割、烹饪以及宴饮同时也是一种培养道德修养的形式"（第5页），不过或许称为"提供自我修养的机会"会更加准确。考虑到这种联系，传说中的过去似乎满是理想的统治者，他们寻求庖人和膳宰来担任臣宰，这几乎是不可避免的。胡司德对《庄子》中庖丁解牛这一精彩故事背后的深层含义的深入探讨展现出了他的最佳水准，这是一种出众的谋篇布局能力（第49—53页）。紧接着，胡司德在李惠仪（Li Wai-yee）"不同的味道、声音（宴会上的音乐）和谐地融为一体，这不仅只是类比"论点的基础上讨论了"和"（其字面意思是"和味"）这个宏大的超乎想象的话题，因为边饮食边听音乐会"对于君主的思想产生直接的、立竿见影的影响"。第二章最后分析了胡司德所归类的"自然饮食"：食气，根据季节、时间和国家的经济需要调整饮食，以及"为国家（福祉）而保重自己的身体[3]（爱身为国）"[4]的观念。

第三至第五章同样充实而引人入胜。第三章从人所享之食物转向了以食物祭献鬼神。胡司德将祭祀描绘成"一个具有多重作用的事件"[5]，要求参与者[6]在祭祀时索神、降神，同时要求举行祭礼的时候既不能奢华铺陈，也不能简单应付，而是要使祭祀仪式做到有礼有节（第5、89、107页）。正如胡司德所言，祭祀如果成功，可以增强集体纪念和社会团结。另一方面，如果仪式失败，便会造成疏远和孤立

---

[1] 布迪厄提醒我们，许多同样的规则（如"不要晃动汤！"）在今天上流社会的一些富有象征意义的环境中仍可以见到：座次的安排，优先顺序（第38—39页）。

[2] 对比《论语·里仁》（子曰："不患无位，患所以立。不患莫己知，求为可知也。"），其中的"相通之处"是"推人及己"。

[3] 作者所谓"为（改善）国家而不惜自己的身体"实际是指君主以及统治者们通过"损膳""素食"等方式将维系自己身体的饮食与国家利益联系起来。——译者

[4] 遗憾的是，这一章没有提到这样一个事实，即"玄"通常被翻译为"黑暗"或"神秘"，最初指的是红黑色的血液及由其神圣化的东西，包括礼器，因为人们认为它与血液、气、心和神有关，这对早期的思想家和现代的读者而言有不小的影响（第89页）。

[5] 胡司德更多考虑的是帝王的祭祀而非平民百姓的祭祀，但他很少具体说明相应的社会地位。

[6] 对于此处的参与者，原书中作祭祀仪式的参与者（ritual participants），即负责祭祀的巫祝卜史。——译者

（第5页）。①严格来说，胡司德所引用的沈约（441—513）的诗句并不在该书的时间框架内。尽管如此，将其纳入该书（其中提及了"反本"与"复古"）对于读者很有帮助，因为它在一定程度上概括了由生到死再由死到生的整个四阶段宇宙演化序列（第91页）。②第四章讨论了祭祀经济，同时详述了胡司德所谓的"关于如何维持由祭献供品和礼品交换所构成的丰富多彩的祭祀文化的详细规定"（第6页）。这一章暂时沿袭了德克·卜德（Derk Bodde）的《古代中国的节日》（1975）一书（此书至今少有人参考）③，它对汉代皇陵的守邑及其人员配置的讨论价值重大（第134—137页）。④第五章的主题是烹饪与祭祀在感官之间的相似之处，本章深入探讨了圣贤具有"非凡的感知能力"和感觉、知觉的问题（第6页）。胡司德断言，"从看似索然无味的祭品中形成超感知的能力，是战国至汉代学者关于烹饪和祭祀的讨论中的一个中心主题"（第168页），并使读者沉浸在取自先秦和汉代著作的有趣材料中，这些材料都证明了圣贤对"声色滋味"的明智选择（第185页）。

直至本章，全书内容都很精彩。胡司德正式提出了一个假设，足以将原本看似互不相关的理论联系在一起，这似乎已经足够清晰了：

> 人们对于食物的态度，对于食物的认识，以及祭祀的时候向神灵祭献供品的行为，都是形成圣贤观念的重要因素。中国古人认为，人们对于食物的消费、交换以及用食物祭祀神灵往往也是一种修养身心的方式，对于每个人、整个社会以及统治者来说，食物不但对身体有好处，同时对于道德与政治也具有同等重要的价值……在中国早期的文献当中，有很多内容是从道德的角度对食物和祭祀进行讨论的。从这些讨论来看，人们认为食

---

① 胡司德原文为："如果索神降神的仪式并没有给人们带来相应的回报，那么祭祀也可能成为一种极度异化的仪式。"——译者

② 根据汉代典籍（包括伪经），这四个阶段与原始的"道"同时产生，标志着积累了无数元素的事物不断变强，随着事物消亡后返归混沌无序状态，原个体也随之瓦解。参见安居香山、中村璋八：《重修纬书集成·附校勘所引》（明德书局，1971—1992年）；《纬书集成》（河北人民出版社，1994年）相关内容。

③ 参见Bodde, *Festivals in Classical China: New Year and Other Annual Observances During the Han Dynasty, 206 B.C.-A.D. 220*（Princeton: Princeton Univ. Press, 1975）。

④ 不足之处在于，胡司德以《周礼》所理想化的治国方略结束了本章，并将《周礼》视为汉代（更可能是西汉）政治和"仪式场合最高标准"的蓝图（第143页），而没有提醒非专业读者，《周礼》将抽象的规定作为社会现实，并试图在此基础上回溯过往历史。总体看来，如果胡司德更关注文献的年代与内容特征，会对我们更有助益。他在短短一章中概述了《管子》（第152—157页）、《墨子》（第158—162页）、《荀子》（第160页）、王充和应劭（第161—163页），以及《礼记》之《王制》篇（163—165页），最后又回到《荀子》（第165页）一书。

物既对人有营养价值,又可以用来祭祀鬼神,而且这两个方面密不可分,这一点尤为显著。(第1页)

然后,他提出了一系列相关的看法:第一,早期中国的礼仪与宗教仪式的前提在于神灵是"可感知的"(同时针对这一词语的两层意思而言?);第二,"祭祀仪式"是"一种重要的仪式,通过祭祀,这一点(神灵是可感知的)才变得更加明确"(第1页);第三,"中国古人并不对礼仪的、宗教的食物与普通的食物做出区别"(第1—2页);第四,如果祭物要"超越人的冲动与欲望"(第88页)[①],那么在这种祭祀的背景下,淡而无味开始受到重视,因为祭品必须是不可嗜的;第五,祭祀的主要目的是"索神"(第112页),而不是祭献那些已知存在的各种神灵(第108、112页)[②];第六,在早期中国,想要成为有德之人决不能"沉溺于肉体的感官享受之中",即使这些是在(人类)世界中建立"更高"级别权威的"途径",因为没有人能与"超越了各种日常感官但同时又依赖于现实世界的"神灵进行沟通(第2页);第七,圣贤通过"超越正常日常生活之上的感知模式"运作(第167页),这种模式赋予圣贤"超凡的感官""洞察力",甚至"天聪"(第6、176和177页)。[③]与这些看法联系在一起的是胡司德自信的断言:在战国时代[④]财富胜过地位。这必然会误导一些读者。

胡司德对古今论点的许多总结都很启迪读者,以至于从其书中发现一些问题显得有些冒昧,如结论3与结论4和6(以及结论7的大部分内容)存在矛盾,即物质与

[①] 这些都是胡司德对中性词"chang(尝)"的翻译,意为"品尝",而具有情感色彩的"shi(嗜)"字则有渴望之意。

[②] 在这里,胡司德提到了"预先存在的万神殿"(第108页),但诸神的存在与它们是否存在于一个有组织的万神殿中在逻辑上并不相通。根据这一有力的论断,他将崇拜习俗的几个方面联系在一起(方相氏被定义为寻找鬼魅并将其驱除之人,可扮演死者,甚至是阶梯式神坛的形状)。

[③] 据《法言》第9章,西汉末年,关于将超自然力量归于圣人的激烈辩论(不是双关语)仍在继续。

[④] 胡司德在此引用了Lothar von Falkenhausen 的 Chinese Society in the Age of Confucius (1000-250 BC): The Archaeological Evidence(Los Angeles: Cotsen institute of Archaeology at UCLA, 2006)一书第391页,对过少的证据解读过多。很明显,市场的发展不仅对礼物和祭祀经济产生了巨大影响,而且对当时宫廷中官员的角色也产生了巨大影响。在没有特殊情况时,至少有四个相互关联的因素(以世袭制为主的家族声望、官僚制度、财富水平、因各种原因而授予的荣誉地位)决定着一个人的大部分生活。这些记载见于睡虎地秦简(约前217年)、张家山汉简(最后一部是前186年),以及汉以前至汉代的正史中,它们互相结合并一直延续到东汉。令人费解的是,胡司德认为,这一时期财产比以前更加"不可剥夺"(第153页),准确地说,其意应为"可让渡"。

精神之间要么存在巨大的鸿沟,要么就是不存在鸿沟[在接受"仪式要求"和"世俗生活"(在当时的著作中没有对应的词语)的尖锐对立与弥合两者鸿沟之间摇摆不定时,该书似乎显得最为"生涩"]①。应当承认,这些结论与胡司德所收集的大量材料中的一部分只有松散联系。且胡司德本人也为上述论断提供了反证,包括:(1)将"孔子的形象"描绘为吃"饱"(饱腹)(第44—47页);(2)"心理和生理的平衡"是从平衡饮食中推演出来的(第61页),而非背离禁欲主义②;(3)事实上,除了极少数例外情况(例如伊尹)③,关于圣贤的故事通常集中在"非凡的视听能力"(第6页),而不是精致的味觉能力。

本书错失了很多澄清这些问题的机会。这在很大程度上取决于对关键术语的翻译,如胡司德谈到圣贤的"洞察力"以及其先见之明时,与简·吉尼(Jane Geaney)坚持立足于社会世界的"先知先觉"形成鲜明对比。④当然,关于修身和养生的理论与养心之术有关,但胡司德对"超越"(这个词现在太流行了)的确切理解是什么?一旦"气"的理论不仅包含阴阳,而且包含五行(在西汉晚期),就很难想象一个人如何能被认为超越完全由"气"构成的世界。提出这个问题的前提是,随着时间的推移,思想也发生相当大的变化,而不仅仅是不同作者之间的个体

---

① 例如,第184—185页声称学习需得到体现而身体需被否定。在第6页,胡司德谈到圣人的"治策与美德源自对普通人感觉的超越"。个人几乎不需要"掩饰身体与精神之间的分歧"(第8页)。可见,胡司德参考的早期著作中,找不到全知全能的永恒之神与有缺陷的道德之间的鲜明对比。马歇尔·H.萨林斯(Marshall H. Sahlins)注意到亚伯拉罕传统倾向于将"人性"等同于"有致命缺陷的本质"(Marshall H. Sahlins, *The Western Illusion of Human Nature: With Reflections on the Long History of Hierarchy, Equality and the Sublimation of Anarchy in the West, and Comparative Notes on Other Conceptions of the Human Condition*, Chicago: Prickly Paradigm, 2008)。但是,即使是荀子也没有一反常态地将人性视为"恶",他认为人一出生就具有的本性"不能直视"(婴儿保持着没有优先次序的欲望)。同时,荀子承认人类通过后天构建的"第二本性"可能在某些情况下发展出"神"的潜力。

② 参见美国厨师在炖汤或炖菜时所说的"调味"。引文源自Li Wai-yee, *The Readability of the Chinese Past in Early Historiography*, Cambridge, Mass.: Harvard Univ. Asia Center, 2007, p.118。

③ 关于修养需要敏锐的味觉与出色鉴赏力的说法确实存在。(如《法言》2/9、5/11),但我们更常看到的是对敏锐视觉与听觉的赞美,如果烹饪、饮食对行政和道德修养如此重要,那么这种赞美就没有什么意义了。

④ 两者都不完全正确,但汉以前和西汉时期的大量证据支持吉尼的论断,而现存更多的六朝文献则支持胡司德的解释。吉尼用大量(并非所有)的案例说服我们,至少在战国晚期的文献中,圣人并不是"未卜先知"或"料事如神"般的完美存在,如果后一术语指的是"在空间或时间上远离自然观察的物体或行动的超自然能力"(我的字典是这样定义的)。小词和大词一样,有时也需要解释,比如"花花绿绿的肉"。

差异——这会使胡司德的单一解释变得复杂。

问题的部分原因可能是胡司德最初决定将证据的搜集范围缩小到"哲学经典"和几首哲理诗,尽管其书所涵盖的时代没有严格区分;另一部分原因则是他为了编写出更简洁的故事而没有强调不同作者之间的细微变化。尽管如此,当谈到食物时,并没有迹象表明古代世界也有这种限制。事实恰恰相反,人们很可能在经典史书、医学著作、墓葬文献和行政文书(诏书、哀吊文等)中发现对美好生活的思考,就像在我们现在视为"哲学"的文本中发现的一样。① 显然,在统治精英中,男性(和一些女性)认为,不同的文体可以充分展示他们的才华,从而使他们在今生和来世都备受关注。此外,如果一开始就排除几乎所有的考古证据,就会排除许多有趣的问题和可能至关重要的答案。② 例如,为什么碑文将天堂描述为太仓?为什么与秦统一前的地方传统截然不同,"核心汉文化"对礼仪性的食器和酒器(无论是青铜器还是陶器或瓷器中的青铜仿制品)的兴趣越来越小?③ 可能胡司德觉得他的优势并不在此。

对于评论者而言,最忧心之处显然在于有人怀疑胡司德的书展现了一个近代基督教徒似乎已全然熟悉的早期中国;换言之,该书没有充分强调早期中国文献对东西方学术界所假定的一些常识提出的挑战。说到古希腊人,请允许笔者引用伯纳德·威廉斯的《羞耻与必然性》(*Shame and Necessity*)一书,因为笔者相信早期中国的文言文作者也是如此:

> 希腊人的伦理思想不仅迥异于大多数现代思想,尤其是受基督教影响的现代思想,而且状态更佳。(古希腊思想)没有使用(康德提出的)空白的绝对命令。实际上,它……从根本上欠缺道德这一概念,这里的道德指这样一类理由或要求,它迥然不同于其他类别的理由或要求……有关

---

① 这一点,请参考王启才《汉代奏议的文学意蕴与文化精神》(中国人民大学出版社,2009年),对于《通报》的读者来说,这篇新近发表的论文显然也是胡司德不可能参考的。另参见Pablo Ariel Blitstein, "L'art politique du texte: savoirs lettrés et pouvoir impérial dans la Chine du Sud aux V'-VI Tsiècles", PhD diss., Institutnational des Langues et Civilisations orientales, 2012.

② 例如,胡司德在第4章简要介绍了墓葬中的明器类"灵物"(包括俑和日常器物的模型)。当胡司德在其他地方提到文物记录时(如敦煌悬泉出土的公元前5年的王莽"月令"),他并没有对文献记载与新出材料之间的差异进行过多论述。

③ "核心汉文化"在西汉中期发轫于首都长安地区,旋传传播至当时几乎所有行政区。关于该术语的准确定义,参见黄义军(中央民族大学)"Chang'an's Funerary Culture: Major Developments Seen in Archaeology and Cultur"[即将收入Michael Nylan(戴梅可)和Griet Vankeerberghen(方丽特)主编的*Chang'an 26 BCE, an Augustan Age in China*一书中]。

如何规约一个人和他人的关系的诸种问题，既存在于社会语境也存在于更加私己的语境之中，不能将它们同有关何种生活值得度过之类的问题割裂开来。①

胡司德是一位研究汉魏六朝的专家，他并不纠缠于前佛教世界和后佛教世界之间的显著差异，亦不纠缠于现代（主要是新教）对于道德的假设。②如果他能按照自己所涉的主题要求，为读者提供更多关于饮食与世界互动的生理学（他清楚地知道这一点）知识，他的读者将更好地理解李泽厚的持中性观点，那就是为什么要将公元前最后几个世纪和公元后第一个世纪描述为一个普遍"为享乐而生"的世界（抵制禁欲主义理想或在死后寻求个人救赎）。③对个人或社会来说，最具说服力的理由通常产生于能潜在满足某人欲望的背景之下。④胡司德在第102—103页引用了《柳上赋》：

于是朋友同好，几筵列行。论道饮燕，流川浮觞……考以先王……事有纪纲。洗觯酌樽，兕觥并扬。饮不至醉，乐不及荒。⑤

胡司德含蓄地否认早期中国世界可能呈现出"更好的状态"，但他对《荀子》长篇大论的仔细甄别却道出了另一种情况。

当然，笔者阅读胡司德的著作时受到了书桌上另一篇文章的影响，这就是彼得·舍费尔（Peter Schäfer）的《拉比文学研究：对地位权威界定的尝试》⑥。作者深思熟虑，对早期文本的研究方法进行了不同尝试，其中，最主要的方法通常包括尽可能多地收集合适"段落"，并一一进行研究，以便得出关于研究主题的综合性结论。这种方法有一个典型的误区：认为"只需将'散落'在全部文献中的思想碎片

---

① Bernard Williams, *Shame and Necessity*, Berkeley: Univ. of California Press, 1993, pp. 20, 251.

② 因此，胡司德关注的是他所认为的"悖论"，这让人想起关于"变体"的古老争论：物质如何能促进与非物质世界的交流？（自我修养和精神领域都属于"非物质"。）

③ 参见李泽厚《论语今读》（天地图书出版社，1998年；生活·读书·新知三联书店，2004年）。李氏将鲜明的地域差异与时代差异置于"中华文明源远流长"这一更宏大的民族主义叙事框架下。

④ 早期中国人对社会修养的谈论多于自我修养的谈论，这一点通过比较郑玄（127—200）和朱熹（1130—1200）对《中庸》的注释便知。关于《中庸》英文中的差异，参见 Michael Nylan and Thomas A. Wilson, *Lives of Confucius* (New York: Doubleday/Random House, 2010) 第4章。

⑤ 胡司德原书（剑桥大学出版社，2011年）引用《柳上赋》应是在第106页。——译者

⑥ Journal of Jewish Studies, Vol.37, 1986, pp. 139-152. 舍费尔强调说，学者的分析必须区分信息与价值，其中"信息"指"不考虑其在此前节录单元中的功能"，而"价值"指"在更大的节录单元中引用"。

组合起来，就能'重建'一个对'潜在'概念的统一性描述"。实话实说，我们所有人都掉入了那个坑里，胡司德也不例外。笔者不想给读者留下一种错误印象，认为《早期中国的食物、祭祀和圣贤》对该领域产生了负面影响；相反，它并没有迫使学者将他们的叙述复杂化，也没有定义关键术语，包括"超越"和"宗教"。若言胡司德所选中国古代文献呈现的独特性有时似乎掺杂了康德的道德观，那么胡司德对早期文本的解读则揭示了他多方面挖掘史料的自觉。[1]尽管本书的部分论断存在不足，但笔者还是很高兴能将其置于书架。

原载《通报》2012年第4、5期
［戴梅可（Michael Nylan），加州大学伯克利分校教授；
刘子明，陕西师范大学历史文化学院博士研究生；
舒显彩，西华师范大学历史文化学院讲师］

---

[1] 该书西方参考文献中有一些奇怪的疏漏。胡司德似乎认为热衷于理论（第7页）阻碍了对早期资料的深入研究。人们立马就会想到托马斯·威尔逊（几乎未提及）和凯瑟琳·贝尔的作品（未提及），Michèle Pirazoli-t'Serstevens和Françoise Sabban都出版了关于食物的重要著作。